文学与哲学的融合

——20世纪中国作家接受尼采史论

黄怀军 ◎ 著

知识产权出版社

全国百佳图书出版单位

图书在版编目（CIP）数据

文学与哲学的融合：20 世纪中国作家接受尼采史论/黄怀军著. —北京：知识产权出版社，2017.11

ISBN 978 - 7 - 5130 - 5308 - 2

Ⅰ.①文… Ⅱ.①黄… Ⅲ.①尼采（Nietzsche，Friedrich Wilhelm 1844 - 1900）—哲学思想—研究 Ⅳ.①B516.47

中国版本图书馆 CIP 数据核字（2017）第 298147 号

内容提要

本书全面清理 20 世纪中国作家（包括文学批评家）接受尼采思想的具体史实，在此基础上总结他们接受尼采思想的价值取向和处置方式，着重探讨尼采思想对 20 世纪中国文学在文学观念、创作主题和人物形象等方面所产生的影响。全书共五章。第一章按时间顺序，将 20 世纪中国文坛接受尼采思想的史实分为 20 世纪初、五四时期、抗战前后和新时期等 4 个阶段加以清理。每个阶段在总体勾勒中国知识界接受与阐释尼采思想的情形之后，重点清理作家们翻译尼采著作、解读尼采思想、从事尼采书写的史实。第二章集中讨论 20 世纪中国作家接受尼采思想的价值取向与本土化处置策略。第三章集中考察尼采思想对 20 世纪初、五四时期、抗战前后中国文学观念的影响，并辨析渗入尼采元素的中国新文学观的特质。第四章集中考察尼采思想对 20 世纪中国作家创作中的批判性主题和建设性主题的启迪。前者包括批判国民劣根性、揭露传统与现实中诸恶和歌颂反叛精神与抗争意识，后者涉及张扬天才意识、体认生命意识和抒写漂泊意识。第五章集中考察尼采的"超人"思想对 20 世纪中国作家塑造人物形象的启发，这些形象可以概括为斗士与英雄、漂泊者与冷酷者两个系列。

责任编辑：蔡 虹　　　　　　　　**责任出版：**刘译文

封面设计：邵建文

文学与哲学的融合

——20 世纪中国作家接受尼采史论

黄怀军 著

出版发行： 知识产权出版社有限责任公司	**网 址：**http：//www.ipph.cn
社 址：北京市海淀区气象路 50 号院	**邮 编：**100081
责编电话：010 - 82000860 转 8324	**责编邮箱：**caihong@ cnipr.com
发行电话：010 - 82000860 转 8101/8102	**发行传真：**010 - 82000893/82005070/82000270
印 刷：虎彩印艺股份有限公司	**经 销：**各大网上书店、新华书店及相关专业书店
开 本：787mm×1092mm 1/16	**印 张：**17
版 次：2017 年 11 月第 1 版	**印 次：**2017 年 11 月第 1 次印刷
字 数：270 千字	**定 价：**68.00 元

ISBN 978-7-5130-5308-2

本书获湖南师范大学一流学科建设项目资助

目 录

引　论 ……………………………………………………………… 1

第一章　20 世纪中国作家接受尼采掠影 …………………… 8

第一节　20 世纪初对尼采的接受概况 ………………………… 8

一、王国维与尼采 ………………………………………… 9

二、留日时期的鲁迅与尼采 …………………………… 12

第二节　五四时期中国文坛对尼采的接受概况 …………… 17

一、文学革命将帅与尼采 ……………………………… 18

二、五四时期的鲁迅与尼采 …………………………… 20

三、创造社与尼采 ……………………………………… 29

四、文学研究会与尼采 ………………………………… 38

五、其他作家与尼采 …………………………………… 43

第三节　抗战前后中国文坛对尼采的接受概况 ………… 51

一、"战国策派"与尼采 ……………………………… 51

二、"七月派"小说家与尼采 ………………………… 59

三、其他作家与尼采 …………………………………… 62

第四节　新时期中国文坛对尼采的接受概况 …………… 70

一、新时期钱钟书与尼采 ……………………………… 71

二、新时期小说家与尼采 ……………………………… 74

三、新时期诗人、散文家与尼采 ……………………… 80

第二章　20 世纪中国作家对尼采哲学思想的本土化处置 ……… 87

第一节　功利化取向与选择性利用 …………………… 88

一、接受尼采思想的功利化取向 …………………………… 89

二、对尼采思想的选择性利用 ……………………………… 100

第二节　中国化处置的具体表现 …………………………… 115

一、言说对象的中国化 ……………………………………… 115

二、言说方式的中国化 ……………………………………… 128

第三章　尼采思想对 20 世纪中国文学观念的影响 ……… 137

第一节　尼采思想对 20 世纪初文学观的启迪 …………… 137

一、王国维的尼采阐释与新文学之思 …………………… 137

二、鲁迅的尼采阐释与新文学之思 ……………………… 141

第二节　尼采思想对五四时期文学观的启迪 …………… 144

一、五四将帅的尼采阐释与新文学之思 ………………… 144

二、创造社的尼采阐释与新文学之思 …………………… 148

三、文学研究会的尼采阐释与新文学之思 ……………… 152

第三节　尼采思想对抗战前后文学观的启迪 …………… 158

一、林同济的尼采阐释与新文学之思 …………………… 158

二、陈铨的尼采阐释与新文学之思 ……………………… 161

三、沈从文的尼采阐释与新文学之思 …………………… 164

第四节　新文学观的特质 …………………………………… 166

一、借助尼采思想所构设的新文学观的特质 …………… 167

二、借助尼采思想构设新文学观的活动的特征 ………… 169

第四章　尼采思想对 20 世纪中国文学主题的影响 ……… 176

第一节　尼采思想对 20 世纪中国文学批判性主题的启迪 … 176

一、批判国民劣根性 ………………………………………… 177

二、揭露传统与现实中诸恶 ……………………………… 184

三、歌颂反叛精神与抗争意识 …………………………… 189

第二节　尼采思想对 20 世纪中国文学建设性主题的启迪 … 193

一、张扬天才意识 …………………………………………… 194

二、体认生命意识 …………………………………………… 201

三、抒写漂泊意识 …………………………………………… 212

第五章　尼采思想对 20 世纪中国文学人物形象的影响 ················ 221

第一节　斗士与英雄：尼采"超人"形象启示之一 ··············· 223

　　一、反叛者或斗士形象 ······························· 223

　　二、英雄或天才形象 ······························· 228

第二节　漂泊者与冷酷者：尼采"超人"形象启示之二 ··········· 238

　　一、漂泊者与孤独者形象 ························· 238

　　二、征服者与冷酷者形象 ························· 249

参考文献 ·· 255

引　论

　　德国哲学家和诗人尼采（F. Nietzsche，1844—1900）的著作和思想，首先不是赢得哲学家同行的关注，而是在文学家那里最先找到知音。1887 年，自信已经为德国甚至整个世界提供了"最渊博的著作"却屡屡碰壁、接连遇冷的尼采，将自己的两本书寄给当时任教于哥本哈根大学的丹麦文学史家和文学批评家勃兰兑斯（G. Brandes），后者很快成为欧洲"第一批真正参化和了悟到尼采的价值的学者之一"。❶ 饶有趣味的是，勃兰兑斯认识尼采哲学的工具和手段，"不是一般哲学家们惯用的逻辑推理法，而是一种艺术家的直觉和感受力"；换言之，"他主要不是通过理智，而是通过感官，看到、听到和嗅到了尼采的伟大天才，并从他那堆为一般哲学家们所不齿的隐喻、格言，甚至戏谑中体味出一种澎湃的激情和新生命的萌动"。❷ 正因为勃兰兑斯等人的推荐和传播，爱好使用隐喻、象征和戏谑等文学手法和诗歌、格言、随笔等诗化文体来表达哲学思想的尼采，在欧洲乃至全世界都获得了"诗人哲学家"的声誉。即是说，在西方，是尼采的艺术手法和诗化文体而非哲学思想，首先吸引了人们的注意。

　　无独有偶，尼采引起 20 世纪中国文学界人士关注的，也首先是其"文豪"身份与"诗人"才情，而非其哲学思想。王国维在《尼采氏之教育观》（1904）一文里指出："尼氏（即尼采——引者）常藉崭新之熟语与流丽之文章，发表其奇拔无匹之哲学思想。故世人或目之为哲学家，或指之为文学家。……言乎著想之高，实不愧为思索家，言乎文笔之美，亦不失为艺术家。"❸ 茅盾在《尼采的学说》（1920）一文中赞叹："尼采实在有诗的天才，

---

　　❶　安延明《尼采与勃兰兑斯——译序》，载（丹麦）勃兰克斯《尼采》，安延明译，工人出版社，1986 年，第 4 页。
　　❷　安延明《尼采与勃兰兑斯——译序》，载（丹麦）勃兰克斯《尼采》，第 5 页。
　　❸　佚名（王国维）《尼采氏之教育观》，载成芳编《我看尼采》，南京大学出版社，2000 年，第 2 页。

与其说他是大哲学家，不如说他是大文豪。"❶ 郁达夫将尼采及其创作放在德国文学的范畴里加以讨论，在《歌德以后的德国文学举目》（1931）一文里指出，尼采的代表作《查拉图斯特拉如是说》"有类于我国的楚辞，真是一卷绝好的散文诗"。❷ 诗人、翻译家梁宗岱更是断言："在德国底（的）抒情诗里，我敢大胆说他是哥德（通译歌德——引者）以后第一人。"❸ 王国维、茅盾、郁达夫、梁宗岱等人的看法引起20世纪中国文学界人士的普遍共鸣。

在给予20世纪中国文坛以影响的外国思想家之中，德国哲学家尼采无疑属于最有分量和最有力度的极少数几个之列，因此，全面清理20世纪中国作家接受尼采哲学思想的史实，仔细厘清尼采思想对20世纪中国文学发生的影响，透视尼采哲学与20世纪中国文学的碰撞与融合，就具有重要的学术价值。总体而言，这种价值主要体现在两个方面，一是史料意义，二是理论意义。顺便要指出的是，本书所说的中国作家既包括小说家、戏剧家、诗人和散文家，也包括文学批评家。

20世纪中国文学界以及思想界、学术界先后在五四时期、抗战初期与新时期兴起过3波"尼采热"，王国维、鲁迅、周作人、郭沫若、郁达夫、田汉、白采、茅盾、郑振铎、林语堂、高长虹、丽尼、林同济、陈铨、路翎、丘东平、沈从文、冯至、钱钟书、穆时英、莫言、朱苏进、海子、周国平等，都在不同程度上受到尼采思想的影响。因此，认真清理相关史实，力图回到历史现场，还原这一文学史事件的真实面目，便具有明显而重要的史料价值。

相对而言，这一研究的理论意义更为突出。20世纪中国文坛接受尼采思想的活动，或者伴随着救亡诉求，或者伴随着启蒙潮流，这是考察20世纪中国作家接受尼采思想的价值取向与处置方式的基本历史语境。同时，本书将重点考察20世纪中国作家对尼采思想的接受并将它转化为自己的思想观念、创作主题与人物形象等方面的情形。

20世纪中国作家遭遇与接受尼采思想的语境，前期和后期有很大的区别。20世纪前期是在中华民族为摆脱接踵而至的内忧外患和日趋严重的生存危机而持续奋斗、拼搏的情境中遭遇并接受尼采思想的。用"战国策派"成

---

❶ 雁冰《尼采的学说》，载郜元宝编《尼采在中国》，上海三联书店，2001年，第69页。

❷ 郁达夫《歌德以后的德国文学举目》，《郁达夫文集》第6卷，花城出版社、三联书店香港分店，1983年，第91页。

❸ 梁宗岱《〈尼采底诗〉译序》，《文学》1934年第3期，第721页。

员、历史学家雷海宗《无兵的文化》（1936）一文中的话来说，此时中国正处于历史上从未遇到过的大变局之中。因为自鸦片战争以后，入侵中国的"新外族是一个高等文化民族，不只不肯汉化，并且要同化中国"，面对这样来势汹汹的强大外来者，一些国人的"民族的自信力已经丧失殆尽，对传统中国的一切都根本发生怀疑"。❶ 如此一来，中国社会的时代诉求与中心任务就是思想启蒙，达尔文的进化论、克鲁泡特金的无政府主义、马克思主义和尼采思想等先后进入中国作家的视野。后者作为中国知识分子的成员，心存救世情怀，积极为国家和民族寻求摆脱积贫积弱的途径与策略。他们一接触到尼采著作，就对尼采思想体系中那些反叛传统、标举超越的激情主张顿生相见恨晚之慨，而尼采哲学著作的诗性思维与诗化文体更让他们倍感亲切，后者几乎不假思索地选择了尼采哲学作为中国思想启蒙的理论资源。同时，作为不同于一般知识分子的特殊群体，中国作家们还认识到改变传统的文学观、推进文学观念与创作的现代转型是他们推动思想启蒙的独特路径，于是借助尼采思想提出各种文学主张，提炼出多种创作主题，塑造出多种人物形象，将尼采思想当作自己推动思想启蒙和文学转型的外来助力甚至理论指南。

　　20 世纪后期尤其是新时期，中国知识分子掀起第三次"尼采热"。综合当代最著名的尼采研究专家周国平以及其他学者的看法，此时中国大陆出现第三次"尼采热"的原因，主要在于尼采思想同此时中国思想界尤其是青年学生的关注点的高度契合。具体来说，这种契合表现在两个方面。首先，尼采所处时代和社会的虚无主义特征及其对虚无主义症候的揭示，同当时中国知识分子普遍感受到的信仰失落和精神危机现象相契合。由于此前的"文革"是在"对资产阶级实行全面专政"的名义下推行的思想专制，刚刚推行改革开放政策的 20 世纪 80 年代前期、中期，正面临思想上的百废待兴。如何消除"文革"带来的信仰失落和精神危机，中国知识分子尤其是青年学生从尼采思想那里找到了理论突破口。尼采为了反制虚无主义而提出的"上帝死了""重新估定一切价值"等主张，能够给国人消除信仰危机提供某种启发。其次，尼采提倡的"超人说"和"强力意志论"，以及对物化倾向的抨击，其实质是释放和张扬人的生命力，凸显人的精神性追求，这与饱受禁

---

❶ 雷海宗《无兵的文化》，载温儒敏、丁晓萍编《时代之波》，中国广播电视出版社，1995年，第 127 页。

引论

· 3 ·

锢的中国知识分子尤其是青年学生渴求释放生命本能、寻求精神超越的诉求相契合。尼采秉承西方个人主义传统，强调个人优秀的主张，同当时中国思想界和青年学生要求"改造中国的中庸之道""激发民族和个人在生存中的竞争心理和适应能力"的愿望相符合。同时，随着商品经济浪潮的兴起，当时在中国刚刚露头的重视物质文明、轻视精神生活的现象也引起思想界一些敏感人士的关切，尼采对欧洲现代社会中物化倾向的抨击与当时国人摆脱物欲的舒服、寻求精神超越的要求发生了互振。

20世纪中国作家接受尼采思想的基本语境决定了他们对尼采思想必然会选取功利化的价值取向与本土化的处置策略。他们没有对尼采思想"生吞活剥"、照搬照抄，而是采取了本土化或中国化的处置策略与方式。功利化取向是20世纪中国作家出于推动思想启蒙和文学现代转型的动机去接受尼采思想的必然结果与表现形态，而他们对尼采的话语包括言说对象与言说方式作本土化或中国化处理，则折射出接受者的"拿来主义"精神与创新求变意识。

20世纪中国作家普遍将哲学家尼采看作"文豪尼采""诗人尼采"，对尼采其人其文其说有一种天然的亲近感。他们自然而然地将尼采思想视为助推中国文学现代转型的理论资源，而尼采思想也的确给中国文学的现代转型提供了动力。这种动力主要表现在3个方面，一是启发王国维、鲁迅、周作人、郭沫若、田汉、林语堂、林同济、陈铨、沈从文等人提出了新的文学观念；二是催生了抨击国民劣根性、揭露中国文化传统与现实社会中各种丑恶现象、宣扬反叛精神与抗争意识、张扬天才意识、体认生命意识、抒写漂泊意识等新的创作主题；三是启迪中国作家塑造了反叛者或斗士、英雄或天才、漂泊者或孤独者、冷酷者或征服者等新的人物形象。这些都充分证明尼采思想对20世纪中国文学的观念和创作，以及中国文学的现代转型都产生了重大而正面的影响。

如何界定尼采哲学对20世纪中国文学影响的范围与力度，是一个相当复杂而有难度的问题。

哲学思想对文学的影响形态，常常是化入文学观念、创作主题和人物形象之中的一种精神性存在，尼采哲学这种异域理论对20世纪中国文学产生的影响自然也主要体现在20世纪中国文学的观念、创作主题和人物形象的塑造之中，要逐一找出这些方面的事实将是十分不易的工作。同时，尼采哲学思想仅仅是影响20世纪中国文学的诸多外来元素中的一种，厘析出这种精神性存在，将需要敏感的审美鉴赏力和锐敏的理论思辨力。

与界定尼采思想对 20 世纪中国文学的影响力度不无关联的一个问题是，20 世纪中国文学家人士认同尼采的心理动因究竟是什么，因为不同的心理动因往往会决定接受者的动机和最终所取得的效果。下面以清末至五四时期一些文学家接受尼采思想的活动为例加以说明。

一方面，尼采的思想非常庞杂，但清末至五四时期中国文学界人士最为关注的是尼采的"超人说"和价值重估主张。王国维在《叔本华与尼采》一文中重点关注尼采的"超人说"，并集中考察它同叔本华的"天才"论之间的承续与背离关系。鲁迅在留日时期发表的《文化偏至论》等思想论文中曾多次谈及尼采的"超人"说，并将"超人"解读为"大士天才"和"几近神明"之人。❶ 五四时期，鲁迅对尼采的价值重估主张表现出更大的热情。他在《随感录四十六》《再论雷峰塔的倒掉》等文章中多次称尼采是"偶像破坏的大人物"❷ 和"轨道破坏者"❸。五四新文化运动领袖胡适在《新思潮的意义》一文中将五四新思潮的含义解释为尼采的价值重估主张，认为五四新思潮的核心意义"只是一种新态度"即"评判的态度"，而尼采的"'重新估定一切价值'八个字便是评判的态度的最好解释"。❹ 茅盾早年热心研究尼采，他在《尼采的学说》这篇长文中用 3 章的篇幅介绍尼采的"超人说"，足见他对此说的重视。而他对尼采的价值重估主张评价更高，认定它是尼采"最大的——也就是最好的见识"，也是"尼采思想卓绝的地方"。❺ 郭沫若在《匪徒颂》一诗里将尼采同哥白尼、达尔文等人称为"学说革命的匪徒"，并向他们三呼"万岁"，而郭沫若给予尼采这一称号的理由，正是后者"倡导超人哲学"，同时又"欺神灭像"，即标举"重估一切价值"。

另一方面，清末至五四时期中国作家对尼采的孤独际遇、孤苦心境和孤傲性格也特别关注。郭沫若在《雅言与自力》一文中饱含感情地述及和评论尼采的孤苦心境。尼采"一生渴求知己，而知己渺不可得"，为了"求知己于'离去人类与时代的六千英尺以外'"，在"孤独的悲哀与疾病的困厄中"写作了《查拉图斯特拉如是说》这部"凝集其心血于雅言"的煌煌大著，但当这部书的阅读者寥寥无几，能够理解的更是少之又少，郭沫若由此感

---

❶ 鲁迅《文化偏至论》，《鲁迅全集》第 1 卷，人民文学出版社，2005 年，第 53 页、第 56 页。
❷ 鲁迅《随感录四十六》，《鲁迅全集》第 1 卷，第 349 页。
❸ 鲁迅《再论雷峰塔的倒掉》，《鲁迅全集》第 1 卷，第 202 页。
❹ 胡适《新思潮的意义》，《胡适文存》第 1 集，上海亚东图书馆，1921 年，第 1022 - 1023 页。
❺ 雁冰《尼采的学说》，载邵元宝编《尼采在中国》，上海三联书店，2001 年，第 70 页。

引论

叹："尼采的心虑是如何的孤苦！"❶ 郁达夫对尼采的"薄命"和"孤独"也感叹不已。他在 1923 年 10 月 7 日的日记里说，因为觉得"薄命天才"尼采"真有点可敬佩的地方"，自己打算创作一部小说，"以他来做主人公"。❷ 由于各种原因，郁达夫最终没有完成这一心愿，十年后他在《〈断残集〉自序》里表示："只能暗替这一位孤独的诗人，抱一层更深的孤独之感而已。"❸ 郁达夫 1930 年翻译了尼采写给巴黎少妇 Madame O. Luise 的 7 封信，在《译者附记》里对尼采"孤独倔强"和"冷酷孤傲"的性格大生感佩。❹

清末至五四时期的作家们特别关注的尼采思想有什么特质呢？超人说藐视庸众、超脱现实，宣示一种理想主义和精英意识；价值重估主张否决西方传统的苏格拉底理性主义和基督教价值观道德观，显示出一种摧枯拉朽的偏激态度；尼采的性格则是孤苦、狂傲。中国作家们为什么会特别关注这些方面呢？这就与他们从中国古代文人那里承续的孤傲不群的心绪与姿态不无关系。❺ 当代批评家陆建德先生发现，中国古代文学里面"有着那么一种破坏性的个人主义前提"，那些文人骚客往往不喜欢说"我是社会的一员、人类的一员"，即不喜欢承认自己只是由千千万万众人组成的社会或人类中的一份子，他们热衷于说"我是人类中独一无二的最最优秀的一员"，即凸显自己不同于他人、"最最优秀"的一面。❻ 中国古代文人有崇尚孤独、自由散漫的一面，文学史上说某人遗世独立，那是对他最大的赞美。他们也欣赏狂傲，在中国古代文学作品中，"狂士""狂生""狂客"不仅不是贬义，反而全是美称。中国古代文人孤傲不群的心绪与姿态通过文学的血脉而一脉相传，清末至五四时期的文学界人士自觉或不自觉地流露出对这种心绪与姿态的欣赏。王国维青年时期即以词坛"天才"自许，认为自己"所作尚不及百阕，然自南宋以后，除一二人外，尚未有能及余者"❼，也因此足以同古代

---

❶ 郭沫若《雅言与自力》，《创造周报》1923 年第 30 号，第 2 - 3 页。

❷ 郁达夫《沧州日记》，《郁达夫文集》第 9 卷，花城出版社、三联书店香港分店，1983 年，第 188 页。

❸ 郁达夫《〈断残集〉自序》，《郁达夫文集》第 6 卷，花城出版社、三联书店香港分店，1983 年，第 258 页。

❹ 郁达夫《超人的一面·译者附记》，《郁达夫译文集》，浙江文艺出版社，1984 年，第 383 页。

❺《清末至五四文人认同尼采的心理动因——兼谈古代文学中的孤傲不群》，《文学评论》2016 年第 3 期。

❻ 陆建德《自我的风景》，花城出版社，2015 年，第 210 页。

❼ 王国维《静安文集续编·自序（二）》，谢维扬、房鑫亮主编《王国维全集》第 14 卷，浙江教育出版社、广东教育出版社，2010 年，第 122 页。

大词人媲美。鲁迅留学日本时期大力张扬个人意识，认为"个人"概念的真实内涵是"知自我""顿识个性之价值"。❶ 五四时期他还在《随感录三十八》一文里批判"合群的自大"，赞美"个人的自大"，认定后者凸显个体人的天才，"就是独异，是对庸众宣战"。❷ 郁达夫短篇小说《沉沦》的主人公是一位留日的中国学生，作者以正面的态度描绘他的"夸大妄想狂"，并对他"孤冷得可怜""孤高傲世"和"孤独得很"的处境和性情充满同情。

美国比较文学学者约瑟夫·T. 肖曾经就文学领域里的思想交流与接受现象发表过精辟的见解。他认为："文学影响的种子必须落在休耕的土地上。……各种影响的种子都可能降落，然而只有那些落在条件具备的土地上的种子才能够发芽。"❸ 在清末至五四时期中国作家接受尼采思想这一事件中，尼采哲学思想体现出的精英意识、反叛精神，以及尼采的孤傲性格就是对中国文坛施加作用的"影响的种子"，而从中国古代文人那里传输下来的、为鲁迅等人所承续的孤傲不群的心绪与姿态就是一块肥沃滋润的"休耕的土地"。这就表明，此期中国作家首先关注的是尼采思想和尼采性格的特质，而不是尼采思想的内涵本身。基于此，周国平认为，20 世纪中国没有真正的尼采研究，"中国人从来没有把他（即尼采，下同——引者）作为一个哲学家来接受"，从接受对象方面来说，"只是接受了他的一部分道德学说"，从接受方式方面来说，"是与他的整个哲学割裂开来孤立地接受的"。❶ 这种做法肯定会限制 20 世纪中国作家从尼采思想获益的力度和深度。因此，在界定尼采哲学思想对 20 世纪中国文学影响的范围与力度时应该考虑这一因素，不宜过高地评估 20 世纪中国作家接受尼采思想的主观能动性和深刻性，不宜过分地夸大尼采思想对中国文学的影响范围与力度。

---

❶ 鲁迅《文化偏至论》，《鲁迅全集》第 1 卷，第 47 页。
❷ 鲁迅《随感录三十八》，《鲁迅全集》第 1 卷，第 327 页。
❸ ［美］约瑟夫·T. 肖《文学借鉴与比较文学研究》，盛宁译，北京师范大学中文系比较文学研究组选编《比较文学研究资料》，北京师范大学出版社，1986 年，第 119 页。
❶ 周国平《中国没有真正的尼采研究》，《周国平人文讲演录》，上海文艺出版社，2006 年，第 353 页。

第一章　20 世纪中国作家接受尼采掠影

1902 年，即德国哲学家和诗人尼采（F. Nietzsche，1844—1900）去世后的第三年，中国思想界开始提及尼采哲学思想。此后至新文化运动兴起（1915 年）的前一年即 1914 年，属于中国接受尼采思想的起步或萌芽阶段。五四时期，中国知识界兴起第一次"尼采热"；抗战前后又出现第二次"尼采热"；在改革开放的新时期尤其是 1986 年前后，中国知识界掀起第三次"尼采热"。中国作家接受尼采哲学思想并将它转化为的文学观念、创作主题和人物形象的热情，正是随着这些热潮而一步步走高的。

第一节　20 世纪初对尼采的接受概况

据笔者查阅的资料可知，在 20 世纪初或详或略地提及或阐释过尼采思想的中国知识分子有 4 位，即梁启超、王国维、章太炎和鲁迅。他们得以成为中国第一批接触尼采著作与思想的知识分子，与他们均有留学或流亡日本的经历有关。据日本学者伊藤虎丸考证，"尼采主义"早在中日甲午战争与日俄战争之间（1894—1905）就已流行于日本知识界，其中明治三十四年（1901 年）爆发的"美的生活"论争事件，以及次年登张竹风、桑木严翼分别出版尼采的研究专著（两书的中译题名《尼采与两位诗人》《尼采伦理学简介》——笔者），则将日本第一次"尼采热"推向高潮。❶ 日本思想界、学术界与文学界涌动的"尼采热"为此时正身处日本的中国知识分子接触尼采思想提供了便利。

本节简要清理王国维和留日时期的鲁迅对尼采的接受情况。

---

❶ ［日］伊藤虎丸《鲁迅早期的尼采观与明治文学》，徐江译，《文学评论》1990 年第 1 期，第 136 页。

一、王国维与尼采

王国维（1877—1927）是中国近现代文学、美学、哲学、教育学的重要奠基人，早年致力于将近现代西方哲学与文艺学思想移植到中国的实践。他所引介的西方哲学家与文艺思想家中就有德国哲学家和诗人尼采。

1898年10月，王国维进入罗振玉创办的东文学社学习日语、英语。次年底，由罗振玉资助，王国维东渡日本，在东京物理学校学习数理，1901年夏天归国，协助罗振玉编辑《教育世界》杂志。1901—1907年，王国维一边主持《教育世界》杂志的日常工作，一边从事西方哲学尤其是德国哲学的研究。也就是在此时，他接触到尼采著作。原来东文学社聘请的两位日本教习藤田丰八和田冈佐代治都毕业于东京帝国大学，他们的母校在明治三十年代是日本知识界"尼采热"的中心地带，而且他们与日本"尼采热"的中坚人物桑木严翼、高山樗牛、登张竹风、姊崎嘲风等几乎同时进校，深受后者的影响。❶

王国维曾经对尼采"倾心崇拜"。他在《尼采氏之教育观》一文的开头写道：19世纪欧洲社会"以画一为尊，以平等为贵"，其结果是"令今日元气屏息，天才凋零"，正当此时，尼采"攘臂而起，大声疾呼，欲破坏现代之文明而倡一最崭新最活泼最合自然之新文化，以振荡世人，以摇撼学界"。❷ 他在该文的结尾又指出：尼采和歌德、卢梭"皆一代天才之士"，特别是尼采，"其观察敏锐，其用语新颖，其立想奇拔，其行文痛快，实足以发挥其天才而有余。吾曹对此十九世纪末叶之思想家，宁赞扬之，倾心而崇拜之"。❸

王国维论及尼采的文章出现在1904年，共4篇，均刊发在他实际主事的《教育世界》杂志上。根据王国维研究专家（谭）佛雏的整理与考证，这些论文中有3篇即《尼采氏之教育观》《德国文化大改革家尼采传》《尼采氏之学说》属于编译，无署名，只有《叔本华与尼采》一篇署名

---

❶ 参见：修斌《王国维的尼采研究与日本学界之关系》，《中国海洋大学学报（社会科学版）》2006年第1期，第72—76页。

❷ 佚名（王国维）编译《尼采氏之教育观》，载成芳编《我看尼采》，南京大学出版社，2000年，第2页。

❸ 佚名（王国维）编译《尼采氏之教育观》，载成芳编《我看尼采》，南京大学出版社，2000年，第9页。

"王国维"。❶《尼采氏之教育观》编译自西方学者的研究成果，因为文章起首就交代："兹编就赫奈氏所著，点窜而叙述之。"❷ "赫奈"更像欧美人的名字。《德国文化大改革家尼采传》和《尼采氏之学说》两篇均从日本文学批评家和尼采研究专家桑木严翼的《尼采伦理说一斑》一书编译而成。据旅日学者钱鸥考证，《德国文化大改革家尼采传》出自桑木严翼的《尼采伦理说一斑》。❸《尼采氏之学说》一文篇末的"译者识"交代得很清楚："此篇载在日本文学博士自桑木严翼所著《尼采伦理说一斑》中。是一篇以外，尚有察拉图斯德拉之梗概及批评二篇，以限于篇幅，姑从割爱。然尼采学说之大要，已尽于此。"❹ 由此可见，王国维早年接触与接受尼采思想的途径与方式是通过编译他人的研究成果而间接进行的。

《尼采氏之教育观》（原载《教育世界》1904年第71号）是王国维编译的第一份国外的尼采研究成果。文章在介绍尼采在西方思想界和学术界的地位之后，集中讨论尼采的教育（即"教化"——笔者）思想。全文共6个部分，最后的"新教化"部分是文章的主体，尼采从教育目标、教育者素质、教育内容与方法、施教者素质等方面对欧洲近现代教育进行抨击，并提出改进教育的设想。值得一提的是，除了称尼采为"哲学家"或"思索家"之外，王国维明确给予尼采"文学家"或"艺术家"的头衔。❺《德国文化大改革家尼采传》（原载《教育世界》1904年第76号）一文介绍尼采的生平与性格。文章内容涉及4个方面：一是介绍尼采的厌女症倾向及其形成原因；二是叙述尼采中学时代就萌生了一些哲学观念；三是概述尼采首次接触叔本华的《作为意志和表象的世界》一书就"大叫绝，遂为叔本华之崇拜家"的趣事；四是介绍有关尼采精神病成因的两种对立的解释。《尼采氏之学说》（原连载于《教育世界》1904年第78－79号）一文按发展脉络，集

❶ 参见：佛雏编《王国维哲学美学论文辑佚》（华东师范大学出版社1993年版）、《王国维学术文化随笔》（中国青年出版社1996年版）、《王国维哲学译稿研究》（社会科学文献出版社2006年版）等3种著作。

❷ 佚名（王国维）编译《尼采氏之教育观》，载成芳编《我看尼采》，南京大学出版社，2000年，第2页。

❸ 参见：钱鸥《王国维与〈教育世界〉未署名文章》，《华东师范大学学报》（哲学社会科学版）2000年第4期，第121页。

❹ 佚名（王国维）编译《尼采氏之学说》，载成芳编《我看尼采》，南京大学出版社，2000年，第24页。

❺ 佚名（王国维）编译《尼采氏之教育观》，载成芳编《我看尼采》，南京大学出版社，2000年，第2页。

中梳理尼采的哲学、美学思想。文章开篇指出尼采思想的特质："尼采之思想，实彷徨于种种问题、种种见解之中，最足以代表现代思想之浑沌之状态。"❶ 接着结合尼采的主要著作依次介绍美学时代、知力的时代与伦理的时代的尼采思想。

《叔本华与尼采》（原连载于《教育世界》1904 年第 84－85 号）探讨尼采思想与叔本华思想的关联，文章的基本观点是：尼采思想表面上与叔本华哲学相左，但实际上既源于后者，又与后者有本质上的契合。他还以比喻的方式形象地揭示叔本华哲学与尼采哲学的内在关联："故彼二人者，其执无神论同也，其唱意志自由论同也。譬之一树，叔本华之说，其根柢之盘错于地下；而尼采之说，则其枝叶之干青云而直上者也。尼采之说，如太华三峰，高与天际；而叔本华之说，则其山麓之花岗石也。其所趋虽殊，而性质则一。"❷ 两人思想上最重要的关联体现在尼采的"超人说"与叔本华的"天才论"的渊源关系，尼采"于叔氏之伦理学上所不满足者，于其美学中发见其可模仿之点，即其天才论与知力的贵族主义，实可为超人说之标本者也"。❸ 那么，尼采的"超人说"是如何继承叔本华的"天才论"的呢？叔本华认定"天才"是远离"充足理由之原则"而"观物""观美"之人，尼采化用叔本华这一看法，"推之于实践上，而以道德律之于超人，与充足理由原则之与天才一也"，认定"超人存于意之无所限制"，"超人"就是超绝道德的法则、摆脱意志限制的人。❹

除上述 4 篇文章之外，王国维还在初刊于《教育世界》、后收入《静安文集》中的《论性》《叔本华之哲学及其教育学说》《人间词话》等文章里提及或论及尼采的观点。《论性》为了论证人类世界的变化、争斗源于善与恶之间的对立，王国维拈出尼采的日神、酒神说："自生民以来至于今，世界之事变，孰非此善恶二性之争斗乎？……希腊神话中之亚波罗（Apollo，通译阿波罗——引者）与地哇尼速斯（Dionysus，通译狄奥尼索斯——引者）之关系，亦颇似之。"❺ 用酒神与日神的对抗来解释善与恶的对立，合

---

❶ 佚名（王国维）译述《尼采氏之学说》，载成芳编《我看尼采》，南京大学出版社，2000 年，第 10 页。

❷ 王国维《叔本华与尼采》，谢维扬、房鑫亮主编《王国维全集》第 1 卷，第 94 页。

❸ 王国维《叔本华与尼采》，谢维扬、房鑫亮主编《王国维全集》第 1 卷，第 82－83 页。

❹ 王国维《叔本华与尼采》，谢维扬、房鑫亮主编《王国维全集》第 1 卷，第 83 页。

❺ 王国维《叔本华之哲学及其教育学说》，谢维扬、房鑫亮主编《王国维全集》第 1 卷，第 15－16 页。

适与否姑且不论，但表明王国维对尼采思想的熟悉和喜爱。《叔本华之哲学及其教育学说》两次提到尼采。第一次介绍尼采的《教育家之叔本华》一书遭受的冷遇："尼采之学说，为世人所诟病，亦无以异于昔日之叔本华，故其说于普通之学界中，亦非有伟大之势力也。"❶ 第二次提到尼采"超人说"与叔本华思想的关联："特如尼采，由叔氏之学说出，浸假而趋于叔氏之反对点，然其超人之理想，其所负于叔氏之天才论者亦不少。"❷ 王国维在《人间词话》第 18 则里引用尼采的名言来评论南唐后主李煜的词作。他提及尼采名言："一切文学，余爱以血书者。"之后指出："后主之词，真所谓以血书者也。"❸ 尼采原话出自《查拉图斯特拉如是说》第 7 章《读和写》。

据笔者查阅的资料来看，王国维还是第一位翻译尼采著作的中国知识分子，不过他是从尼采著作的英译本转译的。1904 年，王国维在写作《叔本华与尼采》一文时，为了论述的需要，他从尼采《查拉图斯特拉如是说》的英译本翻译了概述的第 1 章和第 49 章，作为例证引用于文中。前者的标题译为《灵魂三变》，译文前特别说明："《察拉图斯德拉》（通译《查拉图斯特拉如是说》，下同——引者）第一篇中之首章，述灵魂三变之说"，译文之后具体标明该篇在英译本中的具体页码❹。后者的标题译为《小人之德》，译文后也用括号标明该篇在英译本中的具体页码。❺ 对比德文原著可知，《灵魂三变》是全文照译，而《小人之德》则是由该章的部分语句与段落连缀而成的。由此可以推断，王国维接受尼采思想的另一条途径是阅读尼采著作的英译本。

二、留日时期的鲁迅与尼采

中国现代文学主要奠基人鲁迅（1881—1936）是 20 世纪初期中国接受与阐释尼采思想的另一位代表。

据现有资料可知，鲁迅在留学日本期间（1902—1909 年）最早接触到尼采著作与尼采思想。他在东京弘文学院学习日语时便接触到尼采著作的德

---

❶ 王国维《叔本华之哲学及其教育学说》，谢维扬、房鑫亮主编《王国维全集》第 1 卷，第 34－35 页。

❷ 王国维《叔本华之哲学及其教育学说》，谢维扬、房鑫亮主编《王国维全集》第 1 卷，第 44－45 页。

❸ 王国维《人间词话》，谢维扬、房鑫亮主编《王国维全集》第 1 卷，第 466 页。

❹ 王国维《叔本华与尼采》，谢维扬、房鑫亮主编《王国维全集》第 1 卷，第 83 页、第 85 页。

❺ 王国维《叔本华与尼采》，谢维扬、房鑫亮主编《王国维全集》第 1 卷，第 89 页。

文原著和日译本或日本人的尼采研究著作。鲁迅留日时的同学许寿裳后来回忆说，在弘文学院学习日语时，鲁迅就购买了一些日文书籍，包括"尼采的传"❶。据澳籍华人学者张钊贻考证与推断，许寿裳所说的日文"尼采的传"乃是日本尼采研究专家登张竹风1902年出版的小册子《尼采与二诗人》，因为该书收有登张竹风所翻译的《尼采自传》一文，这篇小型自传是尼采应丹麦文学史家勃兰兑斯（G. Brandes）之约而写的一段自我介绍，附在尼采1888年4月10日致勃兰兑斯的信的末尾。❷周遐寿在回忆录中也说："鲁迅学了德文，可是对于德国文学没有什么兴趣"，但"尼采可以算是一个例外"，鲁迅早早就购买了尼采的《查拉图斯特拉如是说》德文本，而且"多年保存在他书橱里"。周遐寿还提到鲁迅翻译这部著作的事："到了一九二〇年左右，他还把那第一篇译出，发表在《新潮》杂志上面。"❸周遐寿所说的《查拉图斯特拉如是说》"第一篇"实际上是该书的序言。他说鲁迅1920年翻译该序言，只说对了一半。因为早在1918年，鲁迅就用文言文翻译了该序言的前三节，但译文没有正式刊发，后来唐弢编《鲁迅全集补遗续编》时将它收录其中。1920年，鲁迅再用白话文将这篇序言全部十节翻译出来，以笔名"唐俟"发表在《新潮》杂志第2卷第5期上。

鲁迅在留日期间接触了尼采哪些著作呢？首先，正如许寿裳所说，鲁迅阅读过"尼采的传"即登张竹风的《尼采与二诗人》一书，该书收录了概述尼采《不合时宜的思考》前面两个部分的内容的《弗·尼采论》一文，所以鲁迅间接掌握了尼采《不合时宜的思考》一书的部分内容。其次，从周遐寿的回忆和鲁迅先后两次翻译《查拉图斯特拉如是说》一书序言一事推断，鲁迅直接阅读过德文版《查拉图斯特拉如是说》。❹据笔者查对，鲁迅一生在各种文本中所引用的尼采语句或所论及的尼采观点，都没有超出这两本书的范围。

鲁迅留日时期发表了多篇思想与学术论文，其中《摩罗诗力说》（载《河南》1908年第2－3号）、《文化偏至论》（载《河南》1908年第7号）

❶ 许寿裳《亡友鲁迅印象记》，人民文学出版社，1953年，第4页。
❷ ［澳］张钊贻《早期鲁迅的尼采考》，载郜元宝编《尼采在中国》，上海三联书店，2001年，第851页。
❸ 周遐寿《鲁迅的故家》，上海出版公司，1953年，第390页。
❹ ［澳］张钊贻《早期鲁迅的尼采考》，载郜元宝编《尼采在中国》，上海三联书店，2001年，第859页。

和《破恶声论》（未完，载《河南》1908 年第 8 号）等 3 篇文章共 9 次引用尼采的语句，或者点评、阐发尼采的思想。

《摩罗诗力说》通过分析以英国诗人拜伦为"宗主"，包括雪莱、普希金、裴多菲等人的一批西方浪漫主义诗人的创作特质与功效，呼吁中国诗人或文学家学习西方诗人的反抗精神与斗争意志，大胆成为"精神界之战士"。文章有 3 处引用尼采的语句或者阐发尼采的思想。第一处是引用尼采的话作文章的题辞。这段话出自《查拉图斯特拉如是说》的《新榜与旧榜》一章，鲁迅的引文如下："求古源尽者将求方来之泉，将求新源。嗟我昆弟，新生之作，新泉之涌于深渊，其非远矣。"❶ 对比鲁迅的译文和尼采的原著，可以看出鲁迅是直译，仅将原文中的"新的民族"（neue Völker）一词❷翻译成了"新生"一词。鲁迅引用尼采的话作题词，期盼中国诗人和文学家将"摩罗诗"作为"新源"引入，学习其中蕴含的反抗精神与斗争意志。第二处是引述和评价尼采的"野人"观。鲁迅指出：尼采"不恶野人，谓中有新力，言亦确凿不可移。盖文明之胅，固孕于蛮荒，野人犷獉其形，而隐曜即伏于内"。❸ 意思是，因为"野人"身上具有旺盛的活力与创新意识（"中有新力"），所以，尽管它身子出没于野木丛中，内心却有隐伏的光耀，因而最终能够成为"文明"的根基和动力。据查对，这段文字的源头是尼采《不合时宜的考察》的第一篇《作为自白者的大卫·斯特劳斯》第 2 节中的一段话。尼采本人谈论的是当时德国的"文化市侩"极力突出自己的"野蛮性"（Barbarei）问题。❹ 到了勃兰兑斯那里，"野蛮性"的问题被置换成了"野性"的问题。❺ 登张竹风引入勃兰兑斯的说法，但他将"野性"改为"野蛮民族"。鲁迅接受登张竹风的说法，但将"野蛮民族"改称为"野人"。❻ 第三处是比较拜伦的诗剧《凯因》（通译《该隐》——笔者）中的魔鬼、上帝的反叛者卢希飞勒（通译鲁西反，下同——笔者）所持的善恶观

❶ 鲁迅《摩罗诗力说》，《鲁迅全集》第 1 卷，人民文学出版社，2005 年，第 65 页。

❷ F. Nietzsche. *Also Sprach Zarathustra. Friedrich Nietzsche Werke.* Band 2. Hg. von Karl Schlechta. Carl Hanser Verlag München, 1955, p457.

❸ 鲁迅《摩罗诗力说》，《鲁迅全集》第 1 卷，第 66 页。

❹ F. Nietzsche, *Unzeitgemäße Betrachtungen. Friedrich Nietzsche Werke.* Band 1. Hg. von Karl Schlechta. Carl Hanser Verlag München. , 1954, p143.

❺ ［丹］勃兰兑斯《尼采》，安延明译，工人出版社，1985 年，第 34 - 35 页。

❻ 据澳大利亚汉学家张钊贻考证，鲁迅留学日本时看过登张竹风的《尼采与二诗人》，并引用了他对尼采的一些评论。参见：［澳］张钊贻《早期鲁迅的尼采考》，载郜元宝编《尼采在中国》，上海三联书店，2001 年，第 859 - 860 页。

同尼采所提倡的道德观之间的差异。鲁迅指出："其（指卢希飞勒——引者）论善恶，正异尼佉（通译尼采，下同——引者）。尼佉意谓强胜弱故，弱者乃字其所为曰恶，故恶实强之代名；此则以恶为弱之冤谥。故尼佉欲自强，而并颂强者；此则亦欲自强，而力抗强者，好恶至不同，特图强则一而已。"❶ 意思是，卢希飞勒的善恶观同尼采的刚好相反。在尼采看来，失败的弱者将获胜的强者视为"恶"，因此"恶"实际上是"强"和"胜利"的代名词，"恶人""坏人"实际上是"强者"和胜利者的代名词，而"善"自然是"弱""弱者"和"失败者"的代名词。虽然魔鬼对善恶的定位同尼采刚好相反，但两人欲"自强""图强"的目标则是一致的。

《文化偏至论》以剖析近代以来西方社会出现的两大"文化偏至"现象及其原因为出发点，探讨中国文化革新应该采取的策略与方针。文中5次提到尼采及其思想，或者征引尼采的语句。第一次是征引尼采的原话来论证他对西方社会物欲横流现象的抨击："德人尼佉（Fr. Nietzsche）（通译尼采，下同——引者）氏，则假察罗图斯德罗（通译查拉图斯特拉——引者）之言曰，吾行太远，孑然失其侣，返而观夫今之世，文明之邦国矣，斑斓之社会矣。特其为社会也，无确固之崇信；众庶之于知识也，无作始之性质。邦国如是，奚能淹留？吾见放于父母之邦矣！聊可望者，独苗裔耳。"❷ 这段话出自《查拉图斯特拉如是说》一书的《文明的国度》一章。这段话不是对尼采原文的直译，而是将这一章里的一些语句加以改写，并重新连缀、组合。❸ 鲁迅引述这段文字，旨在指出作为"新神思宗"哲学家的尼采早就对近现代西方社会"重物质"的风尚进行过抨击。第二次是介绍和评价尼采的"超人说"。鲁迅指出，尼采"希望所寄，惟在大士天才"，与"大士天才"相对立的"愚民""庸众"；尼采认为如果"以愚民为本位，则恶之不殊蛇蝎"，因为一旦让他们治理和控制社会，就会使社会失去生机和活力，即"治任多数，则社会元气，一旦可隳"；既然如此，尼采坚决主张："不若用庸众为牺牲，以冀一二天才之出世，递天才出而社会之活动亦以萌"。鲁迅最后概括："所谓超人之说，尝震惊欧洲之思想界者也。"❶ 在此基础上，鲁

　　❶ 鲁迅《摩罗诗力说》，《鲁迅全集》第1卷，第80页。
　　❷ 鲁迅《文化偏至论》，《鲁迅全集》第1卷，人民文学出版社，2005年，第50页。
　　❸ F. Nietzsche. *Also Sprach Zarathustra. Friedrich Nietzsche Werke.* Band 2. Hg. von Karl Schlechta. Carl Hanser Verlag München. 1955, pp375 - 377.
　　❶ 鲁迅《文化偏至论》，《鲁迅全集》第1卷，第53页。

迅为尼采定位："若夫尼佉，斯个人主义之至雄桀者矣。"❶ 即认为尼采是宣扬个人主义思想的伟人、豪杰。第三次也是介绍尼采的"超人说"。在尼采看来，"惟超人出，世乃太平。苟不能然，则在英哲"。❷ 如果"超人"一时不能出现，则暂时寄望于"英哲"，"英哲"出，至少可以换得"太平"之世。从这些表述里面可以看出，鲁迅眼中的尼采的确是"个人主义之至雄桀"，的确是极端的精英主义者。第四次、第五次都是将尼采及其思想与挪威戏剧家易卜生及其主张放在一起来讨论。鲁迅指出："如尼佉伊勃生（通译易卜生，下同——引者）诸人，皆据其所信，力抗时俗示主观倾向之极致。"❸ 鲁迅还将尼采的"超人"形象同易卜生笔下的"强者"形象并提，然后解释两人的思想倾向："尼佉之所希冀，则意力绝世，几近神明之超人也"。尼采眼中的"超人"最大的特点是"意力绝世，几近神明"，差不多成了上帝的取代者；而"伊勃生之所描写，则以更革为生命，多力善斗，即近万众不慑之强者也"。❹ 从这些对比可以看出，鲁迅认为尼采和易卜生都有坚定而充实的精神力量，都是彻底的个人反叛者。

《破恶声论》中有一处提到尼采，是关于"超人说"的。鲁迅指出尼采此说的理论来源，认为它是尼采吸取达尔文进化论、批判基督教的基础上总结、提炼而成的，所谓"刺取达尔文进化之说，掊击景教（即基督教——引者），别说超人"；接着指出"超人说"的特质："虽云据科学为根，而宗教与幻想之臭味不脱"，而之所以如此，是因为尼采创立这一学说的目的，只是为了改变人们的传统信仰，宣扬一种新的信仰，即"特为易信仰，而非灭信仰"。❺ 提倡"超人说"只是为了"易信仰"，而不是彻底消除人们的信仰，必然会有宗教色彩。

总体来看，鲁迅谈及尼采的两项思想主张。一是"超人说"。需要指出的是，鲁迅认为尼采的"超人说""刺取达尔文进化之说"，与事实不符，因为尼采本人是反对进化论的。他曾经说过："生存竞争"的说法顶多只能够算是一种猜测，"与其说它已被证明，不如说它是一种武断"。❻ 即使存在

---

❶ 鲁迅《文化偏至论》，《鲁迅全集》第1卷，第53页。
❷ 鲁迅《文化偏至论》，《鲁迅全集》第1卷，第53页。
❸ 鲁迅《文化偏至论》，《鲁迅全集》第1卷，第55页。
❹ 鲁迅《文化偏至论》，《鲁迅全集》第1卷，第56页。
❺ 鲁迅《破恶声论》，《鲁迅全集》第8卷，人民文学出版社，2005年，第31页。
❻ ［德］尼采《偶像的黄昏》，周国平译，光明日报出版社，2000年，第63页。

生存竞争现象，"其结果和达尔文学派的愿望相反"，由于弱者"他们是多数，他们也更精明"，所以"弱者总是统治强者"，最终"物种并不走向完善"。[1]鲁迅将尼采的"超人说"与达尔文进化论挂钩，与他早就接受进化论有关。周作人回忆，鲁迅早在南京读书期间就看了严复翻译的赫胥黎《天演论》，但似懂非懂，"一直到了东京，学了日本文之后，这才懂得达尔文的进化论"，具体说是因为看到日本进化论思想宣传者丘浅治郎的《进化论》讲话，才完全"明白进化学说到底是怎么一回事"。[2]鲁迅写作与发表《破恶声论》的1908年前后，正属于他"明白进化学说到底是怎么一回事"是时候，自然容易将尼采的"超人说"与达尔文的进化论联系起来理解。二是对西方文化传统尤其是西方现代物质文明的批判。《文化偏至论》中那段引自《查拉图斯特拉如是说》的文字描述了"今之世"即19世纪后期欧洲社会的特点：科技发达、物质丰裕，是"文明之邦国""斑斓之社会"，但人们普遍缺乏创新意识和创新能力（"无作始之性质"）、缺乏坚定而崇高的信仰（"无确固之崇信"），只能算是一个丧失生机和希望因而将被时代所淘汰的"父母之邦"。由此看出，尼采认为西方现代文明的症结在于片面追求物质财富的繁荣，而忽略人们的精神追求与创新意识。

第二节　五四时期中国文坛对尼采的接受概况

据笔者目前掌握的资料，1909—1914年，中国知识界包括文学界对尼采思想的阐释几近空白。直到1915年，历史学家和文学批评家谢无量发表《德国大哲学者尼采之略传及学说》一文，才标志着中国知识界重新开启阐释与传播尼采思想的大幕。随着新文化运动的开始，中国兴起第一次"尼采热"。1920年8月，留日归来的李石岑在《民铎》杂志上专门开办"尼采号"，将中国知识界的第一次"尼采热"推向高潮。以1915年谢无量专文《德国大哲学者尼采之略传及学说》的问世为起点，以1931年李石岑专著《超人哲学浅说》的出版为终端，历时16年左右，这是中国知识界阐释与传播尼采思想的第一高潮期。这里所说的五四时期就是指这一时段。

---

[1]　［德］尼采《偶像的黄昏》，周国平译，第64页。
[2]　周作人《鲁迅的青年时代》，中国青年出版社，1956年，第50页。

第一章　20世纪中国作家接受尼采掠影

·17·

　　五四时期，新文化运动主帅陈独秀、胡适、李大钊等，新文化运动积极追随者谢无量、傅斯年、程天放等，五四新文学重要奠基人鲁迅、郭沫若、茅盾、郁达夫、徐志摩等，思想界、教育界的元老梁启超、蔡元培、朱执信等，以及历史、哲学、文学等领域的研究者李石岑、S. T. W.、朱侣云、范寿康、朱枕眉、包寿眉等，都加入到了阐释与传播尼采思想的阵营。本节集中梳理五四时期中国作家接受尼采哲学思想的史实。

一、文学革命将帅与尼采

　　1915 年 9 月，五四新文化运动与文学革命领袖陈独秀（1880—1942）在《青年杂志》（后改名《新青年》）创刊号上发表《敬告青年》一文。文章在批评中国人尤其是中国青年缺乏激情的时候，借用"德国大哲"尼采的道德观。文章指出，尼采将道德分成两类，一是"贵族道德（Morality of Noble）"，提倡"有独立心而勇敢"；二是"奴隶道德（Morality of Slave）"，标举"谦逊而服从"。❶ 在陈独秀看来，国人大多遵循尼采所鄙视的"奴隶道德"，如中国封建道德戒条"忠孝节义"就是典型的"奴隶之道德"，而不敢追求尼采所颂扬的"贵族道德"。陈独秀为中国"新青年"确立 6 条思想和行为准则，其中第一条"自主的而非奴隶的"❷，显然就是尼采的"贵族道德"。

　　次年 2 月，陈独秀在《新青年》上发表《人生真义》一文。文章引用宗教家、哲学家和科学家的看法以探讨人生的意义，在谈及哲学家的人生观时引述了尼采的"超人说"。陈独秀首先介绍"超人说"的具体内容，指出：尼采"主张尊重个人的意志，发挥个人的天才，成功一个大艺术家，大事业家，叫做寻常以上的'超人'"；尼采认定成为"超人""才算是人生目的"，为了实现这一目的，可以不择手段，"甚么仁义道德，都是骗人的说话"。❸ 虽然陈独秀对尼采的观点和中国古代哲学家杨朱的观点持保留态度，他声称："杨朱和尼采的主张，虽然说破了人生的真相；但照此极端做去，这组织复杂的文明社会，又如何行得过去呢？"但为"现在时代的人"所设计的 9 条"人生真义"中，又有不少与尼采的主张近似，如第二条认为"社会的文明幸福，是个人造成的，也是个人应该享受的"，第三条认为"社会

❶　陈独秀《敬告青年》，《青年杂志》1915 年第 1 号，第 3 页。
❷　陈独秀《敬告青年》，《青年杂志》1915 年第 1 号，第 3 页。
❸　陈独秀《人生真义》，载郜元宝编《尼采在中国》，上海三联书店，2001 年，第 54 页。

是个人集成的，除去个人，便没有社会；所以个人的意志和快乐，是应该尊重的"等，强调对个人欲望、意志的尊重，就同尼采的主张大同小异。❶

1916年8月22日，五四新文化运动与文学革命骁将李大钊（1889—1927）以"守常"为笔名在《晨钟》报上发表《介绍哲人尼杰》（通译尼采，下同——引者）一文。文章对尼采学说的介绍简明扼要，理解精准，态度也非常公允。文章涉及4个方面的内容。首先，指出尼采思想遭人误解的根本原因，在于"宗教之徒，愿谨之士，腼于偷安之习，伪善之说"，因而丧失了独立思辨的能力，"一闻尼杰（通译尼采——引者）之名，辄以危险思想目之"；为此，作者决定向中国读者介绍尼采思想："尼氏为近代思想大家，欲稔其为人及其学说，非兹短幅所能尽，兹揭其要以饷读者。"其次，综括尼采的学说，认为尼采思想的核心和目标就是"爱自己、爱社会、爱文明，而又酷爱生命"。尼采哲学的出发点与落脚点都是"欲于其自己要求与确信之上，建设真实生活之人"，为此强调"奋往突进，以蕲人性之解放与向上"，对内在的自我作"锐敏之省察"，对外在的社会作"深刻之批判，以根究人性之弱点与文明之缺陷"。再次，在勾勒尼采思想演变3阶段的基础上着重介绍其成熟时期的思想。尼采思想"以意志与创造为中心要素，以立主我思想之基础"，可以分为"破"与"立"两个方面。"破"的主张，具体指"攻击十九世纪凡俗主义、物质主义之文明"，"立"的主张指尼采"倡言超人哲学，鼓吹英雄主义，赞美力之享乐，高唱人格之权威，宣传战争之福音，而欲导现代文明于新理想主义之域"。最后，申述尼采思想对中国社会的作用。尼采思想对"最拘形式、重因袭、囚锢于奴隶道德"的中国人尤其是中国青年的刺激很大，"足以鼓舞青年之精神，奋发国民之勇气"。❷ 李大钊将中国传统道德称为"奴隶道德"，与陈独秀的见解不谋而合。

新文化运动和文学革命的另一位领袖胡适（1891—1962）在五四时期多次提到尼采的学说。他在1919年《新青年》第1号刊发《新思潮的意义》一文，认为五四新文化运动的精神即"新思潮的意义"就是尼采的"重估一切价值"主张。胡适说："据我个人的观察，新思潮的根本意义只是一种新态度。这种新态度可叫做'评判的态度'。……尼采说现今时代是一个

❶ 陈独秀《人生真义》，载郜元宝编《尼采在中国》，上海三联书店，2001年，第55-56页。
❷ 守常（李大钊）《介绍哲人尼杰》，1916年8月22日《晨钟》。

'重新估定一切价值'的时代。'重新估定一切价值'八个字便是评判的态度的最好解释。"❶

　　1922 年，胡适为《申报》五十周年纪念册《最近之五十年》写了《五十年来之世界哲学》一文。文中两次提到尼采及其学说。第一次是在该文的"引论"中谈及"怪杰"尼采的《悲剧的诞生》一书，认为它提出了酒神人生观这种全新的人生观，"这就是说，生命重于美术，而美术重于智识。这就是尼采'重新估定一切价值'的第一步"。❷ 第二次提及尼采是在该文的"尼采"一节。该节扼要介绍了尼采学说。首先从尼采思想与叔本华哲学相关联的角度，认定尼采哲学本质上是生命哲学。胡适指出："尼采也是浪漫主义的产儿。他接受了叔本华的意志论，而抛弃了他的悲观主义。叔本华说的意志，是求生的意志；尼采说的意志，是求权力的意志，生命乃是一出争权力的大戏；在这戏里，意志唱的是正角，知识等等都是配角。真理所以有用，只是因为他能帮助生命，提高生命的权力。生命的大法是：各争权力，优胜劣败。生命的最高目的是造成一种更高等的人，造成'超人'。战争是自然的，是不可免的；和平是无生气的表示。为求'超人'社会的实现，我们应该打破一切慈悲爱人的教训。叔本华最推崇慈悲，尼采说慈悲可以容纵弱者而压抑强者，是社会进步的最大仇敌。"❸ 其次，揭示尼采"重新估定一切价值"主张的具体内涵。胡适认为尼采的"价值重估"主张包括三个方面的内容，一是反对平等观即"民治主义"，因为"一切平民政治的主张：民权，社会主义，共产主义，无政府主义，都是反自然的"；二是反对传统道德即"奴隶的道德"；三是反对基督教，因为"基督教是奴隶的宗教"。❹ 胡适最后指出："'重新估定一切价值'，确有很大的破坏功劳。"❺

二、五四时期的鲁迅与尼采

　　1909 年从日本回国，直到 1917 年，鲁迅有 9 年时间没有谈论尼采。

❶　胡适《新思潮的意义》，《胡适文存》第 1 集，上海亚东图书馆，1921 年，第 1022 - 1023 页。
❷　胡适《五十年来之世界哲学》，《胡适文存》第 2 集，上海亚东图书馆，1924 年，第 219 - 220 页。
❸　胡适《五十年来之世界哲学》，《胡适文存》第 2 集，第 229 页。
❹　胡适《五十年来之世界哲学》，《胡适文存》第 2 集，第 229 - 230 页。
❺　胡适《五十年来之世界哲学》，《胡适文存》第 2 集，第 230 页。

1918 年，他用文言翻译《查拉图斯特拉如是说》的序言。此后，鲁迅在杂文与书信中多次提到尼采。❶ 在逝世的前一年，他还在为徐梵澄翻译的《苏鲁支语录》（通译《查拉图斯特拉如是说》——笔者）的出版事宜奔波。

1918 年，鲁迅用文言翻译《查拉图斯特拉如是说》（鲁迅译为《察罗堵斯德罗绪言》——笔者）一书序言的前三节。译文没有正式刊发，后来唐弢编《鲁迅全集补遗续编》时将它收录于"文艺复兴丛书第二辑"，由上海出版公司于 1952 年出版。1920 年，鲁迅又用白话文将该著（鲁迅译为《察拉图斯忒拉这样说》——笔者）的序言十节全部译出，以笔名"唐俟"发表在《新潮》杂志 1920 年第 2 卷第 5 期上，还专门写了"附记"。据笔者所知，此文是鲁迅一生中阐释尼采思想篇幅最长的一篇文字，非常珍贵，特别在此录出全文：

> 《察拉图斯忒拉这样说》（*Also Sprach Zarathustra*）是尼采的重要著作之一，总计四篇，另外《序言》（*Zarathustra's Vorrede*）一篇，是一八八三至一八八五年作的。因为只做了三年，所以这本书并不能包括尼采思想的全体；因为也经过了三年，所以里面又免不了矛盾和参差。
>
> 序言一总十节，现在译在前面；译文不妥当的处所很多，待将来译下去之后，再回上来改定。尼采的文章既太好；本书又用箴言（Sprueche）集成，外观上常见矛盾，所以不容易了解。现在但就含有意思的名词和隐晦的句子略加说明如下：
>
> 第一节叙 Zarathustra 入山之后，又大悟下山；而他的下去（Untergang），就是上去。Zarathustra 是波斯拜火教的教主，中国早知道，古来译作苏鲁支（琐罗亚斯德的旧译，见宋代姚宽《西溪丛语》卷上——引者）的就是；但本书只是用他名字，与教义无关，惟上山下山及鹰蛇，却根据着火教的经典（Avesta）和神话。
>
> 第二节叙认识的圣者（Zarathustra）与信仰的圣者在林中会见。
>
> 第三节 Zarathustra 说超人（Übermench）。走索者指旧来的英雄以冒险为事业的；群众对于他，也会麕集观览，但一旦落下，便都走散。游

---

❶ 有学者统计，鲁迅一生在自己的创作中直接或间接提及尼采的名字、观点或语句至少有 22 次，并在 10 余封书信中提及尼采。参见：张正吾《鲁迅早期尼采观探索》，《中山大学学报》1981 年第 3 期，第 81 - 88 页。

魂（Gespenst）指一切幻想的观念：如灵魂，神，鬼，永生等。不是你们的罪恶——却是你们的自满向天叫……意即你们之所以万劫不复者，并非因为你们的罪恶，却因为你们的自满，你们的怕敢犯法；何谓犯法，见第九节。

第四节 Zarathustra 说怎样预备超人出现。星的那边谓现世之外。

第五节 Zarathustra 说末人（Der Letzte Mensch）。

第六节 Zarathustra 出山之后，只收获了一个死尸，小丑（Possenreisser）有两样意思：一是乌托邦思想的哲学家，说将来的一切平等自由，使走索者坠下；一是尼采自况，因为他也是理想家（G. Naumann 说），但或又谓不确（O. Gramzow）。用脚跟搔痒你是跑在你前面的意思。失了他的头是张皇失措的意思。

第七节 Zarathustra 验得自己与群众太辽远。

第八节 Zarathustra 被小丑恐吓，坟匠嘲骂，隐士怨望。坟匠（Totengraeber）是专埋死尸的人，指陋劣的历史家，只知道收拾故物，没有将来的眼光；他不但嫌忌 Zarathustra，并且嫌忌走索者，然而只会诅咒。老人也是一种信仰者，但与林中的圣者截然不同，只知道布施不管死活。

第九节 Zarathustra 得到新真理，要寻求活伙伴，埋去死尸。我（Zarathustra）的幸福谓创造。

第十节鹰和蛇引导 Zarathustra 开始下去。鹰与蛇都是标征：蛇表聪明，表永远轮回（Ewige Wieder Kunft）；鹰表高傲，表超人。聪明和高傲是超人；愚昧和高傲便是群众。而这愚昧的高傲是教育（Bildung）的结果。❶

在"附记"里，鲁迅首先交代《查拉图斯特拉如是说》在尼采著述中的地位、构成和创作年代，并指出它的基本特点：内容方面，"并不能包括尼采思想的全体"，"免不了矛盾和参差"；形式上"用箴言集成，外观上常见矛盾"，因而"不容易了解"。"附记"的主体部分有两项内容，一是依次归纳序言十节的内容，二是"就含有意思的名词和隐晦的句子略加说明"，即对各种人物形象、意象和重要语句逐一解说。鲁迅介绍该书标题涉及的人

---

❶ 唐俟（鲁迅）《〈察拉图斯忒拉的序言〉译者附记》，《新潮》合订本第 2 册，上海书店，1986 年，第 972—973 页。

物与典故："Zarathustra（通译查拉图斯特拉——引者）是波斯拜火教的教主，中国早知道，古来译作苏鲁支（琐罗亚斯德的旧译，见宋代姚宽《西溪丛语》卷上——引者）的就是；但本书只是用他名字，与教义无关，惟上山下山及鹰蛇，却根据着火教的经典（Avesta）和神话。"此外，从"译文不妥当的处所很多，待将来译下去之后，再回上来改定"这一句判断，鲁迅当初是计划翻译整部《查拉图斯特拉如是说》的，可惜后来没有完成这一心愿。

1918—1919 年，鲁迅在《新青年》杂志上发表多篇"随感录"和其他杂文，这些文章连同稍后至 1924 年所写的部分文章结集成《热风》，由北京北新书局于 1925 年出版。这本为鲁迅赢得"中国的尼采"名声的杂文集里有不少篇章引述尼采的语句，或阐发尼采的思想。《随感录四十一》（1919）针对当时社会上一些人不图改进、不思进化的现象，鲁迅祭出尼采的"超人说"加以抨击。他指出："尼采式的超人，虽然太觉渺茫，但就世界现有人种的事实来看，却可以确信将来总有尤为高尚尤近圆满的人类出现。"[1] 按照尼采的观点，人类必然进化，也必须进化。为了鼓励中国青年"都摆脱冷气，只是向上走，不必听自暴自弃者的话……不必理会这冷笑和暗箭"，鲁迅特别引用《查拉图斯特拉如是说》（鲁迅译为《扎拉图如是说》——笔者）序言第 3 节描绘"超人"形象的语句："真的，人是一个浊流。应该是海了，能容这浊流使它干净。咄，我教你们超人，这便是海，在他这里，能容下你们的大侮蔑。"[2] 随后鲁迅还化用尼采将"超人"比喻为大海的语句，劝中国青年"纵令不过一洼浅水，也可以学学大海"，意思是，不要自卑和自惭形秽，而且要勇敢地面对一切干扰，"几粒石子，任他们暗地里掷来；几滴秽水，任他们从背后泼来就是了"。[3] 《随感录四十六》（1919）针对《时事新报》上一幅攻击"提倡新文艺的人"都崇拜"外国的偶像"的漫画，鲁迅指出：中外都有偶像，但是外国破坏偶像的人更多，"那达尔文易卜生托尔斯泰尼采诸人，便都是这近来偶像破坏的大人物"。鲁迅接着描绘这些"偶像破坏者"的精神气质，称"他们都有确固不拔的自信，所以决不理会偶像保护者的嘲骂"，同时"也不理会偶像保护者的恭维"。[4] "偶像

---

[1] 鲁迅《随感录四十一》，《鲁迅全集》第 1 卷，人民文学出版社，2005 年，第 341 页。
[2] 鲁迅《随感录四十一》，《鲁迅全集》第 1 卷，第 341 页。
[3] 鲁迅《随感录四十一》，《鲁迅全集》第 1 卷，第 342 页。
[4] 鲁迅《随感录四十六》，《鲁迅全集》第 1 卷，人民文学出版社，2005 年，第 349 页。

保护者"表面对人笑脸盈盈，但背地里一肚子坏水，为了提醒人们注意"偶像保护者"的居心叵测和双面人做派，鲁迅又引用尼采的原话："他们又拿着称赞，围住你嗡嗡地叫：他们的称赞是厚脸皮。他们要接近你的皮肤和你的血。"❶ 意思是，偶像保护者对你的称赞是假，像蚊子一样叮你的皮肤吸你的血才是真。文章最后，鲁迅从一个特殊的角度肯定尼采推崇的古希腊太阳神阿波罗，指出："与其崇拜孔丘关羽，还不如崇拜达尔文易卜生；与其牺牲于瘟将军五道神，还不如牺牲于 Apollo（即阿波罗——引者）。"❷ "瘟将军五道神"是中国民间崇拜的掌管瘟疫和灾害的神祇，阿波罗是古希腊神话中掌管光明、健康与艺术之神，鲁迅否定前者，却肯定后者是值得崇拜的新神。

鲁迅 1927 年之前所写的杂文中，还有一些篇目援引了尼采的观点来阐明自己的主张，或者直接引用尼采的语句来论证自己的观点。鲁迅在致钱玄同的信《渡河与引路》（1918）中说："Nietzsche 说，见车要翻了，推它一下。"❸ 尼采在自己的著作中并没有明确说过"车要翻了，推它一下"一类的话，与这句话最为接近的说法出现在《查拉图斯特拉如是说》的《新榜与旧榜》一章第 20 节。尼采说："噢，弟兄们，我残酷吗？可我还是要说：墙倒众人推，就是要推！当今的一切都坍塌了，衰败了，谁想维持它呢？我却要推它！"❹ 尼采说的墙倒了，不如推倒，并且引申说：一切要坍塌的东西都不必维持，自己的态度就是推它一把。尼采说得很笼统，后来丹麦文学批评家勃兰兑斯在《尼采》一书中将这句话引申为："扎拉斯图拉（通译查拉图斯特拉，下同——引者）是不讲仁慈的。有人告诫我们：不要去推一辆快要翻倒的货车。但扎拉图斯特拉却说：那辆车反正是要坠毁的，就让我们再推一把吧。我们时代的一切都在下坠和腐烂，谁也别想改变这种趋势。扎拉图斯特拉只是力图加快这种下坠的速度。"❺ 鲁迅对这段话作了变通处

❶ 鲁迅《随感录四十六》，《鲁迅全集》第 1 卷，第 349 页。

❷ 鲁迅《随感录四十六》，《鲁迅全集》第 1 卷，第 349 页。

❸ 鲁迅《渡河与引路》，《鲁迅全集》第 7 卷，人民文学出版社，2005 年，第 38 页。

❹ F. Nietzsche. *Also Sprach Zarathustra*. Karl Schlechta. *Friedrich Nietzsche Werke*：Band 2. München：Carl Hanser Verlag, 1955, P455.

❺ ［丹］勃兰兑斯《尼采》，安延明译，工人出版社，1985 年，第 105－106 页。

理。❶ 与尼采见车要翻了就推一下的态度相对立的是耶稣的说法："耶稣说，见车要翻了，扶它一下。"鲁迅如何看待这两种态度？他说："我自然是赞成耶稣的话；但以为倘不愿你扶，便不必硬扶，听他罢了。以后能够不翻，固然很好；倘若终于翻了，然后再来切切实实的帮他抬。"❷ 由此可见，与其说鲁迅是赞同耶稣的做法，还不如说他真正赞同的是尼采的做法。1921 年，鲁迅翻译俄国无政府主义作家阿尔志跋绥夫（1878—1927）的中篇小说《工人绥惠略夫》。为什么翻译这部作品呢？鲁迅解释说，就是因为感动于绥惠略夫"确乎显出尼采式的强者的色彩来"，"用了力量和意志的全副，终身战争，就是用了炸弹和手枪，反抗而且沦灭"。❸ 鲁迅对尼采及其"超人"思想的欣赏不言自明。1925 年，鲁迅在《论照相之类》一文中提及自己见过多位外国名人的照片，其中就有"尼采一脸凶相"。有人据此认为鲁迅这是在贬低尼采，但问题是，鲁迅提及的外国名人的照相都不甚雅观，如叔本华"一脸苦相"，王尔德"有点呆相"，而罗曼·罗兰"带点怪气"，高尔基"简直像一个流氓"。其实鲁迅嬉笑调侃之间，表达了对尼采等人"悲哀和苦斗"的同情与敬意。❹ 同年，鲁迅在《再论雷峰塔的倒掉》一文中指出，尼采同卢梭同托尔斯泰、易卜生等人都是"轨道破坏者"，"他们不单是破坏，而且是扫除，是大呼猛进，将碍脚的旧轨道不论整条或碎片，一扫而空"。❺ 尼采"破坏轨道"，是"重新估定一切价值"主张的另一种说法。1926 年，鲁迅在《有趣的消息》一文里调侃某些人采取实用主义的态度对待前人和外国人的理论，其中就提到："要人帮忙就有克鲁泡特金的《互助论》，勃朗宁夫妇岂不是讲恋爱的模范么，勖本华尔（通译叔本华——引者）和尼采又是诅咒女人的名人。"❻ 尼采的确说过"你到女人那里去吗？别忘记带上你的鞭子！"之类的话❼，但并非简单地贬低女人，而鲁迅在这里是批评对他人理论的实用主义态度，而不是批判尼采的女人论。

---

❶ 澳大利亚汉学家张钊贻认为鲁迅本人很可能没有读过勃兰兑斯的著作，而是通过周作人 1917 年 4 月 26 日借阅勃兰兑斯此著，再由周作人转述给鲁迅这段话。笔者以为这种说法过于牵强。参见：张钊贻《早期鲁迅的尼采考》，郜元宝《尼采在中国》，上海三联书店，2001 年，第 864 - 865 页。

❷ 鲁迅《渡河与引路》，《鲁迅全集》第 7 卷，第 38 页。

❸ 鲁迅《译了〈工人绥惠略夫〉之后》，《鲁迅全集》第 10 卷，人民文学出版社，2005 年，第 184 页。

❹ 鲁迅《论照相之类》，《鲁迅全集》第 1 卷，人民文学出版社，2005 年，第 195 - 196 页。

❺ 鲁迅《再论雷峰塔的倒掉》，《鲁迅全集》第 1 卷，人民文学出版社，2005 年，第 202 页。

❻ 鲁迅《有趣的消息》，《鲁迅全集》第 3 卷，人民文学出版社，2005 年，第 212 页。

❼ ［德］尼采《查拉图斯特拉如是说》，钱春绮译，北京三联书店，2007 年，第 72 页。

1927 年以后直至病逝，鲁迅仍然多次提及尼采、引用尼采的语句或者阐发尼采的思想。他在《新的世故》（1927）一文中化用尼采的话回敬高长虹。后者曾经攻击鲁迅"蝎子撩尾以中伤青年作者的豪兴"❶。鲁迅回敬说："不过这也近乎蝎子撩尾，不多谈；但也不要紧。尼采先生说过，大毒使人死，小毒是使人舒服的。"❷ 尼采此句出自《查拉图斯特拉如是说》序言第 5 节，鲁迅 1920 年翻译过，相关译文如下："加减一点毒：会做舒服的梦。终于许多毒：便是舒服的死。"❸ 意思是，蝎子撩尾只是轻轻地蜇对方一下，给点小毒素，"是使人舒服的"，有时倒可以刺激或者警醒对方，何来"中伤青年作者的豪兴"？鲁迅在《怎么写》（1927）一文中提及"尼采爱看血写的书"一事。❹ 1933 年又在《祝〈涛声〉》一文里提及："文明古国中的艺术家，当然只好卖血，尼采说过：'我爱血写的书'呀。"❺ 鲁迅对尼采所说的"血"（das Blut）一词的理解有误，后面再论。在《致〈近代美术史潮论〉的读者诸君》（1929）一文中，鲁迅针对有人认为自己翻译日本学者板垣鹰穗的《近代美术史潮论》一书是因小失大的质疑，承认该书"决非不朽之作"，但自己不敢翻译"伟大的歌德，尼采和马克斯（通译马克思——引者）"，因为"自省才力，还不能移译他们的书"。❻ 由此可见鲁迅将尼采视为"伟大"人物。鲁迅在《我和〈语丝〉的始终》（1930）一文中谈到自己对《语丝》杂志的态度时，自己曾经犹豫过要不要支持这家刊物，但也没有"彷徨"多久"就决定，还是照旧投稿了"，"因为那时还有一点读过尼采的《Zarathustra》（即《查拉图斯特拉如是说》——引者）的余波"。有了"《Zarathustra》的余波"的影响，鲁迅就说："从我这里只要能挤出——虽然不过是挤出——文章来，就挤了去罢，从我这里只要能做出一点'炸药'来，就拿去做了罢。"❼ 他在《"硬译"与"文学的阶级性"》（1930）一文中感叹中国人接受外国人的思想时常常极其浮躁，譬如，"曾经大谈达

❶ 高长虹《琐记两则》，《走到出版界》，上海泰东图书局，1929 年，第 160 页。

❷ 鲁迅《新的世故》，《鲁迅全集》第 8 卷，人民文学出版社，2005 年，第 185 页。

❸ 唐俟（鲁迅）《察拉图斯忒拉的序言》，《新潮》合订本第 2 册，上海书店，1986 年，第 963 页。

❹ 鲁迅《怎么写》，《鲁迅全集》第 4 卷，人民文学出版社，2005 年，第 19 页。

❺ 鲁迅《祝〈涛声〉》，《鲁迅全集》第 4 卷，人民文学出版社，2005 年，第 19 页。

❻ 鲁迅《致〈近代美术史潮论〉的读者诸君》，《鲁迅全集》第 8 卷，人民文学出版社，2005 年，第 310 页。

❼ 鲁迅《我和〈语丝〉的始终》，《鲁迅全集》第 4 卷，人民文学出版社，2005 年，第 172 页。

尔文,大谈尼采,到欧战时候,则大骂了他们一通",但其实很可能没有认真阅读过他们的书,也没有研究过他们的思想,"达尔文的著作的译本,至今只有一种,尼采的则只有半部"。❶尼采半部是指郭沫若1928年翻译、上海创造社出版部出版的《查拉图司屈拉钞》,只有26章。鲁迅在《由聋而哑》(1933)一文中借用尼采的"末人"形象来比喻当时中国文坛的萧条对青年作家造成的后果。统治当局及其御用文人禁止外国思潮的引进和世界名作的翻译,"他们要掩住青年的耳朵,使之由聋而哑,枯涸渺小,成为'末人'";正如"用秕谷来养青年,是决不会壮大……且要更渺小"。❷鲁迅曾经翻译过尼采描写"末人"形象的语句,这种人缺乏创新的愿望与能力,懒得追问也弄不明白"甚么是爱?甚么是创造?甚么是热望?甚么是星?"❸顺手借用尼采的比喻,表明鲁迅对尼采思想的熟稔。鲁迅在《"题未定"草(五)》(1935)一文里肯定成仿吾"不屑看流行的作品,要从冷落堆里提出作家来"的做法,接着选取一个外国文学批评家的例子加以证明:"虽然勃兰兑斯曾从冷落中提出过伊孛生(通译易卜生——引者)和尼采,但我们似乎也难以斥他为追随或奴性。"❹勃兰兑斯"从冷落中提出"尼采,不仅不是"奴性"的表现,反而是慧眼识珠,发现了一位震铄古今的思想大家。同样,成仿吾"从冷落堆里提出作家来"也正是伯乐识千里马、发现文学大师的做法。鲁迅生平最后一次提及尼采是在1935年12月30日所写的《且介亭杂文·序言》里。鲁迅说:"战斗一定有倾向。这就是邵施杜林之流的大敌,其实他们所憎恶的是内容,虽然披了文艺的法衣,里面却包藏着'死之说教者',和生存不能两立。"❺"死之说教者"是《查拉图斯特拉如是说》第9章的标题"Von den Predigern des Todes",得到鲁迅帮助的徐梵澄所翻译的《苏鲁支语录》就将这一标题译为"死的说教者"。

通观五四时期鲁迅直接或间接提及尼采及其思想的文字,可以看出他重点关注的尼采思想主要有两个方面,一是"超人说",二是"价值重估说",即"偶像破坏""轨道破坏"主张。

---

❶ 鲁迅《"硬译"与"文学的阶级性"》,《鲁迅全集》第4卷,人民文学出版社,2005年,第216页。

❷ 鲁迅《由聋而哑》,《鲁迅全集》第5卷,人民文学出版社,2005年,第295页。

❸ 唐俟(鲁迅)《察拉图斯忒拉的序言》,《新潮》合订本第2册,上海书店,1986年,第963页。

❹ 鲁迅《"题未定"草(五)》,《鲁迅全集》第6卷,人民文学出版社,2005年,第402页。

❺ 鲁迅《且介亭杂文·序言》,《鲁迅全集》第6卷,人民文学出版社,2005年,第402页。

笔者特别要指出的是，晚年的鲁迅对尼采及其思想的态度已经不像留日时期和五四时期那样只有单纯的崇敬，而是多了客观理性的态度。他在《拿来主义》（1934）一文中说："尼采就自诩过他是太阳，光热无穷，只是给与，不想取得。""然而尼采究竟不是太阳，他发了疯。"❶ 尼采在《查拉图斯特拉如是说》序言中通过查拉图斯特拉之口自比为太阳，"愿意赠送和派发，直到世人中的智者再度乐其愚，贫者再度乐其富"。❷ 鲁迅称尼采为"疯子"，论者多认为是对尼采的贬斥，其实这一说法经不起推敲，因为鲁迅在《再论雷峰塔的倒掉》一文中也称自己心仪的卢梭、尼采、托尔斯泰、易卜生等人为"卢梭式的疯子"。尼采晚年的确患了精神病，鲁迅这样说只是指出一个事实而已。鲁迅在《"寻开心"》（1934）一文中提到："尼采式的短句"和"古里古怪的诗""所谓未来派的作品"一样，都是让"忠厚老实的读者或研究者""吃冤枉苦头的"，读起来难受。❸ 鲁迅并未对"尼采式的短句"作进一步的解释，但他对"尼采式的短句"持否定态度，则是非常明显的。鲁迅在《〈中国新文学大系·小说二集〉导言》（1935）一文里共有 4 处提到尼采及其思想。第一处谈论自己的短篇小说《狂人日记》所接受的外国元素，除了俄国作家果戈理《狂人日记》的影响之外，还有"尼采（Fr. Nietzsche）也早借了苏鲁支（Zarathustra）（通译查拉图斯特拉——引者）的嘴"所说的话对自己的影响，尼采通过查拉图斯特拉的口说的话是："你们已经走了从虫豸到人的路，在你们里面还有许多份是虫豸。你们做过猴子，到了现在，人还尤其猴子，无论比那一个猴子。"这句话出自《查拉图斯特拉如是说》序言第 3 节，指出人类的进化并不彻底，以至于至今依然保持着猴子的本性。鲁迅借用这句话批判人类"进化"得不彻底，以致现在还到处存在"吃人"的现象。鲁迅认为这篇小说"意在于暴露家族制度和礼教的弊害，却比果戈理的忧愤深广，也不如尼采的超人的渺茫"。❹ "超人的渺茫"，说明鲁迅认定尼采的"超人"说是空幻而虚无缥缈的，显然有对"超人"说的否定。第二处指出浅草社与沉钟社成员的心情"是大抵热烈，然而悲凉的"，原因在于他们摄取了尼采以及王尔德、波德莱尔、安特莱夫

❶ 鲁迅《拿来主义》，《鲁迅全集》第 6 卷，人民文学出版社，2005 年，第 39 页。

❷ ［德］尼采《查拉图斯特拉如是说》，钱春绮译，北京三联书店，2007 年，第 3 - 4 页。

❸ 鲁迅《"寻开心"》，《鲁迅全集》第 6 卷，第 279 页。

❹ 鲁迅《〈中国新文学大系·小说二集〉导言》，载鲁迅编选《中国新文学大系·小说二集》，上海良友图书印刷公司，1935 年，第 1 - 2 页。

文学与哲学的融合——20世纪中国作家接受尼采史论

等"'世纪末'的果汁"。❶ 这里当然有明显的批评意味。第三处谈论高长虹吸取尼采的思想和文风，产生了不良后果。起初高长虹"尚未以'超人'自命，还带着并不自满的声音"，后来"日见其'超越'"，还"拟尼采样的彼此都不能解的格言式的文章，终于使周刊难以存在"。❷ 鲁迅认定尼采的"超人"自满自大，而"尼采样的格言式文章"晦涩难懂，都是持否定态度。第四处是在引述狂飙社成员向培良长篇小说《我离开十字街头》中那位"不知名的反抗者"表达对北京城的憎恶并表示"我需要呕吐，于是提着我的棍走了"一段文字之后，鲁迅发出这样的感慨："在这里听到了尼采声，正是狂飙社进军的鼓角。尼采教人们准备着'超人'的出现，倘不出现，那准备便是空虚。"向培良在作品中发出的"尼采声"就是尼采的"超人"思想，但"超人"是不可能很快就诞生的，宣传"超人"思想的人们只能陷于空虚、落寞和无奈之中。在鲁迅看来，尼采作为"超人"的构想者，落寞甚至绝望，"自有其下场之法的：发狂和死"。❸

晚年鲁迅对尼采思想以及文风的态度已经没有青年和中年时期的狂热，多了客观、理性的评价，有时还有一些否定的和负面的声音。笔者认为，晚年鲁迅对尼采的理性甚至负面的评价，并不能说明他完全离开了尼采，只表明此时他更为理性更为成熟而已。

三、创造社与尼采

1921 年 7 月成立于日本东京的创造社，其发起人是郭沫若、郁达夫、成仿吾、田汉等留日学生。他们居留日本的时间大体上在大正时代（1912—1925）前后，他们接触尼采著作、接受其思想也大多在这一时段。按照日本学者伊藤虎丸的说法，此时日本思想界、学术界和文学界依然流行"尼采热"，而日本知识青年也刚好基本上完成由狂热的"政治青年"向浪漫的"文学青年"的转型，纷纷"抛弃参与政治的意识"，强调"自我或感情"，与之相应，他们心目中的尼采形象有两种：一种是"个人主义的文明批评

---

❶ 鲁迅《〈中国新文学大系·小说二集〉导言》，载鲁迅编选《中国新文学大系·小说二集》，第 5 - 6 页。

❷ 鲁迅《〈中国新文学大系·小说二集〉导言》，载鲁迅编选《中国新文学大系·小说二集》，第 12 - 13 页。

❸ 鲁迅《〈中国新文学大系·小说二集〉导言》，载鲁迅编选《中国新文学大系·小说二集》，第 15 页。

家",凸显的是尼采从个人主义立场揭露和批判西方的理性主义和基督教传统;另一种是"自由主义的本能主义者",彰显的是尼采的酒神精神论、权力意志论所包含的本能冲动。❶当时日本"文学青年"们眼中的尼采俨然成了他们反抗国家意识与传统道德的个人主义、唯美主义诉求的载体和化身。创造社发起者从大正时期日本的知识界接受的正是这种"文明批评家"与"本能主义者"尼采形象,以及这两种尼采形象所蕴含的逃避现实、张扬自我、崇尚天才、要求满足本能的情绪与愿望。

创造社发起人极力推崇尼采的"创造者"精神,甚至将它当作自己社团的意识形态。最典型的例证,就是在 1923 年《创造》季刊第 2 卷第 1 号"创作"栏目的扉页上用德语和汉语两种文字醒目地印着尼采的一句名言,德文形式是:"Mit deiner Liebe gehe in deine Vereinsamung und mit deinem Schaffen, mein Bruder; und spät erst wird die Gerechtigkeit dir nachhinken." 尼采这句话出自《查拉图斯特拉如是说》的《创造者之路》一章。随后的中译文字很可能出自郭沫若之手:"兄弟,请偕你的爱情和你的创造走向孤独罢,公道要隔些时日才能跛行而随你。"因为这一年郭沫若将这一章全文译出,以《创造者之路》为题发表在《创造周报》第 23 号上,两相对照可以看出,同一句话的译文几乎没有区别。尼采在这一章里集中阐述了"创造者"精神。所谓创造者精神,主要包括两个方面的内容:一是创新精神。创造者敢于成为"初始运动"与"自动旋转的轮子"的精神,"能够自己创造善与恶";二是孤独自爱、坚忍冷酷的精神。创造者能够"孤独地走向通往自己的道路",面对"嫉妒之眼",他必须淬砺自己的意志。❷简言之,创造者精神的实质就是张扬自我、鼓吹创新。

创造社发起人大多对尼采其人其说非常熟悉。这里介绍郭沫若、郁达夫、成仿吾、田汉以及白采等人对尼采及其思想的接受情况。

郭沫若(1892—1978)1914 年赴日学医,在冈山第六高等学校学习期间(1915—1918 年)初遇尼采。回国后,郭沫若曾经狂热醉心于尼采,他曾因上海一家外国书店没有尼采自传《瞧!这个人》而骂这家书店是"破

---

❶ [日]伊藤虎丸《鲁迅早期的尼采观与明治文学》,徐江译,《文学评论》1990 年第 1 期,第 139 - 140 页。

❷ F. Nietzsche. *Also Sprach Zarathustra*. Karl Schlechta. *Friedrich Nietzsche Werke*:Band 2. München:Carl Hanser Verlag, 1955, PP326 - 328.

纸篓"。❶ 1919 年，郭沫若在《匪徒颂》一诗里将尼采同哥白尼、达尔文并列，视为"学说革命的匪徒"，并热情高呼："倡导超人哲学的疯癫，欺神灭像的尼采呀！……万岁！万岁！万岁！"据查，这是郭沫若最早提及尼采的文字记载。1920 年 7 月 26 日，他在给新潮社成员陈建雷的信（题为《论诗》，原载《新的小说》第 2 卷第 1 期——笔者）中明确承认："我的诗多半是种反性格的诗，同德国的尼采 Nietzsche 相似。"❷ 所谓"反性格"即反叛精神、破坏意识，这同尼采的"重新估定一切价值"主张是暗合的。

1923 年 5 月—1924 年 1 月，郭沫若致力于《查拉图斯特拉如是说》（郭沫若译为《查拉图司屈拉》《查拉图司屈拉之狮子吼》——笔者）的翻译，共译出 26 章。经笔者查证，郭沫若翻译了《查拉图斯特拉如是说》正文第 1 卷的全部 22 章和第 2 卷的前 4 章，没有翻译该著的序言 10 节，然后逐一将译文刊登在创造社刊物《创造周报》的 26 号上面。具体篇目及刊期如下：《三种的变形》（第 1 号），《道德之讲座》（第 2 号），《遁世者流》（第 3 号），《肉体的蔑视者》（第 4 号），《快乐与热狂》（第 5 号），《苍白的犯罪者》（第 6 号），《读书与写作》（第 11 号），《山上树》（第 12 号），《死之说教者》（第 13 号），《战争与战士》（第 14 号），《新偶像》（第 16 号），《市蝇》（第 17 号），《贞操》（第 18 号），《朋友》（第 19 号），《千有一个的目标》（第 21 号），《邻人爱》（第 22 号），《创造者之路》（第 23 号），《老妇与少女》（第 24 号），《蝮蛇之啮》（第 25 号），《儿女与结婚》（第 26 号），《自由的死》（第 27 号），《赠贻的道德》（第 28 号），《持镜的小孩》（第 31 号），《幸福的岛上》（第 33 号），《博爱家》（第 34 号），《僧侣》（第 39 号）。《创造周报》第 1 号出版的日期是 1923 年 5 月 13 日，第 39 号出版的时间是 1924 年 1 月 20 日。1928 年，郭沫若将这些译文结集，以《查拉图司屈拉钞》为题，交由上海创造社出版部出版单行本。

郭沫若在《创造周报》第 1 号上发表《译者识》，介绍自己翻译尼采著作的原因以及《查拉图斯特拉如是说》的一些情况。他说自己之所以着手翻译此书，是因为："尼采的思想前几年早已影响模糊地喧传于国内，但他的著作尚不曾有过一部整个的翻译。……我现在不揣愚昧，要把他从德文原文来移译一遍"，足见此时的他对尼采的喜爱和崇敬。郭沫若接着介绍《查拉

---

❶ 郭沫若《沫若文集》第 8 卷，人民文学出版社，1958 年，第 399 页。
❷ 郭沫若《致陈建雷（一）》，《郭沫若书信集》上册，中国社会科学出版社，1992 年，第 173 页。

图斯特拉如是说》的情况:"这部书共分四部,第一部的开首有一段'序说',其余各部在形式上是由各段可以独立的教喻组织成的。"他还特别解释自己为何不从序言开始翻译的原因:"'序说'一篇,听说国内已经早有两人翻译过了,我在此不想急于重译,只从各段的说教译起,俟将来出单行本时再来补译序说。"他还说:"俟将来全部译峻之后再来汇集成书。"❶ 由此可知,郭沫若起初是打算翻译整部著作的。遗憾的是,《查拉图司屈拉钞》单行本在1928年问世了,郭沫若后来却放弃了全书的翻译。郭沫若为何爽约呢?他在1938年的回忆录《创造十年续编(1924—1926)》中解释了个中原由。原来,尽管郭沫若"译的相当有趣",但读者"反响却是寂寥",译者"偶尔在朋友间扣问,都说难懂,因此,便把译的勇气渐渐失掉了"。其实民间还是有热心的尼采读者。1926年初,郭沫若去江苏吴县一个偏僻小镇参加创造社同仁严良才的婚礼,新娘就说自己爱读《查拉图斯屈拉如是说》,并问译者:"为什么不把它译完呢?是思想变了?"面对这番问话,郭沫若承认:"那时的尼采已经老早离开了我的意识中心了。"❷ 1958年,郭沫若对自己放弃尼采著作翻译一事再次说明,是因为自己"事实上是'拒绝'了它",当时"中国革命运动逐步高涨,把我向上看的眼睛拉到向下看,使我和尼采发生了很大的距离"。❸ 也就是说,尼采在《查拉图斯特拉如是说》中宣扬的"超人说"是一种高远而虚空的理想,只会引导青年郭沫若"向上看",当"中国革命运动逐步高涨"时,他的眼睛开始"向下看",便放弃尼采著作的翻译了。

读者阅读郭沫若的译作之后,普遍觉得难以理解,有读者来信希望译者能够对如何阅读尼采著作、理解尼采思想给予适当的指导,于是郭沫若发表《雅言与自力——告我爱读〈查拉图司屈拉〉的友人》(载《创造周报》1923年第30号)一文,就这些问题一一作了说明。郭沫若重点说明自己不敢答应读者在译文里"加些注释"等要求的原因,特别提及自己对《查拉图斯特拉如是说》的看法。郭沫若指出:《查拉图斯特拉如是说》是尼采的"心血和雅言"相结合的产物,"尼采的性格是有一种天才崇拜癖的人,爱

❶ 郭沫若《〈查拉图司屈拉之狮子吼〉译者识》,《创造周报》1923年第1号,第12—13页。
❷ 郭沫若《创造十年续编》,《郭沫若全集(文学编)》第12卷,人民文学出版社,1992年,第287页。
❸ 郭沫若《〈雅言与自力〉附记》,《郭沫若全集(文学编)》第15卷,人民文学出版社,1992年,第190页。

以一己的理想输入于个体之中，以满足其崇拜的欲望"。尼采先后崇拜德国哲学家叔本华、德国戏剧家瓦格纳，并曾经寄望于自己的短暂女友，但最终一一失望，"不得不受失望之痛苦。……一生渴求知己，而知己渺不可得。于孤独的悲哀与疾病的困厄中乃凝集其心血于雅言，求知己于'离去人类与时代的六千英尺以外'"。然而尼采以书求知己的心愿并未得到满足，"他第一部（指《查拉图斯特拉如是说》第1卷——引者）出书时便多方受人误解"，以至于尼采叹息说："我所思想的对于许多人尚没有一人成熟；不怕诲者谆谆，而听者终是邈邈"；等到"他的第四部书（指《查拉图斯特拉如是说》第4卷——引者）成书时，他便没有公开的勇气了。他只印了四十部，想送给'这样的人，能够值得领受的'。但结果他的四十部书也只送了七部"。❶

　　1923年，郭沫若给当时留学德国的宗白华回信中两次评论尼采的观点。第一次，郭沫若借用尼采的概念来解释希腊文明的特点："希腊文明之静态，正如尼采所说：乃是一种动的Dionysos（通译狄奥尼索斯，古希腊酒神——引者）的精神祈求的一种静的Apollo（通译阿波罗，古希腊日神——引者）式的表现。它的静态，正是活静而非死静。"在这段话之前，郭沫若解释："活静与死静不同：活静是群力合作的平衡状态，而死静则是佛家的枯槁寂灭。"❷说古希腊文明是狄奥尼索斯精神即酒神精神与阿波罗精神即日神精神"群力合作的平衡状态"，是一种"活静"，这是对尼采《悲剧的诞生》的简略而准确的概括。宗白华来信提到这样一种情形："战前（指第一次世界大战——引者）德国青年在山林中散步时怀中大半带了一本尼采的Zarathustra（中译《查拉图斯特拉如是说》——引者），现在德国的青年却带老子的《道德经》。"郭沫若针对这一现象第二次提及尼采。宗白华本意是说，"一战"前德国青年欣赏尼采《查拉图斯特拉如是说》一书宣讲的"超人"思想，战后转而欣赏中国老子清静无为的思想和态度，宗白华的潜台词是尼采思想和老子思想有很大的差别。郭沫若却不这么认为，反而觉得："我于老子与尼采的思想之中，并发见不出有甚么根本的差别。……德国的青年如于老子的镜子之中照出尼采的面孔，犹如我们在尼采的镜子之中照出老子的面孔一样，那是我们可以互相欣幸的。"即是说，尼采思想同老子思想恰恰有

---

❶　郭沫若《雅言与自力》，《创造周报》1923年第30号，第2页。
❷　郭沫若《论中德文化书》，《创造周报》1923年第5号，第12页。

更多的相近或相通之处,两者"同是反抗有神论的宗教思想,""同是反抗藩篱个性的既成道德,""同是以个人为本位而力求积极的发展"。❶

郁达夫(1896—1945)1913 年中学毕业后留学日本,1914 年 7 月考入日本东京第一高等学校医科部,三年后进入东京帝国大学经济学部学习,在日本学习、生活了近 10 年。据笔者查证,郁达夫首次提及尼采是在 1921年。他在短篇小说《沉沦》中写到主人公、留日学生"他",因为觉得学校里的教科书味同嚼蜡,便跑到山腰水畔去看文学书,"有时他在山中遇见一个农夫,便把自己当作 Zarathustra,把 Zarathustra 所说的话,也在心里对那农夫讲了"。Zarathustra 即查拉图斯特拉,是尼采《查拉图斯特拉如是说》中到处游走、不厌其烦地宣讲"超人说"与"永恒轮回"思想的古代波斯拜火教的教主。

1923 年,郁达夫在多篇文章中提到尼采及其性格、思想。1923 年 6 月16 日,他在《创造周报》第 6 号上发表《自我狂者须的儿纳》(后改为《Max Stirner 的生涯及其哲学》)一文,指出:"Max Stirner 的哲学,实是近代彻底的'唯我主义'的渊泉,便是尼采的超人主义的师傅。"❷ "须的儿纳"即德国哲学家、无政府主义始祖 Max Stirner(1806—1856),通译施蒂纳。郁达夫将施蒂纳的主张概括为"自我就是一切,一切都是自我"的"自我扩张"的信念,并认为这种信念是尼采"超人说"的基础或雏形。这一年《创造周报》第 20 号、第 21 号连载郁达夫的《集中于〈黄面志〉(The Yellow Book)的人物》(后改为《The Yellow Book 及其他》)一文。郁达夫在介绍 19 世纪末英国唯美主义作家团体刊物《黄面志》各位主笔时,特别提到约翰·大卫生的性格及其与尼采的关系:此人是"性情最孤僻,诗格也离奇突兀与众不同的","是一个'自我'很强的人","是'力'的诗人,哲学的诗人","他是尼采的查拉图司屈拉(通译查拉图斯特拉——引者)的徒弟,所以他非常嫌恶基督教"。❸ 同年,郁达夫在 10 月 7 日日记里提到自己打算以尼采为主人公创作一部小说的事:"此番带来的书,以关于德国哲学家 Nietzsche 者较多,因这一位薄命天才的身世真有点可敬佩的地方,故

❶ 郭沫若《论中德文化书》,《创造周报》,1923 年第 5 号,第 16 页。
❷ 郁达夫《Max Stirner 的生涯及其哲学》,《郁达夫文集》第 5 卷,花城出版社、三联书店香港分店,1982 年,第 141 页。
❸ 郁达夫《The Yellow Book 及其他》,《郁达夫文集》第 5 卷,花城出版社、三联书店香港分店,1982 年,第 182 – 183 页。

而想仔细研究他一番，以他来做主人公而写一篇小说。"❶

尼采于 1876 年 8 月至 1882 年 9 月与巴黎少妇路易赛女士（Madame O. Luise）通信甚多，大多收录在 Peter Gast 和 Dr. Arthur Seidl 编选的《尼采书简》之中。1930 年，郁达夫从中选译尼采所写的 7 封信，以《超人的一面》为题刊登在《北新》半月刊 1930 年第 1－2 号上。郁达夫在译文后特别写了一篇《译者附记》，介绍相关情况。在引述尼采妹妹伊丽莎白的评价："哥哥在给她的信里表示出了对于寻常的友人信里所没有的热情，但这是一种多么纤丽婉转的柔情啊！"之后，郁达夫感叹："这一位冷酷孤傲的哲学者的一面，原也有像这样的柔情蕴蓄在那里。……洁身自好的尼采，孤独倔强的尼采，在这里居然也留下了一篇宋广平的梅花之赋。"❷ 宋广平即唐睿宗时的宰相诗人宋璟。他早年应试落第之后作《梅花赋》以言志，自比"玉立冰洁，不易厥素"的梅花。

如果说郁达夫小说《沉沦》只是通过"Zarathustra 所说的话"而隐约地提到尼采的《查拉图斯特拉如是说》，那么，十年后郁达夫在《歌德以后的德国文学举目》（原载《现代文学评论》1931 年 10 月 20 日第 2 卷第 3 期、第 3 卷第 1 期合刊）一文中对该著做了明确的定位，并给予极高的评价。一方面，他认为该书是"疯狂哲学家的一部像呓语似的杰作"，堪称西方哲学史上的"杰作"，另一方面又认为这部书是一部文学作品，"神妙飘逸，有类于我国的楚辞，真是一卷绝好的散文诗"。❸ 从文章的标题可知，郁达夫将《查拉图斯特拉如是说》归在"德国文学"名下，还将它同中国古代的楚辞并列，一同视为散文诗，再次印证在郁达夫的心目中，哲学家尼采首先是"诗人尼采"。1934 年，郁达夫在《静的文艺作品》一文中提及"尼采诸先觉"对西方物质文明畸形发展的情状的揭露和抨击，他们"为欲救精神的失坠，物欲的蔽人，无不在振臂狂呼，痛说西洋各国的皮相文明的可鄙"。❹ "皮相文明"就是物质丰裕、奢华却没有底蕴、精神匮乏的文明，郁达夫实

❶ 郁达夫《沧州日记》，《郁达夫文集》第 9 卷，花城出版社、三联书店香港分店，1983 年，第 188 页。

❷ 郁达夫《〈超人的一面〉译者附记》，《郁达夫译文集》，浙江文艺出版社，1984 年，第 383 页。

❸ 郁达夫《歌德以后的德国文学举目》，《郁达夫文集》第 6 卷，花城出版社、三联书店香港分店，1983 年，第 91 页。

❹ 郁达夫《静的文艺作品》，《郁达夫文集》第 6 卷，花城出版社、三联书店香港分店，1983 年，第 209 页。

际上涉及了尼采抨击现代物质文明的思想与态度。

郁达夫对尼采其人其说感受最深的当属尼采的孤独、孤苦、孤高与孤傲性格。正是有感于这一点，郁达夫多次为他发出悲鸣、吟唱哀歌，甚至想以尼采为主人公创作一部小说，但他终究没有写出这部小说。为什么没有完成这一早年的心愿呢？郁达夫后来在《〈断残集〉自序》（1933）一文中这样解释个中缘由："薄命的尼采，在中国虽也传噪过一时……但岁月因循，一转瞬间，时代已经变成了不要超人，不要哲学的世纪了。"尽管五四时期中国兴起过"尼采热"，但现在已经不需要尼采，尼采其人其说已经过时。未能完成夙愿的郁达夫"只能暗替这一位孤独的诗人，抱一层更深的孤独之感而已。"[1] 郁达夫用"孤独的诗人"描绘他心目中的尼采，同情之心跃然纸上。

文学批评家成仿吾（1897—1984）也关注过尼采及其思想。郭沫若在《雅言与自力》一文中说到成仿吾"劝诱"自己向读者介绍《查拉图斯特拉如是说》"全书的真谛"一事，[2] 这从侧面反映成仿吾熟悉《查拉图斯特拉如是说》，并关心郭沫若翻译尼采的情况。1923 年，成仿吾撰文《评冰心女士的〈超人〉》（原载 1923 年 2 月《创造季刊》第 1 卷第 4 期），讨论冰心1921 年发表的短篇小说《超人》的思想主题。成仿吾认为："作者在这篇作品里面，实在没有告诉我们什么是超人。"[3] 冰心小说中的主人公何彬是一个不懂感情、与人隔绝的冷酷者、自闭者，并不是尼采所说的"超人"，因而并"没有告诉我们什么是超人"，这说明成仿吾对尼采的"超人"是熟悉的。此外，成仿吾还在论文《真的艺术家》（1923）里宣称：真正的艺术家是"有伟大的心情而能以人生为艺术的人"，"是超人"，是"人而神"。[4] 如此看来，成仿吾的确熟悉尼采的"超人说"。

田汉（1898—1968）1916—1922 年留学日本，期间接触到尼采著作。1919 年，他翻译当时在日本文艺界流行的《说尼采的〈悲剧之发生〉》（作者及其国籍待考——笔者）一文，刊发在该年的《少年中国》杂志第 1 卷第 3 期上。文章不仅概述尼采《悲剧的诞生》一书的内容，如归纳指出古希腊

---

❶ 郁达夫《〈断残集〉自序》，《郁达夫文集》第 6 卷，花城出版社、三联书店香港分店，1983 年，第 257 - 258 页。

❷ 郭沫若《雅言与自力》，《创造周报》1923 年第 30 号，第 1 页。

❸ 成仿吾《评冰心女士的〈超人〉》，《成仿吾文集》，山东大学出版社，1985 年，第 26 页。

❹ 成仿吾《真的艺术家》，《成仿吾文集》，山东大学出版社，1985 年，第 141 页。

的酒神精神与日神精神的特点及其与古希腊人生观的关系，阐释古希腊悲剧精神的内涵，并归纳尼采的艺术观及其同尼采人生观的关联，而且大量引用尼采书中的原话夹叙夹议。此外，田汉在早年作品里也借用过尼采的概念。他在三幕剧《灵光》（1920）第三场中有两处提到尼采的"超人"概念。第一处，男主人公张德芬对自己的恋人顾梅俪表白："我还是努力做一个超人，你就永远做我的生香活色的腻友吧！"第二处是张德芬希望顾梅俪多创作"醉人的、刺人的、提拔人的、抚摸人的作品"，而后者做了这样的回答："我自己觉得有完成我自己的责任和我们俩人互相完成的责任，但同时还觉得我们俩有使种族达于大完成的责任，我们要做超人，这第三种责任越重。"能够履行"使种族达于大完成的责任"的，自然非英雄豪杰莫属了。田汉独幕剧《生之意志》（1929）的标题所说的"生之意志"，与其说是叔本华的生存意志，不如说是尼采的权力意志。因为作品中那位老者最初恼怒儿女自主恋爱和结婚，后来转而欢喜不已，转变的契机就是他在女儿生下婴儿的那一瞬间感受到人类的"生之意志"的巨大力量。

白采（？—1926）是创造社成员，原名童汉章，青年时期接受过尼采思想的影响。朱自清在悼念白采的文章里提到一件往事，他在编选《中国新文学大系·诗集》时选录了白采的长诗《羸疾者的爱》，觉得"这篇诗似乎是受了尼采的影响"，就将自己的看法告诉（俞）平伯，"后来平伯来信，说已将此语函告白采，他颇以为然"。❶ 按照朱自清的说法，白采的诗歌《羸疾者的爱》（1925）就是诗人"受了尼采的影响"的结晶。朱自清在《中国新文学大系·诗集》的《导言》与《诗话》里两次评价白采的诗，都提及尼采的影响。《导言》中说：白采"读了尼采的翻译，多少受了他一点影响"。❷《诗话》里说得更明确："他的思想是受了尼采的影响的，他的选材多少是站在'优生'的立场上。"❸ 尼采的"优生学"就是"超人说"。尼采在《查拉图斯特拉如是说》的《孩子与婚姻》一章中阐述过类似"优生学"的理论。他劝那些打算结婚的人："你不应该只是传宗接代"，那只是让人类重复地繁衍下去，很可能一代不如一代，"你应该创造一个更高级的

---

❶ 朱自清《白采》，《朱自清全集》第1卷，江苏教育出版社，1988年，第68页。
❷ 朱自清《〈中国新文学大系·诗集〉导言》，朱自清编选《中国新文学大系·诗集》，上海良友图书印刷公司，1935年，第4页。
❸ 朱自清《〈中国新文学大系·诗集〉诗话》，朱自清编选《中国新文学大系·诗集》，第32页。

肉体……换言之，你应当创造一个创造者"。❶ 尼采认为婚姻的目的是为了创造比结婚的双方"更高级的肉体"。同时，作品的主人公"赢疾者"曾称"我只是狂人哲学者的弟子"，这里的"狂人哲学者"就是尼采。

四、文学研究会与尼采

成立于1921年1月的文学研究会热心译介外国文学与哲学著作，其发起人或普通成员如茅盾、郑振铎、冰心、李石岑等都非常关注尼采。

中国现代文学批评家和小说家、中国现代文学奠基人之一茅盾（1896—1981），早年非常关注尼采思想，并颇有研究。据现有资料可知，茅盾最早提及尼采是在1917年。他在《学生与社会》（载《学生杂志》1917年12月5日第4卷第12号）一文中提及尼采的道德观，指出："德国大哲尼采，别道德为二类：有独立心而勇敢者，曰贵族道德；谦逊而服从者，曰奴隶道德。"❷ 1919年，茅盾根据英国翻译家奥斯卡·列维（Oscar Levy）的英译本翻译《查拉图斯特拉如是说》中的《新偶像》与《市场之蝇》两章，刊登在该年11月15日、12月1日的《解放与改造》杂志第1卷第6期、第7期上。他在两章的译文之前写了一个"小引"。译者对现代哲学家、社会活动家张东荪"尼采的学说若是真能领会，决不致发生流弊"的观点表示"很佩服"，为尼采鸣不平，"觉得尼采是主张强权这句话，实在是有些冤枉他"，"是立言之累"，并盛赞尼采的文才："尼采是大文豪，他的笔是锋快的，骇人的话，常见的"，*Thus Spake Zarathustra* 是"文学中少有的书"。❸

茅盾（署名雁冰）在《尼采的学说》（连载于《学生杂志》1920年第7卷第1-4号）一文中系统而深入地阐释尼采思想。该文是20世纪20年代以前中国知识界研究尼采思想最具代表性的成果之一。全文分7个部分，依次为："引""尼采传略及著作""尼采的道德论"（上）、"尼采的道德论"（下）、"进化论者的尼采""社会学者的尼采"和"结论"。在"引"里，茅盾再次赞叹尼采的文学才华，认为仅仅从《查拉图斯特拉如是说》，"便

---

❶ F. Nietzsche. *Also Sprach Zarathustra*. Karl Schlechta. *Friedrich Nietzsche Werke*：Band 2. München：Carl Hanser Verlag, 1955，P332.

❷ 茅盾《学生与社会》，《茅盾全集》第14卷，人民文学出版社，1987年，第5页。

❸ 所有引文出自：茅盾《〈新偶〉、〈市场之蝇〉小引》，载许子铭、余斌编《沈雁冰译文集》下册，译林出版社，1999年，第400-401页。

知尼采实在有诗的天才，与其说他是大哲学家，不如说他是大文豪"。❶ 茅盾还特别指出，"重新估定一切价值"主张是尼采思想的精髓和特色，是"尼采最大的——也就是最好的见识"，"是尼采思想卓绝的地方"。❷ "尼采传略及著作"重点介绍 Thus Spake Zarathustra 一书，认为："这是一部离奇的道德的心理的评论的诗体小说（姑且称他为小说），算得是尼采的一大杰作"；"单论文学上的价值，也就可以决定这是天地间一部杰作。"❸ "尼采的道德论（上）"和"尼采的道德论（下）"讨论尼采的道德思想，涉及 4 个问题：指出尼采道德研究的特点，即从道德的起源着手，并结合心理分析来展开；剖析尼采道德论的实用主义和强权本质；揭示"超人"道德观的内涵；❹ 介绍尼采的"主者道德"与"奴者道德"。❺ "进化论者的尼采"介绍尼采的"超人说"。"社会学者的尼采"将尼采的"社会学"概括为两项内容：一是阶级论即等级论；❻ 二是反民主、反平等的观点。❼ "结论"重申尼采思想的价值与影响，特别提到尼采思想对中国现代思想界的影响，认为"精神自由""知慧的勇气""独立无惧""寻真理的勇猛"等词语在五四时期非常流行，都是"尼采主义的结晶体"。❽

此外，茅盾（署名希真）在 1922 年还翻译了西方学者（国籍待考——笔者）A. 海里曼（Anon Helimann）的《霍普德曼与尼采哲学》一文，刊登在该年 6 月 10 日《小说月报》第 13 卷第 6 号上。原文讨论欧洲多位戏剧家如挪威的易卜生、英国的萧伯纳、德国的苏德曼、瑞典的斯特林堡、比利时的梅特林克等人的创作同尼采思想的关系，重点是讨论豪普德曼的创作同尼采思想之间的关系，作者的观点是："悲剧的战士的尼采的人形，巍巍然做了霍普德曼著作的背景。"❾

茅盾晚年回忆说，1919 年前后国内学术界普遍认为尼采思想是德国发动第一次世界大战的思想基础，自己却不仅介绍了尼采思想，还翻译了尼采著

---

❶ 雁冰《尼采的学说》，载郜元宝编《尼采在中国》，上海三联书店，2001 年，第 69 页。
❷ 均见：雁冰《尼采的学说》，载郜元宝编《尼采在中国》，第 70 页。
❸ 雁冰《尼采的学说》，载郜元宝编《尼采在中国》，第 75 页、第 76 页。
❹ 雁冰《尼采的学说》，载郜元宝编《尼采在中国》，第 81 页。
❺ 雁冰《尼采的学说》，载郜元宝编《尼采在中国》，第 85 页。
❻ 雁冰《尼采的学说》，载郜元宝编《尼采在中国》，第 94 页。
❼ 雁冰《尼采的学说》，载郜元宝编《尼采在中国》，第 95 页。
❽ 雁冰《尼采的学说》，载郜元宝编《尼采在中国》，第 102 页。
❾ ［国籍待考］A. 海里曼（Anon Helimann）《霍普德曼与尼采哲学》，希真（茅盾）译，载许子铭、余斌编《沈雁冰译文集》（下），译林出版社，1999 年，第 281 页。

作，之所以这样做，既是"求真理欲的驱使"，更是因为尼采思想切合当时中国社会的需要，"尼采用猛烈的笔触攻击传统思想，而当时我们正要攻击传统思想，要求思想解放"，尼采"攻击市侩哲学"，而当时中国社会中"市侩思想和作风就很严重"，总之，要借重尼采思想这一"锐利的武器"，以摧毁中国"传统的畸形的桎梏的旧道德"，扫荡当时社会中流行的"市侩思想和作风"，并"从新估定价值，创造一种新道德出来"。❶

郑振铎（1898—1958）在《十九世纪的德国文学》（1926）一文里将尼采置于"十九世纪的德国文学"的框架里来讨论，认定他的哲学著作《查拉图斯特拉如是说》是"德国新时代文学中的杰作"。❷ 郑振铎重点关注的是尼采思想及其对德国文学的贡献。他认定尼采是"一个伟大的思想家，以猛勇的精神反抗过去的哲学家"，肯定他"和沉重的压在德国人心上的传统思想争斗""打翻了旧的东西的秩序，而代以他的充满精力的乐观主义"的行为。❸ 郑振铎对尼采思想作了简明扼要的概括，虽然这些介绍没有多少新意，但认为尼采"积极的建设主张者少""激动力的伟大者多"，尼采思想"给那少年时代以勇气，去独自的与人生对面，去从它自己个人的观察点，去看一切东西"，却是很到位的。郑振铎还指出："它使新的德国文学成了一种反对传统的文学。"❹ 这一断言反映郑振铎的独具慧眼。

冰心（1900—1999）早年以创作"问题小说"著称。她参加文学研究会的活动时还是燕京大学学生，那时她就认识到"文学家要多研究哲学和社会学"。❺ 冰心的短篇小说《超人》（1921），标题就采用了尼采的"超人"这一概念，指的是小说主人公何彬。他是一个"冷心肠的青年"，之所以叫"超人"，是因为他信奉尼采的"爱和怜悯都是恶"之类的说教，这种说教正是尼采的"超人"所信奉的道德观。茅盾就曾说过，尼采"敢于说'慈善'不是好东西，'悯怜'不是好东西"，"为欲达到这个'超人'的目的，就牺牲了现在一切愚的弱的，都不要紧；毁了坏的，做成好的，有什么不上算？这正是尼采的意见。"❻ 显然，冰心笔下的何彬正是茅盾所理解的"超人"。

---

❶ 茅盾《茅盾回忆录》，载孙中田、查国华编《茅盾研究资料》第 1 卷，人民文学出版社，1981 年，第 204 页。
❷ 郑振铎《文学大纲·十九世纪的德国文学》，《小说月报》1926 年第 9 期，第 12 页。
❸ 郑振铎《文学大纲·十九世纪的德国文学》，《小说月报》1926 年第 9 期，第 12 页。
❹ 郑振铎《文学大纲·十九世纪的德国文学》，《小说月报》1926 年第 9 期，第 12 页。
❺ 冰心《文学家的造就》，1921 年 6 月 8 日《时事新报·学灯》。
❻ 雁冰《尼采的学说》，载郜元宝编《尼采在中国》，上海三联书店，2001 年，第 78 页。

中国现代哲学史家、文学研究会上海分会成员李石岑（1892—1934）是五四前后研究尼采用力最勤、成果最丰的学者。刊发在 1920 年 8 月 15 日《民铎》杂志"尼采号"上的《尼采思想之批判》一文代表 20 世纪 20 年代以前中国知识界研究尼采思想的最高水平。全文分 7 个部分。第一部分概括尼采权力意志说的主要内容，并辨析它与叔本华的生存意志说之间的关系。第二部分辨析尼采学说与达尔文进化论的关系。作者认为两者表面相似，实质有别。第三部分介绍尼采的"超人说"。李石岑的基本看法是："超人并非由人类进化之新种类之动物，一如猿猴之进化为人类也者；超人乃进化之象征也。"[1] 第四部分介绍尼采的"本能"说与"身体"说。第五部分介绍尼采的认识论。这是中国学者对尼采认识论的最早阐释。第六部分介绍尼采的道德观。尼采将道德分为"伟人道德"和"奴隶道德"两种。[2] 第七部分阐述尼采的艺术观。李石岑接着揭示酒神精神与日神精神的内涵与特质，日神"阿婆罗（通译阿波罗——引者）的欢悦，足以刺激视觉与想象力"，其着力点在视觉和想象力。酒神"爵尼索斯（通译狄奥尼索斯——引者）的欢悦，足以兴奋感动系统之全部，故一切表现能力，同时并起"。[3] 最后揭示尼采"与者"美学或艺术家美学的创新之处，认为从艺术家切入去研究艺术的本质，往往能够直捣核心和关键。[4]

李石岑研究尼采的成果还有论文《爵尼索斯之皈依》《尼采思想与吾人之生活》《美神与酒神》以及专著《超人哲学浅说》等。1921 年，李石岑应湖南省教育会邀请作了题为《尼采思想与吾人之生活》（载《李石岑讲演集》，商务印书馆 1924 年版）的演讲。这次演讲的内容，有相当一部分与《尼采思想之批判》一文大同小异，这里就不再重复了。《爵尼索斯之皈依》（载 1921 年 1 月 23 日《时事新报·学灯》）集中讨论尼采的酒神精神、酒神艺术理论及其对中国新文学和新文化运动的启迪与指导意义。文中关于尼采艺术论的内容与《尼采思想之批判》一文第七部分相差无几。《美神与酒神》（载《一般》1926 年第 1 卷第 2 号）借尼采悲剧美学中的美神与酒神概念来阐述理想的人生观。在尼采看来，"美神所代表的是观念的世界，是梦幻的，空想的，静美的世界"，"酒神所代表的世界是意志的世界，是酣醉

---

[1] 李石岑《尼采思想之批判》，载成芳编《我看尼采》，南京大学出版社，2000 年，第 69 页。
[2] 李石岑《尼采思想之批判》，载成芳编《我看尼采》，第 77 页。
[3] 李石岑《尼采思想之批判》，载成芳编《我看尼采》，第 79 页。
[4] 李石岑《尼采思想之批判》，载成芳编《我看尼采》，第 80 页。

的，兴奋的，冲动的世界"，因此，两者代表的人生观有天壤之别：美神人生观"藉美神以为安慰"，而"在观念里面希望幸福和安逸"；酒神人生观认为"只有强烈的意志才可以救济"。❶ 李石岑指出，"尼采以为真正的人生，要在脱去观念的世界而代以意志的世界，便是用最大的苦恼和努力以发见人生的究竟"，尽管探究"人生的究竟"的结果是发现人生难以摆脱悲剧，但"由悲剧的艺术所成就的人生，方为最高贵的人生"。❷

《超人哲学浅说》是中国第一部尼采研究专著。全书共 12 个部分：绪言、尼采小传、尼采思想发展的程序、尼采与斯迪纳、尼采与叔本华、尼采的人生观、尼采的宇宙观、尼采的价值观、尼采的进化论、尼采的道德观、尼采的艺术观和结论，书后有"尼采研究书目"的附录。在"绪言"里，作者逐一交代将尼采思想介绍给国人 5 个方面的目的或动机，其中最重要的是为了医治国人的"黏液质性格"，推动国人伦理思想的改造。"尼采思想发展的程序"首先对尼采在哲学史上的地位作出界定，然后介绍尼采思想的演变与发展的 3 个阶段，并概述每个时期尼采思想的主要内容和基本特征。"尼采与斯迪讷""尼采与叔本华"分别探讨尼采思想的两个理论源头。作者认为："叔本华启导他哲学的出发点，斯迪讷（通译施蒂纳——引者）却启导他哲学的全部。"❸ "尼采的人生观"结合《悲剧的诞生》讨论尼采的艺术人生观。"尼采的宇宙观"概述尼采的永远轮回说。"尼采的价值观"结合《查拉图斯特拉如是说》阐发尼采的价值观。"尼采的进化观"讨论尼采的"超人说"。"尼采的道德观"指出，尼采尊崇"超人道德""伟人道德"，提倡"冷酷""战斗"等品性，反对包括基督教道德在内的"奴隶道德"，轻视怜悯、博爱等美德。❹ "尼采的艺术观"根据《悲剧的诞生》阐发尼采的艺术观。"结论"指出，尼采的超人主义"热烈的赞美生命、培植生命；用创造与征服的手段，使自己的真生活得以提高，由自己的真生活之提高，进而谋全人类生活之提高"。❺

❶ 李石岑《美神与酒神》，载成芳编《我看尼采》，南京大学出版社，2000 年，第 179 页。
❷ 李石岑《美神与酒神》，载成芳编《我看尼采》，第 179 - 180 页。
❸ 李石岑《超人哲学浅说》，上海商务印书馆，1931 年，第 27 页。
❹ 李石岑《超人哲学浅说》，第 74 页。
❺ 李石岑《超人哲学浅说》，第 90 页。

五、其他作家与尼采

第一次"尼采热"在 20 世纪 20 年代后期逐渐回落，但仍有一些作家对尼采思想恋恋不舍。高明在《尼采及其他》（原载《文艺画报》1935 年 1 卷第 3 期）一文中说："读九月号《社会月报》上叶永蓁先生的《闲居杂感》，知道他近来对尼采（Nietzsche）发生兴趣。本来，据我所知，有不少和我们同'代'（Generation）的人，都正在对他感抱着兴趣。比方说，比较最接近的穆时英先生，便也如此。"❶ 叶永蓁（1908—1976）原名叶蓁，1928 年写成小说《枫叶》，1934 年出版《浮生集》《我的故乡》两本散文集。穆时英（1912—1940）是中国现代著名作家，新感觉派的代表人物之一。

据笔者不完整的查证，五四后期依然对尼采情有独钟的，有林语堂、高长虹、周作人、穆时英、徐志摩、梁宗岱、丽尼等作家。

林语堂（1895—1976）早年在上海圣约翰大学学习，后留学美国、德国。他特别注意吸收异域思想资源，尼采思想是其中之一。1934 年他在《四十自叙诗》序文中明确说过："尼采，我少时所好。"❷ 20 世纪二三十年代的林语堂身上的确有一股浓郁的"尼采情结"，这从以下三个方面可以清晰地反映出来。

第一个方面，热心翻译尼采著作。林语堂两次翻译《查拉图斯特拉如是说》中的章节。1927 年初，当时担任厦门大学文学院院长的林语堂翻译该书第 51 章，赠给应他之邀来到厦大、最终又因环境所迫而离开的鲁迅，译文的标题是《译尼采〈走过去〉》，还特别加了一个副标题"送鲁迅先生离厦门大学"。译文最初收录在由上海北新书局 1928 年出版的《翦拂集》中。译文中，"萨君猴"警告查拉图斯特拉（林语堂译为萨拉土斯脱拉——引者）看清"大城"环境的肮脏、庸俗而又凶险、恶劣，指出："这边是遁世思想的地狱：这边伟大的思想要活活的熬死，烹小。这边伟大的感情都要枯萎：这边只有僵瘦骷髅似的感触镬镬的磷响！""以你一切的光辉，魁伟，良善为誓，啐这市侩的城而回去！"❸ "萨君猴"意在劝说查拉图斯特拉赶快离

---

❶ 高明《尼采及其他》，载成芳编《我看尼采》，南京大学出版社，2000 年，第 303 页。

❷ 林语堂《〈四十自叙诗〉序》，《林语堂名著全集》第 16 卷，东北师范大学出版社，1994 年，第 500 页。

❸ 林语堂《译尼采〈走过去〉：送鲁迅先生离厦门大学》，《语堂文存》第 1 册，桂林林氏出版社，1941 年，第 46 - 47 页。

开"大城"。显然，林语堂借尼采笔下的"大城"隐射当时厦门大学的恶浊环境，并安慰快快离去的鲁迅的落寞心情。1935年。林语堂翻译《查拉图斯特拉如是说》第12章，译文题为《市场的苍蝇》，发表在同年《论语》的第56期上。林语堂在译文前写道："译自萨天师语录（即《查拉图斯特拉如是说》——引者），卷一，章十二。按中国讨蝇檄，若张咏《骂蝇文》之类颇多，但少寓讽意如尼采此文者。"❶ 此前不久，林语堂因为在《论语》《人间世》等杂志上鼓吹"性灵"文学，嘲笑"大众语"，受到文化界部分人士围攻，翻译该文显然有借尼采的语句回敬别人的意味。

第二个方面，在著作中征引尼采其人其事其说。林语堂在《读邓肯自传》（1934）一文中提到，美国著名舞蹈家、"现代舞蹈之母"邓肯（I. Duucan, 1877—1927）进入舞蹈艺术圣殿的启蒙"教师"之一就是尼采，因为尼采在《查拉图斯特拉如是说》一书中"创造跳舞的精神"，堪称"第一跳舞的哲学家"。他指出邓肯将尼采的一段名言排印在自己自传的封面上："如果我的道德是跳舞家的道德，如果我常跳跃到青霄，如果我的道德始末是要使重浊的变为轻清，使所有的躯体变成跳舞家，所有的魂灵变为飞鸟；真正的，这是我道德的始末。"❷ 林语堂还认为《邓肯自传》的文笔"简直是尼采的笔调""具有尼采的风味"。❸ 1937年，林语堂在《生活的艺术》（*Importance of Life*）一书里将中国人的人生哲学即"生活艺术"同尼采的"愉快哲学"相提并论，他说："我以为这个世界太严肃了，因为太严肃，所以必须有一种智慧和欢乐的哲学以为调剂。如果世间有东西可以用尼采所谓愉快哲学（Gay Science）这个名称的话，那么中国人生活艺术的哲学确实可以称为名副其实了。"❹ 在林语堂眼里，中国古人的"生活艺术"和尼采的"愉快哲学"一样，都属于"智慧和欢乐的哲学"。在尼采那里，"快乐的科学"意味着"心灵的狂欢""康复的愉悦、恢复体力的狂喜、对未来信仰的苏醒带来的欢欣"，意味着"通过发出笑声以达到最终的解脱和轻松"。❺ 此外，林语堂在《生活的艺术》一书中还提到尼采的两件事。一是

---

❶ 林语堂《〈市场的苍蝇〉译者说明》，《论语》，1935年第56期。

❷ 林语堂《读邓肯自传》，《大荒集》，上海生活书店，1934年，第186页。

❸ 林语堂《读邓肯自传》，《大荒集》，第186页、第180页。

❹ 林语堂《生活的艺术》，越裔汉译，《林语堂名著全集》第21卷，东北师范大学出版社，1994年，第14-15页。

❺ F. Nietzsche, *Die fröhliche Wissenschaft. Friedrich Nietzsche Werke in Drei Bänden*. Band 2. Hg. von Karl Schlechta. Carl Hanser Verlag München. 1955，P9、P34.

尼采第一次接触读叔本华著作时的"触电"感觉；二是尼采背叛叔本华一事。❶ 从这些信手拈来的引用与叙述中，很容易看出林语堂对尼采的思想、性格及文风了如指掌。

最后一个方面也是最能体现林语堂的"尼采情结"的，就是他以《查拉图斯特拉如是说》为范本，模仿尼采的文体，袭用尼采的观点，创作了总题为《萨天师语录》的一系列杂文。"萨天师语录"是林语堂对《查拉图斯特拉如是说》的标题的翻译，因为他将查拉图斯特拉（Zarathustra）翻译成"萨拉土斯脱拉"，然后依照中国道教的称呼，给"萨拉土斯脱拉"加上"天师"的尊称，便成了"萨天师"。林语堂在该系列的第一篇《Zarathustra语录》结尾加了一个英文句子"With apology to Nietzsche"（"向尼采致歉"）。

林语堂主要接受了尼采"骂德人"的"作战精神"。林语堂曾经是语丝社的成员，那时他特别赞同用文学作品进行社会批评的倾向。他在《插论语丝的文体——稳健，骂人，及费厄泼赖》（1925）一文里积极提倡"骂人"文学。他认识到"骂人"体现出"健全的作战精神"因而"不可不积极地提倡"，也是相当不错的。❷ 林语堂的"骂人"真经的源头之一就是尼采，因为他说过："自有史以来，有重要影响于思想界的人都有骂人的本能及感觉其神圣"，"尼采不得不骂德人，肖伯纳不得不骂英人，鲁迅不得不骂东方文明"。❸ 显然，尼采"骂德人"就是林语堂"骂中国人"的榜样之一。

1934年，林语堂曾赋《四十自叙诗》一首："立志出身扬耶道，识得中奥废半途。尼溪尚难樊笼我，何况西洋马克思。出入耶孔道缘浅，惟学孟丹我先师。总因勘破因明法，学张学李我皆辞。"❹ 后来他在诗前加了一小序，其中提到："'尼溪'即尼采，我少时所好，犹不能为所笼络。"❺ 这里姑且不论林语堂将尼采思想放在马克思学说之上是否合理，但这一诗一序清楚地表明了"两脚踏东西文化"的林语堂对待一切异域思想包括尼采思想的态度：不为它们所"樊笼"或"笼络"，而是对它们既接受、认同，又有所批

❶ 林语堂《生活的艺术》，越裔汉译，《林语堂名著全集》第21卷，第353页。
❷ 林语堂《插论语丝的文体——稳健，骂人，及费厄泼赖》，《语丝》1925年第57期，第5页。
❸ 林语堂《插论语丝的文体——稳健，骂人，及费厄泼赖》，第5页。
❹ 林语堂《四十自叙诗》，《林语堂名著全集》第16卷，东北师范大学出版社，1994年，第502页。
❺ 林语堂《〈四十自叙诗〉序》，《林语堂名著全集》第16卷，第500页。

判和疏离。

　　高长虹（1898—1956？）是1924年底成立的狂飙社的发起人与核心人物。1924年秋冬，他初来北京的时候，正是中国知识界第一次"尼采热"开始退潮之时，但他仍然痴迷尼采，并不精通英语的他如饥似渴地阅读《查拉图斯特拉如是说》的英译本。当时与高长虹有过交往的人都认为他接受了尼采的影响。鲁迅说高长虹"很能做文章，但大约因为受了尼采的作品的影响之故吧，常有太晦涩难解处"。❶高长虹"拟尼采样的彼此都不能解的格言式的文章，终于使周刊（指北京版《狂飙》周刊——引者）难以存在"。❷高长虹早年的友人张恒寿回忆说："尼采的文学天才及其个人英雄主义，是引他走向社会斗争的指导，也是引他误入歧途的原因。"张恒寿还提到："尼采的超人思想和优美的文学作品，都对他有很大的影响。"❸笔者没有查找到高长虹在《狂飙》上刊登《查拉图斯特拉如是说》译文，也许是张恒寿将高长虹发表在《狂飙》刊物上的《狂飙之歌》的序言和第一首误认为尼采著作的译文了。

　　吊诡的是，高长虹自己对是否受过尼采影响的表态显得很暧昧。一方面，他明确表示自己不怎么喜欢尼采，曾在《答周作人》（1927）一文里声称："我并不是一个喜欢尼采的人。……我如其举出我所最喜欢的十几个名字时，也许有一个是尼采。但在这里，他仍然不过是只占有他的艺术的地位。"❹高长虹在《写给少年哥德（通译歌德——笔者）之创造》（1926）一文中极力否认自己"中尼采的毒"。❺另一方面，高长虹又对尼采思想表现出极高的热情。他曾经颇为自得地承认自己"读了一两本尼采的著作的英译本"。❻他还将尼采的《查拉图斯特拉如是说》与马克思的《资本论》相提并论，认为"这两部著作的重要与其需要译出，是无须说的了"❼。

　　不管怎样，高长虹在创作中经常征引尼采的语句、借用尼采的观点、模仿尼采的文体，这些足以证明他对尼采的热情并接受了尼采思想。1925年，

---

❶　鲁迅《两地书·一七》，《鲁迅全集》第11卷，人民文学出版社，2005年，第63页。

❷　鲁迅《〈中国新文学大系·小说二集〉导言》，鲁迅编选《中国新文学大系·小说二集》，上海良友图书印刷公司，1935年，第13页。

❸　张恒寿《回忆高长虹》，《高长虹研究文选》，北岳文艺出版社，1991年，第66页。

❹　高长虹《答周作人》，《走到出版界》，上海泰东图书局，1929年，第237页。

❺　高长虹《写给少年哥德之创造》，《走到出版界》，上海泰东图书局，1929年，第220页。

❻　高长虹《写给少年哥德之创造》，《走到出版界》，第220页。

❼　高长虹《〈查拉图斯特拉〉与〈资本论〉》，《走到出版界》，第263页。

他在诗集《精神与爱之女神》的序言《精神的宣言》里描绘"骆驼"意象："我是一只骆驼,我的快乐只有负重。我的希望,只有更大的负重。"这与尼采《查拉图斯特拉如是说》第1章《三种变形》中描述的"要求负载沉重、甚至最沉重之物""高高兴兴地负载重物"的骆驼形象极为相似。❶ 1927年,高长虹在诗文集《光与热》的《赞美和攻击》一篇中提到"死的说教者"一说,这个概念是《查拉图斯特拉如是说》第9章的标题。❷ 高长虹1928年出版的文集《走到出版界》里不少文章提到尼采的观点,或者征引尼采语句。如《"天才"一下子·我原来是天才》一文化用尼采的词汇"最大的侮蔑""海"反击周作人对自己的攻击。再如《时间里的过客》一文的结尾写道:"真正的骆驼,真正的狮子,真正的小儿,都是我的朋友。""骆驼""狮子"与"小儿"等意象正出自《查拉图斯特拉如是说》第1章《三种变形》。❸

高长虹借用尼采思想、模仿尼采文体最突出的表现当推"中国的查拉图斯屈拉这样说"《狂飙之歌》的创作。高长虹在致友人雨农的信《通讯一则》(载《狂飙》周刊1924年第1期)中明确表示:"我要在这篇长诗中表现我的全部思想和精神,我希望他成功一部中国的《查拉图斯屈拉这样说》(通译《查拉图斯特拉如是说》——引者)。"❹ 只可惜诗人没有完成这部宏伟长诗,只写出《序言》(载《狂飙》周刊1924年第2期)和第1章《青年》(载《狂飙》周刊1924年第3期)。从完成的一序一诗来看,其情节构思与人物形象的确化用了尼采《查拉图斯特拉如是说》。《序言》开篇描写"怪物"从空谷中向人类宣示"血的福音"的场景,与《查拉图斯特拉如是说》序言写查拉图斯特拉决定"从山谷走出"向人类宣讲"超人"思想的场景相似。❺《青年》叙写"青年"欲杀死"暴客""援救无助的苦人"却遭到群众"围攻"的情节,也同《查拉图斯特拉如是说》序言叙述的查拉图斯特拉在靠近森林的一个市镇里向市民宣讲"超人"思想却被市民嘲笑、

---

❶ F. Nietzsche. *Also Sprach Zarathustra*. Karl Schlechta. *Friedrich Nietzsche Werke*:Band 2. München:Carl Hanser Verlag, 1955, pp293 – 294.

❷ 高长虹《赞美和攻击》,《高长虹文集》(上册),中国社会科学出版社,1989年,第213页。

❸ F. Nietzsche. *Also Sprach Zarathustra*. Karl Schlechta. *Friedrich Nietzsche Werke*:Band 2. pp 293 – 294.

❹ 高长虹《通讯一则》,《高长虹文集》(下册),中国社会科学出版社,1989年,第19页。

❺ F. Nietzsche. *Also Sprach Zarathustra*. Karl Schlechta. *Friedrich Nietzsche Werke*:Band 2. p278.

驱赶的情节相仿。❶ 高长虹将主人公命名为"狂飙",很可能受到《查拉图斯特拉如是说》多次将查拉图斯特拉比喻为吹向众人和乱世的"狂飙"（die starke Wind,或译"劲风"——笔者）❷ 有关。

周作人（1885—1967）早在随兄长鲁迅留学日本期间就已接触到尼采著作。他对尼采的学说与文体颇有微词,曾说"尼采的哲学其实也没有什么新的东西";❸《查拉图斯特拉如是说》"演剧式的"模式与格调"不大合我的胃口"。❹ 但事实上,从五四时期到 20 世纪 30 年代中期,周作人多次在文章中称引尼采的语句、阐发尼采的观点。

1922 年,周作人在《贵族的与平民的》一文中阐述自己的文学观时多次提及尼采思想。他指出,"真正的人的文学"是融"平民精神"与"贵族精神"于一体的文学,而"平民精神""贵族精神"分别是叔本华"所说的求生意志"和"尼采所说的求胜意志"。❺ 他还说,最好的文艺应该是"平民的贵族化",或"凡人的超人化""凡人如不想化为超人,便要化为末人了"。❻ 虽然周作人没有对这些概念仔细分析,但从他信手拈来的引用,可以看出他对尼采思想的熟稔。1923 年,周作人在《地方与文艺》一文中提倡新兴的地方文艺要突出"个性",并引用尼采"忠于地"的主张来加以解释。❼ 20 世纪 30 年代以后,周作人多次提及尼采的"永恒轮回"说。他在《〈枣〉和〈桥〉的序》（1931）一文里说:"进化论后笃生尼采,有人悦服其超人说而成诸领袖,我乃只保守其世事轮回（通译永恒轮回——笔者）的落伍意见,岂不冤哉。"有人佩服尼采的"超人"说而成为时代的弄潮儿,周作人却信奉其"世事轮回"的保守主张,怨恨之中其实是包含对五四运动之后的左翼文潮的不满的。❽ 他在《〈苦雨斋序跋文〉自序》（1934）一文里

---

❶ F. Nietzsche. *Also Sprach Zarathustra*. Karl Schlechta. *Friedrich Nietzsche Werke*：Band 2. pp279 - 281.

❷ F. Nietzsche. *Also Sprach Zarathustra*. Karl Schlechta. *Friedrich Nietzsche Werke* ：Band 2. p356、p362.

❸ 高长虹《答周作人》,《走到出版界》,上海泰东图书局,1929 年,第 237 页。

❹ 周作人《关于鲁迅之二》,钟叔和编《周作人文类编》第 10 卷,湖南文艺出版社,1998 年,第 124 页。

❺ 周作人《贵族的与平民的》,钟叔和编《周作人文类编》第 3 卷,湖南文艺出版社,1998 年,第 74 页。

❻ 周作人《贵族的与平民的》,钟叔和编《周作人文类编》第 3 卷,第 75 页。

❼ 周作人《地方与文艺》,钟叔和编《周作人文类编》,第 3 卷,第 81 页。

❽ 周作人《〈枣〉和〈桥〉的序》,钟叔和编《周作人文类编》第 3 卷,第 648 页。

借用尼采的"永恒轮回说"批评当时文坛流行的"为圣贤立言的一定是上品"的说法（影射左翼文潮为"载道"文学——笔者）。❶"永恒轮回"思想是《查拉图斯特拉如是说》的两个核心概念之一，但现代中国知识人很少提及，周作人引来以阐发自己的观点，从侧面反映他对尼采思想的熟悉。

狂飙社的成员向培良（1905—1959）也接受过尼采思想的影响。他的长篇小说《我离开十字街头》中，那位"不知名的反抗者"因为讨厌"古老的虚伪的"的北京城，决定要"跑出北京"。在离开北京城之前，他发表了一大段文字，描绘此城中的丑陋画面以及人们的恶劣表演，最终表示："厌恶的深感在我口中，好似生的腥鱼在我口中一般；我需要呕吐，于是提着我的棍走了。"这段文字对"古老的虚伪的大城"的描绘和揭露，很容易让读者想起尼采《查拉图斯特拉如是说》的《离开》一章中查拉图斯特拉对"大城"的揭露与谴责，难怪鲁迅会感叹，人们"在这里听到了尼采声"。❷

诗人徐志摩（1897—1931）在大学讲课时曾经提到尼采思想。他的学生赵景深根据他的讲课整理出《近代英文文学十讲》（收入《近代文学丛谈》，新文化社1923年版）。其中有一节题为"On Reading Nietzsche"。徐志摩这样介绍尼采思想产生的背景："尼采以为人类总要求社会改善，是由于不满足宇宙和生命的本体和所在的社会以及文化的状况。……尼采觉得全欧没有一些儿活气，全都在睡。"徐志摩特别提到尼采对西方传统道德观的否定："他又以为德行便是懦弱。怜悯是妇人之仁，助弱者为恶，这是奴隶的道德。"❸ 1925年，徐志摩还翻译了尼采《超善恶》一书的部分章节，以"超善与恶节译"为题刊发在同年10月8日的《晨报副刊》上。

1934年，诗人、翻译家梁宗岱（1903—1983）翻译尼采的《流浪人》《秋天》《松与雷》《叔本华》《威尼斯》《最孤寂者（断片）》《最后的意志》《醉歌》《太阳落了》等9首诗，以《尼采底诗》为题刊发表在《文学》

---

❶ 周作人《〈苦雨斋序跋文〉自序》，钟叔和编《周作人文类编》第9卷，湖南文艺出版社，1998年，第555页。

❷ 鲁迅《〈中国新文学大系·小说二集〉导言》，鲁迅编选《中国新文学大系·小说二集》，上海良友图书印刷公司，1935年，第15页。

❸ 徐志摩"On Reading Nietzsche"，载成芳编《我看尼采》，南京大学出版社，2000年，第159页。

杂志第 3 卷第 3 期上。梁宗岱特地写了一篇简短的"译序"介绍:"尼采一生,曾几度作诗。他底诗思往往缄默了数年之久,忽然,间或由于美景良辰底启发,大部分由于强烈的内在工作底丰收,又泉涌起来了。所以他底诗虽只薄薄的一本,却差不多没有一首——从奇诡的幽思如《流浪人》以至于讽刺或寓意的箴言,尤其是晚年作的《太阳落了》等——没有一首不反映着,沸腾者作者底傲岸、焦躁、狂热或幽深的生命。在德国底抒情诗里,我敢大胆说他是哥德(通译歌德——引者)以后第一人。"❶ 译者预言尼采在德国抒情诗人中足以与歌德媲美,评价之高可见一斑。

1934 年,散文家丽尼(1909—1968,原名郭安仁)翻译法国的尼采研究专家利奇顿伯格(Henri Lichtenberger)的《尼采底性格》一文,刊登在《国际译报》1934 年第 6 卷第 1 - 2 期上。该文是 Henri Lichtenberger 所著 *Gospel of Superman*(可译为《超人的福音书》——笔者)一书的第 1 章。丽尼在"前言"里除了说明自己翻译此文的动机之外,还对尼采给予高度评价,并对他遭到长期而普遍的误解感到痛心:"尼采无疑地是近代一个最伟大的'人',是极品的诗人,是最深微的心理学家,是炯眼的先知,是新时代的立法者。近代从没有谁影响人世如他那样的深澈,惜乎对他的误解亦多,尤其在我们中国,到现在只有假借对他糟蹋的宣传。"❷ 称尼采是"极品的诗人""最深微的心理学家""先知"和"新时代的立法者",这些都揭示了尼采在哲学史和思想史上的重要地位。

本节开篇引用高明的一段文字,提到穆时英(1912—1940)在 20 世纪二三十年代对尼采思想产生浓厚兴趣的事。事实上,穆时英此时创作的某些作品就有着明显的"尼采痕迹"。最具代表性的就是短篇小说《骆驼·尼采主义者与女人》(1935)。小说标题已直接标明该作品与尼采思想的密切关系,开篇大段引用尼采的原话,描述灵魂化身为骆驼时的具体表现,并在引文之后特别标明:"录自《查拉图斯屈拉如是说》之三变"。所谓"三变"就是《查拉图斯特拉如是说》的第一章《灵魂三变》。这些都证明穆时英阅读过尼采的《查拉图斯特拉如是说》,并对尼采的思想有着浓厚的兴趣。

---

❶ 梁宗岱《〈尼采底诗〉译序》,《文学》1934 年第 3 期,第 721 页。

❷ 丽尼《〈尼采底性格〉译者前言》,载成芳编《我看尼采》,南京大学出版社,2000 年,第 272 页。

第三节　抗战前后中国文坛对尼采的接受概况

这里所说的抗战前后指 20 世纪三四十年代。此时大后方知识分子尤其是西南联大的教授们掀起了中国第二次"尼采热"。"战国策派"是接受与传播尼采思想最积极的思想文化团体，一些小说家、诗人也对尼采其人其说表现出相当高的热情。本节着重考察抗战前后中国作家接受尼采思想的情况。

一、"战国策派"与尼采

就阐释与传播尼采思想的积极性而言，20 世纪前期中国文学史上各家社团中，恐怕没有哪一家能与抗战时期的"战国策派"相比。该团体活跃于昆明与重庆，1940—1941 年创办《战国策》半月刊（后改为月刊）、《大公报·战国》周刊，主要成员有云南大学政治学教授林同济，西南联大德语教授陈铨、历史学教授雷海宗等人。"战国策派"将他们所处时代的特征与所需的时代精神概括为"战国"二字，认为此时是世界各国争强斗狠、战争不断的"大战国"时代或"战国时代的重演"，最需要强调"战斗"精神和国家意识、民族精神。❶ 雷海宗在《无兵的文化》（1936）一文中指出，中国在历史上屡次被外族征服，不过那些侵略者入主中国后都相继被汉化，但鸦片战争以后入侵中国的西方列强"是一个高等文化民族，不只不肯汉化，并且要同化中国。这是中国有史以来所未曾遭遇过的紧急关头"。❷ 在当下战争"引起人类文化历史上一个空前的大变动"的情形之下，"战国策派"提出："人类必须要重新创造一个新的文化"，"中国旧的文化"也必须被改造为"新文化"，而重造新文化的基础就是尼采的"重新估定一切的价值"。❸

"战国策派"领袖林同济（1906—1980）在接受与推介尼采思想方面非常地热情和积极。1939 年，他发表《尼采〈萨拉图斯达〉的两种译本》一文，讨论徐梵澄的《苏鲁支语录》和萧赣的《萨拉图斯达》（通译《查拉图

---

❶ 参见：《陈铨与尼采》，《中国文学研究》2009 年第 1 期，第 104 - 105 页。

❷ 雷海宗《无兵的文化》，载温儒敏、丁晓萍编《时代之波》，中国广播电视出版社，1995 年，第 127 页。

❸ 林同济等《在创丛书缘起》，载陈铨《从叔本华到尼采》，上海大东书局，1946 年，扉页。

斯特拉如是说》——笔者）两个中译本在翻译方面存在的问题。林同济列出两个中译本中对此书"序言"的 3 处译文，对照德文原著，逐一分析中译本存在的问题。也许是出于对《查拉图斯特拉如是说》的珍视，林同济不无偏激地指责两个中译者"把尼采扑杀了"，"只不负责任地，发挥他们的亵渎精神，把一部第一等天才的作品，随便毁坏到体无完肤"。❶ 此外，林同济还简要介绍了尼采学说。他将尼采哲学界定为生命哲学或人生哲学。他认为，因为尼采哲学的主旨就在于申述"健康、坚强、勇迈、高大的人生观"，他肯定"尼采有个基本的概念：对生命的肯定"。❷ 他还提到尼采"提倡'大傲视'，看穿一切的假面具，打破一切的小拘谨"。❸

　　1944 年，林同济应陈铨的邀请，为陈铨的《从叔本华到尼采》一书作序，他以火热的激情、诗情画意的语句写就一篇洋洋洒洒的万字长序《我看尼采》。该"序言"分为 5 个部分。第一部分交代自己对尼采的喜爱，以及对《查拉图斯特拉如是说》的高度评价。第二、三、四部分提出阅读尼采著作的两条原则，并讨论它们的具体内涵。第一条原则是"以艺术还他的艺术"，"放开你脑筋中现有的一切问题，把尼采的写作当作纯艺术来欣赏"；"面队着这种希世的艺术，第一义务是审他的美"。❹ 林同济认为尼采著作的艺术性背后是与高涨的生命力。因为他的写作是"生命的淋漓"，是"生命力磅礴所至的生理必需，为创造而创造，为生命力的舞蹈而创造"。❺ 第二条原则是"以思想还他的思想"，就是透过尼采著作的"艺术氛围"来把捉、理解他的真实思想，而尼采著作的"艺术氛围"具体体现在文字的"象征性"和"抒情性"两个方面。林同济认为，要理解尼采语言文字的象征性，一定得具有"猜射"的才情，透过词句的表面意思而理解其深层的象征意义，"从具体猜射到空灵，从殊相猜射到共相——从有限猜射到无穷"。❻ 要理解尼采文字的抒情性，就要了解尼采"全面反抗"的人格，因为"尼采

　　❶ 林同济《尼采〈萨拉图斯达〉的两种译本》，载郜元宝编《尼采在中国》，上海三联书店，2001 年，第 285 页、第 287 页。

　　❷ 林同济《尼采〈萨拉图斯达〉的两种译本》，载郜元宝编《尼采在中国》，第 284 页、第 285 页。

　　❸ 林同济《尼采〈萨拉图斯达〉的两种译本》，载郜元宝编《尼采在中国》，第 286 页。

　　❹ 林同济《我看尼采》，载陈铨《从叔本华到尼采》，上海大东书局，1946 年，第 3 页、第 5 页。

　　❺ 林同济《我看尼采》，载陈铨《从叔本华到尼采》，第 4 页。

　　❻ 林同济《我看尼采》，载陈铨《从叔本华到尼采》，第 7 页、第 10 页。

的抒情即出于全面反抗的形式"。❶ 第五部分讨论尼采的"超人"思想，认为"超人说""是尼采对人生意义的基本探求所最后取得的答案，因而也握有千秋感召的力量"，❷ 同时又是一种"理想人格型"，是"一种诗意的憧憬，一种乌托邦的梦求"，因而具有理想与虚幻色彩。❸

林同济还模仿尼采的文体，创作两篇《萨拉图斯达如此说》，一篇是《寄给中国青年》（载《战国策》1940 年第 5 期），另一篇是《寄语中国艺术人》（载 1942 年 1 月 21 日《大公报·战国》副刊）。

陈铨（1905—1969）是"战国策派"的核心成员，抗战前后活跃的小说家和戏剧家。1928 年他从清华大学西洋文学系毕业以后，先后赴美国、德国留学，在德国基尔大学获得哲学博士学位，1934 年回国后先后任教于武汉大学、清华大学，抗战期间在西南联大任教，后转任中央政治学校教授、中国青年剧团编导、正中书局总编辑。同时，陈铨又是 20 世纪前期中国最著名的尼采研究专家之一。

1934 年 9 月 12 日，陈铨在《政治评论》周刊第 120 号上发表自己翻译的《萨亚屠师贾的序言》（即《查拉图斯特拉如是说·序言》——笔者）。这是陈铨唯一一次翻译尼采著作。在译文之前，陈铨写了一篇介绍性文字。全文照录如下。

> 德国近代哲学家里边，没有一个人的气魄，有尼采那样大，没有一个人的才气，有尼采那样高，没有一个人的情感，有尼采那样激烈，然而没有一个人的生活，有尼采那样悲惨。从欧洲哲学史的过程来说，尼采代表康德而后哲学上注重人的趋势的最高点。希腊的哲学以宇宙为中心，对于宇宙的存在与真实，同人类的理智有知道宇宙的真实的能力，从来不发生任何的问题。中世纪的哲学，以神为中心，对于上帝的存在同人类信从上帝才能得救，也从来不发生疑问。康德是欧洲等一个人，疑问宇宙上帝到底存不存在，人类到底有多大本事，他们究竟是否能够真正知道宇宙上帝的本来面目？结果，他发现人类的理智是有限的，我们所知道的宇宙，不过是宇宙的现象而不是宇宙的本身，至于上帝的存在，靠人类的理智，无论如何，不能证明。这样康德叫人类自己批评自

---

❶ 林同济《我看尼采》，载陈铨《从叔本华到尼采》，第 15 页。
❷ 林同济《我看尼采》，载陈铨《从叔本华到尼采》，第 19 页。
❸ 林同济《我看尼采》，载陈铨《从叔本华到尼采》，第 21 页、第 22 页。

己，人类既然能够自己批评自己，无形中他提高了他自己的尊严，把他自己的运命，从宇宙上帝那儿，拿回来放在自己手里。尼采把这一种注重人的趋势，演到极端，结果成就了他的超人主义。在另一方面来说，十九世纪，工业发达，科学进步，物质主义，嚣张一时，人类成了猴子的后人，没有灵魂的动物，工场机械的奴才，社会群体的一分子，人类的尊严，差不多完全失掉。尼采看不惯这种情形，恨极了这一种只有物质，没有精神，丑恶无聊的文化，想出来唤醒大家，创造一种新文化，新宗教，新人生观。但是尼采用的方法，不是干枯艰深死无生气的逻辑，乃是充满了诗意，充满了情感，充满了神秘性的教训。他不愿意作哲学家，他愿意作宗教家，他不要说服人，他要命令人。所以我们研究尼采的哲学——如果我们还可说他的教训是哲学的话——同研究旁的哲学家不同。在这儿，我们没有清楚的条理，没有逐步的证明，完全要在字里行间，去心领神会。但是尼采的文章，艰难在这个地方，美丽也在这个地方。尼采不单是第一流的思想家，同时又是第一流的诗人。他的文章在世界文学史上，也要占很高的位置。在中国理智主义高张的时代，大家都鄙弃中国哲人的论语语录，总想方法东拉西凑，勉强编成一个系统来，我们现在忽然来读尼采不要系统的文章，也许可以一新耳目。至于尼采所说的："没有牧人，没有羊群！每人都要平等，每人都是平等。谁有另外见解，只有自己愿意进疯人院。"对于今日一盘散沙，幽默讽刺的中国，更有极沉重的意义。《萨亚屠师贾这样说》（通译《查拉图斯特拉如是说》——引者）为尼采最成熟最伟大的作品，此为全书序言，尼采主义，此处已可以略窥全豹。❶

概括起来，这篇短文包括以下几项内容。第一，介绍尼采的性格与遭遇。第二，指出尼采的超人哲学是德国哲学家康德所开启的人的哲学的巅峰。第三，指出尼采哲学诞生的时代背景。第四，介绍尼采独特的语言与文体风格。第五，介绍尼采的诗人才华和文学史地位，及其对中国思想界的冲击。第六，提及尼采的一段话对中国现实社会的影响。尼采说："没有牧人，没有羊群！每人都要平等，每人都是平等。谁有另外见解，只有自己愿意进疯人院。"陈铨随即指出："对于今日一盘散沙，幽默讽刺的中国，更有极沉

❶ 陈铨《萨亚屠师贾的序言·说明》，（德）尼采《萨亚屠师贾的序言》，陈铨译，《政治评论》1934年第120号，第600—601页。

重的意义。"尼采否定平等，有浓厚的精英主义倾向，所引的尼采一句是对庸众社会崇尚平等、扼杀英才的抨击。陈铨在这里引用尼采的话，是希望抗战时期中华民族不要过分强调个体的平等意识，而要服从"牧人"或领袖的指挥。第七，交代《查拉图斯特拉如是说》（陈铨译为《萨亚屠师贾这样说》——笔者）的重要性（"尼采最成熟最伟大的作品"）以及所译序言的主旨。

1935 年，陈铨在中篇小说《死灰》（连载于 1935 年 4 月 16 日至 6 月 12 日天津《大公报》）里提到尼采的著作，以及主人公阅读尼采著作的感受。小说标题"死灰"比喻主人公萧华亭在留学德国的初期枯槁枯如"死灰"般的心境。但萧华亭后来在阅读尼采的著作后受到鼓舞，精神大振，又燃起了对生活的狂热之情。萧华亭阅读的尼采著作就是《萨亚屠师贾这样说》（通译《查拉图斯特拉如是说》——引者）。作品详细描写某天深夜萧华亭阅读这本书突然领会尼采的"义理"时的茅塞顿开之状："尼采的话，平常他以为很难懂的，此时他觉得没有一点困难，意义像是透明的水晶那样的清楚。……他觉得他不仅了解尼采说话的意义，而且能够亲切地体贴他讲话的情热。尼采的心头，有许多的酸甜苦辣，不到某一种精神状态下面，没有法子可以解释说明，华亭自以为现在深深地感觉到了。"

1936—1941 年，陈铨共发表 7 篇尼采专论，依次是：《从叔本华到尼采》（原载 1936 年《清华学报》第 11 卷第 2 期）、《尼采与近代历史教育》（原载 1937 年 10 月《中山文化教育观季刊》第 3 期）、《尼采的思想》（原载 1940 年《战国策》第 7 期）、《尼采心目中的女性》（原载 1940 年《战国策》第 8 期）、《尼采的政治思想》（原载 1940 年《战国策》第 9 期）、《尼采的道德观念》（原载 1940 年《战国策》第 12 期）与《尼采的无神论》（原载 1941 年《战国策》第 15 – 16 期合刊）。1944 年，陈铨将上述论文（除《尼采与近代历史教育》外）汇集成书，以"从叔本华到尼采"为题，由重庆在创出版社发行单行本（1946 年上海大东书局重版）。此书是中国现代阶段研究尼采学说的 3 本专著之一（另外两本是李石岑的《超人哲学浅说》和刘恩久的《尼采哲学之主干思想》），堪称 20 世纪前期中国知识界的尼采研究经典。

论文《从叔本华到尼采》是陈铨解读尼采学说的第一份成果，后来他将自己多篇尼采研究论文结集出版时以此文标题命名，足见它在作者心目中的地位之高。该文在辨析尼采学说与叔本华学说关系的基础上，概括尼采思想的主要内容。全文包括"绪论""赞成时期""过渡时期""反对时期"和"结论"等5章。"绪论"交代尼采和叔本华的关系。❶"赞成时期"探讨尼采早期赞成叔本华悲观主义学说的原因，反对"费力斯特式的乐观主义"使两人一拍即合。❷"过渡时期"勾勒尼采脱离叔本华思想的步骤。"反对时期"归纳尼采抛弃叔本华哲学后提出的各种新思想，一是"快乐的科学"，二是"要求力量的意志"（通译权力意志——笔者），以及与之相关的"永恒轮回说""超人说"，三是"古典的悲观主义"。

《尼采与近代历史教育》阐述尼采《历史对于人生的利弊》一书表达的历史观。它是中国知识界第一篇专题讨论尼采历史观的文章，分"尼采与历史进化的观念""不历史与超历史的态度""历史对于人生的需要""近代历史教育对人生的五害"和"尼采对于青年的希望"等5节。第一节交代尼采讨论历史观的背景与动机，即由于历史教育教给德国人错误的文化观，尼采想阐述自己的历史观。第二节概述尼采对待历史的两种态度即"不历史"和"超历史"的态度。"不历史"就是忘记历史、摆脱过去束缚的态度；"超历史"就是认为"过去和现在外貌虽然不同"，却"共同造成永远不变的价值，永远存在的形式"。❸第三节概述尼采对历史作用的认识，以及据此对历史的分类。人类的"行动和斗争""守旧和尊敬"和"痛苦和他要求解放的欲望"都需要历史的帮助，人类产生3种性质不同的历史，即"碑铭的历史""古代的历史"和"批评的历史"。❹第四节结合尼采的原话，概括近代历史教育对人生的5种危害。第五节分析尼采对德国及欧洲近代历史教育的否定，特别指出尼采对青年的殷切希望。

《尼采的思想》结合尼采的主要著作概括其思想主张。在"艺术时期"一节，陈铨着重指出尼采思想的两个来源即叔本华和瓦格勒。❺在"科学时期"一节，陈铨指出，背离叔本华、瓦格勒之后，尼采"所要求的，只是真理"。❻在"超人时期"一节，尼采鼓动人们"要使人类达到最高级的发展，

---

❶ 陈铨《从叔本华到尼采》，上海大东书局，1946年，第2页。
❷ 陈铨《从叔本华到尼采》，第23页、第27页。
❸ 陈铨《尼采与近代历史教育》，载郜元宝编《尼采在中国》，上海三联书店，2001年，第243页、第244页。
❹ 陈铨《尼采与近代历史教育》，载郜元宝编《尼采在中国》，第245页。
❺ 陈铨《从叔本华到尼采》，第100页。
❻ 陈铨《从叔本华到尼采》，第106页。

这一种最高级的发展，就是超人"。●陈铨特别指出"超人"涵盖4种人，即"理想的人物"或"天才""人类的领袖""社会上的改革家"和"勇敢的战士"。●

《尼采心目中的女性》是20世纪前期中国学界唯一一篇讨论尼采的女性观和婚姻观的专文。陈铨指出："尼采不但不仇恨女性，他尊敬女性，爱好女性，因为他认为女性在人生中有她特殊的地位，特殊的使命。"●尼采强调男女不只有各自的生理特征，更有自己的社会性别："男子代表力量，女子代表感情。""男子的职务在战争，女子的职务，在给男子感情上的安慰，使他保持战争的力量。"●人们常常根据尼采"你到女人那儿去吗？不要忘记你的鞭子！""一位有学问的女人，一定有点什么生理上的疾病。"这两句话，认定尼采是女性的仇视者。陈铨指出，尼采上述言论是针对当时欧洲"女权运动的先锋"而说的，他认定妇女解放与自由运动"是一种违反自然的运动"。陈铨如此评价："尼采的主张，固然有许多偏激的地方，然而他分别男女的不同，划定双方的责任，也不失为一种有价值的意见。"●由于尼采甚至"赞成暂时的婚姻"，陈铨也感叹"太维新"。●

《尼采的政治思想》从国家观、民主和社会主义观、战争观等3个方面讨论尼采的政治思想。首先，尼采反对现代国家制度，向往"超人社会"。因为现代国家"保护平庸"，"守旧"而"腐化"，而"超人社会""发展个性"，标举"力量"，"是前进的，创造的"。●其次，尼采批评甚至否定民主和社会主义。因为它们都"注意群众，要求平等"，是"近代文化平庸、粗俗、堕落的主要原因"。●最后，尼采鼓吹战争，不过他所说的"战争"有广义与狭义之分，而且又有积极意义。●

《尼采的道德观念》集中阐述尼采的道德思想。尼采"不但对于叔本华的道德观念，就对于数千年来许多传统的道德观念，都要发生激烈的冲

● 陈铨《从叔本华到尼采》，第111页。
❷ 陈铨《从叔本华到尼采》，第111－113页。
❸ 陈铨《从叔本华到尼采》，第142页。
❹ 陈铨《从叔本华到尼采》，第142页。
❺ 陈铨《从叔本华到尼采》，第143页、第146页。
❻ 陈铨《从叔本华到尼采》，第146页。
❼ 陈铨《从叔本华到尼采》，第118－119页。
❽ 陈铨《从叔本华到尼采》，第122页、第123页。
❾ 陈铨《从叔本华到尼采》，第128－130页。

突"。● 而他反对传统道德最大的原因，在于它"违反自然，压迫生命的活力"，在于它"是人生的麻醉剂"。● 尼采用追根溯源的谱系法探讨传统道德的起源，并得出结论："道德观念，并没有神圣的来源。""真正需要道德观念的人，不是强者，乃是弱者，不是主人，乃是奴隶。"● 尼采眼中的道德，一是提倡"怜悯、仁爱、谦让、顾虑"的奴隶道德，一是标举"无情和勇敢"的主人道德，后者才是"真正合乎自然的道德"。●

《尼采的无神论》是 20 世纪前期中国知识界唯一一篇讨论尼采反基督教问题的专文。陈铨认为，尼采是"欧洲反对宗教最激烈的思想家"。● "尼采对于基督教的攻击都是从根本下手，他明白大胆地宣布：上帝已经死了。"这就表明无神论者尼采最大的贡献和特色就是反基督教时能够切中要害，完全而彻底。

此外，陈铨还在文艺批评专著《文学批评的新动向》（1943）一书第 4章《伟大的将来——意志哲学》第 2 节《尼采的思想的演变》、第 6 节《尼采与〈红楼梦〉》里讨论过尼采学说。《尼采的思想的演变》与《尼采的思想》的内容大致相同，不再赘述。《尼采与〈红楼梦〉》是陈铨运用尼采的悲剧哲学阐释中国古典小说《红楼梦》的重要成果。陈铨首先指出，尼采和曹雪芹是"人生两个极端"，前者代表一种"积极精彩的人生"，而后者表征一种"消极解脱的人生"。● 随后，陈铨用较大篇幅介绍尼采的哲学思想，认定它是一种人生哲学。因为他认为"人类最大的问题，不是什么是真理，乃是怎样发展人生"。● 为了证明这一点，陈铨着重揭示尼采"超人说"的深刻内涵。● 同时，陈铨在该书其他章节中也零星提及尼采的思想。如在第 4 章第 1 节"叔本华的哲学"里指出："尼采受了叔本华的影响，主张要有观察清楚人生的勇气，要有希腊悲剧的精神。"● 第 3 节"寂寞的易卜生"讨论易卜生的戏剧《罗斯默何尔蒙》的女主人公雷柏茄时，作者说："像雷

● 均见：陈铨《从叔本华到尼采》，第 149 页。
● 陈铨《从叔本华到尼采》，第 154 页、第 155 页。
● 均见：陈铨《从叔本华到尼采》，第 151 页。
● 陈铨《从叔本华到尼采》，第 150 页。
● 陈铨《从叔本华到尼采》，第 157 页。
● 陈铨《文学批评的新动向（节录）》，载于润琦编选《陈铨代表作》，华夏出版社，1999 年，第 379 页、第 381 页。
● 陈铨《文学批评的新动向（节录）》，载于润琦编选《陈铨代表作》，第 382 页。
● 陈铨《文学批评的新动向（节录）》，载于润琦编选《陈铨代表作》，第 383 页。
● 陈铨《文学批评的新动向（节录）》，载于润琦编选《陈铨代表作》，第 344 页。

柏茄这样的人物，充满了尼采式争取力量的意志，无疑地是易卜生最后阶段理想的超人。"❶ 第 4 节"赫伯尔的泛悲观主义"里宣称尼采的哲学是医治德国戏剧家赫伯尔的悲观主义的良方。因为"欧洲近代哲学家，没有比尼采把人类的尊严提得更高的了"。❷ 这种信手拈来的引用和评价，说明陈铨对尼采思想非常熟悉。

二、"七月派"小说家与尼采

"七月派"因胡风 1937 年 10 月在上海创办的《七月》杂志而得名，是 20 世纪三四十年代活跃于国统区的一个文学流派。该流派的代表人物有理论家、批评家胡风，有诗人艾青、绿原，以及小说家丘东平、路翎等。

路翎（1923—1994）原名徐嗣兴，"七月派"创作成就尤其是小说成就最高的作家。他的代表作是长篇小说《财主底儿女们》。1940 年 5 月，路翎结识胡风，在胡风的鼓励和提携下开始文学创作，他起初写的反映矿工的悲惨生活和自发斗争的小说大多发表在《七月》等刊物上。1942 年，路翎写成著名的中篇小说《饥饿的郭素娥》，被胡风编入"七月新丛"。1945 年，他重写的长篇小说《财主底的儿女们》问世，胡风在该书"序言"中肯定该著的出版是"中国新文学史上一个重大的事件"。丘东平（1910—1941）原名丘谭月，代表作是《一个连长的战斗遭遇》《第七连》等短篇小说。1940 年，丘东平赴江苏盐城的鲁迅艺术学院华东分院工作，并担任教导主任。1941 年 7 月 24 日凌晨，并担任掩护教师和学员冲出日军的火力网时以身殉职。

现代文学研究专家严家炎先生曾经指出：丘东平和路翎等作家都"直接间接地受过尼采……等哲学和美学思想上的熏陶；""东平和路翎早年都受过尼采思想气质上的较深的影响"。❸ 遗憾的是严先生没有对这些论断作详细的论证。事实上，路翎和丘东平都明确承认自己受到尼采的思想或精神气质的影响。1985 年，路翎在《我与外国文学》一文中谈论外国文学对自己创作的影响。他列举的都是外国作家如巴尔扎克、司汤达、梅里美和泰戈尔，却特别提到自己受哲学家尼采的影响一事："我也接近过尼采的冷静的孤独的

❶ 陈铨《文学批评的新动向（节录）》，载于润琦编选《陈铨代表作》，第 367 页。
❷ 陈铨《文学批评的新动向（节录）》，载于润琦编选《陈铨代表作》，第 372 页。
❸ 严家炎《论七月派小说的风貌和特征》，《北京大学学报》（哲社版）1989 年第 5 期，第 20 页、第 24 页。

精神。"❶《路翎传》的作者朱珩青采访晚年的路翎时，曾经问他读过尼采的什么书，对方脱口而出："《苏鲁支如是说》（通译《查拉图斯特拉如是说》——引者）。"朱珩青由此发出感慨："其回答的干脆和他的作品的'生命意志'的普遍呈现，可推断'如是说'对路翎的影响之大。"❷ 如此看来，路翎阅读过尼采最重要的著作《查拉图斯特拉如是说》，并接受了"尼采的冷静的孤独的精神"的影响。

路翎还在小说中让人物引述尼采的语句或观点，或者承认受到尼采思想的影响。《财主底儿女们》中的蒋家二公子蒋少祖就受到包括尼采在内的西方思想家和文学家的影响。作品写道："蒋少祖崇拜了伏尔泰和卢梭，崇拜了席勒底强盗们，尼采底超人和拜伦底绝望的英雄们。"❸ 崇拜"尼采底超人"的蒋少祖常常"强调最激烈，最极端的东西"，他曾经在一篇文章里"诅咒中国，歌咏超人的悲观，号召一切人'从这个中国走过去'"。❹ 路翎还这样描写蒋少祖："他觉得别人没有权利知道他心里的这一切，正如尼采底著作，诗的灵感底泉源，别人是没有权利理解的——那种心灵底的权利。"❺ 蒋家三少爷蒋纯祖的言行也与尼采的思想主张存在契合之处。他在逃难路上送给一对难民夫妇面饼，随即又严厉地谴责自己的怜悯心，认为这样做实际上是对他人的"侮辱"。将对他人的"怜悯"看作对他人的"侮辱"，这正是尼采的看法。在尼采看来，怜悯、同情打击甚至消解对方的自尊心和人格，"只有那些自尊心委靡，也不可能征服别人的人才觉得同情是最愉快的情感"。❻ 蒋纯祖认为："所谓道德，是这些弱者们造成的，只有他们才需要。"❼ 这跟尼采的道德观接近。尼采就说过："迄今为止，并非你们的同情，而是你们的勇敢，挽救了那些遇难者。"❽ 此外，蒋纯祖反权威、反教条时激烈而决绝的方式，也和尼采呼吁"重新估定一切价值"，并强调哲学家天性好战的态度非常相似。尼采曾经宣称："就我的本性来说，我是好战的。

❶ 路翎《我与外国文学》，《外国文学研究》1985 年第 2 期，第 7 页。
❷ 朱珩青《外部和内部的世界》，作家出版社，1998 年，第 17 页。
❸ 路翎《财主底儿女们》第 2 部，《路翎文集》第 2 卷，安徽文艺出版社，1995 年，第 215 页。
❹ 路翎《财主底儿女们》第 1 部，《路翎文集》第 1 卷，安徽文艺出版社，1995 年，第 177 页。
❺ 路翎《财主底儿女们》第 1 部，《路翎文集》第 1 卷，第 357-358 页。
❻ ［德］尼采《快乐的科学》，黄明嘉译，华东师范大学出版社，2007 年，第 89 页。
❼ 路翎《财主底儿女们》第 2 部，《路翎文集》第 2 卷，第 267 页。
❽ ［德］尼采《查拉图斯特拉如是说》，孙周兴译，商务印书馆，2010 年，第 66 页。

进攻，这是我的本能之一。"● 严家炎先生指出：蒋纯祖所采取的战斗方式"和尼采自述的'战斗四原则'毫无二致"。❷ 尼采的"战斗四原则"是什么呢？第一，"只打战绩卓著的人"；第二，"只在找不到盟友、孤立无援、引火烧身的时候才向敌人发起进攻"；第三，"不搞人身攻击"；第四，"只攻击排除个性差异的、在任何情况下都没有过反面经验的事物。"❸ 严先生由此得出结论：这些"都有作者自身所受的尼采的影响"。❹ 还有，路翎在中篇小说《饥饿的郭素娥》里写到两个年轻男矿工调戏摆摊女人郭素娥时，其中一个就引用了尼采的那句名言："到女人那里去的时候，莫忘记带鞭子。"❺尼采这句话出自《查拉图斯特拉如是说》的《年老的和年轻的女人》一章。

路翎是怎样接触到尼采著作和思想的呢？据笔者推测，很可能有两条途径。第一条途径是通过胡风而间接受到鲁迅的影响。路翎说自己喜欢尼采的《苏鲁支如是说》，由此推测，他很可能看的是徐梵澄翻译的《苏鲁支语录》，那是在鲁迅帮助下最终于1935年出版的中译本。第二条途径与陈铨有关。中国第二次"尼采热"的主要推动者陈铨曾经在重庆的中央政治学校任教，年轻的路翎那时正在中央政府经济部设在重庆北碚区的矿冶研究所会计室当办事员，偶尔也去那里"蹭课"，所以有可能通过陈铨而接触到尼采的著作与思想。

丘东平也接受到尼采及其思想的影响。郭沫若曾在《东平的眉目》（原载1935年12月东京《东流》月刊第2卷第2期）一文中提及这方面的情况。丘东平给郭沫若写了一封两千多字的长信，叙述自己学习和创作的过程，特别提到自己受到外国作家和思想家影响的事情。郭沫若在《东平的眉目》里回应那封信的内容，其中有这样的话："原来他（指丘东平——引者）受影响最深的是高尔基和巴比塞。此外如王尔德、鲍特莱尔（通译波德莱尔，下同——引者）、尼采、莫泊桑、托尔斯泰等人都给了他不少的影响。我现在把对于他自己的'预期'摘录下来吧：'我的作品应包含着尼采的强

● ［德］尼采《看哪这人：尼采自述》，载《权力意志》，张念东、凌素心译，商务印书馆，1998年，第18页。

❷ 严家炎《论七月派小说的风貌和特征》，《北京大学学报》（哲社版）1989年第5期，第24页。

❸ ［德］尼采《看哪这人：尼采自述》，载《权力意志》，第18 - 19页。

❹ 严家炎《论七月派小说的风貌和特征》，《北京大学学报》（哲社版）1989年第5期，第24页。

❺ 路翎《饥饿的郭素娥》，《路翎文集》第3卷，安徽文艺出版社，1995年，第60页。

者，马克思的辩证，托尔斯泰和《圣经》的宗教，高尔基的正确沉重的描写，鲍特莱尔的暧昧，而最重要的是巴比塞的又正确、又英勇的格调。'"❶从郭沫若的转述可知，丘东平不仅坦承自己受到尼采的影响，而且打算在自己的创作中塑造"尼采的强者"一类的人物形象。

关于丘东平所说的"尼采的强者"这一概念的内涵，严家炎先生指出，它"意味着力的崇拜，意味着对倔强而走向毁灭的性格的酷爱"❷。丘东平后来创作的战斗题材小说中就有不少这类"强者"式的战斗英雄。严先生说得很明确："东平作品中那些意志倔强的人物往往都有尼采式的气质和感情趋向……虽然其中也有高尔基笔下人物性格的影子，但恐怕主要还是受了尼采的影响。"❸被严先生列举的集"倔强坚毅"和"残酷"性格于一体的、具有尼采式气质的人物，有短篇小说《通讯员》中的林吉，《多嘴的赛娥》中的赛娥等。如此看来，丘东平笔下的"尼采的强者"，不仅仅指战士，而且还包括赛娥这样有着坚定意志和执着信念的农妇。

三、其他作家与尼采

抗战前后，诗人、学者冯至，小说家、散文家沈从文在接受、阐释和传播尼采思想方面非常活跃。此外，钱钟书、王统照等人在这一时期也关注过尼采。

冯至（1905—1992）曾被鲁迅称赞为"中国最杰出的抒情诗人"。1927年，他从北京大学毕业后去哈尔滨一中学任教，1930年赴德国柏林大学、海德堡大学留学，1935年获得海德堡大学哲学博士学位。1936—1939年任教于同济大学，后任教于西南联大外文系。

据笔者查阅的资料可知，冯至最早接触尼采的著作很可能是在1924年。那一年他19岁，是北京大学德语系二年级学生。冯至在该年10月3日致沉钟社同仁杨晦的信中说："我回到北京，无意中，买到了几本好书，'Zarathustra'、希腊传说、一本浪漫时代非常好的小说、荷马字典，以上都

---

❶ 郭沫若《东平的眉目》，《郭沫若全集》（文学编）第13卷，人民文学出版社，1992年，第402页。

❷ 严家炎《论七月派小说的风貌和特征》，《北京大学学报》（哲社版）1989年第5期，第24页。

❸ 严家炎《论七月派小说的风貌和特征》，《北京大学学报》（哲社版）1989年第5期，第24页。

是德文的。"[1] "Zarathustra" 中文通译为《查拉图斯特拉如是说》，是尼采的代表作之一。1930 年 10 月，冯至去德国留学，在此期间，冯至有机会接触到更多的尼采著作。他在海德堡大学求学期间，德国存在主义哲学先驱雅斯贝尔斯（K. Jaspers）正在该校任教，冯至得以亲耳聆听雅斯贝尔斯开设的尼采讲座。雅斯贝尔斯于 1936 年将这些讲座以 "*Nietzshe-Einführung in das Verständnis seines Philosophierens*"（直译为 "尼采哲学思想引论"；中译本《尼采——其人其说》由社会科学文献出版社 2001 年出版，鲁路译）为题出版。雅斯贝尔斯于 1952 年还出版了《尼采和基督教》一书。冯至在 1939 年写的《谈读尼采》一信里也提到这件事："我前几年在海岱山（**通译海德堡——引者**）读尼采"，并坦承信里所述的读尼采之法，"一半是我自己的体验"，一半是 "那里的雅斯贝斯教授所警戒" 的话。[2] 从后来对尼采思想的介绍与评价来看，冯至受雅斯贝尔斯的影响很大。在同济大学任教期间，冯至翻译了尼采的 11 首诗歌。1937 年，他发表了这些译诗，将其中的《Ecce Homo》《旅人》《星辰道德》《新的哥伦布》《秋》《伞松和闪电》等 6 首以 "尼采诗钞" 为题发表在 1937 年 1 月 1 日《文学》杂志第 8 卷第 1 期 "新诗专号" 上，而将另外的《怜悯赠答》《在南方》《在西司马利亚（Sils-Maria）》《在敌人包围中》与《最后的意志》等 5 首，同样以 "尼采诗钞" 为题发表在 1937 年 5 月 15 日《译文》杂志新第 3 卷第 3 期上。

1939—1945 年，冯至先后发表《谈读尼采（一封信）》（原载《今日评论》1939 年 4 月 1 日第 1 卷第 7 期）、《〈萨拉图斯特〉的文体》（原载《今日评论》1939 年 5 月 11 日第 1 卷第 24 期）和《尼采对于将来的推测》（原载《自由论坛周刊》1945 年 3 月 17 日第 20 期）等 3 篇专门讨论尼采的思想与文体的文章。此外，他在《一个对于时代的批评》（1942）、《批评与论战》（1948）等文章中也提到过尼采其人其说。

《谈读尼采》是冯至回复一位喜欢阅读尼采著作的青年的信。首先，冯至指出尼采读者最容易犯两种毛病，一是 "割裂"，二是 "盲从"。由于尼采著作中常常 "充满了相反的意见"，冯至建议，为了避免 "割裂" 尼采思想，"最好是把他对于某一问题所发表的意见，聚集起，把不同的来比较……同时不要忘却整体"。[3] 至于 "盲从" 的毛病，冯至对那位青年表示

---

[1]　冯至《致杨晦 19241003 号》，《冯至全集》第 12 卷，河北教育出版社，1999 年，第 25 - 26 页。

[2]　冯至《谈读尼采》，《冯至全集》第 8 卷，河北教育出版社，1999 年，第 284 页。

[3]　冯至《谈读尼采》，《冯至全集》第 8 卷，第 282 页。

担心："怕你把尼采当作教主，看成先知，将他所说的话记在日记簿上作为你思想上的根据，那你就将要永久迷惑，找不到出路。"❶ 接着，冯至提出读懂尼采的两个事项。一是"顾及他的生活"，即联系尼采的生活经历来理解其著作。尼采"没有家，没有职业，没有团体"，他"是一个永久的漫游人"，而且"常常患病"，"在人生万象中他是一个旁观者"，"病使他的思考深沉"，所以"他对于人生下犀利的批评，有独到的解释"。❷ 二是"忌讳执着"，即不要呆板、僵化地看待尼采思想。尼采的书"无处不在流动"，读者阅读它，会有不同的感受，宛如"置身于春夏之交的时候，那无常的风雨，冷暖的变化，使我们无时不有新的感受"❸。此外，冯至还扼要提及尼采思想。尼采"想到他所处的时代，有置身废墟之感"，但这个"颓废时代里产生的儿子"却"渴望新生"，他"在病里观察，健康却是一个远方的憧憬：什么'超人'呀，'向力的意志'呀，便在他的憧憬中闪烁着。"❹

《〈萨拉图斯特拉〉的文体》讨论尼采的代表作《查拉图斯特拉如是说》的文体特点，以及翻译这部著作时应该注意的事项。冯至特别引用尼采致友人信中的一段话来概括该书的文体特点："我的文体是一种舞蹈；一种各样均称的游戏，又是一种对于这些均称的超脱和嘲讽。"❺ 不过该书既是"舞蹈文体"，也是典型的"圣经文体"。冯至分析道："尼采之于《圣经》的文体，一半由于自然，一半是故意。"为什么说是"自然的"呢？因为"他是一个牧师的儿子，在他没有改习古典语学之先，一向在大学里研究神学"，"圣经的文句从他童年时已经融成他的血肉"。为什么说是"故意的"呢？因为"他要用圣经体写成一部反圣经"。❻ 这种分析很辩证，也很独到。

《尼采对于将来的推测》是冯至特别欣赏的一篇文章，作者后来将它收入《冯至学术精华录》（北京师范学院出版社 1988 年版；1992 年重印时更名为《冯至学术论著自选集》）。文章介绍尼采就人类的发展与未来提出的 3个问题以及设想，从而对尼采的政治思想作了比较详细和系统的阐释。第一个问题是关于"德谟克拉西（民主）的道路"。尼采预测在将来的世界里德

---

❶　冯至《谈读尼采》，《冯至全集》第 8 卷，第 281 页。

❷　冯至《谈读尼采》，《冯至全集》第 8 卷，第 283 页。

❸　冯至《谈读尼采》，《冯至全集》第 8 卷，第 284 页。

❹　冯至《谈读尼采》，《冯至全集》第 8 卷，第 283 页。

❺　冯至《〈萨拉图斯特拉〉的文体》，《冯至全集》第 8 卷，河北教育出版社，1999 年，第 285－286 页。

❻　冯至《〈萨拉图斯特拉〉的文体》，《冯至全集》第 8 卷，第 288 页。

谟克拉西的命运有 3 种可能性。一是各个国家组成一个"国际联盟","在这联盟里一切问题都将要按照理性的原则解决","财产的分配要加以调整，不劳而获的'贸易大亨'要不易存在","要尽其可能地创造人格的独立，并且使世上没有与这个独立为敌的事：贫穷、富有、政党"，❶ 总之，民主理念得到完美的践行。二是社会主义征服国家，民主理念将会被忽视。因为"社会主义要努力于'国家势力的丰满'与'一切形式上的个人的消灭'"。❷ 三是国家被消灭，实行无政府主义，民主被无限制地推行。第二个问题是关于"各国民族在世界政治上的发展"。冯至指出，尼采认为世界各国在未来虽然可以通过国际联盟来解决纷争，但也很可能要通过战争来解决问题，因而"不隐讳那人类的可怕的厄运：战争"。不过他所说的"战争"是宽泛意义上的，"在最大的规模里是学术的，同时也是民间的"，其目的是"争取地上的统治权"，"统治权可以是经济的，也可以是思想的"❸。随后还提及尼采关于欧洲白种人各民族的将来及其在世界上的位置问题，如预测德国人"德国人是前日的和后日的"，"他们没有现在"，即目前在世界上是没有地位和发言权的。❹ 第三个问题是关于"人的精神本质的改变"。尼采预感到科学发展很可能会导致文化沦亡或人文信仰迷失。尼采预测："由于工业的发展和知识的扩充，也会产生这样的危险：文化在它的方法上沦亡。如果科学种下许多许多不愉快的因素，人为了许多不能解决的问题而又不得不求助于形而上学与宗教"。❺ 需要指出的是，冯至此文所论尼采对于将来的推测受到雅斯贝尔斯的影响。❻

冯至还在其他文章中简要提及尼采其人其说。他在《一个对于时代的批评》（1942）一文里指出，尼采作出了"绝对地否定基督教"的"决断"。❼ 他在《批评与论战》（1948）一文中称尼采为"论战家"，认为"尼采更认清他个人的命运：他否定一向被认为是好人的人们和一向被认为是好的道德的道德，他重估一切的价值"。❽

---

❶ 冯至《尼采对于将来的推测》，《冯至全集》第 8 卷，第 250 – 251 页。
❷ 冯至《尼采对于将来的推测》，《冯至全集》第 8 卷，第 251 页。
❸ 冯至《尼采对于将来的推测》，《冯至全集》第 8 卷，第 251 页。
❹ 冯至《尼采对于将来的推测》，《冯至全集》第 8 卷，第 251 – 252 页。
❺ 冯至《尼采对于将来的推测》，《冯至全集》第 8 卷，第 252 页。
❻ 冯至《尼采对于将来的推测》，《冯至全集》第 8 卷，第 249 页。
❼ 冯至《一个对于时代的批评》，《冯至全集》第 8 卷，河北教育出版社，1999 年，第 244 页。
❽ 冯至《批评与论战》，《冯至全集》第 4 卷，河北教育出版社，1999 年，第 126 页。

总体来看，冯至对尼采思想评价颇高。他在《谈读尼采》里称尼采为"近百年来德国最伟大的思想家"，并形象地描绘尼采著作给读者的冲击力："我们只要翻开他的任何一部著作，便会感到一种新的刺激，新的启发，新的战栗。"[1] 他在《一个对于时代的批评》里称尼采与俄国的陀思妥耶夫斯基、丹麦的克尔克郭尔"被人视为畸人"，他们"具有畸人特有的慧眼透视一切，挖掘人的灵魂到了最深密的地方，使一切现成的事物产生不安，发生动摇"。[2]"畸人"一词出自《庄子·大宗师》篇，指"异人"，即能够"通天道"即掌握自然规律的人。冯至于 1987 年 6 月 4 日在联邦德国国际交流中心"文学艺术奖"颁发仪式上回顾说：在抗日战争的艰苦岁月里，尼采的著作"曾给我不少的鼓励"。[3]

沈从文（1902—1988）早在 1920 年就接受到与尼采及其思想有关的信息。这一年，他在湘西统领官创办的报馆担任校对工作，看到了长沙印刷工人赵奎五带来的冰心小说《超人》等"新书新杂志"。[4] 冰心的短篇小说《超人》以尼采的"超人"一词作为标题，主人公何彬起初信奉尼采的"爱和怜悯都是恶"一类说教。1923 年，"北漂"青年沈从文客居北京沙滩附近的"窄而霉小斋"，经常去北京大学蹭课，得以认识不少大学生，后者常常以"候补学士、未来作家"自许，"兴趣正集中在尼采、拜伦、哥德（**通译歌德——引者**）、卢梭、果戈里"，并"自以为是尼采，或别的什么大诗人大文学家本人"。[5] 从这段经历的叙述可以看出，沈从文将尼采归入"大诗人大文学家"之列，表明他认同当时在中国文坛流行的"尼采是文学家"这种说法。

20 世纪 30 年代之后，沈从文在著述中正式提到尼采及其性格、思想。在《郁达夫张资平及其影响》（原载 1930 年 3 月 10 日《新月》第 3 卷第 1 期）一文中，冯至称创造社早期成员如郭沫若、郁达夫等都"挂了尼采式的

❶ 冯至《谈读尼采》，《冯至全集》第 8 卷，第 281 页。
❷ 冯至《一个对于时代的批评》，《冯至全集》第 8 卷，第 242 页。
❸ 冯至《在联邦德国国际交流中心"文学艺术奖"颁发仪式上的答词》，《冯至全集》第 5 卷，河北教育出版社，1999 年，第 193 页。
❹ 沈从文《从文自传》，《沈从文全集》第 13 卷，北岳文艺出版社，2002 年，第 360 页。
❺ 沈从文《无从毕业的学校》，《沈从文全集》第 27 卷，北岳文艺出版社，2002 年，第 415 页、第 417 页。

英雄主义"。❶ 尼采通过宣传"超人"说和"价值重估"主张而表现出来的激烈的反叛精神和英雄气概被沈从文界定为"尼采式的英雄主义"。1934年，沈从文在《新刊介绍》一文中提及杨丙辰的论文《文艺·文学·文艺科学——天才与创作》引用尼采以及康德、叔本华、马克思、海格尔（**通译黑格尔——笔者**）等人的"材料"一事。❷ 同年，沈从文在短篇小说《知识》（原载《水星》1934年第3期）里提到尼采及其"超人"概念。海归哲学硕士张六吉返回家乡，因为"自觉知识过于丰富超越一切"而备感孤独，"'超人'感觉也越浓厚"，为了摆脱这份孤独，"他想起尼采聊以自慰"。❸ 在沈从文看来，"超人"是超越群伦因而倍感"孤独"的人，尼采本人也是"极容易陷于这种孤独"里的"超人"。

抗战时期，沈从文多次引述尼采。1938年，沈从文在随笔《谈保守》（原载《新动向》第1卷第2期）的结尾处征引尼采论知识分子的一段话："证明一事是不够的，应该将人们向之引诱下去，或启迪上来。因此一个知识分子应该学着将他的智慧说出来，不碍其好像愚蠢。"❹ 这段话出自尼采的《朝霞》第4卷第330条格言。在尼采看来，知识分子不能仅仅满足于袭取知识、"证明"事实，更应该勇敢地说出自己的"智慧"见解，不必计较这些见解因为太超前而被人视为"愚蠢"的话。据笔者查证，直至沈从文写作此文的1938年，尼采《朝霞》只有上海商务印书馆1935年印行的徐梵澄译本，沈从文阅读并引用该书，足见他对尼采著作的热心。同年，沈从文在《谈进步》（原载《文艺季刊》1938年第1卷第3期）一文里引用英国作家康拉德的一句名言："给我相当的字，正确的音，我可以移动世界。"沈从文发挥："同类信心产生歌德，尼采，服尔太（**通译伏尔泰——引者**），托尔斯泰，以及历史上一切除旧布新的巨人大师。"❺ 康拉德和歌德、伏尔泰、托尔斯泰等人都是诗人、作家兼思想家，沈从文将尼采同他们并列，不仅视尼采为文学家，而且特别突出他作为"巨人大师"的"移动世界""除旧布新"的勇气和能力。1940年，沈从文在《读〈论英雄崇拜〉》（原载1940年

❶ 沈从文《郁达夫张资平及其影响》，《沈从文全集》第16卷，北岳文艺出版社，2002年，第193页。
❷ 沈从文《新刊介绍》，《沈从文全集》第16卷，北岳文艺出版社，2002年，第226页。
❸ 沈从文《知识》，《沈从文全集》第8卷，北岳文艺出版社，2002年，第320页。
❹ 沈从文《谈保守》，《沈从文全集》第17卷，北岳文艺出版社，2002年，第258页。
❺ 沈从文《谈进步》，《沈从文全集》第16卷，北岳文艺出版社，2002年，第486页。

6月1日《战国策》第5期）一文中探讨陈铨英雄崇拜主张所采纳的理论资源。文章两次提到陈铨对尼采思想的借鉴，如提及英雄崇拜时，说"陈先生……援引康德、尼采意见"；"陈先生引用百十年前叔本华、尼采一类人对于这个名词所作的抒情说明"，这个名词就是"超人"。❶不过沈从文并没有具体论述"超人"英雄观的内容。

沈从文后来多次提到尼采及其思想对自己的影响。他在题为《我的学习》（1951）的检查中回顾自己早年的求知历程，剖析自己的思想状况，两次提到尼采思想。第一次说，年轻时，"思想形式既多方，更容易与个人情感结合，不是马克思条理谨严的，为人类社会的新设计，却是个人中心的纪德、尼采一流一些断片印象感想"。❷纪德是法国现代作家，其名作《地粮》"从尼采著作中获得灵感，将许多充满诗意的断想连缀成篇"。❸第二次则说，自己早年在复杂尖锐的政治斗争中一直坚守"尼采式的夸大而孤立的原则"，坚信"脆弱文字将动摇这个虽若十分顽固其实并不坚固的旧世界，更能鼓励年轻一代重造一个完满合理的新世界"。❹所谓尼采式原则，就是认为文字（包括文学创作）具有动摇旧世界、重造新世界的力量。

由上可知，沈从文眼中的尼采主要有3种形象。一是"文学家尼采"形象。这样的尼采与拜伦、歌德、卢梭、果戈里、纪德等同是"大文学家"，或是康德、叔本华、黑格尔一类的美学家。二是"哲学家尼采"形象。这样的尼采提倡"超人"说，体现出"英雄主义"与"孤立主义"倾向。三是"启蒙者尼采"形象。这样的尼采是可以"移动世界""除旧布新"的"巨人大师"，是呼吁知识分子说出自己的智慧、引诱和启迪民众的鼓动家，是"尼采式原则"的预言者。

钱钟书（1910—1998）在20世纪三四十年代写作多篇论文、随感、序跋、书评，后结集以《写在人生边上的边上》为题出版，其中多次提及尼采。❺书评《约德的自传》（1932）第一次提到尼采。英国哲学家、社会学

---

❶ 沈从文《读〈论英雄崇拜〉》，《沈从文全集》第14卷，北岳文艺出版社，2002年，第136页、第137页。

❷ 沈从文《我的学习》，《沈从文全集》第12卷，北岳文艺出版社，2002年，第362页。

❸ 李赋宁主编《欧洲文学史》第3卷上册，商务印书馆，2001年，第193页。

❹ 沈从文《我的学习》，《沈从文全集》第12卷，北岳文艺出版社，2002年，第366–367页。

❺ 此处所提及的钱钟书对尼采著作中语句或段落的翻译、解读，吸收了钱碧湘先生的研究成果。鉴于内容比较零散，本文不一一作注。在此谨向钱先生致谢。参见：钱碧湘《钱钟书散论尼采》，《文学评论》2007年第4期。

家斯宾塞终生未娶，他辩称自己不结婚是因为没有找到跟自己头骨原理相符合的女人。针对这一传言，钱钟书调侃道："我常想，George Eliot 跟他倒是天生的一对，正好比 Barbellion 在《最后的日记》里面想跟尼采和 Emily Brontë 作伐。"❶ George Eliot 中译乔治·艾略特，是 19 世纪英国女作家，富有自主意识和反叛精神。作者引出 Barbellion 想替尼采和《呼啸山庄》的作者 Emily Brontë（*中译艾米莉·勃朗特——引者*）牵线搭桥的趣闻，表明钱钟书还在清华大学读书时就已关注尼采。

1933 年，钱钟书在书评《旁观者》中评介西班牙哲学家加赛德的《现代论衡》一书。钱钟书认为自己不敢恭维加赛德的学养，因为他"对于近代的思想家，似乎尼采以后祇知道有安斯坦（*通译爱因斯坦——引者*）"。❷ 加赛德说爱因斯坦的著作未行世之前，自己就"说过相同的理论（*即相对论——引者*），针对这一说辞，钱先生不无讥讽地指出："假使我没有记错，似乎尼采就谈过 Perspektivismus 这个东西，即加赛德教授所谓 doctrine of the point of view 是也。"❸ Perspektivismus 中译"透视主义"，尼采的确认为人对世界的认识是一种"透视的幻觉"。❹ 钱先生认为加赛德的"相对论"不过类似于尼采的"透视主义"，说明他对尼采的认识论已经有所了解。

在论文《作者五人》（1933）中，钱钟书借用法国作家司汤达从尼采《超善恶》一书转引的话来评论英国哲学家穆尔的哲学家品行。钱钟书的原话是这样的："他（指穆尔——引者）具有一切 Stendhal（司汤达——引者）认为良好哲学家的品行——'干燥、清晰、没有幻象'（sec, Clair, sans illusion）（尼采《超善恶》第二章第三十九节引）。"❺ 钱钟书还论及英国哲学家罗素，特别借用尼采的概念来定位罗素的性格："Dionysus 式的性情，Apollo 式的学问（借用尼采《悲剧的产生》中的分别），这是罗素的特点，也是我大胆对于他的按语。"❻ 做学问讲究明晰、理性是罗素的一个方面，但在个人生活方面，罗素一贯受激情驱使，几度结婚、离婚。钱钟书在此借用尼采《悲剧的诞生》的概念，用代表光明沉静的日神阿波罗喻指罗素做学问的

---

❶ 钱钟书《写在人生边上的边上》，北京三联书店，2001 年，第 273 页。
❷ 钱钟书《写在人生边上的边上》，北京三联书店，2001 年，第 280 页。
❸ 钱钟书《写在人生边上的边上》，北京三联书店，2001 年，第 281 页。
❹ 转引自：（德）雅斯贝尔斯《尼采其人其说》，鲁路译，社会科学文献出版社，2001 年，第 316 页。
❺ 钱钟书《写在人生边上的边上》，北京三联书店，2001 年，第 111 - 112 页。
❻ 钱钟书《写在人生边上的边上》，北京三联书店，2001 年，第 115 页。

明智理性，而他性情上的率性冲动则用代表陶醉迷狂的酒神狄奥尼索斯来喻指。

抗日战争爆发后，王统照（1897—1957）在上海从事编辑工作和写作，宣传抗日。他在此时创作的杂感里多次引述尼采的观点来阐述自己的主张，或者号召国人奋起抵抗外族侵略者，或者诅咒日本侵略者的暴行。他在《意志的哲学》（1939）一文中肯定尼采的"意志哲学"，觉得它对正在奋力抵抗日本侵略者的中华民族具有重要的现实意义，所以说："我赞美'意志的哲学'，——尤其是生当苦难时代的我们。"❶他在《"入地狱"的另一解》（1939）一文里引述尼采的话对佛家"入地狱"的偈语作出全新的解释。他说："佛理的终极是要救世人的苦难，自然须沉入苦难里先自炼熬。而西哲（指尼采）是要在山顶上俯视群星，俯视己身，这不单是解除肉体或精神上痛苦而已，由极深、极低处升到最崇高处，他要把光明的希求与愉慰得到。（这儿，我只取尼采的片言，不是倾向他的全部思想。）"❷佛理强调要"沉入苦难里先自炼熬"，而尼采思想"不单是解除肉体或精神上痛苦"，还"要把光明的希求与愉慰得到"，两者高下立判。王统照所引的尼采原话出自《查拉图斯特拉如是说》序言。王统照申明自己"只取尼采的片言，不是倾向他的全部思想"，表明他对尼采思想还是有所保留。在《痛苦的循环》（1939）一文中，王统照引述尼采"要使'因'不至于犯罪，而'果'不至于'绞死'！"的名言，对日本侵略者只顾自己追求"狂欢"与"权力的感觉"因而给本国百姓与他国国民造成痛苦的现象进行抨击。他预言："凡盲目地予人痛苦者，己身反受"，最终导致"痛苦的循环"。❸"予人痛苦"，别人回报他以"痛苦"，如此一报还一报，循环不已，是为"痛苦的循环"。

第四节　新时期中国文坛对尼采的接受概况

1949年以后很长一段时间，中国大陆文坛以及整个知识界极少提及尼采思想，偶尔提及，也是将尼采思想与法西斯捆绑在一起。直到改革开放之后，尼采思想才重新吸引国人的注意。1986年前后，中国大陆知识界兴起第三次"尼采热"。根据1988年的一份调查，当时大约有三分之一强的在校大

---

❶ 王统照《意志的哲学》，《王统照文集》第5卷，山东人民出版社，1984年，第380页。
❷ 王统照《"入地狱"的另一解》，《王统照文集》第5卷，第378页。
❸ 王统照《痛苦的循环》，《王统照文集》第5卷，第447–448页。

学生读过尼采的著作或者有关尼采的书。❶ 此次"尼采热"大约在 1990 年前后结束，但中国思想界和学术界对尼采思想一直或隐或显地保持兴趣。本节考察新时期中国大陆作家对尼采思想的接受情况。

一、新时期钱钟书与尼采

新时期，钱钟书在《管锥编》（1979）、《七缀集》（1984）、《谈艺录》（补订本）（1984）等文学研究类著作中，多次翻译和征引尼采的语句，阐发尼采的观点。《管锥编》里对尼采语句的引用，以及对尼采观点的阐发，使得钱钟书成为新时期突破尼采禁区的第一人。

《管锥编》至少有 11 处文字提及尼采或者尼采的语句、观点，这里分析比较重要的几处。在《周易正义·乾》一则里，钱钟书谈及取象为喻是为了更好地理解深奥、隐微的含义，所以说理时不能过分强调比喻的地位和作用。他列举一系列夸大比喻对阐明哲理的作用的偏颇之论，其中"以譬喻为致知之具"❷ 的说法就出自尼采。尼采此句出自《最后的哲人》一书第 134 节。田立年译为："没有隐喻，就没有真正的表达和真正的认识。"❸ 在《周易正义·观》一则里，为了说明"以神道设教"的"愚民之非"，钱钟书在引用"马克思所谓宗教乃人民对实际困苦之抗议，不啻为人民之鸦片"的论断之后，接着指出："哲学家有以宗教比牙痛时所服之麻醉剂。"❹ 钱钟书注明这段引文出自尼采《人性的，太人性的》。杨恒达将这句话翻译为："片刻的缓解和麻痹，就像牙疼时常见的情况一样。"❺ 钱钟书讨论语言文字的功用与局限时提及"语文之于心志，为之役而亦为之累焉"，然后指出：尼采"鄙语文乃为可落言诠之凡庸事物而设，故'开口便俗'"。❻ 钱钟书注释此句出自尼采《偶像的黄昏》的《不合时宜者的漫游》一节。周国平将这句话译为："语言似乎只是为平均的、中庸的、可传达的东西发明的。说话者

第一章

20 世纪中国作家接受尼采掠影

---

❶ 参见：刘翔平《大学生西方思潮读书热调查》，《中国图书评论》1991 年第 3 期，第 102 - 103 页。

❷ 钱钟书《管锥编》第 1 册，中华书局，1986 年，第 12 页。

❸ ［德］尼采《最后的哲人》，见《哲学与真理：尼采 1872—1876 年笔记选》，田立年译，上海社会科学院出版社，1993 年，第 73 页。

❹ 钱钟书《管锥编》第 1 册，第 18 - 22 页。

❺ ［德］尼采《人性的，太人性的》，杨恒达译，中国人民大学出版社，2005 年，第 85 页。

❻ 钱钟书《管锥编》第 2 册，中华书局，1986 年，第 406 - 407 页。

业已用语言使自己平庸化。"❶《列子·周穆王》写道，宋阳里华子得了失忆症，家人请人治愈，他便大怒说："曩吾忘也，荡荡然不觉天地之有无，今顿识既往，数十年来存亡、得失、哀乐、好恶，扰扰万绪起矣。"钱钟书评论道："尼采尝说善忘为至乐之本，正发明'荡荡'之所以别于'扰扰'。"❷尼采语句出自《不合时宜的沉思》的《历史对于人生的利弊》一篇。李秋零将该句翻译为："总是有一种东西使幸福成为幸福，即能够遗忘，或者说得有学问一些，在存续期间非历史地进行感觉的能力。"❸ 在《列子·力命》一则里，钱钟书将列子的"知命"或"信命"与尼采的"爱命"并提，认为前者强调"漠然中无所感，寂然外无所为"，"较尼采所谓'爱命'（amor fati）之境地更为恬静超脱"。❹ 在《太平广记·柳毅传书事》一则里，钱钟书提到《聊斋志异》的《织成》篇记洞庭君逊位柳毅，"以毅貌文，不能慑服水怪，付以鬼面，昼戴夜除。久之渐习忘除，遂与面合为一"，然后评论道："借面长戴，渐失本相，即习惯成自然，弄假变为真，故曰：'长此作伪者初伪而终失其伪'。"❺ 引文出自尼采《人性的，太人性的》第51条，杨恒达译为："总是扮演同一角色的伪君子，最终不再是伪君子。"❻

《七缀集》由《旧文四篇》和半部《也是集》合并而成，其中有 3 篇文章 6 次提及尼采。《诗可以怨》（1981）一文两次提到尼采。钱钟书引用"尼采曾把母鸡下蛋的啼叫和诗人的歌唱相提并论，说都是'痛苦使然'"一句后，指出：尼采"这个家常而生动的比拟也恰恰符合中国文艺传统里一个流行的意见：苦痛比快乐更能产生诗歌，好诗主要是不愉快、烦恼或'穷愁'的表现和发泄"。❼钱钟书还特别在正文后注明尼采语句的出处："《查拉图斯特拉如是说》（*Also Sprach Zarathustra*）第 4 部第 13 章。"第二次提到尼采是在谈及意大利哲学家、文艺批评家克罗齐观点的时候。钱钟书说："称赏尼采而不赞成弗洛伊德的克罗齐也承认诗是'不如意事'的产物。"❽钱钟书指出，克罗齐诗论与尼采诗论的一致之处，意在突出尼采文艺观的成

---

❶ ［德］尼采《偶像的黄昏》（修订版），周国平译，光明日报出版社，2006 年，第 71 页。

❷ 钱钟书《管锥编》第 2 册，第 497 页。

❸ ［德］尼采《不合时宜的沉思》，李秋零译，华东师范大学出版社，2007 年，第 140 页。

❹ 钱钟书《管锥编》第 2 册，北京三联书店，2001 年，第 513 页。

❺ 钱钟书《管锥编》第 2 册，北京三联书店，2001 年，第 807 页。

❻ ［德］尼采《人性的，太人性的》，杨恒达译，第 56 页。

❼ 钱钟书《七缀集》，北京三联书店，2002 年，第 115 页。

❽ 钱钟书《七缀集》，北京三联书店，2002 年，第 126 页。

就。《中国诗与中国画》指出，在文学艺术演变过程中，新潮在强调自身的创新时又常常会寻找某个传统作为自己的渊源，这属于"事后追认先驱的事例"。钱钟书随即指出："尼采论后起的艺术大师不由自主地改变了前人艺术作品的评价和意义，又论认识历史需要'事后追起作用的效能'。"● 钱钟书还详细注明两处引文的出处。在《读〈拉奥孔〉》一文中，钱钟书为"逼真表演剧中人的狂怒时，演员自己绝不认真冒火发疯"一句添加了一个长长的注，开头便引了尼采："尼采说演员假如感受他正表演的情感，他就'完蛋了'。"❷ 钱先生还特别注明尼采这段议论出自《艺术和艺术家》第 7 节。

《谈艺录》初版于 1948 年，1984 年补订本出版。据不完全统计，下编《补订》中至少有 6 处论及尼采。《谈艺录补遗》第 2 则"黄山谷诗补注"的《补订》，钱钟书提到："夫以故为新，即使熟者生也"是诗人常用的修辞手法，即如尼采等人"皆言观事体物，当以古为新，即熟见生"，并用括号列出尼采的话和出处。❸ "以古为新，即熟见生"就是"陌生化"。这段引文出自尼采《人性的，太人性的》一书第 200 节，杨恒达译作："并不是一个人第一次发现某样新东西，而是一个人把古老的、熟悉的、每个人都看见但是又忽视了的东西看作新的，才是凸显一个真正原创性头脑的标志。"❹《谈艺录》第 50 则"贺黄公以下论宛陵诗"的《补订》，钱钟书在"青出者背其师""墨守者累其师"的两难处境中明确提出弟子要敢于"背其师"，并援引尼采等人的论述作证。尼采的原话是："宗师祇有一大弟子，而此子将背其师，盖渠亦必自成大宗师也。"❺ 钱钟书注明这段文字出自尼采《人性的，太人性的》第 357 节。《谈艺录》第 74 则"王荆公改诗"《补订》详论王安石所用的摹仿手法："模仿有正反两种。效西施之矉，学邯郸之行，此正仿也。若东则北，若水则火，此反仿也。"为了说明两者的区别及其效果，钱钟书以尼采的做法为例指出：尼采的议论表面是奇创，实则"取古人成说，是其所非，非其所是，颠倒衣裳，改换头面"。❻ 颠倒前人名句名论，成就自己的警拔之言，是尼采惯用的手法。《谈艺录》第 88 则提到"白瑞蒙

● 钱钟书《七缀集》，第 29 页。
❷ 钱钟书《七缀集》，第 57 页。
❸ 钱钟书《谈艺录》（补订本），中华书局，1984 年，第 320 – 322 页。
❹ ［德］尼采《人性的，太人性的》，杨恒达译，第 379 页。
❺ 钱钟书《谈艺录》（补订本），第 516 – 517 页。
❻ 钱钟书《谈艺录》（补订本），第 561 – 562 页。

谓作诗神来之候，破遣我相，与神秘经验相同"一事，所谓的"神秘经验"就是灵感。钱钟书在《补订》中引证尼采的体验来印证："尼采自道其'烟士披里纯'之体验云：'心所思索，忽如电光霍闪，登时照彻，无复遁形，不可游移。'"❶"烟士披里纯"是"Inspiration"的音译，意为灵感。钱钟书注明引文出自尼采自传《看哪，这人》，张念东、凌素心将这句话译为："思想火花如雷电行空，带有必然性，以迅雷不及掩耳的形式出现——我从来也没有过什么选择的余地。"❷尼采描述自己写作《查拉图斯特拉如是说》时灵感袭来的情状与白瑞蒙所言"作诗神来之候"颇有几分相似。《谈艺录》第89则的《补订》论及明七子之重"声"轻"义"，钱钟书译介尼采论席勒言诗的言论与之互为印证。他指出："尼采谓席勒之言诗也，不贵取象构思之有伦有序、理顺事贯，而贵声音要眇，移情触绪。"❸周国平将引用的语句翻译为："他（指席勒——引者）承认，诗的创作活动的预备状态，决不是眼前或心中有了一系列用思维条理化了的形象，而毋宁说是一种音乐情绪（'感觉在我身上一开始并无明白确定的对象：这是后来才形成的。第一种音乐情绪掠过了，随后我头脑里才有诗的意象'）。"❹括号内引文是尼采引席勒致友人信中的原话。

由上可知，钱钟书在长达52年（1932—1984年）的时段里一直没有停止对尼采语句的引用，以及对其思想的阐发。

二、新时期小说家与尼采

第三次"尼采热"对中国作家的影响主要是间接性的。笔者在查找资料的过程中发现，新时期系统阅读尼采著作、深刻领会尼采思想的作家并不多，大多是受当时的"意见气候"的熏陶而得以接受尼采思想的。"意见气候"（Climate of Opinion）是传播学上的一个概念，指一定环境中的意见分布情况。每一种意见气候中都有一种主流意见，后者会渗透所有处于这种意见气候中的人群。"尼采热"可以算是20世纪80年代中期"中国意见气候"中的主流意见。将莫言的长篇小说《红高粱家族》改编成电影《红高粱》

---

❶ 钱钟书《谈艺录》（补订本），第601页。
❷ ［德］尼采《看哪这人：尼采自述》，载《权力意志》，张念东、凌素心译，商务印书馆，1998年，第76页。
❸ 钱钟书《谈艺录》（补订本），第608页。
❹ ［德］尼采《悲剧的诞生》（修订本），周围平译，北岳文艺出版社，2004年，第17页。

的张艺谋曾描述过 20 世纪 80 年代中期大陆知识分子尤其是青年学生崇拜尼采的奇景："那是个全民求知的时代，谈恋爱都拿本《尼采》。"❶ 正是"尼采热"这样一种"意见气候"，使得一些当时热心文学而后成为小说家、诗人、散文家的青年知识分子在不同程度上接受了尼采思想。朱苏进、莫言、海子、周国平等就是这类知识分子的代表。

文学领域里的影响是一个复杂的问题。20 世纪 80 年代中期有论者就农村题材小说的创作提出过这样的建议："农村题材的文学创作必须改变气氛；更多地对'强者'发出讴歌和赞美，少一些对'弱者'的同情和悲悯。农村中的'两户'生气勃勃，充满开发精神，他们就是生活中的强者。"❷ 农村中的"两户"指 20 世纪 80 年代前期农村改革中涌现出的专业户和重点户。这段话里的"强者"和"弱者"很容易让人联想到尼采笔下的"超人""末人"，但又很难确证这位言说者及这类题材的作家接受过尼采思想的影响。法国文学史家朗松曾经说过：文学领域里的影响往往是一种"精神性存在"，是思想与文学"精髓的渗透"。❸ 笔者在考察尼采思想对新时期中国大陆作家的影响时，也正是从具体文本出发，以期找到这种"精髓的渗透"和"精神性存在"。

朱苏进（1953—）是新时期军旅小说作家，他出生于军人家庭，对父辈的戎马生涯和辉煌历史怀着虔诚的崇敬和向往之情。他在创作中聚焦职业军人这个群体，着力表现他们的勇敢、坚韧、敢于牺牲、百折不挠等英雄品质。

朱苏进创作中的英雄主义主题同尼采思想主张之间存在神似与暗合之处。首先，他在作品中极力张扬的强者意识与尼采"超人"说的内涵存在相通之处。朱苏进认为"人生即较量"，只有较量才能检验出一个人是否是强者，是否具有真正的军人素质。朱苏进笔下的军人时时、事事都处于较量之中，与上司、下属和同级之间是如此，同妻子、情人之间也是如此。短篇小说《咱俩谁是谁》（1991）中，即使是跳舞甚至乘车、订房、就餐这样的日常生活行为，三位上校也都铆足了劲，彼此要比拼、较量一番。同时，朱苏进作品里也充溢着军人必须好战的气息。如《炮群》中的苏子昂沉迷于军人

---

❶ 张艺谋述、方希著《张艺谋的作业》，北京大学出版社，2012 年，第 45 页。
❷ 叶蔚林《眼睛往哪里看?》，《文艺报》1984 年第 6 期。
❸ [法] 朗松《试论"影响"的概念》，转引自（日）大塚幸男《比较文学原理》，陈秋峰、杨国华译，陕西人民出版社，1985 年，第 105 页。

的英雄意识之中，"性成熟期并不很渴望姑娘，而是被英雄崇拜一类感情骚扰不轻"。朱苏进还有一个观点："最优美的最危险。""优美"的是心理姿态，"危险"的是生活状态。意思是说，越是恶劣的环境就越能够让人们遭受严峻的考验，也越能够激发人们生命本能的充分释放，激发人们的生命意志昂扬向上，也因此，要享受到最大的快乐，就得经受最危险的生活。由此看出，朱苏进以精神的高贵为荣，蔑视精神的卑贱。"人生即较量"和"最优美的最危险"等观点背后就潜藏着尼采"超人"思想的气息。尼采的"超人"具有热衷于较量、抗争，愿意过最危险生活的品性。他曾将超人比喻"能容纳大侮蔑的海洋"，是"用火舌舔食万物的闪电"和"给人类注射疫苗的疯狂"。显然，朱苏进所说的"较量"意识与优美即危险的观点，同尼采"超人说"所蕴含的战斗精神和精英主义倾向非常接近。

其次，朱苏进笔下的军人崇拜权力，渴望控制和征服他人，这种观念和态度同尼采的权力意志论存在相通之处。如中篇小说《绝望中诞生》（1989）中的孟中天是一个有着非凡秉赋、非凡意志的天才、超人式人物。他不仅是科学上的天才，更是人事上的怪杰，从那种驾驭人的本领和人事争斗的游戏中获得巨大的精神愉悦。❶再如中篇小说《第三只眼》（1986）中的班长南琥珀渴望与人较量，珍视和渴求权力。尼采认为，生命本能"旨在权力扩张"，"大大小小的斗争全是围绕着为获得优势、发展和扩张而展开"。❷尼采晚年曾说："人所意愿的东西，一个生命有机体所有最细微部分所意愿的东西，就是一种权力的增长。"❸德文"der Macht"的本义是力量、势力，也有权力、政权的含义。

最后，朱苏进笔下的军人推崇"恶"。他认为恶比善更能推动人类社会的发展。他曾以从"美得令人晕眩"的枪管发射出夺走人类生命的"罪恶"子弹的场景作比喻，在《瞬间——战争文学的智慧美》一文中感叹："这幅战场生态与心态图，不由人不憎恶战争，但是，那颗罪恶子弹，正是从那根美得令人晕眩的枪管里发射出去的呀！……我们可不可以对那些所谓的'恶'施与些善意的深深的体味呢？而对那些所谓的'善'……施与些恶的刀锋呢？"善与恶本是同根生，人们往往对"善"给予更多的关注，现在应

---

❶ 此处关于孟中天性格或"孟中天精神"的论述，参考了王彬彬先生的观点，谨向王先生致谢。参见：王彬彬《朱苏进小说中的"孟中天精神"》，《小说评论》1990年第3期。

❷ ［德］尼采《快乐的科学》，黄明嘉译，华东师范大学出版社，2007年，第336-337页。

❸ ［德］尼采《权力意志》（下卷），孙周兴译，商务印书馆，2007年，第1098页。

该对"恶"施予善意的体味。朱苏进笔下的恶者、犯错者从不示弱，常常大大咧咧甚至明目张胆地指出自己错在哪儿，为什么应该错，那口气、那态度让你觉得错的不是他而是听者。《绝望中诞生》中的孟中天与好几个女人私通，给她们带来痛苦，却毫不自责，反而承认："我不是正常意义上的好人。不过，这个世界是由好人和坏人共同创造的。历史对人的评价，不是依据他好或坏，而是依据他创造了多少。"只要能够"创造"，是"好"是"坏"、是"善"是"恶"都没有关系。中篇小说《战后就结婚》（1986）里主人公副营长元荒被战友称为"胆大包天的好人"，"比那些干干净净的好人好得多"。朱苏进通过这些情节宣传的超越传统善恶标准的道德观，与尼采的新道德观相通。尼采认为，传统意义上的"恶"往往是活力和自由意志的表征，而"善""博爱"之类传统美德实际上是"危害生命、诽谤生命、否定生命的原则"。❶

莫言（1955—）原名管谟业，2012 年诺贝尔文学奖获得者。莫言1984—1986 年进入解放军艺术学院文学系学习，1989—1991 年在北京师范大学鲁迅文学院创作研究生班学习，获文艺学硕士学位。1986 年，他凭借中篇小说《红高粱》引起文坛关注，此后创作《红高粱家族》《蛙》等多部长篇小说和若干其他作品。有论者在分析莫言创作的思想主题和艺术特色时提到尼采的酒神精神、生命意识。雷达在 1987 年分析莫言的"红高粱系列"小说的艺术独创性时，阐释过莫言笔下的红高粱和酒这两个意象的意蕴，指出莫言所推崇中华民族的酒神精神与尼采笔下的酒神精神一样，都是一种普遍的人类精神现象。雷达特别从《西方现代哲学家评传：尼采》一书中转引尼采赞美战争的一段话，并颇为激动地指出："多么不可思议的巧合！倘若不是标明出处，我们真要怀疑这段话是完全对着'红高粱系列'小说而发出的呢！"❷ 陈炎也在 1989 年尝试运用尼采的悲剧哲学来解读莫言长篇小说《红高粱家族》的主题。❸

莫言是否接受过尼采思想的影响？据笔者所知，莫言确实未曾明确承认自己受过尼采的影响。他在 2002 年 10 月为山东大学的研究生作题为《作家

---

❶ ［德］尼采《权力意志》（上卷），孙周兴译，商务印书馆，2007 年，第 342 页。

❷ 雷达《历史的灵魂与灵魂的历史——论红高粱系列小说的艺术独创性》，载杨扬编《莫言研究资料》，天津人民出版社，2005 年，第 150 页。

❸ 陈炎《生命意识的弘扬、酒神精神的赞美：以尼采的悲剧观释莫言的〈红高粱家族〉》，载孔范今、施战军主编《莫言研究资料》，山东文艺出版社，2006 年，第 209 页。

和他的文学创作》的讲座时提到尼采，但也是一句带过。莫言是从《罪与罚》的鲜明个性折射出陀思妥耶夫斯基的病态人格、半神经病的精神状态谈起的，然后指出："作家很可能具有强迫症，所以虽然很危险，可能成为尼采，但却是人类灵魂复杂性的表现。"❶ 莫言说陀思妥耶夫斯基"很可能具有强迫症""很危险"，因此"可能成为尼采"，至于尼采的强迫症体现在哪些方面，何以"很危险"，一概语焉不详。莫言极少提及尼采，是不是就意味着他没有受过尼采思想的影响呢？澳大利亚汉学家张钊贻曾经提及一些例子，如有证据表明受过尼采"超人"思想影响的英国戏剧家萧伯纳曾屡屡宣称自己与尼采无关；法国小说家纪德虽然读过尼采，受到过尼采思想的影响，却辩解说：即使没有遇到尼采，自己作品的主题和情调也会如此。萧伯纳和纪德一味撇清自己与尼采思想的关联，是否出于自尊的原因，以及捍卫自己原创性的动机，我们不得而知。❷ 同样，莫言是否也是出于萧伯纳和纪德一样的原因和动机，笔者不得而知。不过从他下面这段话也许可以看出一些端倪："文学创作中有许多现象是说不清楚的，究竟谁受了谁的影响，只有作者自己清楚，但谁又会老老实实地承认是受了谁的影响呢。"❸ 照此说来，莫言不"老老实实地承认"自己受了尼采思想的影响，也是正常的。

据常识推断，莫言接触尼采著作并接受尼采思想的影响的可能性极大。因为他步入文坛的20世纪80年代中期正是中国第三次"尼采热"方兴未艾之时，尼采哲学在当时的中国拥有巨大的影响力。尼采著作或有关尼采的研究成果的中译本是当时的畅销书，周国平翻译的《悲剧的诞生》《尼采诗集》，周国平著述的《尼采：在世纪的转折点上》等，在当时都是热门书。有关尼采的讲座也不少，当时最有影响的尼采研究专家周国平就曾经受邀在中国社科院哲学所主办的各种讲习班和讲座中讲过尼采。在这种背景下，1984年之后先后在解放军艺术学院文学系和北京师范大学鲁迅文学院创作研究生班就读的莫言，完全有可能接触到、并了解到尼采及其思想。也可以循着一些蛛丝马迹找到莫言接受了尼采思想影响的证据。莫言曾经承认受到过《劳伦斯短篇小说集》的影响，而劳伦斯对尼采哲学情有独钟，经常在作品中借人物之口引用和阐发尼采思想。此外，莫言还读过"受到列宁称赞的、

---

❶ 莫言《作家和他的文学创作》，《文史哲》2003年第2期，第151页。

❷ ［澳］张钊贻《鲁迅：中国"温和"的尼采》，北京大学出版社，2011年，第4页。

❸ 莫言《会唱歌的墙——我与译文》，作家出版社，2005年，第281页。

杰克·伦敦的《热爱生命》"❶,而美国小说家杰克·伦敦也深受尼采"超人"哲学的影响。如此看来,莫言通过阅读劳伦斯、杰克·伦敦等人的作品间接接触尼采思想应该是顺理成章之事。莫言在山东大学的讲座中曾提及尼采,如果不是对尼采的生活经历、性格气质和思想主张有所了解的话,他也不可能作出尼采"很危险""具有强迫症"之类的判断。

当然,说莫言的创作受到尼采思想的影响,更重要的根据是其创作中的生命书写同尼采的生命哲学之间存在明显的亲近与契合现象。首先,莫言在创作中常常浓墨重彩地描绘充满血性、野性和活力的生命体,表现苦难甚至死亡对生命的催化和升华作用,同时又凸显生殖崇拜意识,这与尼采生命哲学的肯定方面存在相通相合之处。《红高粱家族》中的"我奶奶"戴凤莲、《檀香刑》中的孙媚娘、《食草家族》中的四老妈等形象"强调原始生命力的浑然冲动"❷,和尼采对生命本能的张扬如出一辙。《丰乳肥臀》中的上官鲁氏经历无数的痛苦和苦难,但这些痛苦和苦难却不断打磨着她,使她的生命意识越来越坚韧顽强,生命力越来越丰盈。这种对待痛苦和苦难的态度,与尼采认为外界的痛苦、苦难会刺激生命力、增强生命力的观点暗合。莫言突出《透明的红萝卜》里的菊子、《红高粱家族》里的二奶奶恋儿及《丰乳肥臀》里的母亲的性感与性冲动,表现出生殖崇拜意识,也像是在回应尼采对性冲动与生殖的赞美。

其次,莫言关注人类衰败、人种退化的现象,大胆批判传统道德,与尼采生命哲学中的否定性元素存在相通相合之处。他在《红高粱家族》"卷首语"中写道:"谨以此书召唤那些游荡在我的故乡无边无际的通红的高粱地里的英魂和冤魂。我是你们的不肖子孙。"死去的祖先拥有"英魂",而他们的后代却是"不肖子孙",人类衰败、人种退化之迹象明晰可见。《红高粱家族》中"我爷爷""我奶奶"一辈,"我父亲""我母亲"这一代,以及叙述人"我"所代表的第三代,越来越温顺、狡黠。《丰乳肥臀》中上官家族的晚辈上官金童,爱哭、胆小、懦弱,是一辈子吊在女人奶头上的窝囊废。莫言赞扬祖先精魂、贬抑猥琐后代的观点与立场同尼采认为衰败的人类、退化的人种是丑陋的观点与态度一致。在尼采眼中,"没有什么东西是

❶ 莫言《会唱歌的墙——我与译文》,第281页。
❷ 陈思和《莫言近年小说的民间叙述》,载杨扬编《莫言研究资料》,天津人民出版社,2005年,第338页。

丑的，只有退化的人是丑的"。❶ 莫言对传统道德的虚伪本质予以揭露与批判。《红高粱家族》中的"我奶奶"在临终之际叩问上苍："天，什么叫贞洁？什么叫正道？什么叫善良？什么是邪恶？……我什么都不怕。""贞洁""正道"以及"善良""邪恶"，是中国主流价值观和传统道德观的核心内容，而"我奶奶"却对传统道德和戒条加以蔑视和抨击，体现出对生命本能的尊重和赞美。这完全合乎尼采的观点和态度。尼采认定"道德与生命基本本能的斗争史，本身就是迄今为止地球上存在过的最大的非道德性"。❷ 他断然宣布："为了解放生命，就必须消灭道德。"❸

最后需要指出的是，张艺谋根据莫言的小说改编的电影《红高粱》，既反映了尼采的生命哲学尤其是酒神精神的影响，又反过来对尼采思想起到了进一步的传播作用。据莫言回忆，张艺谋在拍摄电影《红高粱》之前和期间阅读过尼采的《悲剧的诞生》，对书中高扬的"酒神精神"推崇不已。❹ 电影评论家贾磊磊也看出了电影《红高粱》中张扬的酒神精神，他认为电影中"最耀眼的是豪放，是狂喜，是生命的冲动"，而"在这发自人的本性的冲动处，我们体验到的正是尼采所肯定的酒神的本质——醉"。❺ 认为《红高粱》受到尼采思想的影响并以尼采的美学思想来分析、评价《红高粱》的，还有叶廷芳的《生命压抑的美学平衡——〈红高粱〉放谈》（1988），陈炎的《〈红高粱〉酿出的"酒神精神"》（1988），罗艺军的《论〈红高粱〉、〈老井〉现象》（1988），高力的《〈红高粱〉：自由意志的"释放"和"外射"》（1988），以及高小康的《原始力量与超人精神——电影〈红高粱〉交响主题解析》（1988）等。张艺谋对尼采酒神精神的精髓的吸取，一方面使电影《红高粱》充满了酒神精神的醉与豪放，以及生命力的迸射，另一方面通过视觉冲击的手段传播了尼采的酒神精神。

三、新时期诗人、散文家与尼采

1986年8月，著名翻译家钱春绮翻译出版《尼采诗选》，收录106首诗歌，外加"狄俄尼索斯颂歌外篇"42篇，共148首。钱春绮这样评价尼采

---

❶ ［德］尼采《偶像的黄昏》，李超杰译，商务印书馆，2009年，第86页。
❷ ［德］尼采《权力意志》（上卷），孙周兴译，商务印书馆，2007年，第492页。
❸ ［德］尼采《权力意志》（上卷），孙周兴译，商务印书馆，2007年，第315页。
❹ 莫言《也叫"红高粱家族备忘录"》，《大西北电影》1988年第4期。
❺ 贾磊磊《醉与梦》，《大众电影》1988年第7期。

的诗歌："尼采不仅通过他的哲学思想，也通过他的诗作直接影响当时和后来的诗人，使他成为新的诗歌的开拓者之一。他的诗富于音乐的谐和，语言优美而充满激情，形象丰富，格调高超，思想深邃，而且具有象征、讽刺、反论等表现的特色。"❶ 同年 12 月，周国平翻译出版《尼采诗集》，收集尼采诗歌 281 首。周国平对尼采的哲学和诗都给予肯定："大哲学家写诗而有成就的，恐怕要数尼采了。……他的哲学已经不是那种抽象思维的哲学，而是一种诗化的哲学，他的诗又是一种富有哲理的诗，所以二者本身有着内在的一致。"❷ 此后，钱春绮翻译的《尼采诗歌精选》由北岳文艺出版社于 2002 年出版（2012 年发行第 2 版），周国平的《尼采诗集》修订本也由作家出版社于 2012 年出版，修订本增加 15 首诗。2008 年，黄明嘉等人翻译的《尼采散文》由人民文学出版社出版。2009 年，钱春绮翻译的《尼采散文选》由百花文艺出版社作为"外国名家散文丛书"之一出版。由于周国平、钱春绮和黄明嘉等人的译介，尼采在新时期俨然以诗人和散文家的形象矗立在中国文坛。

新时期大陆诗人、散文家对尼采的思想和文体给予了一定的关注。散文家余秋雨在《文化苦旅·自序》里发问："如果每宗学问的弘扬都要以生命的枯萎为代价，那么世间学问的最终目的又是什么呢?"❸ 余秋雨对求知与生命之关系的反思同尼采对学者的生命状况的追问存在暗合之处。尼采在《查拉图斯特拉如是说》的《著名智者》和《学者》等章节中，痛感理性知识对求知者的生命本能的钳制，痛感学者的求知生涯对其个性和生理本能的扼杀。当然，在新时期中国诗人和散文家中，对尼采及其思想、文体最为熟稔，并有意识地加以阐发和借取的，非海子和周国平莫属。

海子（1964—1989）原名查海生，1979 年考入北京大学法律系，1983 年开始在中国政法大学教授哲学，1989 年 3 月 26 日在山海关卧轨自杀，年仅 25 岁。新时期第三次"尼采热"兴起的时候，海子正在"尼采热"的中心地带即大学校园里教授哲学，他由此接触到尼采著作，并出于自己的专业、兴趣和个性而倾心喜爱尼采及其思想乃是自然而然的事。有论者甚至称他为"中国诗坛的尼采"❹。

❶ 钱春绮《尼采诗选·译者前言》，《尼采诗选》，漓江出版社，1986 年，第 4 - 5 页。
❷ 周国平《尼采诗集·译序》，《尼采诗集》，中国文联出版公司，1986 年，第 3 - 4 页。
❸ 余秋雨《文化苦旅》，知识出版社，1992 年，第 2 页。
❹ 参见：韩伟《海子：中国诗坛的尼采》，《绥化学院学报》2007 年第 2 期。

海子的诗中有不少诗篇的内容与尼采思想暗合。1987年，海子写过一首题为《尼采，你使我想起悲伤的热带》的诗。诗中有很多与尼采的生平、性格和著作有关的意象和语句。尼采一生中除了在瑞士的巴塞尔大学任教近10年之外，大多在欧洲的南部如意大利、法国南部等地区过着颠沛流离、居无定所的生活，他在自己的著作中也常常贬抑寒冷、阴郁的欧洲北部，而对暖热的、充满活力的欧洲南部地区赞美有加。他的代表作《查拉图斯特拉如是说》中有一章题为《舞蹈之歌》，描写查拉图斯特拉游走到一南方岛屿，目睹热带南方的少女们狂欢舞蹈的场景。尼采写道："当舞蹈终了，少女们离去时，他不禁悲从中来。"❶ 因为喜欢，因为留恋，查拉图斯特拉即尼采才会在失去时觉得悲伤。海子说"悲伤的热带"，也是如尼采一样因为喜欢和留恋而在失去时觉得悲伤。此外，"南方的岛屿""梦之蛇"及"国王的女儿"等都是《查拉图斯特拉如是说》中常见的地点、人物和意象。海子在诗中自称"另一位呢喃而疯狂的诗人"，显然是与以"呢喃而疯狂的诗人"而知名的尼采相对照而说的。海子在这首诗中明确地将尼采当作自己的借镜，反过来也可以说这首诗是海子有意识地对尼采的哲学和诗歌的皈依。

海子至少在两个方面与尼采存在关联。首先，两人的人生轨迹、性格、人生理想都有几分相似。海子在《夜色》一诗中宣称："我有三次受难：流浪、爱情、生存/我有三种幸福：诗歌、王位、太阳"。海子历经流浪，寻找理想的爱情，"呢喃而疯狂"，最终在25岁时卧轨自杀。尼采一生中除了将近10年的校园任教生涯之外，大多数时间过着漂泊流浪的生活。他也有过一两次短暂的恋爱和求爱的经历，但最终都是无疾而终。尼采六七岁时就开始写诗，曾经热切地渴望成为诗人。他由年轻时的抑郁最终恶化成神经失常，抱着一匹老马痛哭流涕，因而以"疯子哲人"闻名。其次，海子在诗歌中表达的追求极度自由的思想主题同尼采的思想主张也存在相通之处。尼采是一个自由人，没有家，没有职业，执著地追求自由，海子同样是自由甚至是绝对自由的追寻者。他的诗中常常出现"远方"这一意象，这一意象成了他力求挣脱尘世的羁绊、向往精神的绝对自由的缩影。同时，尼采与海子都是线性时间的否定者、环形时间的提倡者，前者的"复生"与后者的"永恒轮回"有相通之处。海子在诗中歌吟："左边的侍女是生命/右边的侍女是死亡。"他既在《生殖》《肉体》等诗歌中表达对生命、活着的追求，又在

---

❶ ［德］尼采《查拉图斯特拉如是说》，黄明嘉译，漓江出版社，2000年，第117页。

《死亡之诗》等诗歌中宣告对死亡的执著。海子虽然渴望"十个海子的全部复生"（《春天，十个海子》），但复生的十个海子必将"嘲笑这一个野蛮而悲伤的海子"。海子所说的"复生"同尼采所说的"永恒轮回"非常接近。后者通过查拉图斯特拉之口宣称："一切轮回，一切永恒，一切串连，相亲相爱，噢，你们就是这样热爱世界。你们永恒的人，永远热爱世界；你们也对痛苦说：去吧，别再来！因为一切快乐希求永恒！"❶ 海子渴求"复生"，在尘世中无法获得幸福，他就希望通过死亡的方式或途径来获得。

周国平（1945—）是新时期最有影响的尼采研究者，同时也是散文作家。他在1986年出版了3本有关尼采的专著和译著，即专著《尼采：在世纪的转折点上》、译著《悲剧的诞生》和《尼采诗集》。《尼采：在世纪的转折点上》这本书并不深刻，"充其量不过是阅读尼采著作的札记和感想的汇集"，却引起极大反响，短短8个月之内印刷4次，发行量达9万册。这是因为作者"在书中融入了自己的人生感悟，这些感悟也引起了同时代人的强烈共鸣"。❷

周国平有关尼采的研究成果极为丰富，专著有《尼采：在世纪的转折点上》（1986）和《尼采与形而上学》（1990），主要论文有《略论尼采哲学》（1986）、《尼采论人》（1986）、《从酒神冲动到权力意志》（1986）、《新版尼采全集的诞生》（1986）、《哲人尼采剪影》（1987）、《"上帝死了！"》（1987）、《尼采：生命的梦与醉》（1987）、《阮籍与尼采》（1987）、《尼采的透视主义》（1994）、《尼采论语言形而上学》（2002）、《尼采的哲学贡献》（2004）、《〈悲剧的诞生〉：尼采哲学的诞生》（2005）、《日神和酒神：尼采的二元艺术冲动学说》（2005）、《悲剧的酒神本质：尼采的悲剧观》（2006）、《艺术形而上学：尼采对世界和人生的审美辩护》（2007）等。这些论著和文章涵盖尼采思想的各个方面，论述详尽而深入，将中国的尼采解读推到了一个新高度。周国平还通过讲座和大会报告的形式介绍和传播尼采思想，或者总结中国知识界对尼采思想的接受情况。1996—2002年，他先后在清华大学、中央民族大学、北京大学、国家图书馆等地做了5场题为《尼采的哲学贡献》的演讲；1998年9月，他在瑞士Sils - Maria"尼采与东亚国际研讨会"上作题为《中国没有真正的尼采研究》的发言；1999年6月，

---

❶ ［德］尼采《查拉图斯特拉如是说》，黄明嘉译，漓江出版社，2000年，第353页。
❷ 周国平《尼采：在世纪的转折点上》，上海人民出版社，1986年，第1页。

他在海德堡大学"在中国和日本的欧洲形象国际研讨会"上作题为《二十世纪中国知识分子对尼采和欧洲哲学的接受》的发言；2002 年，他在王府井书店作题为《尼采伟大在哪里》的演讲（以上演讲和报告均收入《周国平人文讲演录》，上海文艺出版社 2006 年版）。此外，周国平还翻译了尼采多部著作，包括《悲剧的诞生：尼采美学文选》（1986；2004）、《尼采诗集》（1986；2012）、《偶像的黄昏》（1987；2000）、《希腊悲剧时代的哲学》（1993；1995）、《论我们教育机构的未来》（2012）等。

周国平的代表作《尼采：在世纪的转折点上》包括"我的时代还没有到来""在人生之画面前""从酒神精神到强力意志""人——自由——创造""'自我的发现'""向理性挑战""价值的翻转""人的现状和前景""诗人哲学家"等 9 个部分。其中第 3 - 9 部分是对尼采思想的全面概括，涉及酒神精神、日神精神、强力意志、永恒轮回、上帝死了、主人道德、奴隶道德、超人、末人等理论。该书最重要的特色体现在第 1 章"我的时代还没有到来"。第 1 节"世纪末的漂泊者"介绍尼采的生平，突出其"没有职业、没有家室、没有友伴"的漂泊生涯和深入骨髓的孤独意识。第 2 节"新世纪的早生儿"介绍尼采思想对现代思潮的一般性影响，包括 4 个方面：一是指出"上帝死了"的事实，呼吁"一切价值的重估"；二是提倡个人至上，自我实现；三是最早揭示科学理性的局限性，最早明确揭示人的无意识；四是开创西方哲学人学主义。❶ 第 3 节"误解和发现"，先谈到丹麦文学史家勃兰兑斯 1888 年春天在哥本哈根大学首次讲演尼采哲学因而终于让尼采被世界"发现"的史实，然后重点分析尼采被误解成"法西斯主义思想家"的原因与过程。❷ 第 4 节"他给西方哲学带来了颤栗"指出尼采哲学对西方哲学的重大影响。作者特别阐述尼采哲学对存在主义哲学和弗洛伊德精神分析学的启发，并扼要提及尼采思想对托马斯·曼、萧伯纳、黑塞、里尔克、纪德、杰克·伦敦以及鲁迅等中西方作家的巨大影响。在该书"前言"中，周国平称"尼采是人生哲学家"。因为他"最关心的是人生意义问题"，认为人"第一要有健全的生命本能，第二要有超越的精神追求"。❸ 在该书的"跋"中，周国平集中阐述尼采思想对理解 20 世纪西方哲学思潮、文艺思潮和社会思潮的启迪。关于"在传统价值全面崩溃的时代，人如何重

❶ 周国平《尼采：在世纪的转折点上》，上海人民出版社，1986 年，第 14 - 15 页。
❷ 周国平《尼采：在世纪的转折点上》，上海人民出版社，1986 年，第 18 页。
❸ 周国平《尼采：在世纪的转折点上》，上海人民出版社，1986 年，第 2 - 3 页。

新确立生活的意义"这一问题，尼采给出了3个答案："一、解除理性和道德对于生命本能的压抑，使生命本能健康发展；二、发扬人的超越性，做精神文化价值的创造者；三、以审美的人生态度取代科学和伦理的人生态度。"❶ 这3个答案分别开掘了生命哲学和弗洛伊德精神分析学、存在主义哲学、海德格尔与马尔库塞的艺术论。❷

周国平从1983年开始创作散文，21世纪以来出版多部散文随笔集。举其要者有：人民文学出版社2009年出版散文集《爱与孤独》《妞妞：一个父亲的札记》《灵魂只能独行》《思想的星空》和《岁月与性情：我的心灵自传》；长江文艺出版社2010年推出"周国平散文精粹本"，包括《守望的距离》《各自的朝圣路》《安静》《善良 丰富 高贵》和《生命的品质》等5本散文集；北京理工大学出版社2009年推出《周国平作品集》3册，包括《爱情的容量》《安静的位置》《朝圣的心路》；湖南人民出版社2012年推出"周国平三十年散文全珍藏"5册，包括《守望的距离》《各自的朝圣路》《安静》《善良　丰富　高贵》和《生命的品质》；译林出版社2011年推出"周国平散文系列"7册，包括《朝圣的心路》《爱情的容量》《街头的自语》《安静的位置》《无用之学》《经典的理由》《另一种存在》；广西师范大学出版社2011年出版《爱的五重奏：周国平说女人、性、爱情、婚姻、孩子》；上海人民出版社2011年出版《周国平语录：人生50个关键词》等。

20世纪八九十年代中国大学校园曾经流传一句话："男生不可不读王小波，女生不可不读周国平。"王小波的文笔机智幽默，宣讲对自由的追求，所以男生喜欢。周国平的文笔细腻，随笔写得感性、有诗意，所以女生喜欢。周国平喜欢探讨生命的意义、死亡的意义、人的性格与品质、自我价值等哲学命题，其散文、随笔因而充满智慧和哲学的魅力。这与尼采常常用诗歌或散文来书写自己的哲学命题的做法如出一辙。

在周国平的散文、随笔中，最重要的两个主题是"安静"和"孤独"。他的散文、标题"安静""安静的位置"和"把心安顿好"表明，作者主张人们为自己的心灵保留自由安静的空间，超脱世俗的浮躁，对现实、生存有一个更深刻的认识。周国平对"安静"的推崇与尼采对"繁忙"的贬斥、对"安静"的呼吁异曲同工。1872年年初，尼采在巴塞尔大学作了5次关

❶ 周国平《尼采：在世纪的转折点上》，上海人民出版社，1986年，第243页。
❷ 周国平《尼采：在世纪的转折点上》，上海人民出版社，1986年，第246页。

于教育的讲座，后以《论我们教育机构的未来》为题结集出版。尼采在该书"前言"中提出自己"期待的读者"必须具备 3 个条件，最重要的第一条是："他必须静下心来，而非匆忙地阅读。"即是说，"安静的读者"是指"尚未被卷进我们这个飞速转动的令人眩晕的匆忙之中"的读者，"这样一个人在阅读时并不耽误思考，他善于读出字里行间的秘密"。❶ 物欲横流，金钱至上，谁也停不下来，根本没有时间安静、沉思，人性修养和高尚情趣已经荡然无存。

周国平在散文集《各自的朝圣路》《灵魂只能独行》中凸显了"孤独"的主题。作者认为：灵魂的本质是排他的、孤独的，尤其是先知先觉，他们虽然比一般人更充实，但也比一般人更孤独。周国平对灵魂"孤独"的描绘及其本质的揭示，可谓深得尼采的"孤独"颂的真谛。尼采眼中的"准超人"是"高等人"或"伟人"，他们注定要"走最艰难的道路"，要"开始最孤独的漫游"❷，身上最常见的是深入骨髓的孤独感，尼采干脆称他们为"孤独者"。

---

❶ ［德］尼采《论我们教育机构的未来》，周国平译，译林出版社，2012 年，第 7 - 8 页。
❷ F. Nietzsche. *Also Sprach Zarathustra*. Karl Schlechta. *Friedrich Nietzsche Werke*：Band 2. München：Carl Hanser Verlag, 1955, p403.

第二章　20 世纪中国作家对尼采哲学思想的本土化处置

　　20 世纪中国知识界是在"非常"时期接触并接受尼采思想的。就 20 世纪前期兴起的两次"尼采热"即五四时期第一次"尼采热"和抗战前后第二次"尼采热"而言，这一时期的"非常"之处，首先表现在中华民族面临亡国灭种的危险，因而救亡图存成为时代的主旋律这一历史变局上；其次体现在有识之士纷纷向外寻求推动中国社会现代化、思想现代化的思想资源这一特殊情势上。在历经 19 世纪后期的洋务运动、维新变法运动，以及 20 世纪初期的辛亥革命等运动、革命的失败之后，中华民族的先知先觉者在五四时期痛彻感受到思想启蒙的重要性与紧迫性，于是，新一代知识分子发起新文化运动，倡导"思想革命"与"文学革命"。而在抗战前后，面对外侮，以"战国策派"学人为代表的中国知识分子急切举起尼采的"超人说"与"权力意志论"的大旗，呼唤"英雄""天才"带领国民抗击日本侵略者。总之，20 世纪前期中国作家是在危机意识与求富求强意识、焦虑与亢奋相交织的历史与思想背景下遭遇尼采思想的。

　　就新时期第三次"尼采热"而言，这一时间节点的"非常"之处，体现在"文革"导致信仰迷失现象和精神危机的出现，急需在知识界和思想界掀起一场"新启蒙"。西方的存在主义哲学、精神分析学等异域思想理论为改革开放大潮助力不少，随之尼采的"上帝死了"口号、"重新估定一切价值"主张和"超人"思想等都受到中国知识界的高度关注，最终参与了当时中国思想界的人道主义大讨论，成了新时期中国新一轮思想启蒙的最重要的异域理论之一。

　　本章要讨论的问题是，作为 20 世纪中国知识分子重要组成部分，20 世纪中国作家是如何对待尼采哲学思想的。关于如何对待异域理论，茅盾在《尼采的学说》一文中提出了著名的"工具论"。在该文结尾，茅盾强调：任何一种外来思想都是帮助接受者"改良生活，求得真理"的"一种工具"，因此接受者"尽管挑了些合用的来用，把不合用的丢了"。● 这种"工具论"也就是后来鲁迅提出的"拿来主义"，两者的实质相同，都是典型的功利化价值取向。循此价值取向，20世纪中国作家对尼采哲学这一外来思想理论进行了本土化或中国化处置。

第一节　功利化取向与选择性利用

关于20世纪中国作家接受尼采哲学思想的价值取向问题，中国当代尼采研究专家周国平明确指出，20世纪初期中国知识人接受尼采思想的活动就已确立基本的价值取向，即以功利化解读为主，夹杂以少量的学理化解读。他以20世纪初王国维和鲁迅的尼采阐释活动为例，指出："王国维和鲁迅代表了对西方哲学的不同的接受立场：王国维是哲学的和学术的立场；鲁迅是社会的和文学的立场。"具体而言，"王国维不但是把德国哲学引入中国的第一人，而且是二十世纪早期中国学者中唯一真正能够进入欧洲哲学传统之思路的人。……王国维之于德国哲学，所感兴趣的内容是哲学性质的，而接近此内容的方式又是严格学术性质的……他的这种态度，与当时'新学'（章太炎、梁启超等）之道听途说、信口开河、牵强附会的学风适成对照"。与之相对，鲁迅"作为个人，他对尼采的共鸣主要在一种深刻的孤独感，但这种孤独感仍是偏于社会性质的，是一个精神战士面对社会的孤独感，而非一个哲人面对宇宙的孤独感"，"鲁迅之于尼采，在内容的接受上具有强烈的社会关切，在接近的方式上多半是文学性质的"。● 至于"哲学的和学术的立场"与"社会的和文学的立场"的区别，著名学者章培恒也曾经就王国维和鲁迅接受尼采思想的出发点作过清楚的比较。他说："王氏是因尼采在'九万里之地球与六千年之文化不足以厌其无疆之欲'的情况下，指出了解决矛盾的道路，使人生获得某种根本的慰藉，所以对他的学说顶礼致敬；鲁迅当年则正在艰难地探索着中国向何处去的问题，从尼采的学说中看到了人类前进的方向，因而深受启发。"● 换言之，如果说王国维接受与阐释尼采思

● 雁冰《尼采的学说》，载郜元宝编《尼采在中国》，上海三联书店，2001年，第102页。

● 周国平《二十世纪中国知识分子对尼采和欧洲哲学的接受》，《周国平人文讲演录》，上海文艺出版社，2006年，第128–129页。

● 章培恒《〈尼采传〉中译本序》，载［法］丹·哈列维《尼采传》，谈蓓芳译，百花洲文艺出版社，1995年，第3页。

想的目的是为了"使人生获得某种根本的慰藉",那么鲁迅研究和传播尼采哲学的动机则主要是"探索着中国向何处去的问题"。

尼采哲学本来是一个复杂而又相对完整的思想体系,但 20 世纪中国作家在面对这一思想体系时,并没有按照它本来的结构、依照其具体的思想主张的重要性程度而有条不紊、按部就班地加以接受,而是根据自己的理解和需要,任意拆散尼采的思想系统,有选择地接受尼采的某些思想观点。俄国作家列夫·托尔斯泰思想与尼采思想本质上"有很大的不同",鲁迅却同时接受了这两种思想,对此,孙伏园是这样解释的:"鲁迅先生确不像一个哲学家那样,也不像一个领导者那样,为别人了解与服从起见,一定要将学说组成一个系统,有意地避免这种的矛盾,不使有一点罅隙。"❶ 在孙伏园看来,鲁迅不是哲学家,而是文学家,鲁迅不是领导者,而是普通读者,所以他没有义务要将他所接受的学说"组成一个系统,有意地避免这种的矛盾"。事实上,鲁迅的确没有将尼采的哲学思想作为一个完整的体系来对待,而是仅仅关注其中的部分内容。正如周国平所言,在尼采庞杂的思想主张中,鲁迅"关注的重点是尼采对现代文明的批评,包括:(1)批判物质主义,重视精神生活;(2)批判群氓,提倡个人的优异。前者涉及尼采的文化理论,后者涉及尼采的道德学说。他在两者之中又更侧重于后者。在后来的作品中……其关注的重点愈加放在后者,试图用尼采的'个人的自大'(主人道德)之道德学说来改造中国人的'合群的爱国的自大'(奴隶道德)之国民性"。❷ 换言之,鲁迅只选择尼采思想体系中对当时的中国社会有直接借鉴作用和启发意义的部分,并对这些部分进行改造,使之对中国社会"有用"。

20 世纪中国作家在接受尼采哲学思想时总体上秉持着功利化的态度,采取或偏执或盲视的策略,对尼采思想进行选择性利用。

一、接受尼采思想的功利化取向

功利化价值取向,指按照一定的目的选择性地接受某种思想或学说,论证或阐述时不仅谈不上严谨,反而常常表现出较大的随意性。20 世纪中国作家在接受尼采哲学思想时所坚持的功利化价值取向包括两层意思:一是指坚持实用至上的立场。他们之所以接受尼采思想,是因为后者对当时中国的社

---

❶ 孙伏园《"托尼学说,魏晋文章"》,1941 年 10 月 21 日《新华日报》。
❷ 周国平《二十世纪中国知识分子对尼采和欧洲哲学的接受》,《周国平人文讲演录》,第 129 页。

会现实可以产生实际作用，这种立场与他们接受尼采思想时怀着明确的目的有密切关系。二是指坚持为我所用的标准。也就是说，中国作家对待尼采哲学思想的做法是，用得上的就研究、借鉴和传播，派不上用场的就一带而过，或干脆视而不见、闭口不提。

需要指出的是，20世纪中国作家在接受尼采思想时并没有绝对地只是秉持功利化价值取向，相反，他们常常在一定程度上又遵循着学理化的价值取向。照理说来，功利化取向与学理化取向是不能兼得的，因为后者强调以客观、公允的态度进行深入细致的学术探讨，讲究有根有据、论证严密。但事实上，这两种价值取向在20世纪中国作家群中同时存在着，有时甚至在同一个人身上同时存在两种价值取向。这里结合茅盾、冯至和林同济等3个典型的例子加以分析。

茅盾主张将尼采哲学思想当作"一种工具"，"挑了些合用的来用，把不合用的丢了"，这明显是秉持功利化的价值取向。但他同时又申明："我们拿极冷静的头脑，极公平的眼光来评尼采的学识，便该对于可称的地方称道，可攻的地方攻击。"❶ 这又说明，茅盾强调在阐述尼采思想时要持之有理、言之有据，切实做到以"极冷静的头脑，极公平的眼光"来看待尼采思想，这显然又是一种学理化的价值取向。事实上，茅盾对尼采思想的阐释大体上坚持了客观而公允的态度，并表现出一定的批判性。他在《尼采的学说》一文的"引"和"结论"里反复表明这一态度。他强调对待尼采思想，"应该处处留心，时常用批评的眼光去看"，只要采取理性批评的态度，它就对读者"极有用，极受益，决无流弊"。❷ 他还说："我们现在平心静气一想，尼采这人，二十年来为大众恶视的，究竟是否一无价值。"接着他亮明自己的看法："依我所见，尼采的学说，诚然是驳杂不醇，有些地方很危险；然尼采仍不失为大哲人。"他的道德论、超人说、艺术论，以及关于科学、宗教的将来等问题的看法，都"多少含有几分真理"，并"更显得他有哲人的天才"，甚至"在生物学上，尼采也有很大的进步，在心理学、史学、形上学等等，尼采也都可以插个脚，有卓越的思想，可以算是发明"。❸ 这些判断都是相当理性、客观的。通观茅盾对尼采及其思想的态度，不难看出，他在赞扬与谴责之间徘徊不定。1919年，他认同张东荪肯定"尼采的学说若

---

❶ 茅盾《尼采的学说》，载郜元宝编《尼采在中国》，上海三联书店，2001年，第94页。
❷ 雁冰《尼采的学说》，载郜元宝编《尼采在中国》，上海三联书店，2001年，第70页。
❸ 雁冰《尼采的学说》，载郜元宝编《尼采在中国》，上海三联书店，2001年，第102页。

是真能领会，决不致发生流弊"的说法，并"觉得尼采是主张强权这句话，实在是有些冤枉他"。但到了 1920 年，他就批评甚至否定尼采学说，称"尼采是崇拜强权，惨酷无人道","尼采过分称扬强权，以为强权是人类进化的阶段，未免错了"。❶ 1919 年茅盾还在为尼采的"阶级"论辩护，次年就指责"尼采这等分法……简直无理。"❷ 茅盾对尼采思想的态度为什么会摇摆不定呢？主要有两个原因。第一个原因是尼采思想本身有自相矛盾的成分。茅盾在《尼采的学说》一文中多次指出过这一点："尼采自己的话前后矛盾，自己的思想前后冲突的多得很。""尼采学说的全部，很有许多自相矛盾的地方，便一部书中，也很有自相矛盾的话。"❸ 第二个原因是当时国内国际学术潮流的影响。美国尼采研究专家布林顿（C. Brinton）将第二次世界大战前欧美的尼采研究者分为"温和与强横"（gentle and tough）两派。❹ 所谓"温和派"，是指重视尼采思想中崇尚个性的独立与自由、尊崇文化创造的研究者；所谓"强横派"，是指重视尼采思想中崇尚权力、战争、反对怜悯等主张的研究者。❺ 但无论是"温和派"还是"强横派"，他们对尼采思想的理解都是片面的，用美国另一位尼采研究专家考夫曼（W. Kaufmann）的话来说，"两者都是对尼采的几乎同样程度的误解（misinterpret）"。❻ 茅盾对尼采思想的态度正是摇摆于"温和派"与"强横派"之间。

冯至一直能够清醒、理智地对待尼采思想，对尼采思想的理解往往准确到位，而且能够抓住根本。他精通德语，留德期间又选修哲学，听过德国哲学家、尼采研究专家雅斯贝尔斯关于尼采的系列讲座，这些都为他准确地理解尼采思想提供了先天的便利。冯至对尼采"超人"概念的理解非常准确、到位。他曾经在引述尼采的原话"科学凋零，人又回到野蛮状态；人类必须又重新开始"之后，紧接着指出："新人（超人？）的产生，在尼采不过是一个理想，一个象征。"❼ 说尼采的"超人"是"一个理想，一个象征"，完全符合尼采本人的意思，后者认为"超人"不是现实中的杰出人物，而仅仅

---

❶ 雁冰《尼采的学说》，载郜元宝编《尼采在中国》，第 90 页、第 85 页。

❷ 雁冰《尼采的学说》，载郜元宝编《尼采在中国》，第 98 页。

❸ 雁冰《尼采的学说》，载郜元宝编《尼采在中国》，第 70 页、第 86 页。

❹ Crane Brinton. *Nietzsche*. Cambridge, Mass. : Harvard University Press, 1941, p184.

❺ ［澳］张钊贻《沉迷鲁迅、尼采二十年》，《读书》2002 年第 7 期，第 139 页。

❻ Walter Kaufmann. *Nietzsche: Philosopher, Psychologist, Antichrist*. Princeton: Princeton University Press, 1974, p80.

❼ 冯至《尼采对于将来的推测》，《冯至全集》第 8 卷，河北教育出版社，1999 年，第 252 页。

是一种未来才会出现的完美人格、人类。同时，冯至能够及时纠正国人对尼采哲学思想的误解。如他在《尼采对于将来的推测》一文中向国人介绍尼采的政治思想，对纠正中国知识分子受欧美思想界的影响而对尼采思想形成的误解有重大的澄清作用。冯至说："在中国，提起尼采这个名字，人们总认为他是一个法西斯的代言者，而对于他本身是怎样的一个人，以及他给与后人的积极的影响，则很少顾及。"❶ 他通过阅读尼采的著作作出这样的断言：在尼采的全集里边，"并没有'德意志能够支配世界'的主张"。❷ 冯至这一判断显然有助于对抗战前后中国思想界将尼采法西斯化的现象的纠偏。冯至还多次谈到西方各派思想、各家政党对尼采思想的"掠取"与"冒渎"问题："近几十年，在德国被人引用最多而最滥的，莫过于尼采了。他的话出现于各党各派所著的书上，被人用为书前的题词，被人作为行文的引证。在社会主义者的宣传册上，法西斯党人的演说词中，在无神论者和天主教学者的论文里，都能发现尼采的话。他的全集几乎成了格言宝库，尽量供给各党各派的掠取。"❸ "尼采这位近代少有的文化批评者，因为他所论到的方面的广泛，著作的缺乏系统，文笔的犀利，受尽了后人的崇拜与攻讦。20 世纪初期，欧洲许多思想家与诗人都受到过他的启发，同时他的言论也有不少地方，被希特勒与墨索里尼所利用。"❹ 对尼采"最多而最滥"的"引用"和"掠取"并不是尼采之福，反倒成了他的厄运。虽然有人"崇拜"他而引用他，但更多的人还是为了"攻讦"而引用他。冯至于 1945 年在《尼采对于将来的推测》的开篇大段引用当时在中国"解放区"特别流行、极具权威性的《辩证法唯物论辞典》对尼采的介绍，明确指出："这里边所说的前世纪（指 19 世纪——引者）七八十年代的德国情形，是正确的；但是说尼采是这种意识形态的代表人物，则未免失当。"关于 19 世纪七八十年代的德国情形，《辩证法唯物论辞典》是这样介绍的："当时产业资本主义虽已很发达，但权力仍为贵族所掌握，因此仍不失其对于德意志能够支配世界，以及能够弹压欣欣向荣的无产阶级运动的自信。"关于尼采的定性和定位，那本书宣称：尼采是"一般革命运动和劳工运动的明目张胆的反对者"，是"贵

---

❶ 冯至《尼采对于将来的推测》，《冯至全集》第 8 卷，河北教育出版社，1999 年，第 249 - 250 页。

❷ 冯至《尼采对于将来的推测》，《冯至全集》第 8 卷，河北教育出版社，1999 年，第 253 页。

❸ 冯至《谈读尼采》，《冯至全集》第 8 卷，河北教育出版社，1999 年，第 281 - 282 页。

❹ 冯至《尼采对于将来的推测》，《冯至全集》第 8 卷，河北教育出版社，1999 年，第 249 页。

族阶级的意识形态的代表人物"。❶《辩证法唯物论辞典》是苏联马克思主义学者米定·易希金柯著述，由平生等 4 位中国学者集体翻译的，在 20 世纪三四十年代的中国"解放区"相当于权威教材，冯至却对这部书断定尼采是德国封建贵族阶级的意识形态的代表人物的说法表示质疑。

林同济借助尼采的战争哲学与新道德观敦促中国人抵抗日本侵略者，借助尼采的悲剧哲学阐述积极的人生观，表现出明显的功利化色彩。不过，他对尼采某些思想的理解非常到位，而且很有诗意。之所以说林同济对尼采思想的理解非常到位，是因为他对尼采思想的理解往往直捣中心、径取真谛。林同济明白，尼采接受的外来资源有变化，其思想也经历几度演变，"他的意见不断在那里成长变化"，关于同一对象和同一问题的看法会前后矛盾，"崇拜叔本华，否认叔本华，崇拜瓦格勒，否认瓦格勒，崇拜艺术、科学，而又抑低艺术、科学"。❷ 惟其如此，只有在一个更长的时段，从总体上才能把握尼采思想的真谛。之所以说林同济对尼采思想的理解充满诗意，是因为他在介绍尼采思想时常用诗化语言和文学手法，且明确指出理解尼采思想要"以艺术还他的艺术"，还"必须透过他的艺术氛围"。他多次称《查拉图斯特拉如是说》为"纯艺术""艺术之艺术"，读者"面对着一个旷古的艺术奇才奇品"，必须抛弃"万般人间成见的纷纷"，"探一探生命的顶峰，创造的纯火"。❸

下面着重谈谈鲁迅、五四文学革命领袖、李石岑、陈铨和新时期文学界人士在接受尼采思想时秉持功利化价值取向的情况。

鲁迅接受尼采思想秉持功利化取向，首先与他所处的险恶历史境遇相关。鲁迅最初接触到尼采学说是在 20 世纪初期，此时中华民族正处于内忧外患交迫的险恶境遇。当时国人大多希望通过留学日本，既学习日本的长处，又借道日本学习西方、输入西学。在这一背景下留学日本的鲁迅，其首要目标与其说是求学求知，不如说是为了寻求一条拯救贫弱祖国与愚弱国民的路径。尼采思想正是他从西方择取来救国救民的众多异域思想资源中的一种。其次，这种取向与鲁迅的志趣密切相关。据许寿裳回忆，鲁迅早在东京弘文学院学习期间就开始关注国民性问题。他常常和许寿裳等人讨论"中国民族性的缺点"问题，后来他们认识到要改变中国民族性的缺点，"唯一的

❶ 冯至《尼采对于将来的推测》，《冯至全集》第 8 卷，河北教育出版社，1999 年，第 249 页。
❷ 林同济《我看尼采》，载陈铨《从叔本华到尼采》，第 16 页。
❸ 林同济《我看尼采》，载陈铨《从叔本华到尼采》，第 6－7 页。

救济方法是革命"。❶ 这里所说的"革命"指思想革命。当鲁迅觉得尼采的思想有助于推动长期受封建思想禁锢的中华民族苏醒时，便决定借这把利剑为积贫积弱的中国开辟一条生路。❷

鲁迅对尼采思想的接受取向对后来大多数中国作家具有示范作用。后者在接受尼采思想时常常没有顾虑其本身的完整性、系统性，而仅仅挑选那些能为我所用的主张与观点，加以阐发，进行传播。正如周国平所言：从20世纪初期，"直到1949年，中国知识界对尼采的介绍、宣传和谈论一直没有停止，但基本上是走在鲁迅的思路上"。❸

五四文学革命领袖陈独秀、胡适和李大钊等都期盼借助尼采思想来推动思想启蒙和文学革命。陈独秀在《吾人之最后觉悟》一文里把人们的"觉悟"过程概括为3个阶段："学术"即科学知识与技术方面的觉悟、"政治"即政治和法律制度方面的觉悟和"伦理"即思想与道德观念方面的觉悟，并断言："伦理的觉悟，为吾人最后觉悟之最后觉悟。"❹ 具体来说，"伦理的觉悟"有哪些内容呢？就是要请进西方的"德先生"（Democracy）和"赛先生"（Science）来反对"孔教，礼法，贞节，旧伦理，旧政治"以及"旧艺术和旧宗教"。❺

那么，如何推动国人"伦理的觉悟"？陈独秀和胡适都祭出了尼采思想这面大旗。陈独秀对尼采的"超人"道德即"贵族道德"表现出浓厚的兴趣，承认它"说破了人生的真相"，对抨击中国传统的"奴隶之道德"有所启迪，对阐述"人生真义"或设计新道德有所助益。他在《一九一六年》一文中指出，中国传统的以"三纲"为中心的旧道德"皆非推己及人之主人道德，而为以己属人之奴隶道德也"。❻ 他在《敬告青年》一文里抨击中国人缺乏青春、中国社会缺少青年的现象，鼓励中国人尤其是中国青年接受尼采的"贵族道德"观，培养成"自主自由之人格"。❼ 胡适则推重尼采的

❶ 许寿裳《我所认识的鲁迅》，人民文学出版社，1952年，第59-60页。

❷ 此处关于接受尼采思想的功利化倾向的阐述，主要取自项目负责人早先的研究成果。参见：《鲁迅早期的尼采观新探》，《中国文学研究》2006年第4期。

❸ 周国平《二十世纪中国知识分子对尼采和欧洲哲学的接受》，《周国平人文讲演录》，上海文艺出版社，2006年，第130页。

❹ 陈独秀《吾人之最后觉悟》，《青年杂志》1916年第6号。

❺ 陈独秀《本志罪案之答辩书》，《新青年》1918年第1号。

❻ 陈独秀《一九一六年》，《陈独秀著作选》第1卷，上海人民出版社，1993年，第172页。

❼ 陈独秀《敬告青年》，《青年杂志》1915年第1号，第3页。

"重新估定一切价值"主张。他在《新思潮的意义》一文中将五四新文化运动的精神即"新思潮的意义"概括为尼采的"重新估定一切价值"主张，并据此反思中国的文化传统，要求人们对于"习俗相传下来的制度风俗""古代遗传下来的圣贤教训"和"社会上糊涂公认的行为与信仰"等，"凡事要重新分别一个好与不好"。[1] 显然，胡适借用尼采的"价值重估"主张来重新评判中国封建传统伦理、制度、风俗、圣贤教训、信仰等的标尺。无论是陈独秀还是胡适，他们都只是关注尼采思想体系中对自己"有用"的主张，并不在乎自己是否全面掌握，也不在乎自己是否正确理解。

此外，李大钊认为尼采学说"颇能起衰振敝"，特别是对中国这样的"最拘形式、重因袭、囚锢于奴隶道德之国"，尼采的"超人说""权力意志论"和"重估一切价值"主张"足以鼓舞青年之精神，奋发国民之勇气"。[2] 立足点还是在尼采哲学思想的"有用"。

20 世纪二三十年代，文学研究会成员李石岑继承五四文学革命领袖的意愿，迫切希望借取尼采的思想为国人的"伦理思想的改造"提供资源和思路。他几乎在每篇解读尼采思想的文章中都会或详或略地申述自己引介尼采思想的动机。如在《尼采思想之批判》一文的结尾，李石岑写道："吾国人素以粘液质为他国人所轻觑……愚以为欲救济此种粘液质之顺民，或即在国人所詈之骂之非议之之尼采思想欤？"[3] 后来他在《美神与酒神》一文中提到自己 1920 年在《民铎》杂志上开办"尼采号"，目的也是"救济中国人的黏液质的头脑"。[4] 总之，在李石岑看来，尼采思想成了医治中国人的"粘液质"性格即妥协、驯顺、懦弱等国民劣根性的金石良药。李石岑在《尼采思想与吾人之生活》的演讲中提到尼采思想对改造国人的生活方式与习惯的作用："我们的生活，实在是很平凡的，我们的幸福，实在是很浅薄的。……尼采的思想便是教我们改造生活最有力的"；尼采思想"含有兴奋剂"，且"原是想冲撞我们日常不变的生活的"。[5]

在其专著《超人哲学浅说》的"绪言"中，李石岑详细而系统地申述

---

[1] 胡适《新思潮的意义》，《胡适文存》第 1 集，上海亚东图书馆，1921 年，第 1023 页。
[2] 守常（李大钊）《介绍哲人尼杰》，1916 年 8 月 22 日《晨钟》。
[3] 李石岑《尼采思想之批判》，载成芳编《我看尼采》，南京大学出版社，2000 年，第 83 页。
[4] 李石岑《美神与酒神》，载成芳编《我看尼采》，南京大学出版社，2000 年，第 180 页。
[5] 李石岑《尼采思想与吾人之生活》，《李石岑讲演集》，广西师范大学出版社，2004 年，第 114 页、第 118 页。

了自己向国人介绍尼采思想的 5 个原因。他首先指出："中国民族性非有一番根本的改造不可。讲到改造，我就联想到伦理思想的改造，因为伦理思想的改造，是对民族性影响极大的。讲到伦理思想的改造，我就不能不联想到尼采的超人哲学。这是我想介绍尼采思想的第一个原因。"❶ 李石岑接着交代另外 4 个原因。第二个原因，中国人性格最大的弱点是"带有妥协，微温一类的性质"，这是"乡愿和奴隶之劣根性"，引介尼采思想可以给它"一种绝大的刺激"。第三个原因，"尼采的哲学是一种反抗的哲学"，借用其反抗精神利于"抨击吃人的礼教"。第四个原因，中国人"骨子里都信奉着多神教"，借用尼采反宗教（基督教）的主张有助于打破国人的"多神教的思想"，树立"科学的威权"。第五个原因，尼采告诉人们"要先把具体的个人立定脚，然后以次发展到国家到社会到人类"，而中国人素来"人格观念麻木"，借用尼采思想帮助国人确立人格观念。❷ 第一个原因即借用尼采思想推动国人"伦理思想的改造"是总的目的，其他 4 个方面都是对这一条的具体阐发。这清楚地表明李石岑借助尼采思想推动国民性改造和思想启蒙的良苦用心。

陈铨对尼采思想的阐释所秉持的价值取向有一个变化的过程。在加入"战国策派"之前，他对尼采学说的解读相当客观、理性，讲究言必有据，呈现出明显的学理化特征。以他研究尼采思想的第一份成果《从叔本华到尼采》一文为例，文章大量引用尼采著作如《悲剧的降生》（通译《悲剧的诞生》——笔者）、《不合时宜的话》（通译《不合时宜的思想》——笔者）、《人类的纯粹的人类的》（通译《人性的，太人性的》——笔者）、《朝红》（通译《朝霞》——笔者）、《快乐的科学》《萨亚屠师贾》《道德的系统学》、尼采的遗著（即《权力意志》——笔者）中的原话来论证自己的观点，论证严谨，思路绵密。同时，每章之后均有关于引文出处的注释。如第 1 节"绪论"后面有 32 条注释，第 2 节"赞成时期"后面有 41 条注释，第 3 节"过渡时期"后面有 39 条注释，第 4 节"反对时期"后面有 76 条注释。文章末尾还开列了 24 本外文参考书。即使以今日的学术标准来看，《从叔本华到尼采》仍不失为一篇规范的学术论文。这种学理化的取向在陈铨的尼采阐释活动中一直或隐或显地保持着。正如他后来在《尼采的思想》一文

---

❶ 李石岑《超人哲学浅说》，上海商务印书馆，1931 年，第 2 页。
❷ 李石岑《超人哲学浅说》，上海商务印书馆，1931 年，第 2－3 页。

中所指出的，研究尼采思想所面临的"最大的困难，就是尼采的思想，不断地成长变化……假如我们不管他的变换，断章取义，摘录尼采几句话，就说是尼采的思想，那么我们就会陷于矛盾，错误，紊乱"。[1] 要避免这种矛盾、错误和紊乱，就必须潜心研究，理性分析。

加入"战国策派"之后，陈铨对尼采学说的接受迅速表现出强烈的功利化取向。这种功利化的价值取向至少表现在 3 个方面。[2] 第一，常常将尼采学说神圣化。陈铨对尼采思想是完全赞同甚至是狂热崇拜的。以对尼采政治思想的评价为例。尼采的政治思想一向饱受诟病，正如茅盾所言，尼采的"社会学"（即政治思想——笔者）是"尼采学说中最矛盾的地方，也就是尼采最受人痛骂的地方"。[3] 但陈铨不仅对尼采的政治思想完全肯定，而且甚至言之凿凿地声称它是"近代政治思想家中，最前进的，最革命的，最富于理想的"一种主张。[4]

第二，热心揭示尼采的思想主张对中国社会和中华民族的启迪或警示作用。陈铨在 1937 年即抗日战争全面爆发的第一年所写的《尼采与近代历史教育》一文中连连发问："中国有四千多年的历史，我们处着现在生存竞争的时代，对于这过去四千多年的历史，应当采取什么态度？""中国的文化，有许多地方，不适合于现代，已经是明显的事实……我们对于将来文化的创造，应当取什么态度？"这些提问表明，陈铨介绍尼采的历史观乃是为了启发国人对中国的历史与传统要采取反思的态度，所以他接着说："在这种地方，我觉得尼采的议论，很可以帮助启发我们的思想。……尼采的主张，至少可以作我们最好的借镜。"[5] 陈铨在《尼采的思想》一文中指出，"尼采对于旧的传统，新的偶像，尽量攻击"，这一"危险"思想对于处在抗日战争之中或"生存竞争的时代"的中国人启发良多。他说："尼采的哲学，对于我们，是否还有意义……要看我们愿意作奴隶，还是愿意作主人，愿意作猴

[1] 陈铨《从叔本华到尼采》，上海大东书局，1946 年，第 95 - 96 页。
[2] 此处关于阐释尼采思想的功利化价值取向的论述，吸收了项目负责人早先的研究成果。参见：《陈铨与尼采》，《中国文学研究》2009 年第 1 期；《论陈铨对尼采的接受》，《长沙铁道学院学报（社会科学版）》2009 年第 2 期。
[3] 雁冰《尼采的学说》，载郜元宝编《尼采在中国》，上海三联书店，2001 年，第 94 页。
[4] 陈铨《从叔本华到尼采》，上海大东书局，1946 年，第 134 页。
[5] 陈铨《尼采与近代历史教育》，载郜元宝编《尼采在中国》，上海三联书店，2001 年，第 241 页。

子，还是愿意作人类。因为尼采的著作，根本不是替奴隶猴子写的。"❶ 原来陈铨是想借尼采的"危险"哲学鼓励中国人抛弃自暴自弃、自甘沉沦的态度，勇敢地作"主人"。陈铨在《尼采的道德观念》一文中揭示尼采的"主人道德"和"奴隶道德"两个概念的内涵，紧接着急迫发问：抗战时期的中国人"是依照传统的'奴隶道德'，还是接受尼采的'主人道德'，来作为我们民族人格锻炼的目标呢"?❷ 陈铨当然是希望面对日本人的侵略，中国人能够遵从"主人道德"，养成伸张"权力意志"的"无情和勇敢"的新人格。在《尼采与〈红楼梦〉》一文中对比分析尼采的思想与曹雪芹的主张之后，陈铨充满激情地写了一大段话，主要讲了两层意思。首先，陈铨对比曹雪芹和尼采的人生观，指出对待人生这场戏的正确态度。在人生舞台上，"曹雪芹是主张不唱的，尼采不但主张唱，而且主张唱得异常热闹，异常精彩"，在外族入侵、民族危亡的时候，"大多数的贤人哲士，一个个抛弃人生，逃卸责任，奴隶牛马的生活，转瞬就要降临"，因此，国人必须抛弃曹雪芹，追随尼采。其次，呼吁用尼采的"超人说"来医治国人消极抗日的态度。陈铨指出：尼采早在六十多年前就向世界发出"文化必须要进步，人类必须要超过"的呼声，"对于现代的中华民族，这一种呼声太有意义了"，尼采思想所包孕的"积极的精神，却是我们的对症良药"。❸ 在陈铨这里，尼采思想成了医治国人"抛弃人生，逃卸责任"的态度的"对症良药"。

第三，功利化的极端表现是对尼采思想进行政治化解读。陈铨似乎喜欢将尼采的哲学概念作形而下的理解，将它们同中国的现实问题挂钩。尼采的"超人"本指一种理想的人类或理想的人格，即精神与肉体得到和谐与全面发展的人类或人格，陈铨却将"超人"看作现实生活中的杰出人物，将"超人"解读为"天才""人类的领袖""社会上的改革家"与"勇敢的战士"等。陈铨认为"领袖是社会上最优秀的分子，他们智力，既然高于群众，群众必须受他们的指挥"❶，明显有吹捧当时最高执政者的用意。

第二次世界大战爆发之前，尼采哲学因为曾经受到希特勒、墨索里尼等纳粹分子的吹捧而在欧美世界呈现出法西斯化的趋势，当时中国知识界也普

---

❶ 陈铨《从叔本华到尼采》，第 114－115 页。

❷ 陈铨《从叔本华到尼采》，第 156 页。

❸ 陈铨《文学批评的新动向（节录）》，载于润琦编《陈铨代表作》，华夏出版社，1999 年，第 384 页。

❶ 陈铨《从叔本华到尼采》，第 112 页。

遍接受了这一看法，因此，1940—1942 年"战国策派"对尼采学说的阐释与传播就遭到"左派"人士的猛烈攻击。张子斋的《从尼采主义谈到英雄崇拜与优生学》（1941）、欧阳凡海的《什么是"战国策"派的文艺》（1943）等文章是这方面的力作。这些文章指出："尼采主义今天已成为法西斯的宠儿，成为一切侵略者的理论基础了"，或者"尼采被奉为法西斯军队底战神"[1]；甚至致力于论证"尼采的超人哲学怎样成为法西斯主义的反动理论的工具"[2]。不过，他们据以批判尼采学说的材料大多摘取自当时被译介过来的两份国外的尼采研究成果，即 L. 凯迪的文章《尼采哲学与法西主义》和勃伦蒂涅尔的专著《尼采哲学与法西斯主义之批判》，前者由申谷翻译，刊载在 1939 年 11 月《理论与实践》第 1 卷第 1 期上，后者由段洛夫翻译，上海潮锋出版社 1941 年出版。关于这一情况，中国现代文学史家唐弢晚年曾经回忆说：1939 年之后的一段时期，"学术界普遍流行的却是勃伦蒂涅尔的批判的见解，等到 1941 年他的《尼采哲学与法西斯主义》从日文转译过来，尼采哲学等于法西斯主义，尼采是法西斯的预言者和代言人等等，也就成为定论，压倒所有不同的意见"[3]。

如何看待陈铨阐释与传播尼采思想的功利化甚至政治化取向？毋庸讳言，陈铨因为介绍并"活用"尼采学说而受到当局重用，抗战期间从西南联大德文系教授调任中央政治学校教授、中国青年剧团编导，当他的戏剧《野玫瑰》受到进步文化界批判时，陈立夫、张道藩等国民党要员纷纷为之辩护，受到国民党政府的保护。所以，陈铨以及他所倚重的尼采思想受到当时进步思想与文化界的猛烈抨击并被法西斯化，如汉夫称"'战国派'的言论的实质，是一派法西斯主义的，反民主为虎作伥与谋皮的谬论"[4]，也是情理之中的事。笔者认为，在国共两党既合作又斗争的非常时期，陈铨等"战国策派"人士的主张及其所凭依的尼采思想受到争议是自然不过的事。同时，我们也应该看到陈铨作为一个爱国的知识分子借用尼采思想来鼓动国人振作精神、奋起抵抗日本侵略者的良苦用心和拳拳情怀。

---

[1] 曹和仁《权力意志的流毒》，载郜元宝编《尼采在中国》，上海三联书店，2001 年，第 323 页、第 330 页。

[2] 欧阳凡海《什么是"战国策"派的文艺》，载郜元宝编《尼采在中国》，上海三联书店，2001 年，第 342 页。

[3] 唐弢《一个应该大写的主体——鲁迅》，载旺晖《反抗绝望：鲁迅及其文学世界》（增订本），北京三联书店，2008 年，第 2 页。

[4] 汉夫《"战国"派的法西斯主义实质》，《群众》1942 年第 1 号，第 20 页。

在 1986 年前后中国大陆兴起的第三次"尼采热"中，介绍者和传播者同样是借用尼采思想来满足国人的精神需要。尼采所处的 19 世纪后期的德国乃至整个欧洲，理性主义和基督教信仰的传统开始失落，人们陷入虚无主义之中。这一情形跟"文革"后中国社会中不少人仿佛进入信仰真空、出现精神危机的情形颇有几分相似。尼采思想作为对西方社会精神危机的哲学表达，所提出的"重新估定一切价值""超人说"等反制虚无主义的主张对国人消除信仰危机提供了直接的启发，自然引起当代中国青年知识分子的强烈共鸣。简言之，尼采哲学有助于当时中国的知识分子和青年学生消除弥漫不散的信仰危机，他们纷纷借助尼采思想作为自己怀疑与批判社会的武器。

同时，当时中国思想界和青年学生纷纷要求"改造中国的中庸之道""激发民族和个人在生存中的竞争心理和适应能力"，而尼采提倡的酒神精神、超人和权力意志，其目的就是充分释放人的生命力和生命意识，张扬人的个性和自由，强调个人的优秀，就刚好具有一定的指导作用。尼采的思想主张对一向标榜集体主义价值观的中国思想与道德传统产生了直接的冲击，同当时中国的知识分子尤其是青年学生渴求释放生命力、张扬个性的愿望一拍即合。尼采思想的引介者以及接受者不断从尼采那里获得行动的根据，热衷于张扬个性，奉行个人奋斗。直到 21 世纪初，周国平还在感叹："直到今天，中国人仍只关心尼采学说中那些可以与中国社会实践相结合的内容，而对他的哲学并无兴趣。"● 所谓"与中国社会实践相结合的内容"，就是指尼采思想体系中能够满足中国的现实社会的某种需要的主张和观点。

二、对尼采思想的选择性利用

20 世纪中国作家对尼采思想的选择性利用主要表现为两种方式：一是偏执，一是盲视。所谓偏执，指中国作家和文学批评家对尼采思想体系中的某些观点给予过多的关注和过度阐释，甚至任意发挥与引申。盲视的本义是看不见或看不清，此处指中国作家和文学批评家对尼采思想体系中的某些主张故意视而不见或避而不谈，其实质是有目的地、主动地剔除掉尼采思想体系中与当时中国现实社会联系不密切，或者国人感到陌生的观点或概念。

尼采的哲学体系由诸多思想观点组合而成。举其要者，有"权力意志"

● 周国平《中国没有真正的尼采研究》，《周国平人文讲演录》，上海文艺出版社，2006 年，第 354 页。

（Der Wille zur Macht，或译强力意志）、"永恒轮回"（Die ewige Wiederkunft）等本体论概念，有"超人（Der Übermensch）说""主人道德（Die Herren Moral）""上帝死了"等价值观、宗教观和伦理观内容，还有"重新估定一切价值"（Die Umwertung aller Werte）等文化思想主张。总体而言，20世纪中国作家们忽略的尼采观点主要有：对基督教的价值观与伦理观的抨击，对欧洲现代社会物质主义倾向的批判，以及"永恒轮回说"等。相反，他们对尼采的"超人说"和"价值重估"主张情有独钟，产生了浓厚的兴趣。

先讨论20世纪中国作家对尼采哲学思想采取盲视态度的具体情形。

尼采最响亮的口号莫过于"上帝死了"。上帝是基督教崇拜的唯一神，因此"上帝死了"这一口号代表尼采对基督教的诅咒，而且是对基督教最致命的一击。在尼采的思想体系中，对基督教的教义及其衍生的价值观、伦理观的批判是非常重要的内容。但对20世纪的中国作家而言，尼采这一口号虽然响亮，却无法激起他们的热情。主要原因当然是基督教在中国没有什么影响，信奉基督教的人数极少，国人对基督教大多感到陌生。正如茅盾在《尼采的学说》一文里所说的："关于尼采攻击基督教道德的话，此处不细说了，免得噜苏"，因为"基督教的道德在我国到底势力不大"，所以"我们说不说都没有什么关系"。❶ 茅盾在这里清楚地解释了他本人以及中国作家不怎么关心尼采攻击基督教一事的原因。

在尼采的"重新估定一切价值"主张中，包含对欧洲近、现代以来崇奉的理性主义以及现实社会中越来越严重的物化、异化现象的批判。借用美国印地安大学比较文学教授梅泰·卡利内斯库（Matei Calinescu）的说法，尼采所抨击的理性主义、物化和异化现象正是"资产阶级现代性"或"实用现代性"。卡利内斯库认为"现代性"有两种，一种是作为西方文明发展阶段的产物，指的是由"科技进步、工业革命以及由资本主义引发的全面的经济和社会变革这三者带来的产物"，伴随着理性崇拜、自由的理想、实用主义等，此种现代性叫做"实用现代性"；另一种是"美学概念的现代性"，它"断然拒绝""资产阶级现代性"，"厌恶中产阶级的价值标准"，具有"强烈的否定激情"，同时，它致力于追求文学艺术的创新和进步，与浪漫主义思潮有密切关系，这种"现代性"常常被称为"文化现代性"。❷ "实用现

---

❶ 雁冰《尼采的学说》，载郜元宝编《尼采在中国》，上海三联书店，2001年，第86页。

❷ ［美］卡利内斯库《两种现代性》，顾爱彬译，《南京大学学报》1999年第3期，第50页。

代性"与"文化现代性"虽然在将人类由封建社会带入资本主义社会的征程中携手反抗封建专制制度与观念，但由于"实用现代性"越来越演变为机械功利主义，强调以物质生产和消费为中心，将社会生活的一切都加以量化、标准化，最终威胁到人类的精神生活和独立个性，便遭到致力于追求精神生活与独立个性的"文化现代性"的反击。尼采的思想源自德国以及欧洲人文主义和浪漫主义的传统，重视"文化现代性"，致力于从"文化现代性"的立场批判"实用现代性"。尼采在《查拉图斯特拉如是说》等著作中对近、现代德国以及整个欧洲社会的物质文明畸形发展、精神文化匮乏等现象进行了猛烈抨击，但是除了鲁迅、郁达夫等极少数人之外，中国现代作家很少有人关注尼采这方面的思想观点。之所以如此，主要有两个方面的原因。一是当时中国贫困落后，正需要努力发展物质生产以满足人们的物质生活需要，所以不仅不能否定"实用现代性"，相反还必须重视"实用现代性"，积极推进"实用现代性"。二是中国当时尚未出现或很少有物化现象和异化现象，尚未出现至少尚未流行"实用现代性"挤压"文化现代性"的现象，所以抨击"实用现代性"以及物化、异化现象，就没有明确的靶子可以攻击。总之，对于正在追求"实用现代性"即器用现代化的中国人来说，尼采批判"实用现代性"的论题谈不上紧迫，甚至显得陌生，自然就难以引起中国作家们的关注了。

"永恒轮回说"在尼采的思想体系中具有本体论的地位，尼采本人就说过这一概念是《查拉图斯特拉如是说》一书的"根本思想"（die Grundkonzeption），是"人类所能达到的最高肯定公式"。● 据笔者所知，20世纪前期中国知识分子中只有李石岑与刘恩久比较详细地讨论过尼采的"永远轮回说"及其本体论意义，直到新时期，关注尼采这一思想主张的研究者才稍微多了一些。即使对"永恒轮回说"表现出一定兴趣的，如周作人、陈铨，也对它进行了较为明显的个性化理解和解读。周作人在《〈枣〉和〈桥〉的序》（1931）一文里提及文学运动、思潮的变化周期，称"此正是命运之必然，无所逃于天地之间"，然后用"世事轮回"（即"永恒轮回"——笔者）来解读为这种"命运之必然"。❷ 简言之，此处周作人将尼采的"永恒轮回

---

❶ F. Nietzsche. *Ecce Homo*. Karl Schlechta. *Friedrich Nietzsche Werke*：Band 2. München：Carl Hanser Verlag, 1955, P1128.

❷ 周作人《〈枣〉和〈桥〉的序》，钟叔和编《周作人文类编》第3卷，湖南文艺出版社，1998年，第648页。

说"视为命运。后来周作人又在《〈苦雨斋序跋文〉自序》（1934）一文里借用尼采的"永恒轮回说"（周作人称"世事转轮"——笔者）来谈论文学观念的重复与演变："按时出现既不足奇，而现时当令亦无须怪者也。"[1] 换言之，他将某种现象的循环往复反复称为"永恒轮回"。周作人对尼采"永恒轮回"的解读，能够在一定程度上迎合有一定佛教思想的中国读者。陈铨对尼采"永恒轮回说"的评价确实非常高。他说："尼采把人生同力量来等量齐观，人生的肯定，已经算提到最高点了。但是尼采还更进一步，想到一切的事物有轮回的可能，这里尼采第一次才有这个思想。"[2] 这种理解基本上合乎尼采认为"永恒轮回"是"人类所能达到的最高肯定公式"这一说法。不过陈铨认为，尼采的"永恒轮回说"不仅不具有本体论层面的意义，而且根本上是反形而上的。他指出，尼采"对生命本来有热烈的爱情"，反对"死的事实"，即静止不变的现象，产生了"对于形而上学的嫌厌"，于是"欢迎"和赞同"轮回的思想"。[3] 如此看来，陈铨消解尼采"永恒轮回说"的本体论或形而上学内涵，是对尼采思想的背离。他将这一概念通俗化，自然容易迎得读者的理解。

现在重点讨论 20 世纪中国作家偏执地对待尼采思想的情形。笔者认为，中国作家们对尼采思想的偏执可以分为两种情况，一种是给予尼采某些思想主张以特别的关注，另一种是对尼采某些思想主张给以过度阐释和任意的发挥。

首先，20 世纪中国作家都特别关注尼采的"超人说"。

从 20 世纪初的王国维、鲁迅，经五四时期的郭沫若、田汉、茅盾、冰心、林语堂等，再到抗战前后的林同济、陈铨等，最后到新时期的周国平等人，都对尼采的"超人说"表现出极大的兴趣。

早在 20 世纪初期，王国维就关注到尼采的"超人说"。即使在《叔本华与尼采》这篇并非专论尼采思想的文章中，王国维依然万变不离其宗，集中关注的是尼采的"超人说"与叔本华的"天才论"之间的渊源关系。[4] 鲁迅

❶ 周作人《〈苦雨斋序跋文〉自序》，钟叔和编《周作人文类编》第 9 卷，湖南文艺出版社，1998 年，第 555 页。
❷ 陈铨《从叔本华到尼采》，上海大东书局，1946 年，第 69 页。
❸ 陈铨《从叔本华到尼采》，上海大东书局，1946 年，第 70 页。
❶ 王国维《叔本华与尼采》，谢维扬、房鑫亮主编《王国维全集》第 1 卷，浙江教育出版社、广东教育出版社，2010 年，第 82 - 83 页。

留日时期对尼采思想的关注，最大的兴趣点就是他的"超人说"。鲁迅在那段时间发表的思想论文中反复提及尼采的"超人说"，如称"超人"是尼采一心期盼的"大士天才"或"意力绝世，几近神明"的人。[1] 与此同时，在鲁迅眼中，标举"超人说"的尼采也成了"察逾众凡"的"大士哲人"，是准超人。[2]

五四时期文学界人士对尼采的"超人说"也特别关注。如陈独秀不仅认定尼采的"超人"是"寻常以上的"人，是"尊重个人的意志，发挥个人的天才"而成就的"大艺术家，大事业家"，而且在《人生真义》一文中还特别借用尼采的"超人说"阐发自己理想中的"人生真义"，即理想的人生观。[3] 相比于留日时期而言，五四时期的鲁迅对尼采"超人说"的热情丝毫没有减退。虽然没有再像年轻时那样完全肯定、全盘接受尼采的"超人说"，而是已经认识到它"太觉渺茫"，但还是借"超人说"阐发人类必然进化、必须进化的主张，并"确信将来总有尤为高尚尤近圆满的人类出现"。他还在杂文中借用尼采将"超人"视为能够容下"大侮蔑"的大海这一比喻，鼓励中国青年"只是向上走"，不要理会嘲笑者的"冷笑和暗箭"。[4]

文学研究会的茅盾、李石岑等人都关注尼采的"超人说"。茅盾在1917年就呼吁青年学生遵循尼采的"超人道德"，即"贵族道德"，做"有独立心而勇敢"生活的"自主者"，即模仿"超人"成为自主自立者。[5] 稍后他在长篇专论《尼采的学说》中用3章的篇幅介绍"超人说"，足以表明自己对尼采"超人说"的喜爱。李石岑对尼采的"超人说"作了深入研究。他既指出尼采所说的"超人"不是西方宗教中的上帝一类虚构人物，即"求之于来世""求之于观念界"的人物，而是执著于现实社会和俗世生活中的人物，即"求之于现世与事实"的人物，又能够看出这一形象的"理想之意义"在于为激发现实中的众人的生活热情，即"在增进刚健不退转之生活"。[6] 应该说，李石岑这一说法可谓深得尼采的真谛。出于对尼采"超人说"的偏爱，李石岑后来干脆将尼采的整个思想体系称为"超人哲学"，他

❶ 鲁迅《文化偏至论》，《鲁迅全集》第1卷，人民文学出版社，2005年，第53页、第56页。
❷ 鲁迅《文化偏至论》，《鲁迅全集》第1卷，第50页。
❸ 陈独秀《人生真义》，载郜元宝编《尼采在中国》，上海三联书店，2001年，第54页。
❹ 鲁迅《随感录四十一》，《鲁迅全集》第1卷，第341页。
❺ 茅盾《学生与社会》，《茅盾全集》第14卷，人民文学出版社，1987年，第5页。
❻ 李石岑《尼采思想之批判》，载成芳编《我看尼采》，南京大学出版社，2000年，第81页。

写作了 20 世纪中国知识界第一部尼采思想专著《超人哲学浅说》。

创造社同仁同样关注尼采的"超人说"。诗人郭沫若最早在文字里提及的尼采思想主张，正是他的"超人说"。1919 年，他在《匪徒颂》一诗里首次提及尼采，就称尼采是"倡导超人哲学"的"学说革命的匪徒"。创造社最著名的小说家郁达夫则认定尼采哲学的精髓是"超人说"，还为自己所处的时代变化神速，转瞬之间就由狂热崇拜尼采的时代"变成了不要超人，不要哲学的世纪"而唏嘘不已。[1] 诗人白采对尼采式"'优生'的理"即"超人说"极为关注。[2] 他在长诗《羸疾者的爱》里让主人公"羸疾者"劝美丽的孤女嫁给强壮的"武士"，以便日后生出具有"健全的人格"的后代，就是在传播尼采的"超人说"，尤其是"超人"式婚姻观。

此外，狂飙社的领袖高长虹曾经反复阅读尼采的《查拉图斯特拉如是说》英译本，并将它和马克思的《资本论》相提并论，而该书的两大主题之一就是"超人说"。据他早年的友人张恒寿回忆，尼采的"超人思想"对高长虹"有很大的影响"，高长虹的思想性格和处事风格都颇有几分"超人"的派头。[3]

抗战前后，"战国策派"的领袖林同济和骨干成员陈铨等人对尼采的"超人说"极为关注，多次谈及对"超人"概念的理解，并借以阐述自己的主张。陈铨在《尼采的思想》一文中逐一介绍尼采思想的演变历程的 3 个阶段，重点分析尼采"超人说"的内涵，认为"超人"是指"理想的人物"或"天才""人类的领袖""社会上的改革家"与"勇敢的战士"等 4 种人。[4] 在《尼采的政治思想》一文里，陈铨又将尼采所说的"超人社会"树立为自己心目中的理想社会，称这一社会中的主宰者"超人"为"伟大的罪犯""人类的主人""勇敢的战士"，以及棋坛里的"国手"等。[5] 林同济应陈铨之邀为后者的《从叔本华到尼采》一书作序《我看尼采》，文章着重介绍阅读尼采著作、理解尼采的注意事项，而对尼采思想的正面介绍和讨论，则只涉及"超人"思想，这可看出尼采的"超人"说在林同济心目中

[1] 郁达夫《〈断残集〉自序》，《郁达夫文集》第 6 卷，花城出版社、三联书店香港分店，1983 年，第 258 页。

[2] 朱自清《〈中国新文学大系·诗集〉诗话》，朱自清《中国新文学大系·诗集》，上海良友图书印刷公司，1935 年，第 32 页。

[3] 张恒寿《回忆高长虹》，载《高长虹研究文选》，北岳文艺出版社，1991 年，第 66 页。

[4] 陈铨《从叔本华到尼采》，上海大东书局，1946，第 111 – 113 页。

[5] 陈铨《从叔本华到尼采》，第 118 页。

的独特地位。林同济认为尼采的主要"创业"即理论建树就是"超人说"，这一思想是"尼采对人生意义的基本探求所最后取得的答案"，即它是尼采人生观的核心内容，也因为此，这一思想对后来中外思想家和读者都产生了重大的影响，"握有千秋感召的力量"。❶ 林同济还探讨了尼采"超人说"的内涵和特征。他认为尼采的"超人"是"一种诗意的憧憬，一种乌托邦的梦求"，具有浓郁的理想与虚幻色彩，因为它必然是"可望而未必可捉，可然而无必然，因而也更加令人神往"的。❷ 林同济这种理解很接近尼采本人的设想。

新时期文学界人士依然对尼采的"超人说"表现出特别的关注。周国平在《尼采：在世纪的转折点上》和论文《略论尼采哲学》《尼采论人》等专著和论文中，都详细而且反复介绍过尼采的"超人说"。其中《尼采：在世纪的转折点上》一书的"人——自由——创造""'自我'的发现"和"人的现状和前景"等章节，都讨论了"超人"概念的含义和"超人道德"的内涵。周国平最关注尼采"超人说"所张扬的自我理念，即自我发现、自我发展、自我实现等观念，而这正是改革开放初期中国大陆的人们尤其是青年学生所期盼的思想境界与行为准则。军旅小说作家朱苏进在作品中极力张扬强者意识，也是对尼采"超人说"的变相的关注。朱苏进认为"人生即较量"，只有较量才能检验出一个人是否是强者，是否具有真正的军人素质。他还有一个观点："最优美的最危险。""优美"的是心理姿态，"危险"的是生活状态。意思是，越是恶劣的环境就越能够让人们遭受严峻的考验，也越能够激发人们生命本能的充分释放，激发人们的生命意志昂扬向上，也因此，要享受到最大的快乐，就得经受最危险的生活。这两个观点背后就潜藏着尼采"超人"思想的气味。尼采的"超人"具有热衷于较量、抗争，愿意过最危险生活的品性。

其次，20世纪中国作家对尼采的"价值重估"主张也特别推重。

五四时期，"文学革命"首倡者胡适认为五四新文化运动的宗旨即"新思潮的根本意义"就是强调并催生了"评判的态度"这一新态度，而尼采所说的"'重新估定一切价值'八个字便是评判的态度的最好解释"。❸ 用尼采的"价值重估"主张来概括五四新思潮的含义，足见胡适对尼采这一主张

---

❶ 林同济《我看尼采》，载陈铨《从叔本华到尼采》，上海大东书局，1946，第19页。
❷ 林同济《我看尼采》，载陈铨《从叔本华到尼采》，第22页。
❸ 胡适《新思潮的意义》，《胡适文存》第1集，上海亚东图书馆，1921年，第1022–1023页。

的重视。胡适后来在《五十年来之世界哲学》一文中全盘介绍尼采思想时，也重点介绍了"价值重估"主张，并认定尼采"对于传统的道德宗教，下了很无忌惮的批评，'重新估定一切价值'，确有很大的破坏功劳"。❶ 茅盾同胡适的看法相似，认为"重新称量"过去一切哲学学说、社会信条和人生观、道德观的主张是"尼采最大的——也就是最好的见识"，"是尼采思想卓绝的地方"；并言之凿凿地指出："单就尼采这种'重新估定一切的价值'的思想看来"，"简直可以把尼采放在第一等的哲学家林内"。❷ 郑振铎介绍尼采的思想主张，也特别突出他的"价值重估"主张，说尼采同"压在德国人心上的传统思想争斗"，他"打翻了旧的东西的秩序"，从而认定尼采是一个"以猛勇的精神反抗过去的哲学家"。❸ 李石岑对尼采的"价值重估"主张评价颇高，指出："尼采之'价值之破坏'，为其学说之特彩。"❹ 郭沫若虽然没有直接评判这一主张的价值或特点，但在 1923 年回应宗白华的书信中指出，中国的老子和德国的尼采都反抗"有神论的宗教思想"和"藩篱个性的既成道德"，从一个特殊的角度表明自己对尼采的"价值重估"主张的特别关注。❺

五四时期还有一些作家将主张尼采的"重新估定一切价值"主张称为破坏偶像、破坏轨道、欺神灭像，从而将尼采称为"偶像破坏者""轨道破坏者"和"匪徒"，并对其大加赞颂。如鲁迅在《随感录四十六》一文中称尼采是"有确固不拔的自信"的"近来偶像破坏的大人物"。❻ 后来他在《再论雷峰塔的倒掉》一文里又称尼采为"大呼猛进"的"轨道破坏者"。❼ 郭沫若则在《匪徒颂》一诗里将"欺神灭像"的尼采称为"学说革命的匪徒"，向其三呼万岁。

抗战时期的"战国策派"极为重视尼采的"重新估定一切价值"主张，他们甚至将"重新创造一个新的文化"的设想建立在这一主张的基础之上。

❶ 胡适《五十年来之世界哲学》，《胡适文存》第 2 集，上海亚东图书馆，1924 年，第 229－230 页。

❷ 雁冰《尼采的学说》，载郜元宝编《尼采在中国》，上海三联书店，2001 年，第 70 页、第 71 页。

❸ 郑振铎《十九世纪的德国文学》，《小说月报》1926 年第第 9 期，第 12 页。

❹ 李石岑《尼采思想之批判》，载成芳编《我看尼采》，南京大学出版社，2000 年，第 81 页。

❺ 郭沫若《论中德文化书》，《创造周报》1923 年第 5 号，第 16 页。

❻ 鲁迅《随感录四十六》，《鲁迅全集》第 1 卷，人民文学出版社，2005 年，第 349 页。

❼ 鲁迅《再论雷峰塔的倒掉》，《鲁迅全集》第 1 卷，人民文学出版社，2005 年，第 202 页。

"战国策派"曾经策划出版一套"在创丛书",在该丛书的"缘起"里,以林同济为首的丛书编委会宣称:由于第二次世界大战导致人类文化大变动,"人类必须要重新创造一个新的文化",为此,"全世界的思想家,都要'重新估定一切的价值'"。❶ 尼采的"重新估定一切的价值"主张在"战国策派"人士这里成了中国人创造"新的文化"、甚至整个人类创造"新的文化"的理论基石,其重要性自然不言自明。

到了新时期,周国平在专著《尼采:在世纪的转折点上》中专设"价值的翻转"一节,讨论尼采的"重新估定一切价值"主张。后来他又在论文《"上帝死了!"——论尼采"重估一切价值"的思想》进一步展开讨论。周国平尤其关注尼采这一主张对 20 世纪 80 年代中后期中国人特别是青年学生的信仰危机的化解作用。莫言运用小说的形式对中国传统道德的虚伪本质予以揭露与批判,也是间接地表达对尼采价值重估主张的关注。如《红高粱家族》中的"我奶奶"在临终之际叩问上苍:"天,什么叫贞洁?什么叫正道?什么叫善良?什么是邪恶?……我什么都不怕。""贞洁""正道"以及"善良""邪恶",是中国主流价值观和传统道德观的核心内容,"我奶奶"却对传统道德和戒条明明白白地表示"不怕",加以蔑视和抨击。这与尼采的"上帝死了""重新估定一切价值"这一观点的内容与态度相通。

20 世纪中国作家对尼采学说偏执的极端形式是"过度诠释"或任意发挥。"过度诠释"(over interpretation)是意大利符号学家艾柯(U. Eco)的说法。艾柯认为读者对文本的诠释应该遵循"相似性"原则,但历来诠释者"所假定的相似性标准过于宽泛,过于灵活",而且"每次当你发现了某种相似性时,它都会继续指向另一种相似性",这时就会出现"遵循一种'灵巧的原则'"而对文本作出"过度诠释"的情形。❷ 美国文学批评家乔纳森·卡勒(J. Culler)认为,艾柯所说的"过度诠释"是一种"专业性的有意曲解",意在"鼓励批评家对文本进行胡思乱想"。❸ 笔者这里所说的 20 世纪中国作家们对尼采某些观点的"过度诠释",由于谈不上深刻,也谈不上专业,所以不能等同于卡勒所说的"专业性的有意曲解",但又的确在一

---

❶ 林同济等《在创丛书缘起》,载陈铨《从叔本华到尼采》,上海大东书局,1946 年,扉页。

❷ 参见:(意)艾柯《过度诠释文本》,载(美)柯里尼编《诠释与过度诠释》,王宇根译,北京三联书店,2005 年,第 47 – 52 页。

❸ [美]乔纳森·卡勒《为"过度诠释"一辩》,载(美)柯里尼编《诠释与过度诠释》,王宇根译,北京三联书店,2005 年,第 132 页。

定程度上属于卡勒所说的"对文本进行胡思乱想",加以创造性解释的情形。

"战国策派"领袖林同济曾经说过:"千古思想家,尼采可算为当代最被误解的一人。诅咒者误解,崇拜者一样误解。"❶ 顺着林同济的说法,笔者将"诅咒者"对尼采的误解称为将尼采思想"妖魔化",而将"崇拜者"对尼采的误解称为将尼采思想"神圣化"。但是,不管哪一种倾向,它的基础与特点都是将尼采哲学思想世俗化、庸俗化。

20世纪中国作家将尼采及其学说"神圣化",最突出的表现就是将尼采学说视为医治中华民族性格缺陷或国民劣根性的灵丹妙药,或者视为解决中国现实社会中存在问题的锦囊妙计。

不少作家与文学批评家都曾扛起尼采这面大旗来批判中国文化传统,帮助人们确立新的人生观,推动五四时期的现代启蒙和20世纪80年代的"新启蒙"。鲁迅早在留学日本的时候,就在《文化偏至论》一文中根据尼采抨击、近现代欧洲社会重"物质"、重"众数"等两大"文化偏至"现象的主张,质疑中国晚清洋务派"竞言武事""制造商估"和维新派"立宪国会"等各种主张,并根据尼采的"超人"说确立"立人"与"立国"的方略。所谓重"物质",就是强调经济的发展和人们物质生活水平的提高,这本来是一件好事,但过分地或片面地强调,就容易导致拜金主义和物化、异化现象的出现。所谓重"众数",就是尊重多数人的意见,也就是提倡民主,这本来也是好事,但过分地推重民主,也可能导致多数人的暴政。鲁迅质疑和反对的正是重"物质"和重"众数"的极端情况。五四时期,陈独秀根据尼采的"贵族道德观"为中国青年确立人生准则,根据尼采的"超人观"探求"人生真义"。李石岑认为,尼采思想是救济中国"粘液质之顺氓"的一剂猛药,是推动国人进行"伦理思想的改造"的良方,而尼采提倡的酒神精神可以作为反对中国人的"美神式"生活态度的利器。他们都倚重尼采的思想主张来改造国民劣根性或者解决现实问题。到了抗日战争时期,"战国策派"代表人物陈铨认为,可以将尼采的"主人道德"作为中华民族"人格锻炼的目标",而尼采的"文化必须要进步,人类必须要超过"之类的呼声则是医治中华民族消极、懈怠、逃避等毛病的对症良药。到了20世纪80年代,周国平等人又将尼采的"上帝死了""超人"等思想看作解决当时中国人尤其是年轻一代的信仰危机和精神危机的可取途径,将尼采呼吁个体、

---

❶ 林同济《我看尼采》,载陈铨《从叔本华到尼采》,上海大东书局,1946年,第7页。

张扬自我的主张看作中国青年超越自我、张扬自我的一面借镜。如此种种，都充分表明中国作家们秉持着将尼采思想神圣化的共同倾向。

与之相反，20世纪中国文学界人士也有一些人将尼采及其思想"妖魔化"，将尼采学说视为极端邪恶的理论，将尼采视为人类的公敌或战争恶魔。中国作家将尼采思想"妖魔化"最突出的表现就是将尼采思想当作法西斯主义的理论资源，将尼采视为希特勒、墨索里尼等人的先驱。

早在五四运动前后，蔡元培、梁启超等人就受到欧洲思想界的影响，将第一次世界大战的罪过归之于尼采的强权理论。1916年年底，蔡元培在《我之欧战观》的演讲中提及尼采"发明强存弱亡之理"一事，不过尚未明确将"欧战"即第一次世界大战和尼采的强权理论挂钩。❶ 等到了2017年10月，蔡元培在《大战与哲学》的演说中则明确认定尼采的"个性强权论"和贵族主义主张"为德国贵族的政府所利用，实做军国主义"，❷ 则完全将尼采思想和德国的军国主义联系起来了。梁启超也表达了同样的看法。他在1920年初版的《欧游心影录》一书中嫌恶地指出，尼采哲学是一种"怪论"，它达到"自己本位的个人主义"之弊端的巅峰，"这回全世界国际大战（指第一次世界大战——引者），其起原实由于此。将来各国内阶级大战争，其起原也实由于此"。❸ 显然，在梁启超看来，尼采的"极端强权论"和"自己本位的个人主义"不仅是第一次世界大战的理论之源，甚至是世界上一切国际、国内战争的理论导火索，尼采俨然成了全人类的公敌。与蔡元培、梁启超的立场相呼应的是，资产阶级民主派思想家朱执信在其论文《不可分的公理》中对尼采表达强权思想的"超人说"大为不满，并在短篇小说《超儿》里将尼采的"超人"形象理解为支配欲特别强烈、自私心也特别旺盛的"支配者"。

与梁启超、蔡元培、朱执信等人的理解相似，但表达观点的方式不一样，受基督教博爱思想熏陶的文学研究会女作家冰心，在1921年创作的小说《超人》里将"超人"理解为崇奉"善和怜悯都是恶"的信条因而对他人极端冷酷的"冷酷者"。同样，沈从文在1934年发表的短篇小说《知识》里将"自觉知识过于丰富超越一切"因而倍感"孤独"的海归哲学硕士张

---

❶ 蔡元培《我之欧战观》，《新青年》1917年第5期，第4页。

❷ 蔡元培《大战与哲学》，《蔡元培全集》第3卷，中华书局，1984年，第201－202页。

❸ 梁启超《欧游心影录节录》，《饮冰室合集·饮冰室专集之二十三》，上海中华书局，1936年，第9页。

六吉涂抹为"超人",也是将尼采的"超人"妖魔化为"高傲者"。

抗日战争期间,以中国共产党为核心的左派人士对"战国策派"及其所推崇的尼采思想进行猛烈攻击,在事实上将尼采思想与纳粹主义等同起来,将尼采与法西斯分子等同起来,将尼采及其思想的妖魔化推向顶峰。张子斋的《从尼采主义谈到英雄崇拜与优生学》(1941)、曹和仁的《权力意志的流毒》(1942)与欧阳凡海的《什么是"战国策"派的文艺》(1943)等文章是表达这种观点与倾向的代表作。下面摘抄欧阳凡海《什么是"战国策"派的文艺》一文中的一段文字,看看当时的思想交锋是多么的激烈,又是多么的无厘头。作者宣称:"尼采公开声明战争为国家所必需,甚至说:'为了解脱旧的文化,则回复到野蛮制度,有时亦是必需。'这就是陈铨一类的'战国'派法西斯主义者所主张的对国外必须要用指环(力——凡海)的学说根据。……他坚决主张人类是不平等的,'正义这样说',尼采写道,'人类是不平等',从这种贵族主义的不平等学说中产生了尼采的'超人'论。……它成'战国'派反对民主,反对文明的法西斯学说的根据。"❶ 平心而论,这篇文章不仅论证相当生硬、牵强,而且态度极为武断、偏颇。不过,正是当时这种颇为生硬、偏颇的说法最终粗暴地完成了中国思想界、文学界将尼采学说法西斯化的历程。也许正因为这一行为的粗暴,总体上看,尼采法西斯化在中国知识界并未形成主流。

将尼采思想世俗化、庸俗化,更准确的说法是指无视甚至抛弃尼采学说本身深刻的形而上内涵,而赋予它一种形而下的或肤浅的解释。从 20 世纪中国作家和文学批评家接受尼采思想的事实来看,他们主要对尼采的"权力意志""战争"等概念或术语作了形而下的改造。

先看 20 世纪中国文学界人士对尼采"权力意志"说的形而下改造的情况。这种改造主要表现在将这一概念的义项"权力"(der Macht)同"政治权力""强权"甚至"武力""暴力"等词汇等同或混淆起来,从而将"权力意志"等同于征服欲、统治欲、支配欲或追求政治权力的意志。

其实,在尼采那里,"权力意志"是指世界上的万事万物求丰富、求扩张、求提升、求超越的本能与冲动,具有本体的意义与地位。用尼采自己的话来说就是,权力意志是一种"永不枯竭的创造性的生之意志",是一种要

---

❶ 欧阳凡海《什么是"战国策"派的文艺》,载郜元宝编《尼采在中国》,上海三联书店,2001 年,第 344 页。

"达到更高、更远、更多样的本能欲望"；它是"生命"或"生物的本质"，人们"在何处发现生物，就会何处发现强力意志"，在"有生命之处，便有意志，但不是生存意志，而是强力意志"。● 但中国作家和批评家们大多舍弃了权力意志这一概念的形而上内涵。胡适就指出："尼采说的意志，是求权力的意志，生命乃是一出争权力的大戏"，而"生命的大法是：各争权力，优胜劣败"。● 很显然，胡适将尼采的"权力意志"简单理解成了争夺世俗的权力和利益的意志或欲望。朱执信在小说《超儿》里将"超人"理解为"支配欲""征服欲"特别强烈的人，而"超人"是"权力意志"的承载者和实践者，因而实际上就等于将尼采的"权力意志"理解成了"支配欲""征服欲"。田汉在戏剧《生之意志》里将人们结婚生子的欲望等同于尼采、叔本华等人所宣讲的"生之意志"，也是将形而上概念世俗化、庸俗化的例行做法。即使对尼采研究颇有功力的陈铨，也将尼采的"权力意志"同古希腊神话传说中巨人的指环所代表的神秘"力量""权力"相提并论，指出：权力意志就是人类身上那种高于生存意志的"最伟大的生命力量"，即"要求权力"、要求"光荣的生存"的生命力量。● 这种定性就在一定程度上消解了尼采的权力意志概念本身所包含的形而上内涵。

到了新时期军旅作家朱苏进这里，尼采的权力意志成了一种军人在军队中争取指挥权的强烈冲动，甚至是一种不择手段的诉求和欲望。朱苏进的中篇小说《绝望中诞生》中的孟中天是一个有着超凡秉赋的天才，他将军队里的人事关系与他所研究的地理学联通，用看透地球内部奥秘的眼睛来窥探人心的奥秘，从自己驾驭人的本领和人事争斗的游戏中获得巨大的精神愉悦。他孜孜以求的是权力，渴求在人事关系中发挥自己应付人、支配人、玩弄人的超常本领。朱苏进另一个中篇小说《第三只眼》中的班长南琥珀，则把支使人、控制人、征服人当作一种幸福，而作者对南琥珀的治人之方、弄权之道、做人之术也深表赞赏。即使那位偶尔代替南琥珀作代理班长的老兵吕宁奎，在带队出操时将临时的指挥权也运用到极致。

再看他们对尼采的"战争说"的形而下改造的情况。在尼采那里，"战争"既有形而下的涵义，更有形而上的涵义。陈铨对这一点的理解可以说是

● F. Nietzsche. *Also Sprach Zarathustra*. Karl Schlechta. *Friedrich Nietzsche Werke*：Band 2. München：Carl Hanser Verlag, 1955，PP370 - 372.

● 胡适《五十年来之世界哲学》，《胡适文存》第 2 集，上海亚东图书馆，1921 年，第 230 页。

● 陈铨《尼采与〈红楼梦〉》，载于润琦编选《陈铨代表作》，华夏出版社，1999 年，第 382 页。

非常到位的。他解释说："尼采主张战争，与其说是经验的感发，还不如说是思想的结果。"因为尼采所说的"战争"有广义和狭义两种，广义的战争是指人生宇宙"充满了冲突的原素"，"无处不是战场"，狭义的战争就是指人类社会中常见的各种武装冲突。❶ 换言之，尼采广义的"战争"就是形而上意义的战争，而狭义的"战争"就是形而下意义的战争。

但20世纪中国作家和文学批评家们普遍的做法是舍弃尼采战争观的广义的即形而上层面的含义，径直选取其狭义的即形而下意义上的战争观，将尼采所说的"战争"等同于现实生活中的物质形态的战争。"战国策派"的领袖人物林同济在《萨拉图斯达如此说——寄给中国青年》一文中就将尼采所赞美的"战斗"理解为实体形态的战争、战斗，用尼采对"战（争）"的极力赞美，鼓动中国青年勇敢地投入抵抗日本侵略者的战斗中去。林同济的用意当然无可指责，但他对尼采的观点则是曲解了。再如茅盾，他认为，由于尼采生活与著作的时代正是欧洲处于"精神病象"的时候，"一般人只知苟安，醉梦"，而"尼采既然看得世人都是扶不起的醉子，不成人，昏昏的度日，他以为非有勇敢善战的精神的人，挽救不了这个颓俗，所以极力称赞战；但我们要明白，他所称扬的战，不是甲国侵略乙国的战，不是军国主义国家主义的战，他是指勇敢有为的气象和与昏沉黑暗的势力战"。❷ 应该承认，茅盾对尼采的"战争说"的理解更偏重精神意义上的"战争"，涉及尼采的形而上层面的涵义，但他把尼采提倡的"战争"理解为"勇敢有为的气象和与昏沉黑暗的势力战"，仍然免不了过于坐实和将尼采的"战争"进行形而下处理的嫌疑。

朱苏进提出"人生即较量"的观点也可以说是尼采的"战争观"的变体。在朱苏进看来，只有较量才能检验出一个人是否具有军人的素质。他作品中的那些军人主人公们，不仅与上司、下属和同僚时时、事事处于较量之中，甚至同妻子、情人也暗暗较劲。如他的长篇小说《炮群》中的大军区副司令宋泗昌，陶醉于与晚辈军人比试枪法，争强好胜，而作者极为欣赏的年轻军官苏子昂也沉迷于军人的英雄意识之中，即使"性成熟期并不很渴望姑娘，而是被英雄崇拜一类感情骚扰不轻"，性冲动完全被英雄情结所压制。显然，朱苏进创作中所表现出的竞争意识更侧重于尼采的"战争"观的形而

❶ 陈铨《从叔本华到尼采》，上海大东书局，1946年，第128－130页。
❷ 雁冰《尼采的学说》，载郜元宝编《尼采在中国》，上海三联书店，2001年，第87－88页。

下层面的内涵。

还有一些对尼采的某个具体说法做形而下理解的例子。比如，新感觉派作家穆时英在短篇小说《骆驼·尼采主义者与女人》里就将尼采《查拉图斯特拉如是说》中谈及的"骆驼精神"作了完全庸俗甚至扭曲的理解。穆时英知道，在尼采看来，骆驼"永远不会疲倦""永远不叹一口气""永远迈着稳定的步趾"，"骆驼精神"的主要内涵是"静默，忍耐，顽强"。作品讲述主人公"他"欲以尼采的"骆驼精神"来教训一个时髦而放浪的小姐，最终却反而被她的性感迷住的故事。"他"曾经这样教训那位小姐："人生是骆驼牌，骆驼是静默，忍耐，顽强的动物，你永远看不见骆驼掉眼泪，骆驼永远不会疲倦，骆驼永远不叹一口气，骆驼永远迈着稳定的步趾……我告诉你，我们要做人，我们就抽骆驼牌，因为沙色的骆驼的苦汁能使灵魂强健，使脏腑残忍，使器官麻木。"但故事的结局是，这位教给他"三百七十三种烟的牌子，二十八种咖啡的牌子，五千种混合酒的成分配列方式"的小姐使"他"产生了性冲动："一阵原始的热情从下部涌上来"，他扔下骆驼牌香烟，也就是抛弃骆驼所象征的克制精神，向那美女"扑了过去"，还"一面朦朦胧胧想：'也许尼采是阳痿症患者吧！'"穆时英认为，骆驼"永远不会疲倦""永远不叹一口气""永远迈着稳定的步趾"，尼采所提倡的"骆驼精神"主要特点是"静默，忍耐，顽强"，这完全符合尼采的本意。这就等于将"骆驼精神"的"静默，忍耐，顽强"品格解读为克制和钳制人的性欲和正常欲望的禁欲主义，并将鼓吹"骆驼精神"的尼采理解为禁欲主义者甚至"阳痿症患者"，则近乎天方夜谭。

对某种观点的"过度诠释"的确会对正确把握这一学说的真谛有所妨碍，但从另外一角度来看，"过度诠释"又常常昭示对某种学说或思想的潜在内涵的充分挖掘，以及对接受者的理解力的全盘激活。或许正因为这一点，乔纳森·卡勒反而对艾柯指责"过度诠释"会"鼓励批评家对文本进行胡思乱想"的看法表示不满，并针锋相对地指出："过度诠释"恰恰是"我们一直在努力寻求的、探究语言和文学奥秘的最好方法和智慧源泉……如果对'过度诠释'的恐惧竟导致我们去回避或压制文本运作和诠释中所出现的各种新情况的话，那将的确是非常悲哀的"。❶ 越来越多的研究者发现，

---

❶ ［美］乔纳森·卡勒《为"过度诠释"一辩》，载（美）柯里尼编《诠释与过度诠释》，王宇根译，北京三联书店，2005年，第132页。

跨文化的阅读的实质是误读，跨文化的影响是误读和过滤之后产生的影响，百分之百忠实于原著、原理论的阅读和影响是不存在的。从这个意义上说，20 世纪中国文学界人士对尼采某些观点和语句的"过度诠释"，实乃再正常不过的事。对尼采观点"过度诠释"的结果的确很可能与尼采的本意不符，甚至是完全错误的，但它同时也昭示出中国作家们在解读尼采思想时表现出的主观能动性和创造性，显示出他们在接受异质理论方面的活力与开放态度，也昭示他们将尼采思想这一异质资源本土化即中国化的努力。

第二节　中国化处置的具体表现

20 世纪中国作家对尼采思想采取了本土化或中国化策略。为了实施这一策略，他们通常有两种做法，一种是在解读和传播尼采思想时将尼采所涉及的问题置换成同中国现实社会密切相关的问题或者中国人能够理解的问题；另一种是将尼采的文体、话语风格即言说方式转化为中国人熟悉的或者能够理解的文体、话语风格。本土化或中国化策略的实质是中国文学界人士在确定如何介绍和传播尼采思想时紧紧扣住尼采思想能否对中国社会发生作用这个根本目的。即使是学界公认的王国维在阐释尼采思想时坚持了学理化取向，也不妨碍他对尼采思想作出本土化或中国化的处置。他在《论近年之学术界》（1905）一文里就将包括尼采以及康德、叔本华等人的思想在内的西学称为中国的"第二之佛教"，认为它必须与中国思想相融、化合才能生根、开花与结果，"非与我中国固有之思想相化，决不能保其势力"。●

将尼采言说的问题或对象置换成与中国现实社会相关的问题或者中国人能够理解的问题，可以称为言说对象的本土化或中国化，而将尼采的言说方式转化为中国人熟悉或者能够理解的言说方式，可以称为言说方式的本土化或中国化。

一、言说对象的中国化

20 世纪中国作家将尼采讨论的问题或对象中国化，具体又可细分为两种情况，一种是将尼采谈论的问题置换为中国社会现实中存在的并亟待解决的

●　王国维《论近年之学术界》，谢维扬、房鑫亮主编《王国维全集》第 1 卷，浙江教育出版社、广东教育出版社，2010 年，第 125 页。

问题；另一种是将尼采提出的概念或术语转换成为具有中国特色的概念或术语。通观20世纪中国作家接受与书写尼采思想的历史，笔者发现，被他们作中国化处置的概念或主张主要有"超人说"和"价值重估"主张等两项。下文结合一些典型个案加以分析。

先讨论20世纪中国作家对尼采"超人"概念的内涵的置换问题。

尼采曾经比较系统地阐发过其"超人说"。首先，"超人"既是传统文化思想的反叛者，又是生命和现世的肯定者。在该著序言第3节里，尼采将"超人"的特征概括为4个方面。第一，"超人"是"尘世的意义"。"尘世"即现实、现世，说超人是"尘世"的意义或目标，是指超人不是超脱现世而成为西方基督教里的耶和华那样的神，相反，他执著于现世，肯定俗世的生命，享受来自俗世的一切快乐、幸福。第二，"超人"是能容纳"大侮蔑"（der grosse Verachtung）的"海洋"。超人如同海洋，能够容纳一切污垢和污蔑，因而具有巨大的包容性和能量。第三，"超人"是"用火舌舔食"万物的"闪电"。第四，"超人"是给人类"注射疫苗"的"疯狂"。❶ 将"超人"比喻为劈向传统、舔食万物的闪电，说明超人敢于不顾一切地反叛传统，彻底地抛弃传统。说超人"疯狂"地给人类注射免疫力的疫苗，是指他在面对传统的观念、准则和规范时具有极强的免疫力和净化力。其次，"超人"是尼采心目中一种理想的人类或人格，即精神与肉体得到和谐与全面发展的人类或人格。按照尼采的说法，这种人类或人格在人类的历史上还没有诞生过，至于在将来的什么时候出现。尼采借查拉图斯特拉之口说："超人"是"我的沉睡在石头里的一个图像，是我的一切图像中最美的图像"，它是"万物中最宁静、最轻盈者"，它是"一个影子"。❷ 无论是"图像"，还是"影子"，它们有一个共同的特点：虚幻。即是说，"超人"还不是实体，而只是尼采为人类设定的一个理想和目标。正如当代德国著名的尼采研究专家彼珀（A. Pieper）所说："超人并不意味着超验的，而是一种内在的进步"，它喻指"人类和西方人物典型形象的终结：人类被超越了"。❸ 彼珀的意思是，尼采的"超人说"是以象征的手法表明，传统的人类形象终究要被否定、被颠覆，人类必须被超越。

---

❶ F. Nietzsche. *Also Sprach Zarathustra*. Karl Schlechta. *Friedrich Nietzsche Werke*：Band 2. München：Carl Hanser Verlag, 1955, PP280 – 281.

❷ F. Nietzsche. *Also Sprach Zarathustra*. Karl Schlechta. *Friedrich Nietzsche Werke*：Band 2. P345.

❸ ［德］彼珀《动物与超人之维》，李洁译，华夏出版社，2001年，第49页。

据笔者所知，20 世纪前期中国作家中只有少数几位掌握了上述关于尼采"超人"概念的阐述，或者捕捉到了与尼采的设想相近的内容。如茅盾认为，尼采的"超人"是"善"和"美"的化身，是尼采心目中树立的一个目标。[1] 李石岑认识到，"尼采纵使用'由猿猴而人类之进化'之语，亦不过视为象征的表现"，在尼采那里，"超人并非由人类进化之新种类之动物……超人乃进化之象征也"。[2] 林同济认为，"超人"是指一种"超过人类的人类"、一种"别开生面的新人类"；"尼采的超人毕竟应作为一种诗意的憧憬，一种乌托邦的梦求"。[3] 诗人冯至也指出："至于新人的产生，尼采自己承认，那是遥远的事，他也不敢想望。至于超人，在尼采不过是一个理想，一个象征。"[4] 茅盾、李石岑、林同济和冯至等人都以不同的方式指出了尼采"超人"的虚幻色彩和象征性质，以及这一概念所蕴含的理想和目标色彩，与尼采本人的设想相差不大。到了新时期，由于越来越多的哲学研究者开始对尼采哲学作深入而系统的研究，中国文学界以及学术界、思想界都普遍认识到，尼采的"超人"概念只是一个比喻和象征的说法，是指一种理想的人类或人格，而非历史和现实中的杰出人物。周国平、叶秀山等学者通过研究还发现，尼采的哲学思想包括一些具体概念都经历了一个变化的过程，常常前后矛盾、彼此冲突，因此需要综合尼采不同时期、不同著作对同一问题和概念的阐述，从中提炼出一种普遍的共识和基本的判断。

但更多的中国作家对尼采的"超人说"作出了中国化处置，在尼采的"超人"概念里注入了中国式内容，将它置换成中国式概念，将尼采指涉的问题置换成中国社会的问题。经过 20 世纪中国作家作中国化改造之后的"超人"，成了"天才""伟人""英雄""战士"等概念的代名词。

对尼采"超人"说作中国化处置的始作俑者当推鲁迅。他留学日本时撰写的思想学术论文《文化偏至论》称，尼采"希望所寄，惟在大士天才；……冀一二天才之出世，递天才出而社会之活动亦以萌，即所谓超人之说"；尼采"之所希冀，则意力绝世，几近神明之超人也"。[5] 鲁迅将尼采的

   ❶ 雁冰《尼采的学说》，载郜元宝编《尼采在中国》，上海三联书店，2001 年，第 78 页。
   ❷ 李石岑《尼采思想之批判》，载成芳编《我看尼采》，南京大学出版社，2000 年，第 69 页。
   ❸ 林同济《我看尼采》，载陈铨《从叔本华到尼采》，上海大东书局，1946 年，第 20 页、第 22 页。
   ❹ 冯至《尼采对于将来的推测》，《冯至全集》第 8 卷，河北教育出版社，1999 年，第 252 页。
   ❺ 鲁迅《文化偏至论》，《鲁迅全集》第 1 卷，人民文学出版社，2005 年，第 53 页、第 56 页。

"超人"理解为"大士天才"和"意力绝世、几近神明"之人，就是将尼采为人类树立的终极目标置换成历史与现实生活中的天才人物或先知先觉，将"超人"的理想化色彩置换成了现实性内容。其实在尼采那里，"超人"与"天才"是有明显区别的。尼采曾经明确指出，天才人物是"推动人类前进的首要功臣"，他们"一再点燃人们那昏睡的激情"，并"一再唤醒人们的比较意识、矛盾意识，唤醒人们尝试新事物"。❶ 显然，尼采所说的"天才"是历史或现实中出现过的或即将出现的伟人、预言家和民族英雄，是"推动人类前进的首要功臣"，与"超人"这种未来才会出现的理想人类与人格相差很大。因此，鲁迅把尼采的"超人"理解为"天才"，是对"超人"的降格，是明显的误读。

五四时期作家们对尼采"超人"概念的理解大多与鲁迅相似。如郭沫若在《雅言与自力》一文中说，尼采所期许的"超人"乃是"伟大高迈之士"。❷ 田汉在三幕剧《灵光》中通过男、女主人公张德芬、顾梅俪之口两次提到"超人"的概念。这一概念或者是指拥有真本领、能干出一番大事业的伟人，或者指能够承担"使种族达于大完成的责任"的豪杰之士。这就表明，田汉所理解的"超人"也是伟人、豪杰之类。高长虹在"中国的查拉图斯屈拉这样说"《狂飙之歌》的《序言》和第1章《青年》中，将尼采式"超人"化身为"狂飙"这一"新的上帝"，以及勇敢地"去杀该死的暴客"和"援救无助的苦人"的青年英雄或救世主。林语堂则认为尼采的"超人"是指"改变历史进化的探险家、征服者、大发明家、大总统、英雄"。❸ 如果说高长虹将尼采的"超人"理解成救世主因而有神圣化倾向的话，那么，林语堂将尼采的"超人"解读为探险家、征服者、大发明家、大总统、英雄，则完全是将其世俗化了。

"战国策派"的陈铨对尼采"超人说"的本土化或中国化处置是非常有代表性的。他在不同时期、不同文章中都谈及自己对尼采"超人"概念的理解。在《从叔本华到尼采》一文中，陈铨指出："超人要不断地工作，不断地努力，有勇气去承受一切，克服一切。"❹ 他在《尼采的思想》一文中说，

---

❶ ［德］尼采《快乐的科学》，黄明嘉译，漓江出版社，2000年，第47页。
❷ 郭沫若《雅言与自力》，《创造周报》，1923年第30期，第3页。
❸ 林语堂《生活的艺术》，越裔汉译，《林语堂名著全集》第21卷，东北师范大学出版社，1994年，第119页。
❹ 陈铨《从叔本华到尼采》，上海大东书局，1946年，第91页。

尼采的"超人"是指"天才""人类的领袖""社会上的改革家"与"勇敢的战士"等4种人。❶ 在《尼采的政治思想》一文里，陈铨称尼采的"超人"是不同于"可怜的罪犯"的"伟大的罪犯"，并说："只有这样伟大的罪犯，才配作人类的主人，他没有道德，没有法律，没有国家，他是人类的鞭策，为要充分发展他自己的人格，他需要人类，来作他试验的工具。他是勇敢的战士，他有铁石的心肠。……人生是一局棋，超人是国手，人类不过是他用的棋子。"❷ 后来陈铨在《尼采与〈红楼梦〉》一文里指出，尼采的"超人"是"一员勇敢的战士"，是"整个人类生命的象征"，是"世界文化进步的标帜"。❸ 陈铨在不同的时期对尼采"超人"概念的理解也是不同的，将"超人"或者理解为不断工作、勇敢承受一切的伟人，或者理解为"天才""人类的领袖""社会上的改革家""勇敢的战士"，或者理解为"伟大的罪犯"、人生棋局的"国手"，或者理解为"人类生命的象征""世界文化进步的标帜"，但无论怎样解读，有一点是不变的，即他始终是将尼采理想中的"超人"降格为现实生活中的人物。

新时期军旅作家朱苏进将尼采的"超人"化身为和平时期的军人英雄，这些军人崇尚竞争，追求险峻的生活环境，认为"人生即较量"，相信"最优美的最危险"。这种理解与鲁迅、陈铨等人一样，都是将尼采的"超人"降格为现实生活中的人物，哪怕是杰出的人物。

事实上，针对有读者将"超人"理解为"大士天才""英雄""战士""领袖"等现实生活中的杰出人才的做法，尼采本人是极力否定的。他在晚年自传《看哪这人：尼采自述》里对当时人们给予"超人"的各种误解作出了强烈的回应，曾经不无气愤地说："几乎人人都……硬说超人是一种高等的'理想主义'典型，是半为'圣徒'、半为'天才'之人；……甚至有人在这方面重新发现了那个违背知识和意志的大骗子卡莱尔的'英雄崇拜'，可这是我深恶痛绝的东西。"❹ 按照尼采的分类，高长虹所理解的"超人"算得上是"半为圣徒"之人，鲁迅、郭沫若、田汉、林语堂等所理解的"超人"主要属于"半为天才"的人，而陈铨、朱苏进所理解的"超人"则

❶ 陈铨《从叔本华到尼采》，上海大东书局，1946年，第111-113页。
❷ 陈铨《从叔本华到尼采》，上海大东书局，1946年，第118页。
❸ 陈铨《尼采与〈红楼梦〉》，于润琦编选《陈铨代表作》，华夏出版社，1999年，第383页。
❹ [德]尼采《看哪这人：尼采自述》，载《权力意志》，张念东、凌素心译，商务印书馆，1998年，第42-43页。

属于"英雄"。

关于尼采的"超人"概念，中国作家还有另外一种理解，那就是将它视为"支配者""冷酷者"或"高傲者"。如朱执信在短篇小说《超儿》里刻画了3个"超人"形象，无论是凤生、小鞏以及他们的儿子超儿，他们都是清一色的有着强烈征服欲与支配欲的人。冰心在短篇小说《超人》里塑造的"超人"何彬，则是一位"冷心肠"的人。沈从文在短篇小说《知识》中描绘的"超人"张六吉，则是高高在上、自觉优越的高傲者。显然，朱执信、冰心、沈从文等人对尼采的"超人"都持贬斥态度，明显不同于鲁迅、陈铨等人对尼采"超人"的赞美态度，但他们相同的是都将尼采的作为理想化人类、完美型人格象征的"超人"置换成了现实生活中的人物，将"超人"改造成了中国现实社会渴盼的或者排斥的人物，从而对尼采的"超人说"作了本土化或中国化处置。

再来讨论20世纪中国文学界人士对尼采"重新估定一切价值"主张的内涵的置换问题。

尼采的"重新估定一切价值"（die Umwertung aller Werte）主张简称"价值重估"主张。他在晚年未刊遗稿（中文通译《权力意志》——笔者）中明确宣称："重估一切价值，这就是我用来表示一种人类至高的反省行为的公式……我并不向现在存活的东西挑战，我挑战的是与我为敌的几千年。"❶尼采要挑战的正是西方"几千年"的文化传统。在德国文化语境中，尼采因为"重新估定一切价值"而获得"文化批评家""文明批评家"的名声。具体来说，尼采的"重估一切价值"主张主要包括两项内容，一是反对苏格拉底主义及其变体工具理性主义；二是反对基督教及其道德观。德国和欧洲其他国家一样，其文化之根，一是希腊主义，二是希伯来主义。前者的内核之一是理性主义，后者的核心是基督教信仰与伦理。尼采的文化批评或文明批评正是针对发端于苏格拉底的理性主义和基督教及其伦理的。

首先，尼采反对苏格拉底主义即理性主义，并抨击工具理性主义引起的现代社会物质主义与异化现象。尼采憎恶苏格拉底所代表的科学、理性。他在晚年未刊遗稿中指出："科学必定会成为什么呢？科学的情形如何？在一种重要意义上几乎成为真理的敌人：因为科学是乐观主义的，因为科学相信逻辑。在生理学上来推算，一个强大种族的没落时代就是科学人这个类型在

---

❶ ［德］尼采《权力意志》（下卷），孙周兴译，商务印书馆，2007年，第1433页。

其中成熟的时代。……苏格拉底乃是对生命和艺术的最大误解：道德、辩证法、理论人的知足常乐，乃是疲乏无力的一种形式。"❶ 他认为，"科学人"和"理论人"提倡的"科学"与"理性"不仅是"真理的敌人"，更是"对生命和艺术的最大误解"。进而言之，尼采认为工具理性不仅不会给人类带来更多的幸福，反而戕害人性，使人异化。他在《快乐的科学》中指出："我常常看到，盲目地一味勤奋，的确导致名利双收，但也夺去肌体器官的敏锐与灵巧。"❷ 尼采在自传《看哪这人：尼采自述》中指出，随着科学技术的发展，社会分工越来越严格和琐碎，这势必割裂和撕碎将本来健康的人性和完美的人格，导致人类的异化，人的生命也遭受威胁。"目的没有了，文化——是手段，现代的科学活动，变得野蛮化了。"❸ 他称现代化工人为"工厂奴隶"，在这里，"人们给自己制定一个交换价格，使自己不再是人，而是变成机器的一部分！……在这样一种对外在目标的疯狂追求中，内在价值蒙受了多大的损失"！❹ 尼采发明了一个词汇，称现代人为"反向的残废"（umgekehrte Krüppel），并这样描述欧洲比比皆是"反向的残废"者的尊容："某种器官特别发达，其他的则全缺，如只剩一只大眼，或一张大嘴，或一个大肚皮。"❺ 这其实就是现代人异化的景观。

其次，尼采批判和否定基督教思想及其道德观，大胆喊出"上帝死了"的口号。尼采认为基督教是一种颓废的、钳制人性的宗教。他宣称："基督教是一种群盲宗教，基督教教人顺从。"❻ 尼采极力抨击基督教教义，激愤地表示："'十字架上的上帝'是对生命的诅咒，是一种暗示，要人们解脱生命。"❼ 尼采进而对基督教伦理大加抨击。他逐一列举基督教道德给人的生命带来各种危害，具体包括："a）危害对生命的享受、对生命的感恩等；b）危害对生命的美化、高贵化；c）危害对生命的认识；d）危害对生命的发挥。"❽ 尼采认为，基督教道德本质上是"颓废的道德"，并揭示"善""博

---

❶ ［德］尼采《权力意志》（下卷），孙周兴译，第 946 页。

❷ ［德］尼采《快乐的科学》，黄明嘉译，华东师范大学出版社，2007 年，第 96 页。

❸ ［德］尼采《看哪这人：尼采自述》，载《权力意志》，张念东、凌素心译，商务印书馆，1998 年，第 56 页。

❹ ［德］尼采《朝霞》，田立年译，华东师范大学出版社，2007 年，第 254 页。

❺ F. Nietzsche. *Also Sprach Zarathustra. Friedrich Nietzsche Werke*：Band 2. Hg. von Karl Schlechta. München：Carl Hanser Verlag, 1955, p399.

❻ ［德］尼采《权力意志》（上卷），孙周兴译，商务印书馆，2007 年，第 655 页。

❼ ［德］尼采《权力意志》（下卷），孙周兴译，商务印书馆，2007 年，第 993 页。

❽ ［德］尼采《权力意志》（上卷），孙周兴译，商务印书馆，2007 年，第 318 页。

爱""怜悯"之类所谓美德的罪恶本质。他犀利地指出,"善"这一美德"甚至是严格危害生命、诽谤生命、否定生命的原则"❶;"博爱"则很可能以其表面的乐于助人"径直毁灭性地去干预一种高贵的命运",侮辱一颗先知先觉者的灵魂。❷

20世纪中国作家尤其是20世纪前期的作家对尼采的"价值重估"主张几乎都表现出了极大的热情,但他们所关注的,与其说是这一主张的内容本身,即这一主张所指涉的两个对象即苏格拉底理性主义、基督教价值观与伦理观,不如说是这一主张所呈现出的那种摧枯拉朽之势,以及睥睨一切的偏激主义倾向。他们常常将尼采要"重估"其价值的苏格拉底式理性主义和基督教置换成中国式问题,这些中国式问题主要包括3个方面:一是以儒家说教为核心、融汇佛教和道教说教的中国封建礼教和迷信思想;二是长期受传统思想文化浸濡、影响而成的懦弱、顺从、自夸等中国国民劣根性;三是统治者和政客出于一己之私而带来的中国社会现实的各种混浊、黑暗现象等。下面考察一些代表性的事例。

鲁迅早年在《文化偏至论》一文中指出,以尼采为代表的"新神思宗"对19世纪欧洲两大"文化偏至"现象即尚"物质"、重"众数"的现象加以反拨;换言之,尼采对欧洲社会与文化的批判集中在物质主义和平等思想两个方面。这就表明,鲁迅对尼采"价值重估"主张的定位是有偏差的。如前所述,尼采对近、现代欧洲文化的批判面比鲁迅认定的要宽泛得多。在这个基础上,鲁迅还将尼采所抨击的欧洲社会重"物质"的潮流置换成中国晚清洋务派"竞言武事""制造商估"等主张,而将尼采所抨击的欧洲社会重"众数"的"文化偏至"现象置换成中国资产阶级改良派提出的"立宪国会"一类的主张。正如尼采否定西方近、现代社会尚"物质"、重"众数"的"文化偏至"现象一样,鲁迅对中国的洋务派、改良派的主张也是否定的。五四时期,鲁迅又将尼采对理性主义和基督教的批判置换成对中国传统礼教和国民劣根性的揭露和抨击。他在《狂人日记》《药》《祝福》等小说里对中国封建"吃人"礼教,以及懦弱顺从、愚昧无知等民族劣根性进行深刻的揭露。

五四时期,陈独秀、胡适、李石岑、茅盾、林语堂等文学界人士多次论

❶ 〔德〕尼采《权力意志》(上卷),孙周兴译,商务印书馆,2007年,第342页。
❷ 〔德〕尼采《权力意志》(下卷),孙周兴译,商务印书馆,2007年,第1413页。

及尼采的"价值重估说",并对其内涵加以置换。陈独秀将尼采对"奴隶道德"即基督教道德的抨击置换为对中国封建道德的抨击。他在《敬告青年》一文中指出:"忠孝节义,奴隶之道德也。"❶"奴隶道德"本来就是尼采要否定的基督教伦理观,它包括"七德""七恶"等道德律条,"忠孝节义"是中国封建社会推崇的道德律条,现在陈独秀在它们之间划上了等号,就等于将尼采所抨击的基督教伦理置换成了中国封建礼教。

　　胡适在《新思潮的意义》一文中将五四新文化运动的精神即"新思潮的意义"称为尼采的"价值重估"主张,并在此基础上对尼采的"价值重估"主张作了相当普泛的思考,将它拓展为"凡事要重新分别一个好与不好"的行动准则,用以反思中国的文化思想传统和传承的风俗、制度。尼采要重估其价值的主要是理性主义和基督教,胡适要重估其价值的则包括"习俗相传下来的制度风俗""古代遗传下来的圣贤教训""社会上糊涂公认的行为与信仰"等。❷不止于此,胡适还将尼采"价值重估"主张的内涵具体置换为五四新文化运动亟需要考虑的中国式内容,如重新估定孔教、纲常名教、贞操观、旧文学、旧戏、女子的价值等。❸显然,胡适把尼采"价值重估"的主张当作自己重新评判中国封建传统伦理、制度、风俗、圣贤教训、信仰等的标尺,他要据此重新估定中国传统的思想、道德、文化的价值。

　　李石岑对尼采的"价值重估"主张评价颇高。他知道尼采的"上帝死了"的口号,特别指出基督教及其影响下的现代道德的罪恶本质,认为尼采视基督教道德为"弱者之道德""退化之道德",其本质是"赞扬弱小、贫穷、悲哀、污秽""咒诅强大、丰富、欢喜、壮丽"。❹但李石岑没有机械照搬尼采的主张,而是将"价值重估"主张的内容做了置换。在《尼采思想之批判》一文中,李石岑指出尼采的"价值重估"主张包括"今日之法则、秩序、名教、道德,不必悉为我辈而设"这一内容❺其中"名教"是中国封建伦理学中的一个概念,以"正名分"为中心的封建礼教。名即名分,教即教化,即通过上定名分来教化天下,以维护社会的伦理纲常、等级制度。

❶　陈独秀《敬告青年》,《青年杂志》1915年第1号,第3页。
❷　胡适《新思潮的意义》,《胡适文存》第1集,上海亚东图书馆,1921年,第1023页。
❸　胡适《新思潮的意义》,《胡适文存》第1集,上海亚东图书馆,1921年,第1024页。
❹　李石岑《尼采思想之批判》,载成芳编《我看尼采》,南京大学出版社,2000年,第76-77页。
❺　李石岑《尼采思想之批判》,载成芳编《我看尼采》,南京大学出版社,2000年,第81页。

李石岑将这一中国式概念杂入其中，表明其借用尼采的"价值重估"主张来否定中国封建道德的良苦用心。他在《超人哲学浅说》一书里说得更明确："尼采反抗的目标是吃人的耶教，本书却是想抨击吃人的礼教。"❶ 在李石岑看来，"吃人的礼教"在中国的影响，以及它对中国人的毒害足以和西方"吃人的耶教"等量齐观，因此就驾轻就熟地在两者之间做了切换。

茅盾晚年回忆五四前后自己引介尼采思想的动机。当时国内学术界普遍认为尼采思想是德国发动第一次世界大战的思想基础，不主张介绍，但他还是介绍了，而且还翻译了尼采的文章。茅盾之所以这样做，既是"求真理欲的驱使"，更是因为尼采的"价值重估"主张适应中国现实社会的需要。不过茅盾在陈述这种现实需要时，将尼采的"价值重估"主张的内容进行了置换。这种现实性需要主要表现在两个方面。第一个方面，"尼采用猛烈的笔触攻击传统思想，而当时我们正要攻击传统思想，要求思想解放"，因此可以借用尼采对传统思想的攻击来指导我们攻击传统思想。但问题是，尼采面临的传统思想是理性主义和基督教，五四知识分子面临的传统思想是中国封建礼教等，两者根本不可同日而语。第二个方面，尼采"攻击市侩哲学"，而当时中国社会的"市侩思想和作风就很严重"，因此，中国人借重尼采对市侩哲学的攻击来扫荡中国的市侩思想和作风。同样的问题是，尼采所说的市侩哲学主要是指当时德国知识分子的实用主义倾向，中国的市侩思想和行为主要针对小市民而言的。❷

林语堂将尼采对基督教与理性主义的批判置换成对中国文化传统与现实社会各种弊端的抨击。他在《萨天师语录》和其他文章中都表现出这种努力。首先，他曾经无情地揭露并抨击中国文化传统的弱点，认为：中国人"主宽主柔，主知足常乐，主和平敦厚"，西洋人"主争主夺，主希望乐观，主进取不懈"；"中国人主让，外国人主攘。外国人主观前，中国人主顾后"，相比于西方人，中国人"进取不足，保守有余，勇毅有为之精神不足，而动心忍性之功夫甚深"，"中国人比西方民族，似乎少了一种奋发勇往迈进的生命力"。❸ 两相对比，中国文化和中华民族性格的劣势就自不待言。在此

---

❶ 李石岑《超人哲学浅说》，上海商务印书馆，1931年，第2页。

❷ 茅盾《茅盾回忆录》，孙中田、查国华编《茅盾研究资料》第1卷，人民文学出版社，1981年，第204页。

❸ 林语堂《论中外的国民性》，《林语堂名著全集》第16卷，东北师范大学出版社，1994年，第74–75页。

基础上，林语堂明确表示要改造中国国民的劣根性，"非根本改革国民懦弱萎顿之根性，优柔寡断之风度，敷衍逶迤之哲学，而易以西方励进奋图之精神不可"。● 显然，林语堂"骂"国人、"骂"中国文明并不是为骂而骂，体现他"哀其不幸，怒其不争"的焦虑，其目的在于揭示中国传统思想与文化的弊端，警示国人剔除民族劣根性，"易以西方励进奋图之精神"。其次，林语堂激烈地抨击当时中国黑暗与混乱的社会现实。如《萨天师语录（五）》讽刺当时大小军阀拉大旗作虎皮的丑恶表演："粉饰太平：这是他们的能事。换招牌，刨匾额：这是他们的专长。——也是他们奋斗无不完成仿效无不成功的秘诀。"如《萨天师语录（四）》抨击军阀混战给百姓带来的祸害：军阀们"高坐戎车，拥着百万骠骑劲卒，咆哮狰恶，倥偬而来，直向这号呼奔溃的市民蹂躏而过"，他们"齐向这群市民轰击"，最后只留下"横尸遍野，哭声震天的荒郊"。这些都深得尼采抨击西方基督教和理性主义的真谛，相当精彩、犀利。

到了 20 世纪 40 年代，接受过尼采思想影响的七月派小说家路翎和丘东平在作品中勇敢地批判"三从四德"、封建家长式统治，以及当时腐朽的军队制度，并且勇敢地抗击日本侵略者。这是将尼采"重新估定一切价值"主张的内容进行置换的又一个例子。

路翎在长篇小说《财主底儿女们》里通过叙述蒋家二少爷蒋少祖、三少爷蒋纯祖先后离开家庭寻找出路的经历，暴露两千多年来中国封建家长制统治的软弱无力与即将崩溃。路翎笔下的女性金素痕、郭素娥等也大多敢于打破封建社会强加给妇女的"三从四德"。显然，路翎所表现的反叛精神，其内涵与尼采的"重估一切价值"主张有很大的不同。尼采生活在 19 世纪的德国，西方近、现代文明的物化现状和工具理性主义让他感到痛心，他要反抗的是基督教和理性主义，而路翎生活在抗战年代的中国，内部承受封建专制政治的压迫，外部遭受日本帝国主义的侵略，他要反抗的是封建礼教的压迫和外族侵略者。因此，两个人反叛的对象是截然不同的。

丘东平是牺牲在战场上的带笔的战士。他在自己的作品中塑造了一系列将完成战斗任务看得高于一切、意志坚定、视死如归的战斗英雄，传达出"尼采的强音"。丘东平在《申诉》中借一战士之口阐明自己对战争的立场："我不欢迎战争，却不能不接待战争。我没有希望战争，然而，要是战争已

● 林语堂《中国文化之精神》，《大荒集》，上海生活书店，1934 年，第 17 页。

经不速而来，我倒是战争之莫逆者，我诅咒战争之野心家，我痛恨战争之策划者，然而要是以战争为痛苦之事而必须逃避，这倒是比战争更无聊，更可笑的蠢东西！我不是什么英雄也不是什么豪杰，然而我有我的坚强，我的义勇的品质，我可以毫不夸张地说，人体之中，凡是足以面当战争而无恐者我也齐全俱备，并不比谁缺漏了一毫一厘！战争以友我为得计，我亦以友战争为可喜。简单说，这就是以战争答报战争！"❶但是，丘东平笔下的人物要反叛和战斗的对象不同于尼采的，后者要与基督教和理性主义战斗，而丘东平则要与日本帝国主义侵略势力和当时腐朽的军队制度进行战斗。

沈从文对尼采的"价值重估"主张作了创造性更强的转变或改造。他对尼采要重估的基督教与理性主义似乎没有什么兴趣，而将他重估的对象置换为"中国人的病"，即中华民族的国民劣根性，尤其是知识分子的劣根性及其在抗战时期的各种表现。沈从文在《中国人的病》一文里指出："'中国人极自私。'……它是多数中国人一种共通的毛病。"❷他在散文《黑魇》里着力揭露抗战时期中国知识分子的各种毛病，如"倦于思索，怯于怀疑，苟安于现状"，他们"对武力和权势形成一种阿谀不自重风气""现代文化的驵侩气""变相鬼神迷信""势利、依赖、狡猾、自私诸倾向"等，并疾呼："我们当前便需要一种'清洁运动'"，以便将知识分子的各种劣根性"完全洗涮干净"。❸沈从文针对中国本土现象提出的话题与建议，完全是对尼采的"价值重估"主张的改造与灵活运用，充分反映了他的主观能动性与创造性。

新时期小说家莫言在自己的创作中表达了反对都市文明、反对理性意识的主题与倾向，这种主题与倾向是在吸取尼采反理性主义、反现代文明主张的基础上对这一主张的内容的置换。

尼采反对苏格拉底理性主义，因为理性主义使生命孱弱、颓败，于是企盼用审美和艺术的态度来反对理性。尼采认为古希腊哲学家苏格拉底充满对生命的怀疑和厌倦，进而树立"理性"的大旗来敌视和贬黜生命。之后，基督教信仰和道德，以及工具理性主义又不断麻醉、腐蚀和割裂已经患病的生命。为了拯救生命，尼采祭出审美或艺术这面大旗来反理性、反道德、反现代文明。而莫言所反对的理性主义和现代文明乃是中国现代的都市文明。在莫言看来，中国日趋现代化的都市文明使国人的生命本质遭到破坏，它无异

---

❶ 丘东平《申诉》，《丘东平作品全集》，复旦大学出版社，2011 年，第 495 页。
❷ 沈从文《中国人的病》，《沈从文全集》第 14 卷，北岳文艺出版社，2002 年，第 86 页。
❸ 沈从文《黑魇》，《沈从文全集》第 12 卷，北岳文艺出版社，2002 年，第 170 – 171 页。

于健康生命的杀手。莫言经历过乡村文明和都市文明的双重洗礼，对乡村自然、纯朴、和谐的原始文化和原始生命形态非常眷恋，现代文明的毒瘤开始蔓延并逐渐侵蚀原始文化和人类生命本能的现象让莫言非常担忧。他在《发现故乡与表现故我》的访谈录中说道："85 年、86 年之后我对都市里人与人之间的关系有一种很深的失望，甚至是绝望"，因为看到了都市"表面的华丽下所隐藏的肮脏的，龌龊的东西"。❶ 莫言在都市文明里看到的是淫乱的风气、败坏的道德，看到的是华丽和礼仪掩盖下的污秽淫乱。莫言对都市生活开始厌倦和疏离。因此，莫言常常在作品中大写乡野趣味，赞颂粗犷的祖先前辈，变相呼吁人们抛却文明，返璞归真。毋庸讳言，按照社会发展的标准来看，莫言的主张是一种倒退，但的确又鲜明地表达了他对现实生活的无奈，对理想人性和生命的冀盼。与尼采用艺术或审美的标准反对理性、基督教价值观与道德观、现代物质文明的主张不同的是，莫言用原始的"自然"来反抗既定的规则和秩序这些充斥现代文明社会的各种"理性"。如《红高粱》中的野合，《檀香刑》中的生死恋等，都是对传统道德和文明的反叛。莫言从故乡人那古老的醉眼和原始野性的行为中寻找，最终在白马山之阳、墨水河之阴的那颗"纯种的红高粱"找到了"家族的光荣的图腾"和"高密东北乡传统精神的象征"。❷

　　除了置换尼采反理性主义主张的内涵之外，莫言在吸取尼采的酒神精神时，也置换了其内容。尼采所说的酒神和酒神精神来自古希腊神话。根据古希腊奥林匹斯神话，希腊人以野外纵酒狂欢的方式尊奉酒神狄奥尼索斯。尼采将酒神精神看作艺术力量的象征，也视为自己的哲学的源头，他重要的哲学命题都和酒神精神有着千丝万缕的联系，所以他自称"哲学家狄奥尼索斯的最后门徒"。❸ 在尼采那里，酒神精神不只是解决了希腊悲剧的起源问题，更重要的是帮助希腊人解决了对待人生痛苦和死亡的态度问题。古希腊人知道人生必然痛苦，生命终将走向毁灭，但他们也知道，正是毁灭凸显了生命的终极意义。后起的苏格拉底理性主义和基督教使人的生命本能日益受到钳制，使人的生命意志逐渐衰弱，尼采发现，唯有寻找早已被现代人遗忘和失落的酒神精神才能扫清毒害生命的各种元素，因此，他要为生命创造"一种

❶　周罡《发现故乡与表现自我——莫言访谈录》，《小说评论》2002 年第 6 期。
❷　莫言《红高粱家族》，上海文艺出版社，2008 年，第 362 页。
❸　[德] 尼采《偶像的黄昏》，李超杰译，商务印书馆，2009 年，第 133 页。

纯粹审美的、反基督教的学说和评价"，也就是"酒神精神"。● 如此看来，尼采标举酒神精神，旨在肯定生命本能和生命意志，而否定一切谴责、钳制和扼杀生命的道德说教。莫言笔下的酒神及酒神精神来自中华民族的集体无意识，完全是中国式的。在中国古代，祭祀是头等大事，而在祭祀活动中必不可少的献祭之物就是酒。各种节庆里也要祭酒饮酒，日常生活中婚丧嫁娶还是离不开饮酒。在中国知名度最高的酒神是杜康。曹操《短歌行》中"何以解忧，唯有杜康"的诗句让杜康名扬天下。不过，中国历史一直没有酒神崇拜仪式的详细记载。张艺谋拍电影《红高粱》时，去山东地区采风并通过艺术的想象还原民间祭酒神的秘仪和场景，成功地挖掘出潜藏在中华民族集体无意识中的酒神精神，昭显他们身上原始蛮荒而又充满着癫狂迷醉的生命力。莫言在山东民间遗俗中发现了原始的酒神意象，并借它来医治现代人心灵畸变、生命衰竭等痼疾。显然，尼采以酒神精神为核心申发出一系列哲学命题，莫言则将它置换为中华民族的一种集体无意识，并期望用潜存于集体无意识之中的酒神精神来拯救现代人脆弱的生命。

综上所述，对尼采的"超人说""价值重估"主张，以及酒神精神、生殖崇拜意识等概念的内涵的置换，既体现了接受语境对接受者的规约，又体现了接受者的主观能动性。对某种理论的内容或对象进行置换的做法，常常发生在一种学说被异质语境的读者接受的过程中，这也正是美国后殖民批评家赛义德所说的"理论旅行"的宿命。

二、言说方式的中国化

在20世纪作家接受尼采及其思想的活动中，还存在这样一种现象，那就是将尼采的言说方式转化为中国人熟悉或者能够理解的言说方式。这一做法笔者称之为言说方式的中国化。

同是哲学家，但尼采著作的文体完全不同于亚里士多德、康德、黑格尔等人的文体。亚里士多德、康德、黑格尔等人用精准的语言、谨严的逻辑致力于庞大体系的建构，而尼采则喜欢用格言、警句等形式，运用比喻、象征等手法，道出自己的零星而随意的领悟，呈现出鲜明的诗化风格。面对"诗人哲学家"尼采的文句，读者最头疼的就是其含义含混而复杂。正因为如此，为了使尼采的概念、术语或观点容易为国人理解与接受，中国作家和文

● ［德］尼采《悲剧的诞生》，周国平译，上海人民出版社，2009年，第368页。

学批评家们常常改用浅白的词语来"简化"尼采术语的复杂而含混的内涵，或者换用国人熟悉的说法来表达。这些做法实际上就是将尼采的言说方式进行中国化处理。据笔者观察，20世纪中国作家和文学批评家对尼采的言说方式作中国化处理的具体做法主要有两种方式，一是采用格义法和类比法来翻译或解释尼采的术语或观点；二是以仿写等形式来模仿尼采的著作文体与语言风格。

先看20世纪中国作家采用格义法和类比法来翻译或解释尼采的术语或观点的情况。

格义法是西晋时期中外佛教学者在讲解和翻译佛经时，为了使信徒、听众和读者容易理解与接受而采取的一种讲授和翻译方法，具体做法是用中国传统典籍中的概念来比附或解释佛经中的术语。据《高僧传·法雅传》记载，西晋时法雅大师"以经中事数拟配外书，为生解之例，谓之'格义'"。句中的"经"指佛教典籍，"外书"则指中国古代经典，所谓格义，就是用中国古代经典中的说法来对应地翻译与解释佛教典籍中的术语。笔者在此借用古代佛经翻译者与研究者使用的格义法，是指20世纪中国作家用中国人熟悉的概念、说法来翻译或解释尼采的概念或观点的做法。

中国作家使用格义法的第一种情况，是他们在解释尼采所用的概念、术语，或者使用人的称谓时有意识地采用格义法。如鲁迅早年将尼采的"超人"理解为"大士天才"或"几近神明"之人，五四时期又在短篇小说《狂人日记》中用"真的人"这一称谓来对应尼采的"超人"。无论是"大士天才""几近神明"之人，还是"真的人"，都是典型的中国式表达。茅盾则用"人式子"这一词汇来解释尼采的"超人"概念，用"较高的式子""做群众领袖的人"等说法来解释尼采的"高等人"这一概念。❶ 林语堂在《萨天师语录》杂文系列里称萨拉土斯脱拉（通译查拉图斯特拉——笔者）为"萨天师"，并在《萨天师语录（三）》一文里借剪发女士之口称"萨拉土斯脱拉"为"返俗的高僧""捣毁偶像的道人"。"天师"是中国道教的称谓，"高僧"和"道人"是佛教的称谓。林语堂在此是用中国人熟悉的道教和佛家称谓来称呼中国人非常陌生的波斯拜火教的教主，就是典型的格义法。

中国作家使用格义法的第二种情况，是他们借用中国流行的词汇、名言

❶ 雁冰《尼采的学说》，载郜元宝编《尼采在中国》，上海三联书店，2001年，第93页。

来对译或解释尼采的词汇、语句或观点。茅盾在《尼采的学说》一文中说："尼采在 *Thus spake Zarathustra* 上说道：……'在你的家谱上，一切生物都已创造出跨过自己的东西，你现在竟变了强弩之末么？'"并在译文后用括号注明："按原文以潮头为喻，今以中典易之。"❶ "中典"就是中国古代典籍。对照尼采的德文原著可知，被茅盾翻译成"你现在竟变了强弩之末么"的语句应该翻译为："难道你们愿意成为浩大涨潮中的落潮（die Ebbe dieser grossen Flut）吗？"❷ 译者茅盾用中国典籍中的成语"强弩之末"来对译尼采的"涨潮中的落潮"这一短语，就是典型的格义法。郭沫若在《雅言与自力》一文里说："尼采自己已经说过了：'用心血和雅言著作的人，不愿受人阅读，只愿受人暗诵。'——雅言二字在原文是 Spruch，我由《论语》'子所雅言，诗书执礼皆雅言也'句译作雅言。尼采说：'雅言是峰。连山中最捷近的路是从此峰，跨到彼峰，但须有长足的人才能办到。所以雅言是只为伟大高迈之士而说。'"❸ 郭沫若自己说得很清楚，他所使用的"雅言"一词出自孔子的《论语》，其含义是"正言"，即合乎规范的言语，强调是思想内容和倾向的合乎正统。❹ 而尼采所用的德文词汇 der Spruch，本意是格言、箴言，强调是语言的精粹、准确，两个术语的内涵显然有比较大的差距。郭沫若用中国人熟悉的"雅言"一词翻译德文词汇 der Spruch，实际上是用"雅言"代替"格言""箴言"的说法。郭沫若这样做的好处，不是说前者多么通俗易懂，主要是为了迎合中国人评价事物时偏重思想内容和道德标准的倾向，使国人对尼采的思想有一种感性上的亲近以及由之而来的敬重。

"战国策派"的陈铨曾经用中国古典诗词来解释和附会尼采的观点。他在《尼采的政治思想》一文中介绍尼采的"超人说"与"群众观"时，说过这样一段话："尼采自己素来看不起群众，他叫群众做'太多的多数'。照尼采的眼光，群众不过是生存竞争中大炮的粮草，是少数成功分子的陪衬。中国诗人慨叹'一将功成万骨枯'，尼采认为这是自然的现象，没有什么可以悲伤，最可以悲伤的倒是万骨不枯，一将不成功，如像这一次欧战，比、法的军队，牺牲极少，没有一将成功，然而国家民族，也就悲惨沦亡，

❶ 雁冰《尼采的学说》，载郜元宝编《尼采在中国》，第 92 页。

❷ F. Nietzsche. *Also Sprach Zarathustra*. Karl Schlechta. *Friedrich Nietzsche Werke*：Band 2. München：Carl Hanser Verlag, 1955，P279.

❸ 郭沫若《雅言与自力》，《创造周报》1923 年第 30 号，第 2 页。

❹ 参见：（清）阮元校刻《十三经注疏》（下），上海古籍出版社，1997 年，第 2482－2483 页。

不知何日方有再起的机会。"❶ 唐代诗人曹松《己亥岁二首》中的诗句"一将功成万骨枯",本指一个将帅的功成名就是用成千上万的人牺牲生命换取的,陈铨说的"一将"指尼采所说的"超人",而"万骨"指"群众"。他用"一将功成"与"万骨枯"之间的关系来解释尼采所阐述的"少数成功分子"与"群众"的关系,可以很容易地使熟悉中国古典诗词的国人理解自己感到陌生的尼采观点。

类比法是指在解读和传播尼采思想时将尼采的观点与中国思想家或文学家的观点作对比,或者将尼采思想同国人更熟悉的某种外国思想或理论放在一起作比较,以期寻找两者之间的相同或相似点的做法。这是一种在异质文化间寻求相同点或契合点的方法,其目的是帮助接受者理解不熟悉的理论或观点。在 20 世纪中国作家和文学批评家中,就有少部分人在解读和传播尼采思想时采用了这一方法。

陈独秀曾经将尼采思想与中国古代思想家杨朱的主张相提并论。在《人生真义》一文里,陈独秀指出:"杨朱主张尊重自己的意志,不必对他人讲甚么道德",而"德国人尼采也是主张尊重个人的意志,发挥个人的天才……甚么仁义道德,都是骗人的说话"。虽然肯定两人都"说破了人生的真相",但陈独秀又认为他们的说法都过于偏颇和极端,如果"照此极端做去,这组织复杂的文明社会,又如何行得过去呢"?❷ 杨朱是战国时期著名的思想家,是道家杨朱学派的创始人。他主张"贵己""重生""人人不损一毫"的思想,其见解散见于《列子》《庄子》等著作中。熟悉杨朱理论但不熟悉尼采理论的中国人,通过陈独秀的类比,自然容易对尼采的观点有所了解。

郭沫若则将尼采的思想与老子的思想并列。郭沫若在给宗白华的信《论中德文化书》中,将老子的思想与尼采的思想进行了比较。他声称:两人的主张没有"甚么根本的差别",他们"同是反抗有神论的宗教思想,同是反抗藩篱个性的既成道德,同是以个人为本位而力求积极的发展",因此完全可以"于老子的镜子之中照出尼采的面孔",或者"在尼采的镜子之中照出老子的面孔"。❸ 像郭沫若这样认定尼采的思想和老子的思想没有"根本的差别",可以"在尼采的镜子之中照出老子的面孔",这在 20 世纪中国文学

---

❶ 陈铨《从叔本华到尼采》,上海大东书局,1946 年,第 124 – 125 页。
❷ 陈独秀《人生真义》,载郜元宝编《尼采在中国》,上海三联书店,2001 年,第 54 – 55 页。
❸ 郭沫若《论中德文化书》,《创造周报》1923 年第 30 号,第 16 页。

界人士中是不多见的，新时期学界比较研究尼采思想与道家思想是一股不大不小的领域，但以找出两者的不同点为主流。

在解释尼采的术语和思想时使用类比法最有名的，当推"战国策派"的林同济。他在为陈铨的《从叔本华到尼采》一书所写的序言《我看尼采》中，经常使用类比法来解释和介绍尼采的思想。如他将尼采的主张与古今中外的道德家、宗教家的思想放在一起考量，宣称："古今来有两种做法：（一）道德家本着一套人伦论，劝大家入世学为圣，学为贤；（二）宗教家则本着一套神秘感，劝大家出世成佛，成圣徒。这两派的途径不同，但其不愿人们苟安于凡俗的苦心初无二致。在这点上，尼采超人的呼声也无异于孔，孟，释，耶，教人向上的用意。"● 在林同济看来，尼采的"超人说"的实质在于"不愿人们苟安于凡俗的苦心"，和中国道德家孔子、孟子和宗教家释迦摩尼、耶稣等"教人向上的用意"异曲同工。但林同济随即又指出尼采的思想同中外道德家、宗教家的主张存在不同之处："尼采的异处，异在超人性质的特殊。道德家的圣贤，辗转萦回于人伦世道里，在尼采看去，总嫌气味平凡，'人类，太人类了！'千万年的人生人死，如何只能在这'太人类'的窝臼里永远打跟斗？真个闷葫芦！尼采厌烦极了！他大胆教我们：'人是必须超过的！'""超人必是超人类，他的气质不能与现人类同模样。却也不是宗教家的成佛，成圣徒。宗教家诅咒此生，赞颂来生，尼采的超人却必须'对大地唯忠唯实'，认肉体与灵魂不二。"● 即是说，尼采设想的"超人"不同于道德家眼中的"圣贤"，后者"辗转萦回于人伦世道里""总嫌气味平凡"，而"超人"根本上是对人类的超越。同时，"超人"也不同于宗教家眼中的"圣徒"，因为后者"诅咒此生，赞颂来生"，而"超人"并不脱离尘世，崇尚肉体与灵魂不分。林同济还将尼采创立"超人说"的目的与中国古代庄子提出"真人说"、古希腊哲学家柏拉图树立"全智哲王"的目的相提并论："相对看去，尼采的超人是专针对着末了人而产出，就譬如庄子的逍遥游真人是针对着战国新兴的法士官僚，柏拉图的全智哲王是针对着雅典末运的暴民政客。思想家的理想人格与境界本都有他们的特殊时代作用的。"●

● 林同济《我看尼采》，载陈铨《从叔本华到尼采》，上海大东书局，1946年，第19-20页。
● 林同济《我看尼采》，载陈铨《从叔本华到尼采》，上海大东书局，1946年，第20页、第21页。
● 林同济《我看尼采》，载陈铨《从叔本华到尼采》，上海大东书局，1946年，第19页。

除了理解与介绍尼采的思想观点采用类比法，林同济在介绍将尼采常用的象征和比喻手法时也使用了类比法。他将尼采独特的象征手法与中国佛教禅宗的"喝理象征法"作类比，指出：尼采惯用意象、比喻与寓言，这没有什么奇特之处，"最当留神的，还是他不用意象与比喻而说象征话之时。这种象征话，可叫做喝理象征法。中国禅宗师祖所最流用的，这法的特点是说偏说反。说其偏以喝出理之全，说其反以喝出理之真。"❶ 当代著名学者刘小枫曾经专文研究尼采的"微言大义"，指出尼采常常说反话和过头话，然后言在此而意在彼，读者需要从反面和全面的角度来理解他的话，正是林同济此处所说的"说偏说反"，"说其偏以喝出理之全，说其反以喝出理之真"。❷

陈铨曾经将尼采反对基督教的主张与中国共产党的主张挂起钩来。他在《尼采的无神论》一文里说：尼采说过"人类两个最大的瘟疫，就是基督教和酒病"，"这和共产党所说：'基督教是人类的鸦片'，并没有什么分别"。❸尼采说基督教是"瘟疫"，中国共产党说基督教是"鸦片"，将两种说法联系起来，这也是一种类比法。

20世纪中国作家还使用过一种特殊的类比法，即将尼采及其思想、特质同国人已经熟悉的或当时正在流行的某个外国思想家、某种外国思想放在一起加以讨论，以帮助国人弄清尼采的思想及其性质。

鲁迅留日时期在《摩罗诗力说》和《文化偏至论》等文章里将尼采的观点和拜伦、易卜生等人的观点进行比较，就属于这种情况。《摩罗诗力说》将拜伦通过诗剧《凯因》（通译《该隐》——笔者）中的魔鬼卢希飞勒所持的善恶观同尼采的善恶观进行比较，指出：一方面，拜伦（卢希飞勒）对"善"与"恶"的定义同尼采的看法刚好相反，"彼胜我故，名我曰恶，若我致胜，恶且在神，善恶易位耳。此其论善恶，正异尼佉（通译尼采，下同——引者）。尼佉（通译尼采，下同——引者）意谓强胜弱故，弱者乃字其所为曰恶，故恶实强之代名；此则以恶为弱之冤谥"；另一方面，拜伦（卢希飞勒）提出全新的善恶观同尼采标举的道德观，其目标是完全一致的：两者都"欲自强""特图强则一而已"。❹ 鲁迅在《文化偏至论》一文里多次

　　❶ 林同济《我看尼采》，载陈铨《从叔本华到尼采》，上海大东书局，1946年，第11页。
　　❷ 刘小枫《尼采的微言大义》一文先后刊发在《书屋》2000年第10期和香港《道风》2000年第13期。
　　❸ 陈铨《从叔本华到尼采》，上海大东书局，1946年，第157页。
　　❹ 鲁迅《摩罗诗力说》，《鲁迅全集》第1卷，人民文学出版社，2005年，第80页。

将尼采与易卜生相提并论，将他们归为有信仰、充分发挥主观能动性的时俗的反抗者。鲁迅宣称："如尼佉伊勃生（通译易卜生，下同——引者）诸人，皆据其所信，力抗时俗示主观倾向之极致"；尼采希冀的是"意力绝世，几近神明之超人"，易卜生所描写是"以更革为生命，多力善斗，即近万众不慑之强者"。● 五四时期，鲁迅在《随感录四十六》《再论雷峰塔的倒掉》等文章中又将尼采同达尔文、易卜生、托尔斯泰、卢梭、施蒂纳等人相提并论，称他们都是"偶像破坏的大人物"❷ 或是"轨道破坏者"❸。鲁迅这样做，是因为达尔文的进化论、施蒂纳的无政府主义思想传入中国的时间比尼采学说更早、在当时的影响更大，拜伦、易卜生、托尔斯泰、卢梭等人在当时中国文学界的影响也非常大。郭沫若在《匪徒颂》一诗中，将尼采同哥白尼、达尔文一同并称为"学说革命的匪徒"，将尼采的"欺神灭像"同哥白尼的"离经叛道"、达尔文的"毁宗谤祖"并提，激情洋溢地向他们三呼"万岁"。哥白尼，尤其是达尔文在当时中国知识界、思想界和文学界的知名度都很高，郭沫若将尼采与他们相提并论，显然有助于国人理解尼采学说，并有助于它在中国的传播。

再看 20 世纪中国文学界人士采用仿写等形式，模仿和推广尼采的文体与话语风格的情况。所谓仿写就是模仿尼采著作的文体、语言风格而创作类似的作品。20 世纪前期的林语堂、高长虹、林同济，新时期的海子和周国平等，都在这方面作出过努力。

1925—1933 年，林语堂模仿尼采的《查拉图斯特拉如是说》创作了《萨天师语录》的杂文系列，一共 9 篇。按发表的先后顺序，依次是：（1）《Zarathustra 语录》（载于 1925 年 11 月 30 日《语丝》第 55 期；有些选本加副题《东方病夫》）；（2）《萨天师语录（二）》（载于 1928 年 3 月 19 日《语丝》第 4 卷第 12 期；有些选本加副题《东方文明》）；（3）《萨天师语录（三）》（载于 1928 年 4 月 9 日《语丝》第 4 卷第 15 期；有些选本加副题《新时代女性》）；（4）《萨天师语录（四）》（载于 1928 年 5 月 11 日《语丝》第 4 卷第 24 期）；（5）《萨天师语录（五）·正名的思想律》（载于 1928 年 8 月 8 日《语丝》第 4 卷第 33 期）；（6）《萨天师语录（六）·丘八》（载于 1929 年 3 月 15 日《春潮》第 1 卷第 4 期）；（7）《萨天师语录·

❶ 鲁迅《文化偏至论》，《鲁迅全集》第 1 卷，人民文学出版社，2005 年，第 55 页、第 56 页。

❷ 鲁迅《随感录四十六》，《鲁迅全集》第 1 卷，人民文学出版社，2005 年，第 349 页。

❸ 鲁迅《再论雷峰塔的倒掉》，《鲁迅全集》第 1 卷，人民文学出版社，2005 年，第 202 页。

萨天师与东方朔》（载于 1933 年 4 月 16 日《论语》第 15 期）；（8）《上海之歌》（载于 1933 年 6 月 16 日《论语》第 19 期）；（9）《我的话——文字国·萨天师语录—— 其六》（载于 1933 年 12 月 16 日《论语》第 31 期）。《上海之歌》没有题名《萨天师语录》，但作者本人和后来的编者多把它归入该系列。首先要指出的，"《萨天师语录》"是林语堂对《查拉图斯特拉如是说》一书的中译名。1935 年，林语堂翻译该著的《市场的苍蝇》一章时特别说明："译自萨天师语录，卷一，章十二。"（林语堂《〈市场的苍蝇〉译者说明》，《论语》1935 年第 56 期。）林语堂将查拉图斯特拉（Zarathus-tra）译为"萨拉土斯脱拉"，然后仿照中国道教的称呼，称其为"萨天师"。据笔者查证，《萨天师语录》系列共有 9 篇，其中只有《上海之歌》一篇没有题名《萨天师语录》，但作者本人和后来的编者多把它归入该系列。❶ 林语堂在《萨天师语录》的首篇《Zarathustra 语录》结尾特别用英文 "With a-pology to Nietzsche" 即"向尼采致歉"，表明自己对尼采著作标题的借用之外，以及对该书文体与语言风格的模仿。

1924 年，高长虹模仿《查拉图斯特拉如是说》而创作《狂飙之歌》。在给友人雨农的信《通讯一则》（载于 1924 年 11 月 9 日北京《狂飙》周刊第 1 期）中，高长虹这样述说《狂飙之歌》的创作计划："我要在这篇长诗中表现我的全部思想和精神，我希望他成功一部中国的查拉图斯屈拉这样说。"❷ 希望自己的《狂飙之歌》（初名《反抗之歌》——笔者）"成功一部中国的查拉图斯屈拉这样说"，清楚地表明高长虹模仿尼采的文体、语言风格的用心。如果高长虹按原来设计的"一百余首，每首大概二十余段"而写完《狂飙之歌》的话，其篇幅大体上可以与尼采的《查拉图斯特拉如是说》媲美。只可惜诗人没有全部完成这部由一百多首诗歌组成的"中国的查拉图斯屈拉这样说"，而只写出这部宏伟长诗的《序言》与第 1 章《青年》。

抗战时期，"战国策派"是林同济模仿尼采的《查拉图斯特拉如是说》创作了两篇《萨拉图斯达如此说》，一篇是《寄给中国青年》（1940），另一篇是《寄语中国艺术人》（1942）。"萨拉图斯达"的林同济对"查拉图斯特拉"的译名。《萨拉图斯达如此说——寄给中国青年》不仅直接袭用尼采

---

❶ 关于《萨天师语录》的篇数与篇目，有多种说法，有趣的是，似乎连林语堂本人对此事都有些迷糊。例如，他明明在《春潮》杂志上发表了《萨天师语录（六）·丘八》，却又将《我的话——文字国》加上副题"萨天师语录——其六"。

❷ 高长虹《通讯一则》，《高长虹文集》下册，中国社会科学出版社，1989 年，第 19 页。

《查拉图斯特拉如是说》的标题，而且有些用语和口吻都同尼采《查拉图斯特拉如是说》的《战争与战士》一章如出一辙。如林同济写道："你们问：何为善？我说：不怕即善。只有妾妇儿女们当着这个大年头，还要死向墙角咕噜：善乃温良恭俭让！"而尼采用类似的口吻说过类似的话："你们问：'什么是好的？'勇敢就是好的。让小女子们去说'好就是漂亮动人'吧。"❶

新时期被誉为"中国诗坛的尼采"的诗人海子在 1987 年创作过一首题为《尼采，你使我想起悲伤的热带》的诗。尼采为什么会让诗人"想起悲伤的热带"呢？细读此诗就不难发现，海子笔下的诸如"南方的岛屿""梦之蛇""国王的女儿""群蛇起舞""热带的悲伤少女"等人物、地点类意象都来自尼采及其著作。《查拉图斯特拉如是说》有一章题为《舞蹈之歌》，描写查拉图斯特拉目睹欧洲热带南方的少女们狂欢舞蹈，"当舞蹈终了，少女们离去时，他不禁悲从中来"。❷ 因为喜欢和留恋，才会在失去时觉得悲伤，所以海子说"悲伤的热带"，他也是如尼采一样因为喜欢和留恋而在失去时觉得悲伤。

新时期最著名的尼采研究专家周国平，善于用文学的形式探讨深邃的哲学命题，诸如生命的意义、死亡的意义、人的性格与品质、自我的价值等话题，其散文、随笔因而充满智慧和哲学的魅力。这与尼采常常用诗歌或散文来书写自己的哲学思考，表达强力意志、超人、永恒轮回等哲学观念的做法如出一辙。周国平的随感集《人与永恒》《把心安顿好》，散文集《安静》《善良丰富高贵》和《生命的品质》等，都采用寓哲理于常情之中，融理性和激情于一体的写法，其诗化的语言和凝练的哲思构成其独特的风格，都是尼采擅长的文体和笔调。

---

❶ F. Nietzsche, *Also Sprach Zarathustra. Friedrich Nietzsche Werke.* Band 2. Hg. von Karl Schlechta. München：Carl Hanser Verlag, 1955, p312.

❷ ［德］尼采《查拉图斯特拉如是说》，黄明嘉译，漓江出版社，2000 年，第 117 页。

第三章　尼采思想对 20 世纪
中国文学观念的影响

20 世纪前期，中国有一批作家热衷于接受与传播德国哲学家、诗人尼采的思想主张，并将这一异域理论转化成推动中国文学现代转型的重要资源。20 世纪初的王国维、鲁迅，五四时期的胡适、周作人、郭沫若、田汉、茅盾、郑振铎、李石岑、林语堂，20 世纪三四十年代的林同济、陈铨、沈从文等，都持续借助尼采的思想主张构设自己的文学观。他们在一定程度上、从不同角度借助尼采的思想主张构思"新文学"的内涵与外延，并提出各种名称有异但实质相近的概念。

需要指出的是，由于笔者暂时没有查阅到 20 世纪后期中国作家借助尼采的思想主张以构设文学观念的资料，所以本章标题指称的"20 世纪"实际上只限于 20 世纪前期。

第一节　尼采思想对 20 世纪初文学观的启迪

20 世纪初，王国维和鲁迅借用尼采的思想主张阐发了自己的新文学观。

一、王国维的尼采阐释与新文学之思

王国维于 1904 年在《教育世界》杂志上发表《尼采氏之教育观》《德国文化大改革家尼采传》《尼采氏之学说》与《叔本华与尼采》等 4 篇文章，介绍尼采的生平或学说。他一直视尼采为哲学家和文学家，如称："尼氏常藉崭新之熟语与流丽之文章，发表其奇拔无匹之哲学思想。故世人或目之为哲学家，或指之为文学家。……言乎著想之高，实不愧为思索家，言乎文笔之美，亦不失为艺术家。"[1] 或称尼采为"大哲学家兼文学家"。[2] 在王

---

[1]　佚名（王国维）《尼采氏之教育观》，《教育世界》1904 年第 71 号。
[2]　佚名（王国维）《德国文化大改革家尼采传》，《教育世界》1904 年第 76 号。

国维看来，"流丽之文章"或"文笔之美"让哲学家尼采成了"文学家"或"艺术家"。他还从日本学者桑木严翼的《尼采伦理说一斑》一书中摘译《尼采氏之学说》一文，用较大篇幅介绍了尼采的悲剧美学。这些都说明王国维对尼采的美学思想和文学家的才华非常熟悉，也格外欣赏。

王国维借助尼采的《查拉图斯特拉如是说》中的一些说法评论南唐后主李煜的词，字里行间表达了自己关于文学的一些思考，顺便提出了自己的文学主张。他在《人间词话》（1908）里连续用了第 15 – 18 则共 4 则文字来讨论李煜的词。第 15 则说："词至李后主而眼界始大，感慨遂深，遂变伶工之词而为士大夫之词。周介存置诸温、韦之下，可谓颠倒黑白矣。'自是人生长恨水长东''流水落花春去也，天上人间'，《金荃》《浣花》，能有此气象耶？"第 16 则说："词人者，不失其赤子之心者也。故生于深宫之中，长于妇人之手，是后主为人君所短处，亦即为词人所长处。"第 17 则说："客观之诗人，不可不多阅世。阅世愈深，则材料愈丰富、愈变化，《水浒传》《红楼梦》之作者是也。主观之诗人，不必多阅世。阅世愈浅，则性情愈真，李后主是也。"第 18 则说："尼采谓：'一切文学，余爱以血书者。'后主之词，真所谓以血书者。宋道君皇帝《燕山亭》词亦略似之。然道君不过自道身世之戚，后主则俨有释迦、基督担荷人类罪恶之意。其大小固不同矣。"❶王国维对李后主词的评价、对其在词史上的定位是否妥当，笔者姑且不予评判，在此只想指出与本论题有关的一个事实：王国维对后主词的评价有两处借用了尼采的主张，一是"赤子之心"说，二是"一切文学，余爱以血书者"一语。

首先，"赤子之心"之说出自尼采的《查拉图斯特拉如是说》第 1 章，王国维在《叔本华与尼采》一文中翻译和引用过这篇文章，其中相关段落他是这样翻译的："邦人兄弟，狮子之变为赤子也何故？狮子之所不能为，而赤子能之者何？赤子若狂也，若忘也，万事之源泉也，游戏之状态也，自转之轮也，第一之运动也，神圣之自尊也。"❷尼采的意思是，赤子为初生婴儿，未感受到社会的束缚，"若狂""若忘"，对一切无功利、无心机，处于"游戏之状态"，俨然"万事之源""自转之轮"，为万事万物的发源和初始动力。所谓"赤子之心"，即纯心灵、真性情而已。

---

❶ 王国维《人间词话》，谢维扬、房鑫亮主编《王国维全集》第 1 卷，浙江教育出版社、广东教育出版社，2010 年，第 465 – 466 页。

❷ 王国维《叔本华与尼采》，谢维扬、房鑫亮主编《王国维全集》第 1 卷，第 84 页。

第 15 则中提到的周介存即清朝词论家、词人周济（1781—1839），是"常州词派"重要的理论家；"温、韦"指晚唐五代"花间词派鼻祖"温庭筠（约 812—约 866）和主要词人韦庄（约 836—约 910）。温庭筠有《花间集》遗存，《金荃集》是他的别集；韦庄有《浣花集》10 卷，后人又辑为《浣花词》。"花间词派"诗人的作品多写情爱，内容狭窄，情调缠绵，辞藻华丽，词风浮艳。1908 年，王国维根据《花间集》《尊前集》《历代诗余》《全唐诗》等编成《唐五代二十一家词辑》，首选"南唐二主词"，足见他对南唐二主尤其是后主李煜的词的重视。王国维为何对李后主的词评价这么高呢？他认为诗词的境界与作者的真实感受和亲见的景物密切相关，"能写真景物、真感情者，谓之有境界，否则谓之无境界"。[1] 怀抱"赤子之心"、能够"写真景物、真感情"的李后主"眼界始大，感慨遂深"，远比注重音律和形式的"伶工之词"如花间派词作格调高亢、境界高远，他的词已经属于内涵丰富、思想见解深刻的"士大夫之词"。他的"自是人生长恨水长东""流水落花春去也，天上人间"等诗句，表达的已经不是任何具体的情感所能概括的感情，而是建立在人的生命体验基础之上但又对生命欲求的升华而达到的"真感情"，比《金荃》《浣花》中的语句更具气象，所以王国维认为周济将李后主的词"置诸温、韦之下，可谓颠倒黑白"。

第 16 则中，王国维认为，真正的词人就要摆脱世事之累，"生于深宫之中，长于妇人之手"的李煜，作君主的确显得经验和历练不足，但因为有一颗做诗人需要的纯洁心灵即"赤子之心"，这刚好是作为诗人的他的强项。

第 17 则中，王国维认为，虽然"阅世愈深，则材料愈丰富、愈变化"，可以反映丰富的现实社会内容，成为"《水浒传》《红楼梦》之作者"施耐庵、曹雪芹一类"客观之诗人"，但"阅世愈浅，则性情愈真"，则可以做抒发真性情的"主观之诗人"。李后主正是"性情愈真"的主观诗人的代表。

综上所述，王国维以尼采的"赤子之心"为评判标准，肯定了李煜这样纯心灵、真性情的"主观之诗人"。

第 18 则中引用的"一切文学，余爱以血书者"一语出自《查拉图斯特拉如是说》的第 7 章《阅读与写作》。此句可翻译为："在所有的著作中，我只喜爱用作者的鲜血写成的著作。"紧接其后的一句是："用鲜血写成的著

---

❶ 王国维《人间词话》，谢维扬、房鑫亮主编《王国维全集》第 1 卷，第 462 页。

作，将使你体会到：鲜血即思想（daβ Blut Geist ist）。"❶ 从尼采的原著来看，对此处的"血"（das Blut）的理解不能过于坐实，它主要是一种比喻的说法，实物形态的"血"喻指精神层面的"心血"与"思想"。德文词汇（der Geist）可译为"精神、灵魂，思想，智慧，才智"等，在此句中，尼采实际上是用"精神"（der Geist）指代生命本身。所以他说："从前精神是上帝，随后他变成人，现在他甚至沦为贱民。"❷ 所谓"以血书者"，就是指表达作者真挚性情和真实思想的作品。王国维认为"后主之词，真所谓以血书者"，就是指其创作中流露出真实的体验和情感。

王国维受尼采"血书说"的启发，认为文学只有表现"真感情"，才算"有境界"。何谓"真感情"？按照王国维的说法，它表面上是作者"一己之感情"，但更是"人类之感情"。"若夫真正之大诗人，则又以人类之感情为其一己之感情，彼其势力充实不可以已，遂不以发表自己之感情为满足，更进而欲发表人类全体之感情。彼之著作实为人类全体之喉舌。"❸ 如此看来，王国维眼中的"真感情"是"以人类之感情为其一己之感情"的感情，人类感情是里，一己之感情是表，两者相通相融，而"有境界"的作品则是将"发表自己之感情"与"发表人类全体之感情"统一起来，从而成为"人类全体之喉舌"、为整个人类代言的作品。显然，王国维不仅肯定作者作为个体的人的情感体验与倾诉，而且更期望通过个体的情感体验与倾诉而"发表人类全体之感情"，直抵人类生命的本源与本质，"真感情"的作品也应该是"有境界"的作品，而能够表达超出个体感受从而关注作为整个人类的生命的作品则是最高境界的作品。据此，王国维认定宋徽宗（"道君皇帝"）的《燕山亭》局限于"自道身世之戚"，虽然情感真挚，但毕竟境界低下、格调不高，而李后主"俨有释迦、基督担荷人类罪恶之意"，则不仅倾诉自身的体验和情感，而且更表现人类的苦难和罪恶，为人类排忧解难的情怀，因此是"真正之大诗人"。"精神"不仅仅是作为个体的作者本人的"精神"，更是作为整体的人类的"精神"，作者用"血"或"精神"创作的作品不只写出了作者个体的精神与生命，还展现

---

❶ F. Nietzsche, *Also Sprach Zarathustra. Friedrich Nietzsche Werke in Drei Bänden*. Band 2. München: Carl Hanser Verlag, 1955, p305.

❷ ［德］尼采《查拉图斯特拉如是说》，钱春绮译，北京三联书店，2007年，第39页。

❸ 王国维《人间嗜好之研究》，谢维扬、房鑫亮主编《王国维全集》第14卷，浙江教育出版社、广东教育出版社，2010年，第115-116页。

了整个人类的精神与生命。

总之，王国维在借用尼采主张评判李煜的词作的同时，还阐发了自己的文学观。在王国维的心目中，拥有"赤子之心"的"主观之诗人"才是真正的文学家，表达自己真实的体验、情感和诉求的"血书"才是理想的文学。这种表达作者真实的体验、情感和诉求的文学，与中国传统的热衷于歌功颂德的文学截然不同，这种拥有纯心灵、真性情的文学家，与中国传统的御用文人也迥然有别。

二、鲁迅的尼采阐释与新文学之思

鲁迅早年留学日本期间，热心文学运动，积极筹办《新生》杂志，推动文学运动，同时着手编译和出版《域外小说集》，致力于译介外国文学。此时，他通过日本思想界和文学界接触到尼采思想，便借助尼采的思想如"超人说""新神思宗"所倡导的"主观与意力主义"，思考"诗"即文学的本质。

在鲁迅看来，尼采的"超人说"体现一种强烈的主观精神，而且是一种抗争和战斗精神，它或者是"据其所信，力抗时俗，示主观倾向之极致"，或者是期盼"意力绝世，几近神明之超人"。❶ 极致的"主观倾向"、绝世的"意力"，清楚表明尼采"超人说"的主观精神品格。

从更大的范围来讲，尼采是 19 世纪初叶兴起的欧洲哲学新潮"神思宗"之"至新者"的代表，从其哲学思想与美学思想来看，他是一位十足的理想主义者与浪漫主义者。鲁迅认为，以尼采为代表的"新神思宗徒""或崇奉主观，或张皇意力，匡纠流俗，厉如电霆，使天下群伦，为闻声而摇荡"，并使"其他评骘之士，以至学者文家""见此唯物极端，且杀精神生活，则亦悲观愤叹，知主观与意力主义之兴，功有伟于洪水之有方舟者焉"。❷ "新神思宗"的主张对当时以及后世欧洲的思想与文学都产生了重大影响，这种影响集中表现在："其说出世，和者日多，于是思潮为之更张，骛外者渐转而趣内，渊思冥想之风作，自省抒情之意苏，去现实物质与自然之樊，以就其本有心灵之域；知精神现象实人类生活之极颠，非发挥其辉光，于人生为无当。"❸ 在鲁迅看来，以尼采为代表的"新神思宗"使思想界与文学界开

---

❶ 鲁迅《文化偏至论》，《鲁迅全集》第 1 卷，人民文学出版社，2005 年，第 55 页、第 56 页。
❷ 鲁迅《文化偏至论》，《鲁迅全集》第 1 卷，第 54 页。
❸ 鲁迅《文化偏至论》，《鲁迅全集》第 1 卷，第 55 页。

始关注"精神生活""精神现象",认为它才是人类"本有心灵之域""人类生活之极颠"。

受尼采"超人说"倡导主观、意力,以及"新神思宗"重视精神生活、精神现象的启发,鲁迅提出自己新的"诗"论即文学观。他认为:"夫云将以诗移人性情,是即于诚善美伟强力敢为之域,闻者或哂其迂远乎;而事复无形,效不显于顷刻。"❶ 在鲁迅看来,"诗"即文学的本质是"移人性情"、发扬其"诚善美伟强力",但因其"迂远""无形",且"效不显于顷刻",所以一时难以为人理解。那么,诗人何为?鲁迅指出:"盖诗人者,撄人心者也。凡人之心,无不有诗……惟有而未能言,诗人为之语,则握拨一弹,心弦立应,其声澈于灵府,令有情皆举其首,如睹晓日,益为之美伟强力高尚发扬,而污浊之平和,以之将破。"❷ "撄"有"触动""冒犯""扰乱"之意,称诗人为"撄人心者",就说明诗人及其作品具有触动人心、使读者"心弦立应"的功效。更有甚者,诗人及其作品还有使读者的"美伟强力"得到"高尚发扬"、使读者内心的"污浊之平和"得以破除的功效,也就是具有激励读者发扬争强好胜的精神、反抗温顺、懦弱、屈从等奴性性格的功效。

鲁迅在上面这段文字里也阐述了他对"诗"之本质的认识。他说"凡人之心,无不有诗",所以读者读了诗人的诗,"心即会解""心弦立应"。鲁迅以 18 世纪德国诗人台陀开纳(T. Körner,通译特沃多·柯尔纳,1791—1813——原注)创作诗集《竖琴长剑》鼓励德国人打败拿破仑法军入侵一事为例指出:"败拿破仑者,不为国家,不为皇帝,不为兵刃,国民而已。国民皆诗,亦皆诗人之具,而德卒以不亡。"❸ "国民皆诗",是说国民心中都有"诗";说国民"皆诗人之具",是说国民能感受诗人的心灵与精神;"诗"是一种特殊的精神力量,它唤起的力量足以摧毁一切或保护一切。总之,在鲁迅看来,"诗"即文学的实质就是精神活动,诗的功用在于通过精神而感召、化育众人,而诗人则是精神琴弦的拨弄者,他可以鼓动众人的情绪和精神。

"诗"即文学单单具有精神力量还不够,它的极致是要凸显超越传统和世俗成见的反抗精神、反叛意识。正是基于这一认识,鲁迅阐述了他对西方

---

❶ 鲁迅《摩罗诗力说》,《鲁迅全集》第 1 卷,第 71 页。

❷ 鲁迅《摩罗诗力说》,《鲁迅全集》第 1 卷,第 70 页。

❸ 鲁迅《摩罗诗力说》,《鲁迅全集》第 1 卷,第 72 - 73 页。

"摩罗诗"及摩罗诗人所具有的神奇之"力"的理解。他在《摩罗诗力说》一文中系统地阐述了这一理解。据鲁迅解释，"摩罗"在印度指"天魔"，在西方指魔鬼，而他所说的"摩罗诗派"是指以拜伦为"宗主"的一批"立意在反抗，指归在动作，而为世所不甚愉悦者"❶的 19 世纪西方诗人。这些诗人的共同特点就是充分发挥"精神"对抗"物质"和俗世的功用，"大都不为顺世和乐之音，动吭一呼，闻者兴起，争天抗俗"。❷ 他们或者"超脱古范，直抒所信，其文章无不函刚健抗拒破坏挑战之声"；或者"无不刚健不挠，抱诚守真；不取媚于群，以随顺旧俗；发为雄声，以起其国人之新生"。❸"争天抗俗""超脱古范""刚健不挠，抱诚守真""不取媚于群"，表明摩罗诗人的独立个性和反抗品质，"不为顺世和乐之音""直抒所信""无不函刚健抗拒破坏挑战之声""发为雄声"，则诠释"摩罗诗"直抒心灵、超脱传统的品质。

更进一步，鲁迅对唯唯诺诺、缺乏"伟美之声"的古代"中国之诗"深感失望。他充满焦虑地叩问："今索诸中国，为精神界之战士者安在？有作至诚之声，致吾人于善美刚健者乎？有作温煦之声，出吾人于荒寒者乎？"❹ 让他大为感喟的是："先觉之声，乃又不来破中国之萧条也。"❺ 鲁迅在热切呼唤当下的中国"文家"大胆地"作至诚之声""作温煦之声"，期望当下中国的"诗"即文学能够成为"破中国之萧条"的"先觉之声"，期望当下中国的诗人或文学家能够成为振奋国人精神、激发民族斗志的"精神界之战士"。

综上所述，青年鲁迅借助尼采的"超人"说以及"新神思宗"倡导的"主观与意力主义"，提倡一种具有反抗品质或反叛精神的新"诗"即新文学。这与中国传统诗歌或传统文学热衷于为统治者歌功颂德、诠释儒家伦理的价值取向完全相反。鲁迅的新"诗"论或新文学观是一种典型的浪漫主义文学观，它是一种以反抗和摆脱传统和主流价值观，回归文学本质的理想主义"诗"论或文学观。

---

❶ 鲁迅《摩罗诗力说》，《鲁迅全集》第 1 卷，第 68 页。
❷ 鲁迅《摩罗诗力说》，《鲁迅全集》第 1 卷，第 68 页。
❸ 鲁迅《摩罗诗力说》，《鲁迅全集》第 1 卷，第 75 页、第 101 页。
❹ 鲁迅《摩罗诗力说》，《鲁迅全集》第 1 卷，第 102 页。
❺ 鲁迅《摩罗诗力说》，《鲁迅全集》第 1 卷，第 103 页。

第二节　尼采思想对五四时期文学观的启迪

五四时期，胡适、周作人、郭沫若、田汉、茅盾、郑振铎、李石岑、林语堂等作家和批评家，试图借用尼采的思想来申述自己对"新文学"的思考，提出自己的文学主张。

一、五四将帅的尼采阐释与新文学之思

这里所说的五四将帅主要指陈独秀、胡适、李大钊和周作人。

中国现代新文学的确立与建设正式发端于 1917 年的"文学革命"。陈独秀、胡适等人认为，中国古典文学是传播儒家思想的工具，若要真正"打倒孔教"、普及"民主"与"科学"的观念、推动"思想革命"，就必须实行"文学革命"。早在 1916 年，李大钊就在《〈晨钟〉之使命》一文中指出："由来新文明之诞生，必有新文艺为之先声。"❶ 在李大钊看来，"新文艺"的"新文明"的先声，实际上是初次提出"文学革命"即"新文艺"对"新文明"的催生作用。陈独秀在《本志罪案之答辩书》一文中说得更明确：因为要拥护"民主"与"科学"，他所主办的《新青年》杂志及《新青年》同仁被时人指责犯下了"破坏旧艺术（中国戏）""破坏旧文学"等 9 条"滔天的大罪"。❷ 陈独秀的"答辩书"从侧面表明，要推广民主意识与科学观念，要推动思想启蒙，就必须从摧毁中国传统的文学与艺术入手，换言之，必须先实行"文学革命"。1917 年，陈独秀在《文学革命论》一文里呼吁推倒"贵族文学""古典文学"与"山林文学"，在此基础上才可能建设"国民文学""写实文学"与"社会文学"，明确提出文学革命"三大主义"。❸ 推翻各种旧文学，才能建设各种新文学，陈独秀的确犯下了"破坏旧艺术""破坏旧文学"等"滔天大罪"。

胡适在 1916 年的《寄陈独秀》一信里设计的"新文学"有 8 个特点，即"八事"，其中用否定性表达的占了六条，包括"不用典""不用陈套语"

❶ 李大钊《〈晨钟〉之使命》，《李大钊全集》第 1 卷，人民出版社，2006 年，第 168 页。

❷ 陈独秀《本志罪案之答辩书》，《新青年》，1919 年第 1 期，第 10 页。

❸ 陈独秀《文学革命论》，载胡适编选《中国新文学大系·建设理论集》，上海良友图书印刷公司，1935 年，第 44 页。

"不讲对仗""不避俗字俗语""不作无病之呻吟""不模仿古人"等。●
1917 年，胡适在《文学改良刍议》一文中再次列举"文学改良"的"八事"，即"须言之有物""不模仿古人""须讲求文法""不作无病之呻吟""务去滥调套语""不用典""不讲对仗""不避俗字俗语"等 8 个方面，依然是 8 条中有 6 条是否定。● 1918 年胡适在《建设的文学革命论》一文里说得更明确，称自己提出的"文学革命论"是"主张破坏的八事"，并声明："这是我的'八不主义'，是单从消极的，破坏的一方面着想。"●

胡适这种"主张破坏"或者"单从消极的，破坏的一方面着想"的文学主张构思，可谓深得尼采的"重新估定一切价值"主张的真谛。胡适在构设"新文学"理念时呈现出尼采式否定优先的特色，也的确是受到尼采"价值重估"主张的深刻启发。五四时期的胡适对尼采的"价值重估"主张特别关注，曾经指出：尼采"'重新估定一切价值'，确有很大的破坏功劳"。● 他甚至用尼采的"重新估定一切价值"主张对应解释五四新思潮所推崇的"评判的态度"。●

无论是胡适的"八事"或"八不主义"，还是陈独秀的"三大主义"，都体现出他们重新估定中国古典文学的价值、破坏或推倒中国古典文学的态度或立场。"文学革命"的两大领袖都致力于促成中国文学由古典形态向现代形态的转型。不过，他们关于"新文学"的设想都是很笼统的。

如果说陈独秀、胡适等人尚未明确表白自己倚重尼采思想来设计"新文学"主张、推动中国文学现代转型的动机的话，那么，中国"新文学"的另一位设计者周作人对这一点则说得非常明确。

五四时期非常活跃的周作人主要借用尼采的"忠于地"主张与"求胜意志"论、"超人"说，以申述自己的文学观。

首先，周作人借助尼采"忠于地"的主张，提倡富有"个性"而"真实"的"地方文艺"观。周作人在《地方与文艺》（1923）一文中指出，五

● 胡适《寄陈独秀》，载胡适编选《中国新文学大系·建设理论集》，上海良友图书印刷公司，1935 年，第 32–33 页。

● 胡适《文学改良刍议》，载胡适编选《中国新文学大系·建设理论集》，上海良友图书印刷公司，1935 年，第 34 页。

● 胡适《建设的文学革命论》，载胡适编选《中国新文学大系·建设理论集》，上海良友图书印刷公司，1935 年，第 127 页、第 128 页。

● 胡适《五十年来之世界哲学》，《胡适文存》第 2 集，上海亚东图书馆，1922 年，第 230 页。

● 胡适《新思潮的意义》，《胡适文存》第 1 集，上海亚东图书馆，1921 年，第 1023 页。

四以后，新兴文艺取得了相当大的成绩，但有一个最大的不足之处，那就是"太抽象化"，即"执着普遍的一个要求，努力去写出预定的概念"，因而"没有真实的强烈地表现出自己的个性"。新文学要获得进一步的发展，就必须"摆脱这些自加的锁钮，自由地发表那从土里滋长出来的个性"，"应有一种独具的性质"。所谓从土里滋长出来的个性，主要指文学的地方性。这里说的地方，"并不以籍贯为原则，只是说风土的影响，推重那培养个性的土之力"。❶ "从土里滋长出来的个性""风土的影响""培养个性的土之力"等说法来自哪里呢？它们是什么意思呢？周作人紧接着指出，这些说法来自尼采的"忠于地"主张，与尼采的思想有密切的联系。他指出："尼采在《察拉图斯忒拉》（通译《查拉图斯特拉如是说》——引者）中说，'我恳愿你们，我的兄弟们，忠于地。'我所说的也就是这'忠于地'的意思。"❷ 尼采的"忠于地"一句的德文形式（bleibt der Erde treu），也可译为"忠实于尘世"。在《查拉图斯特拉如是说》里，到处宣讲自己思想的查拉图斯特拉向他的追随者呼吁："弟兄们，你们要忠实于尘世，不要相信那些向你们大谈超凡脱俗的希望的人！"❸ 尼采通过查拉图斯特拉之口呼吁"忠实于尘世"，就是要人们摆脱基督教宣扬的天国、来世等观念，执著于世俗世界，享受现世的快乐。

周作人接着回到他的"地方文艺"观或新文学观。他指出，"人总是'地之子'，不能离地而生活，所以忠于地可以说是人生的正当的道路"，对新文学的作家来说，同样应该如此。可惜，"现在的人太喜欢凌空的生活，生活在美丽而空虚的理论里"，现在的作家同样也有这样的毛病。所以他们的当务之急是，"须得跳到地面上来，把土气息泥滋味透过了他的脉搏，表现在文字上，这才是真实的思想与文艺"。让作品透露出"土气息泥滋味"，这一要求不仅适用于"描写地方生活的'乡土艺术'，一切的文艺都是如此"，换言之，这是一切新文学创作的共同要求。❶

总之，在周作人看来，由于五四以后兴起的"新文艺"有一个不足，即

---

❶ 周作人《地方与文艺》，钟叔和编《周作人文类编》第 3 卷，湖南文艺出版社，1998 年，第 79 - 80 页、第 81 页。

❷ 周作人《地方与文艺》，钟叔和编《周作人文类编》第 3 卷，湖南文艺出版社，1998 年，第 81 页。

❸ F. Nietzsche, *Also Sprach Zarathustra. Friedrich Nietzsche Werke in Drei Bänden*. Band 2. Hg. von Karl Schlechta. Carl Hanser Verlag München. 1955, p279.

❶ 周作人《地方与文艺》，钟叔和编《周作人文类编》第 3 卷，第 81 页。

"太抽象化""执着普遍的要求"，没有"表现出自己的个性"，要克服这一缺陷，使新文艺拥有"独具的性质"，具备"个性"，就必须让文学传达出"土气息泥滋味"，就必须让作家接受"风土的影响"，推重"培养个性的土之力"。作家和所有人一样，都是"地之子"，作家"不能离地而生活"，不能"生活在美丽而空虚的理论里"，而必须"跳到地面上来"，走尼采提出的"忠于地"这一"人生的正当的道路"，唯有如此，才可以创作出富有"个性"而"真实"的新文艺。"土气息泥滋味"表现在文字里就是"真实的思想与文艺"，文艺作品只有具备"从土里滋长出来的个性""土之力""土气息泥滋味"，才算是"真实的文艺"、健康的"地方文艺"。

其次，周作人借用尼采的"权力意志论"和"超人说"阐述"人的文学"观。周作人在《人的文学》（1918）一文中称自己心目中的"新文学"是"人的文学"，并详细阐述"人的文学"观。他指出："用这人道主义为本，对于人生诸问题，加以记录研究的文学，便谓之人的文学。"❶ 即是说，反映人道主义思想、记录研究人生问题的文学就是人的文学。后来周作人在《贵族的与平民的》（1922）一文中再次提到"人的文学"，称这种文学是融"平民精神"与"贵族精神"于一体的文学。他的原话是："我想文艺当以平民的精神为基调，再加以贵族的精神的洗礼，这才能够造成为真正的人的文学。"❷ 即是说，以平民精神为基调，并接受了贵族精神激荡的文学是人的文学。周作人接着说："平民的精神可以说是淑本好耳（通译叔本华——引者）所说的求生意志（通译生存意志——引者），贵族的精神便是尼采所说的求胜意志（通译权力意志或强力意志——引者）了。前者是要求有限的平凡的存在，后者是要求无限的超越的发展；前者完全是入世的，后者却几乎有点出世的了。"❸ 具体来说，德国哲学家叔本华所说的生存意志或生命意志是指人类求生存的本能、愿望，即"要求有限的平凡的存在"，因而是朴素平实的平民意志，而尼采所说的权力意志，是指生命追求横向的扩展和纵向的提升的本能冲动，即"要求无限的超越的发展"，因而高大上的贵族精神。如何理解"以平民的精神为基调，再加以贵族的精神的洗礼"的含义呢？周作人解释说："求生意志固然是生活的根据，但如没有求胜意志叫人努力的

———————————

❶ 周作人《人的文学》，载胡适编选《中国新文学大系·建设理论集》，上海良友图书印刷公司，1935 年，第 196 页。

❷ 周作人《贵族的与平民的》，1922 年 2 月 19 日《晨报副镌》。

❸ 周作人《贵族的与平民的》，1922 年 2 月 19 日《晨报副镌》。

去求'全而善美'的生活，则适应的生存容易是退化的而非进化的了。"❶也就是说，生存意志是现实生活的根据和基础，但现实生活既可能是庸俗的腐朽的停滞的，也可能是健康的卓越的不断发展的，唯有权力意志才会追求理想的、完美的生活即"全而善美"的生活，而真正的新文学也应该反映后者这一积极的诉求。行为至此，周作人又借用尼采的"超人"与"末人"概念来揭示"人的文学"的内涵。他说："从文艺上说来，最好的事是平民的贵族化，——凡人的超人化，因为凡人如不想化为超人，便要化为末人了。"❷ 在尼采那里，"超人"是理想的人类与人格，"末人"是现实生活中的堕落庸众。新文艺不能离开现实生活，但同时又要保持一种积极、高亢的格调，如同平民需要"贵族化"，凡人需要"超人化"。如果没有格调，文学就会成为只强调写真实而缺乏理想和超越性的病态文学，正如"凡人"最终沦落成为为人所不齿的"末人"。

一言以蔽之，在周作人看来，"真正的人的文学"，就是融"求胜意志"或"贵族精神"与"求生意志"或"平民精神"于一体的文学，或者是融"平民性"或"凡人性"与"贵族化"或"超人化"于一体的文学，"人的文学"应该既传达现实生活的世俗性物质性，又表达思想信念的精神性超越性。

无论是借助尼采的"忠于地"主张提倡富有"个性"和"真实的思想"的"地方文学"，还是借助尼采的"权力意志论""超人说"提倡反映人道主义、记录研究人生问题的"人的文学"，周作人都是在试图提出一种全新的文学观念，这种新文学观完全不同于中国古典的"载道"文学观。

二、创造社的尼采阐释与新文学之思

创造社的缔造者郭沫若和田汉早年都接受过尼采思想的影响，并借助尼采思想来构想自己的文学观。

郭沫若在留日时期接触到尼采的著作与思想，他翻译过尼采的《查拉图斯特拉如是说》（郭沫若译为《查拉图司屈拉》——引者）中的26章，并撰写《雅言与自力——告我爱读〈查拉图司屈拉〉的友人》，介绍该书的主旨、风格和创作背景，帮助读者理解。郭沫若借助尼采思想构设自己的新文

---

❶ 周作人《贵族的与平民的》，1922年2月19日《晨报副镌》。
❷ 周作人《贵族的与平民的》，1922年2月19日《晨报副镌》。

学观，主要表现在两个方面。

首先，他借助尼采的"心血说"和"婴儿说"，以提倡"生命文学"观。郭沫若在 1920 年 1 月 18 日致宗白华的信中说："我们的诗只要是我们心中的诗意诗境底纯真的表现，生命泉中流出来的 Strain，心琴上弹出来的 Melody，生底颤动，灵底喊叫，那便是真诗，好诗。"● 在他看来，"心中的诗意诗境""生命泉""心琴"是根本，"诗"只是它们的外在表现和流露。郭沫若在《生命底文学》（1920）一文中系统阐述了"生命文学"观，宣称："生命是文学底本质，文学是生命底反映。离了生命，没有文学。"● 生命是根，文学是花。"生命文学"有什么特点呢？郭沫若说："生命底文学是个性的文学，因为生命是完全自主自律的。生命的文学是普遍的文学，因为生命是普遍咸同的。生命底文学是不朽的文学，因为 Energy 是永恒不灭的。"他进一步指出："生命底文学是必真、必善、必美的文学：纯是自主自律底必然的表示故真，永为人类底 Energy 底源泉故善，自见光明，谐乐，感激，温暖故美。"● 总之，在郭沫若看来，生命文学就是从"生命泉"中流淌出来的"旋律"（Strain），在"心琴"上弹奏出来的"曲调"（Melody），就是以生命为观照对象、书写生命的文学，因而是个性的、普遍的、不朽的文学，也是集真善美于一体的文学。

那么，作家如何才能创作出"生命文学"？郭沫若认为有两个条件。第一个条件是作家要成为绝对纯真、自主的"婴儿"。他说："创造生命文学的人当破除一切的虚伪，顾忌，希图，因袭，当绝对地纯真，鲠直，淡白，自主，一个伟大的婴儿。"● 郭沫若此处所说的"婴儿"一语就是王国维所说的"赤子"，通俗的翻译就是"孩子"，出自尼采的《查拉图斯特拉如是说》第 1 章。尼采说："孩子是纯洁，是遗忘，是一个新的开始，一个游戏，一个自转的车轮，一个肇始的运动，一个神圣的肯定。"● 通过对比不难发现，郭沫若眼中"破除一切的虚伪，顾忌，希图，因袭，当绝对地纯真，鲠直，淡白，自主"的"婴儿"同尼采笔下的"孩子"的性格、性质非常接

● 郭沫若《致宗白华（一）》，载黄淳浩编《郭沫若书信集》（上），中国社会科学出版社，1992 年，第 84 页。

● 郭沫若《生命底文学》，1920 年 2 月 23 日《时事新报·学灯》。

● 郭沫若《生命底文学》，1920 年 2 月 23 日《时事新报·学灯》。

● 郭沫若《生命底文学》，1920 年 2 月 23 日《时事新报·学灯》。

● ［德］尼采《查拉图斯特拉如是说》，钱春绮译，北京三联书店，2007 年，第 23 页。

近：前者的"纯真"与后者的"纯洁"一致，前者的"破除一切的虚伪，顾忌，希图，因袭"与后者的"遗忘"、代表"一个新的开始"相似，前者的"自主"与后者是"一个自转的车轮""一个肇始的运动"相近。简言之，能够创造"生命文学"的作家一定是如孩子一样纯真、自主、敢于反叛与超越世俗传统的人。

第二个条件是作家要能够写出自己的"心血"。郭沫若曾经指出，尼采曾经说过："用心血和雅言著作的人，不愿受人阅读，只愿受人暗诵。"他的代表作《查拉图斯特拉如是说》"正是心血和雅言的著作"。❶ 郭沫若所引的尼采"用心血和雅言著作的人，不愿受人阅读，只愿受人暗诵"一句和王国维所引的"一切文学，余爱以血书者"一句，都出自《查拉图斯特拉如是说》的《阅读与写作》一章。郭沫若所引的语句，钱春绮是这样翻译的："用血写箴言的人，不愿被人读，而是要人背出来。……箴言应该是山顶：可对他说箴言的人，必须是长得高大的人。"❷ 这里所说的"读"或"阅读"是指发声朗读，体会其语言、形式之美，而"背"或"暗诵"则指用心体会其深刻的内涵。箴言言简意赅，隐含的内容多，跳跃性大，光凭有口无心的朗读是不能获取真谛的，要理解它就得有特殊的才能，能够凭直觉直击要点，正如"长得高大的人"有长腿，能够直接由这个山头跨到那个山头。

郭沫若此处所说的"心血"和王国维所说的"血"是同一个德文词汇Blut，指的是作者的体验、情绪与思想，其实也就是郭沫若所说的"生命泉"中流淌出来的"旋律"（Strain）、"心琴"上弹奏出来的"曲调"（Melody），是生命的组成部分。尼采在《查拉图斯特拉如是说》里还说，理想的诗人或文学家一定能够直面真实的"自我"，并写出真实的"自我"，所以他高兴地说："我已经看到诗人们在改变，他们把眼光转向自己。"❸ 所谓"把眼光转向自己"就是书写自己真实的意志、本能和内心真实的情感，就是书写自己的"心血"或生命。

其次，郭沫若早年还借助尼采的反叛、反抗性格和"价值重估"主张，提倡创作"反性格的诗"。1921年，他在致友人的信中说："我的诗多半是

---

❶ 郭沫若《雅言与自力》，《创造周报》1924年第30号，第2页。
❷ ［德］尼采《查拉图斯特拉如是说》，钱春绮译，北京三联书店，2007年，第39页。
❸ ［德］尼采《查拉图斯特拉如是说》，钱春绮译，北京三联书店，2007年，第147页。

种反性格的诗，同德国的尼采 Nietzsche 相似。"❶ 所谓"反性格的诗"，就是以歌颂破坏与反叛精神为主题的诗。郭沫若早年的诗集《女神》中就有不少这类主题的诗篇。应该说，影响郭沫若的不只是尼采的的反叛性格与"反性格的诗"，还有尼采"重新估定一切价值"的主张，而事实上，他所说的尼采的"反性格"，也不只是尼采本人的性格，更是指尼采通过宣扬"重新估定一切"的主张所体现出的彻底反叛传统的精神倾向。正是尼采"重新估定一切价值"的勇气和胆略，鼓励郭沫若义无反顾地谱写出一首首"反性格的诗"。

田汉在日本留学时接触到尼采的悲剧理论。1919 年他翻译西方一位学者（田汉未交代作者及国籍——笔者）的一篇题为《说尼采的〈悲剧之发生〉》的英文文章，发表在《少年中国》1919 年第 1 卷第 3 期上。该文在阐述和概括尼采的悲剧理论时引用了《悲剧的诞生》里的许多原话，田汉也得以通过翻译这篇文章熟悉了尼采的悲剧理论。

年轻的田汉正是借助尼采的悲剧论提出了唯美主义文艺观。他曾经指出："我们做艺术家的，一面应把人生的黑暗面暴露出来，排斥世间一切虚伪，立定人生的基本，一方面更当引人入一种艺术的境界，使生活艺术化（Artification），即把人生美化（Beautify），使人家忘记现实生活的苦痛而入于一种陶醉法悦浑然一致之境，才算能尽其能事。"❷ 这是田汉 1920 年 3 月 29 日致郭沫若的信中的一段话。从这段话可以看出，田汉将艺术家的责任或艺术的本质概括为两个方面：一是暴露"人生的黑暗面"，去"排斥世间一切虚伪"，力求真实客观地反映现实生活，客观真实地描绘和揭露现实世界中各种阴暗面和弊端，不粉饰太平，不歌功颂德；二是"使生活艺术化，即把人生美化，使人家忘记现实生活的苦痛"，即是说，艺术家立足现实但不能拘泥现实，而必须超越现实，美化和艺术化庸常、凡俗的现实生活，提振读者的信心，给他们送去希望。"法悦"就是由听闻佛法或由思惟佛法而产生的喜悦、心醉神迷，同前面"陶醉"一词的含义相差不大。相对来说，后者更为重要，这从作者在表述后面这种任务时使用"更当"一词即可看出。田汉在这里阐述的文艺观完全不同于中国传统的"载道"文学观，是一种典型的唯美主义文艺观。

---

❶ 郭沫若《致陈建雷（一）》，《郭沫若书信集》（上），中国社会科学出版社，1992 年，第 173 页。

❷ 田汉《致郭沫若》，《田汉文集》第 14 卷，中国戏剧出版社，1983 年，第 51 页。

田汉早年的唯美主义文艺观的形成正得益于尼采悲剧哲学的启迪。尼采《悲剧的诞生》一书里的许多语句都在此前田汉曾经翻译过的《说尼采的〈悲剧之发生〉》一文中被引述过。其中就有这样的语句："这个神便是亚波罗（通译阿波罗，下同——引者）之神，就是他们（指古希腊人——引者）要把这个不可复居的苦世界，化之为艺术，化之为幻影，化之为美"；要"把观念之世界和意志之世界两者都化之为艺术，由那种艺术的人生观忘掉人生之惨苦"，等等。❶ 这些话与田汉阐发的"使生活艺术化""把人生美化""使人家忘记现实生活的苦痛"之类的观点如出一辙。❷

由郭沫若借用尼采的"婴儿说""心血说"和"反性格说""价值重估"主张而阐发的"生命文学观"和"反性格的诗论"，以及田汉借用尼采的悲剧理论而阐发的唯美主义文艺观可以看出，创造社缔造者们着重关注的是尼采的主观唯心主义即唯意志论的一面，而他们借此申述的新文艺观也是浪漫主义的、非理性主义的和唯美主义的。

三、文学研究会的尼采阐释与新文学之思

文学研究会的创始人茅盾、郑振铎以及上海分会的成员李石岑都接受过尼采的著作，并借助尼采思想阐述自己的新文学主张。

茅盾对尼采的文才佩服有加，认定尼采是"大文豪"，称他的《查拉图斯特拉如是说》是一部"诗体小说"，并断定："单论文学上的价值，也就可以决定这是天地间一部杰作。"❸ 茅盾不仅在《尼采的学说》等文章中介绍和阐释尼采思想，还借助他的"超人说"构设自己的新文学观。

如前所述，茅盾将尼采的"超人说"看作进化论。他在《尼采的学说》（1920）一文中明确指出："'超人'主义，便可算是尼采的进化论。""从前达尔文说人是由动物进化而来，现在尼采也说，将来的人，也要从现代人进化而去"，即从"现代人进化到将来的超人"。❹ 受到尼采式"进化论"的启示，茅盾认为五四新文学实质上也是由中国古典文学进化和转型而成的产

---

❶ （作者及国籍待考）《说尼采的〈悲剧之发生〉》，田汉译，载成芳编《我看尼采》，南京大学出版社，2000年，第59页、第60页。

❷ 此处关于田汉早期的文艺观同尼采悲剧理论之间关系的阐述，取自项目负责人早期的研究成果。参见：《田汉、成仿吾与尼采》，《湖湘论坛》2009年第3期。

❸ 雁冰《尼采的学说》，载郜元宝编《尼采在中国》，上海三联书店，2001年，第76页。

❹ 雁冰《尼采的学说》，载郜元宝编《尼采在中国》，第89页、第90页。

品。他在《新旧文学平议之评议》（1920）一文中提出："我以为新文学就是进化的文学。"他还特别申明："我们拿'进化'二字来注释'新'字，不该拿时代来注释；所谓新旧在内容，不在形式。"❶ 即是说，文学是否为"进化"或者是否为"新"的文学，不是由它问世时间的先后来决定，而是由它的内容是否"进化"或"新"来决定。那么，文学内容的"进化"或"新"究竟表现在哪些方面呢？茅盾指出，主要表现在3个方面："一是普遍的性质；二是有表现人生、指导人生的能力；三是为平民的非为一般特殊阶级的人的。"❷ 换言之，能够体现普遍的或共同的人性，能够反映并且指导现实人生和社会生活，是为平民百姓而非为极少数贵族和统治阶级而创作的，这样的文学就是"新文学"或者是"进化的文学"。显然，茅盾借用尼采主张构想"新文学"的理路，与陈独秀推倒"贵族文学""古典文学"与"山林文学"以建设"国民文学""写实文学"与"社会文学"的理路相似，凸显了现代新文学的时代性、社会性。

郑振铎将尼采及其著作放在19世纪德国文学史的范畴来考察。他在《十九世纪的德国文学》（1926）一文里用较大篇幅介绍尼采的思想主张及其对19世纪的德国文学的影响，并称尼采的《查拉图斯特拉如是说》是"德国新时代文学中的杰作"。❸ 1936年，他为（徐）梵澄翻译的《苏鲁支语录》（通译《查拉图斯特拉如是说》——笔者）写序，称该著作是"富于诗趣的散文"。❹ 郑振铎认为，尼采哲学思想的精髓是"价值重估"主张和"反对传统"的精神。他指出，19世纪80年代，德国悲观的现实主义思想"为重生的理想主义所代"，而重生或复兴理想主义的主力就是"以猛勇的精神反抗过去的哲学家尼采"，他"和沉重的压在德国人心上的传统思想争斗"，"打翻了旧的东西的秩序，而代以他的充满精力的乐观主义"，并宣言"要做生活的主人，不要做它的奴隶；任何传统的东西，都不要相信或承认它，不管它背后有如何大的权力"。由此，郑振铎认为尼采思想给人充足的"激动力"，特别"给那少年时代以勇气，去独自的与人生对面，去从它自

　❶　冰（茅盾）《新旧文学平议之评议》，载北京大学中文系现代文学教研室主编《文学运动史料选》第1册，上海教育出版社，1979年，第167页、第168页。
　❷　冰（茅盾）《新旧文学平议之评议》，载北京大学中文系现代文学教研室主编《文学运动史料选》第1册，第167页。
　❸　郑振铎《十九世纪的德国文学》，《小说月报》1926年第9号，第12页。
　❹　郑振铎《〈苏鲁支语录〉序》，载郜元宝编《尼采在中国》，上海三联书店，2001年，第225页。

己个人的观察点，去看一切东西"。❶ 尼采思想不仅影响到德国的哲学界，也影响到德国的文学界，"使新的德国文学成了一种反对传统的文学"。❷

受尼采的"价值重估"主张和尼采思想"反对传统"的精神对德国文学产生重大影响这些事实的启发，郑振铎倡导一种反抗性的"新文学"。具体来说，他主张在反对中国传统的"传道派"文学和"娱乐派"文学的基础上，确立一种表达真情实感的"新文学"。他在《新文学观的建设》（1922）一文里系统地谈论自己的这一文学主张。郑振铎指出，中国古代传统的文学分为两种，一是"娱乐派"文学，这种文学"使文学堕落，使文学失其天真，使文学陷溺于金钱之阱"；二是"传道派"文学，这种文学"使文学干枯失泽，使文学陷于教训的桎梏中，使文学的树不能充分长成"，因此，"我们要想改造中国的旧文学，要想建设中国的新文学，不能不把这两种传统的文学观尽力的廓清，尽力的打破"。❸ 即是说，无论是娱乐派文学，还是传道派文学，它们都是在不同方面、通过不同的手段扼杀文学的生机与活力，如果要建设新文学，就得扫除这两种传统文学。郑振铎这一主张同尼采"以猛勇的精神反抗过去"、与"传统思想争斗"等主张有异曲同工之妙。正如尼采的"价值重估"主张和"反对传统"精神"使新的德国文学成了一种反对传统的文学"一样，郑振铎理想中的"新文学"首先也是一种反对传统文学标准的文学，它"不是以传道为目的，更不是以娱乐为目的"，接着郑振铎就指出，这种"新文学"一定是"以真挚的情感来引起读者的同情"的文学。❶

文学研究会上海分会成员、哲学史家李石岑是20世纪前期中国研究尼采学说最为系统和深入的两位学者之一（另一位是陈铨）。论文《尼采思想之批判》和专著《超人哲学浅说》是他的代表性成果。李石岑不仅研究尼采思想，而且还借助尼采思想来反思五四"文学革命"，构设"新文学"观念。

《爵尼索斯之皈依》（1921）一文集中讨论了尼采的酒神精神理论，李

---

❶ 郑振铎《十九世纪的德国文学》，《小说月报》1926年第9号，第12页。
❷ 郑振铎《十九世纪的德国文学》，《小说月报》1926年第9号，第12页。
❸ 西谛（郑振铎）《新文学观的建设》，载北京大学中文系现代文学教研室主编《文学运动史料选》第1册，上海教育出版社，1979年，第185页。
❶ 西谛（郑振铎）《新文学观的建设》，载北京大学中文系现代文学教研室主编《文学运动史料选》第1册，第185页。

石岑从以酒神精神为核心和基石的古希腊悲剧理论中找到了中国现代文坛进行"文学改造"的理论根据,觅得文艺的本质。尼采笔下的日神精神和酒神精神都来自古希腊神话,悲剧的诞生离不开"阿婆罗(Apollo,通译阿波罗——引者)的态度"与"爵尼索斯(Dionysus,通译狄奥尼索斯,下同——引者)的态度"这两种因素。日神的梦幻"仅足以刺激视觉与想像力",而酒神的酣醉"足以兴奋、感动系统之全部,故一切表现能力,同时并起","故爵尼索斯的生活,足以达到生活之最高潮",两者相比,显然尼采更重视酒神精神。❶ 基于此,李石岑旗帜鲜明地表示,必须借助尼采倚重的"爵尼索斯的态度"在现代中国发起一场"爵尼索斯的运动",以推动新文学运动,用李石岑的话来说就是:"爵尼索斯的运动,非一种自然主义文学运动也,非耽溺文学运动也,乃举全民族为一根本改造之运动也"。❷ 那么,开展"爵尼索斯的运动"具体有哪些益处呢?李石岑指出,在一个人的"精密之思想与粗疏之本能并存之时",必须先"从本能之粗疏处,加以训练",才可以求得"精密之思想","爵尼索斯的运动,即所以训练吾人之本能……即所以指示生命表现必由之途径",如此一来,酒神精神以及酒神精神运动就成了"吾人之'还我本性'之导师"。❸ 也就是说,"爵尼索斯运动"最大的功劳是可以训练人们"粗疏之本能",为他们获得"精密之思想"打基础,给他们"指示生命表现必由之途径"。正是在这个意义上,"爵尼索斯运动"就成为整个中华民族的"根本改造之运动",并成为"方今倡昌文学改造者"的思想准则。

由尼采认为悲剧主要诞生于酒神精神的观点出发,李石岑进一步指出,不仅悲剧,所有的文艺都主要导源于"爵尼索斯精神",文艺具有"指示本然之性格"和"先时代而突进"的品质。他反问道:"文艺强半导源于爵尼索斯,此非爵尼索斯之尤可贵也欤?"❶ 由于文艺主要起源于酒神精神,而酒神精神能够使人类的各种表现能力"同时并起""杂然并兴",所以文艺比科学知识和意志要进化更快,发展得更为迅速,文艺往往走在时代的前列,成为时代的预言者,"文艺所以先时代而突进者在是,所以速于知识与意志

❶ 李石岑《爵尼索斯之皈依》,载成芳编《我看尼采》,南京大学出版社,2000年,第147页。
❷ 李石岑《爵尼索斯之皈依》,载成芳编《我看尼采》,第147-148页。
❸ 李石岑《爵尼索斯之皈依》,载成芳编《我看尼采》,第148页。
❶ 李石岑《爵尼索斯之皈依》,载成芳编《我看尼采》,第148页。

之进化者亦在是"，这也是文艺的最可贵之处。●

李石岑在《超人哲学浅说》一书中在详论尼采的艺术观后，还借助它来质疑中国传统的文艺观，构设文学艺术观念。首先，他借助尼采的美学思想以质疑和否定中国传统的艺术观。具体来说，李石岑希望借助尼采"艺术即生活，生活之艺术化，艺术之生活化"的主张来警醒"对于艺术从不甚了了"的中国人，并反对"从无表现生活高潮的艺术"、只知道表现"宗法社会下的伦理的思想"的中国传统文艺观。●

其次，李石岑借助尼采的"艺术家论"改造中国人传统的艺术观，强调文艺创作的主动性和独创性。尼采认定艺术家是权力意志旺盛的群体，他们秉持以"权力之充实"为核心内容的感性去创作。在尼采看来，"艺术家并不以富于情热为羞耻，他是赤裸裸的暴露自己的真相的"，而"艺术家之本性是感性的，所以艺术家比从来的哲学家更强固的为生活上之执著"。● 李石岑认为，尼采对艺术家的"感性"内涵的揭示特别值得关注。因为它包含"生命之微妙、精神之神秘、权力之充实"● 等倾向。由此出发，尼采反对"受者"美学或接受美学，提倡创作美学或"与者"美学。因为"创作是直接的创作，赏鉴是间接的创作，美学与其从'受者'的方面出发，不如从'与者'的方面出发之为彻底"。● 按照尼采的说法，中国传统的艺术观总体上属于"受者"美学。因为"中国人的艺术思想，只注重'受者'方面，只注重'回忆''感旧''幻影的追逐''心灵麻木的慰安'一类的风调"，如此，"非用尼采的艺术思想去救济，非从'与者'方面的艺术去挽回，是不能使中国人的内生活强烈化、深刻化的。"● 即是说，"与者"美学重视作者，强调主动性，强调创作和创新，"受者"美学重视读者，强调被动的接受，强调对故旧的回忆和感怀，尼采的"与者"美学刚好被借用来反对中国传统的"受者"美学，强调重视"强烈化、深刻化"的"内生活"。总之，李石岑鼓励中国的新文学作者要像尼采心目中的艺术家一样，"不以富于情热为羞耻"，勇敢地"赤裸裸的暴露自己的真相"，创作出表现生命本能和

● 李石岑《爵尼索斯之皈依》，载成芳编《我看尼采》，第148页。
● 李石岑《超人哲学浅说》，上海商务印书馆，1931年，第93页。
● 李石岑《超人哲学浅说》，第86页。
● 李石岑《超人哲学浅说》，第86页。
● 李石岑《超人哲学浅说》，第86页。
● 李石岑《超人哲学浅说》，第87页。

真情实感的新文学。

茅盾、郑振铎和李石岑借助尼采思想所阐发的新文学观，总体特征是反抗传统，书写真挚的情感，批判和揭露社会现实，属于现实主义的范畴。

五四时期，受尼采思想的启发，同样也阐发了现实主义文学主张的还有林语堂。具体来说，他受尼采"骂德人"的启发，提倡"骂人"文学，即提倡以批判和揭露为主要倾向的现实主义文学。

林语堂在《插论语丝的文体——稳健，骂人，及费厄泼赖》（1925）一文里将"骂人"视为语丝社文学的风格之一。何为"骂人"？"骂人"有什么益处？林语堂说："骂本有相当的好处，世界绝没有人不承认奸臣是该骂的，或者不承认背信弃义忘恩负义的朋友，不贞之妇，不孝之子是该骂的。"他认为，"骂人"体现的是一种"健全的作战精神"，因此"不可不积极地提倡"。❶ 显然，林语堂所说的"骂人"是指揭露和抨击奸臣、背信弃义者、不贞之妇和不孝之子的罪行和过错，这种揭露和抨击体现的是一种战斗意识或"作战精神"。林语堂为之大唱赞歌的"骂人"真经取自何处？原来就取自包括尼采在内的中外诸位哲人和文人。他说："自有史以来，有重要影响于思想界的人都有骂人的本能及感觉其神圣……所以尼采不得不骂德人，肖伯纳不得不骂英人，鲁迅不得不骂东方文明。"❷ 的确，尼采"骂德人"是出了名的。普法战争之后，获胜的德国人"竞相努力颂扬战争"，一致认为"德国文化也在那场斗争中获胜了"。尼采针对德国民众尤其是知识分子的盲目乐观，写下著名的《不合时宜的沉思》，将这些人比喻为"神气活现地站在镜子前面、与自己的镜像交换欣赏的目光"的孤芳自赏的"大公鸡"与"知识庸人"。❸ 他还将德意志民族的劣根性概括为："精神的笨拙，不思改变的舒适懒散，对某种权力和服务乐趣的甘心屈服。"❹ 不过，尼采"骂德人""根本上是因为我对于德国人有更多的要求和愿望"，❺ 可谓爱之愈切、恨之愈深。从尼采等人那里获取"骂人"的真经之后，林语堂于1925—1933年创作了《萨天师语录》杂文系列。这些文章的写作虽然历时8年多，但思想倾向是一致的，即借萨天师之口"骂"国民劣根性，"骂"传统文

---

❶ 林语堂《插论语丝的文体——稳健，骂人，及费厄泼赖》，《语丝》1925年第57期，第5页。
❷ 林语堂《插论语丝的文体——稳健，骂人，及费厄泼赖》，《语丝》1925年第57期，第5页。
❸ ［德］尼采《不合时宜的沉思》，李秋零译，华东师范大学出版社，2007年，第35页。
❹ ［德］尼采《权力意志》（上卷），孙周兴译，商务印书馆，2007年，第37－38页。
❺ ［德］尼采《不合时宜的沉思》，李秋零译，第80页。

明，"骂"现实社会中的种种丑恶现象。而林语堂的"骂"，不仅袭取了尼采"骂德人"的形式，也借用了尼采"骂德人"的内容及其他的思想主张。

第三节　尼采思想对抗战前后文学观的启迪

20世纪三四十年代，"战国策派"的核心人物林同济、陈铨以及与"战国策派"有几分瓜葛的沈从文等人，步五四文学先驱的后尘，借助尼采学说对中国现代"新文学"的特质作进一步的思考，提出了明确的文学主张。

一、林同济的尼采阐释与新文学之思

林同济是"战国策派"的核心人物，他讨论过尼采的思想与文体特征，还模仿《查拉图斯特拉如是说》创作了两篇《萨拉图斯达如此说》。这里着重讨论林同济借助尼采思想阐述自己的新文学主张的情况。

首先，林同济借助尼采的悲剧理论申述"恐怖""狂欢"与"虔恪"等文学母题，认为它们是对生命意识的书写，应该成为新文学的重要母题。

林同济在《寄语中国艺术人——恐怖·狂欢·虔恪》（1942）一文里以富有诗意的笔调描述了"恐怖""狂欢"与"虔恪"等3个文学母题的具体内涵。第一，"恐怖"是个体人最深层的感觉，反映人类生命的脆弱。林同济写道："对着无穷的时空，生命看出了自家最后的脆弱，看出了那终究不可幸逃的气运——死、亡、毁灭。恐怖是生命看到了自家最险暗的深渊：它可以撼动六根，可以迫着灵魂发抖。"❶ 简言之，"恐怖"是生命发现自身的脆弱、前面的险暗深渊，以及无法逃脱死亡命运时的"撼动六根""灵魂发抖"。第二，"狂欢"是人类激情的迸发和倾泻，代表生命的健康与巅峰状态。林同济说："狂欢！狂欢！它是时空的恐怖中奋勇夺得来的自由乱创造！""狂欢是动，是舞——一气贯下的百段旋风舞。""狂欢是音乐，是交响曲的高浪头。"❷ 换言之，"狂欢"是尝过恐怖苦味后而又超越恐怖得来的"自由乱创造"，如醉如狂的舞蹈和音乐是它的典型形态。第三，"虔恪"是人类反视自身渺小而对博大宇宙的肃然起敬，代表生命的理性与自觉。林同

---

❶　独及（林同济）《寄语中国艺术人——恐怖·狂欢·虔恪》，1942年1月21日《大公报·战国》第8期。

❷　独及（林同济）《寄语中国艺术人——恐怖·狂欢·虔恪》，1942年1月21日《大公报·战国》第8期。

济指出：虔恪就是"神圣的绝对体面前严肃肃屏息崇拜"，面对着这个绝对体，任何人都"登时解甲投降""自认渺小"，都"愿服从""愿皈依"，都愿意"把整个生命无条件地交出来，在兢兢待命之中，严肃屏息崇拜"。❶神圣的绝对体就是超越自我与时空的世界本体及其创造者，所谓虔恪就是在世界本体及其创造者面前"严肃屏息崇拜"。

　　林同济关于恐怖、狂欢、虔恪等文学母题的描述可以从尼采《悲剧的诞生》对古希腊日神精神与酒神精神的描述那里找到源头。尼采提及希腊人由发现生存的恐怖转而通过创造奥林匹斯神话而进入狂欢的过程。《悲剧的诞生》第3节里有这样一段文字："希腊人知道并且感觉到生存的恐怖与可怕，为了能够活下去，他们必须在它前面安排奥林匹斯众神的光辉梦境之诞生。"❷ 在希腊人看来，现实生活让人恐怖，但他们通过创造奥林匹斯神话给现实生活涂抹一层"光辉梦境"，让刺人的灌木转变成美丽、赏心悦目的玫瑰花。《悲剧的诞生》第1节还以诗一般的语言描绘感染酒神精神的人们由"狂欢"进入"虔恪"的情状："他陶然忘步忘言，飘飘然乘风飞飏。……他如此欣喜若狂、居高临下地变幻，正如他梦见的众神的变幻一样。人不再是艺术家，而成了艺术品。在这里，整个大自然的艺术能力透过醉的颤栗显露无遗，而太一的快感也得到极度的满足。"此时，"应和着酒神的宇宙艺术家的斧凿声，响起厄流息斯秘仪上的呼喊：'苍生啊，你们肃然倒地了吗？……'"❸ "欣喜若狂"、处于"醉的颤栗"中的人们最终在神秘的造物主面前"肃然倒地"，极为虔恪。林同济对"恐怖""狂欢"和"虔恪"的实质及对其相互关系的描述，与尼采的这些描写何其相似乃尔！

　　林同济阐述的文学三母题凸显的是心理活动和生命意识，"恐怖"是生命意识的初始觉醒，"狂欢"是生命的颠峰感觉，而"虔恪"则是生命最终的理性回归。事实上，林同济一直将尼采哲学看作生命哲学，他认定"尼采有个基本的概念：对生命的肯定"；❹ 他认为尼采的写作都是"生命的淋漓"，都是"为生命力的舞蹈而创造"。❺

---

　　❶ 独及（林同济）《寄语中国艺术人——恐怖·狂欢·虔恪》，1942年1月21日《大公报·战国》第8期。

　　❷ F. Nietzsche, *Die Geburt der Tragödie. Friedrich Nietzsche Werke in Drei Bänden.* Band 1. Carl Hanser Verlag München. 1954, p30.

　　❸ F. Nietzsche, *Die Geburt der Tragödie. Friedrich Nietzsche Werke in Drei Bänden.* Band 1. p25.

　　❹ 林同济《尼采〈萨拉图斯达〉的两种译本》，《今日评论》1939年第16期。

　　❺ 林同济《我看尼采》，载陈铨《从叔本华到尼采》，上海大东书局，1946年，第4页。

正是受尼采的悲剧理论和生命哲学的启发，林同济不仅将张扬生命意识的"恐怖""狂欢"与"虔恪"视为他心目中的新文学的 3 个重要母题，而且从根本上就认定文艺创造与生命相通，文学应该是生命力饱胀的标志，文学应该书写生命的本质。他指出：各种创造之中，只有艺术创造"最可以表现生命力的本性""最能够代表人们生命力自由、活跃，至诚成物的最高峰"。❶ 因此，林同济特别重视创作富有生命力、创造力与冲击力的文学，以纠正中国古典文学温柔敦厚、中庸柔弱的传统。他向抗战时代的中国作家呼吁："我劝你们不要一味画春山，春山熙熙惹睡意。我劝你们描写暴风雪，暴风雪冽冽搅夜眠。……斜风芍药，淡月梅枝——引不起什么灵魂的颤抖。"❷ "惹睡意"的文学肯定是歌功颂德、温柔敦厚的文学，而描写冽冽暴风雪的文学才是冲撞和激活生命力的文学，才是新时代急切需要的文学。

其次，林同济借助尼采"一切文章，我最爱用血写的"的观点，要求新文学凸显作家的"个性"和"人格"。

林同济认为，"真正的艺术要于象征上再加抒情性，就是说艺术的象征还要饱涵着艺术家的人格风味"，而"人格即个性"❸，由此看出，林同济认定"抒情性"是一种纯粹个人化的特征。林同济进一步指出："艺术创造可称为道地的个性自表，人格自抒者。"❹ 林同济提倡的这种"个性自表，人格自抒"的文学观也就是"个性"文学观，与他对尼采著述的特点的领悟有关。他曾经说过："尼采文字是他整个人格的忠实自抒。他行文之际只是把他的个性浑然倒倾于字里行间。他的文字是自有其所特有的精神统相：非理智，非情志，而也是理智也是情志，盖合理智与情志而超为不可分析的人格活现者也。"尼采这种人格自抒的艺术创造的基础是什么？林同济接着写道："'一切文章，我最爱用血写的！'尼采自己如此说。Stefan Zwig 评：康德叔本华行文，就像蜡烛之光，从上头燃起，只烧个头顶与头脑，尼采却烧着他的血，他的五脏与活力。这些都并不是说尼采只用情感，乃是说他之行文即等于他整个人格的粹然出现，浑然倒泻。"❺ 在林同济看来，尼采所说的

❶ 林同济《我看尼采》，载陈铨《从叔本华到尼采》，第 3 页。
❷ 林同济《寄语中国艺术人——恐怖·狂欢·虔恪》，1942 年 1 月 21 日《大公报·战国》副刊第 8 期。
❸ 林同济《我看尼采》，载陈铨《从叔本华到尼采》，第 13 页。
❹ 林同济《我看尼采》，载陈铨《从叔本华到尼采》，第 13 页。
❺ 林同济《我看尼采》，载陈铨《从叔本华到尼采》，第 14 页。

"一切文章，我最爱用血写的"一句，强调的就是表现作者的融理智与情志于一体的个性、人格，说得更明确些，就是表现作者的生命，尼采的创作"烧着他的血，他的五脏与活力"，是"他整个人格的粹然出现，浑然倒泻"。林同济认为，中国的新文学要像尼采的创作一样，不只是传达理智，也不只是倾诉感情，而应该体现理智与情志融汇成的"不可分析的人格"，应该传达自己的真实个性。

二、陈铨的尼采阐释与新文学之思

陈铨是中国现代两位最著名的尼采研究专家之一。他不仅研究尼采哲学，而且还借助尼采的思想主张来构设自己的新文学观念。

陈铨在《论新文学》（1940）一文中详细阐述了自己对新文学的设想。他认为新文学的主要特质是要体现时代精神，"新文学一定要代表一个新时代"，要反映一个时代的"精神"和"思想"。"文学家的责任，就是要看清楚时代的弊病，一方面尽力攻击揭露，另一方面建设新的标准，使人类的文化走进一个新的阶段。也许还在酝酿，也许正在前进，文学家的工作，就是要破坏，提倡，促进，使这个新时代迅速实现。能够担当这一种工作的人，就是新文学家，能够代表这一种新时代精神的作品，就是新文学。"[1] 显然，反映时代"新的精神新的思想"的新文学及其创作者必须要同时完成两项任务，一是"看清楚时代的弊病"，并"尽力攻击揭露"；二是"建设新的标准"，使"人类的文化走进一个新的阶段"，推动"新时代迅速实现"。同时，陈铨也认识到，时代精神最终要落实到组成社会的个人身上，要具体化为人们的价值观、人生观，所以，"所谓新时代的精神，简单来说，就是新的人生观"。[2]

陈铨写作《论新文学》的 1940 年前后，中国正处在一个什么样的时代呢？这个时代的新精神和急需的新文学又是怎样的呢？陈铨说，当下的中国正处在"战国时代"；换言之，"我们的国家民族在这一个无情无义的悠久时代中间，无时无刻不是生死存亡的关头"。此时正值日本侵略者对中华民族的进攻为最穷凶极恶的时节，不少国人对前途感觉渺茫，甚至陷于悲观绝望之中，因此，"中国有志文学的人，都应该担负起先知先觉的责任。对于

---

❶ 陈铨《新文学》，《今日评论》1940 年第 12 期，第 11 页。
❷ 陈铨《新文学》，《今日评论》1940 年第 12 期，第 11 页。

这个责任明白亲切的认识，再加上他们创造的天才，和对人生深刻的观察，他们创造出来的文学，才可配称新文学"。❶ 陈铨认为新文学家要成为"先知先觉"，呼吁整个民族奋起抗争，勇敢地担负自己应尽的责任。与此同时，他们还要结合自己"对人生深刻的观察"、发挥自己"创造的天才"，这样就可以创作出无愧于时代的"新文学"。具体来说，陈铨设想的"新文学"要宣扬的"新时代精神"，包括 11 个方面的"理想"。第 1—4 个方面依次是："理想的人生是战斗""理想的人是战士""理想的道德是征服""理想的快乐是胜利"，强调的是战斗精神；而第 5—11 个方面依次是："理想的自由是民族""理想的国家是统一""理想的政治是军队组织""理想的经济是国富""理想的教育是训练服从""理想的社会是民族至上""理想的国际关系是中华民族领导下的天下为公"，突出民族自由、国家统一、民族至上、天下为公等理念，强调的是集体精神。❷ 因此，陈铨的"新文学"观的内涵可以概括为两个方面：一是"战斗文学"观，二是"民族文学"观。

陈铨提倡的这两种"新文学"观都受到尼采哲学的影响。

首先，他的"战斗文学"观受到尼采的"超人说"和"战争"哲学的启发。按照陈铨《论新文学》一文的定义，所谓"战斗文学"，就是宣扬"战斗"精神、塑造"战士"形象、突显"征服"意志、歌颂"胜利"的文学。而在陈铨看来，尼采心目中的"超人"就是"勇敢的战士"❸；"超人就是战场上的壮士，他们要战胜一切，征服一切，摧毁一切"❹。陈铨根本上就认为尼采是"主战"论者。在尼采看来，"人生宇宙，充满了冲突的原素，社会与个人，外物与内心，内心与内心，无处不是战场，无处不是战争"。❺这种广义上的"战争"也可以具体表现为民族与民族、国家与国家、团体与团体之间的武装冲突。陈铨眼中的战争预言家和鼓吹者尼采形象，同他认为抗战时期的新文学要描写"战斗"的人生、塑造"战士"的形象、宣传"征服"的道德、歌颂"胜利"的快乐的精神实质和内涵完全是相通相连的。显然，陈铨在借助尼采的超人哲学、战争哲学提倡新文学的战斗品质。

---

❶ 陈铨《新文学》，《今日评论》1940 年第 12 期，第 11 – 12 页。
❷ 陈铨《新文学》，《今日评论》1940 年第 12 期，第 12 页。
❸ 陈铨《从叔本华到尼采》，1946 年，第 113 页。
❹ 陈铨《从叔本华到尼采》，第 113 页。
❺ 陈铨《从叔本华到尼采》，第 128 – 129 页、第 113 页。

其次，陈铨的"民族文学"观受到尼采的权力意志论的启发。陈铨提及的"民族文学"，完整的说法是"民族的盛世文学"。他在《盛世文学与末世文学》（1943）一文中指出，"中华民族现在正经历一个伟大的时代，希望这一个伟大的时代，能够产生一个伟大的盛世的新文学运动。"● 换言之，抗战时期需要的"民族文学"乃是张扬中华民族旺盛的生命力和强烈的民族意识的"盛世文学"。在陈铨那里，"盛世的新文学"的首要特点就是充分张扬生命力，因为"世界上第一流的文学，就是能够提高鼓舞生命力量的文学"；因为"盛世的文学家，发现人类活动过程中，充满了生命的意义，伟大的使命。"● 同时，作为特定时期的民族文学，"盛世文学"的当务之急是"培养民族意识"，因为"民族意识是民族文学的根基"。那么，陈铨心目中的民族意识是怎样的呢？他在《民族文学运动》（1943）一文中陈述，抗战时期的民族意识就是中国四万万五千万人"感觉他们是一个特殊的政治集团"，感觉"他们的利害相同，精神相通，他们需要共同努力奋斗，才可以永远光荣生存在世界"。● 陈铨提倡的"民族文学"或民族的"盛世文学"观折射出尼采权力意志论的启迪。相比于叔本华的生存意志，陈铨更偏爱尼采的权力意志。他宣称："尼采发现，人类除了生存意志以外，还有一个最伟大的生命力量，就是'权力意志'。人类不但要求生存，他还要求权力。"● "人的生活最精彩的时候，就是权力意志最充分发挥的时候。"● 同理，"一个国家或民族，是否能够在世界上取得光荣的地位，就看它国内中坚分子能否超过生存意志，达到权力意志"。● 总之，理想的"新文学"应该是充分发挥作者的权力意志、提高并鼓舞读者的生命力和权力意志的文学。

陈铨认为，在中华民族面临外族侵略的时候，中国的作家更应该创作、中国的读者更应该阅读这类文学作品，以振作自己的精神，团结一致、奋起抗敌。不难看出，陈铨提倡的"新文学"主张，突出文学的宣传功能与政治功用，难免偏颇之处。但是，这一文学观在宏观上又与鲁迅、陈独秀等人开

● 陈铨《盛世文学与末世文学》，载温儒敏、丁晓萍编《时代之波》，中国广播电视出版社，1995年，第416页。
● 陈铨《盛世文学与末世文学》，载温儒敏、丁晓萍编《时代之波》，第414页、第413页。
● 陈铨《民族文学运动》，载温儒敏、丁晓萍编《时代之波》，第378页。
● 陈铨《尼采与〈红楼梦〉》，载于润琦编选《陈铨代表作》，华夏出版社，1999年，第382页。
● 陈铨《指环与正义》，1941年12月17日《大公报·战国》副刊第3期。
● 陈铨《指环与正义》，1941年12月17日《大公报·战国》副刊第3期。

创的以文学"移人性情""改造社会"、推动"伦理之觉悟"的启蒙之路是一脉相承的。

三、沈从文的尼采阐释与新文学之思

作为从事文学工作的知识分子，沈从文对尼采曾经主张用"文字"完成启蒙任务这一点特别敏感。前面已经提到，沈从文认为尼采是康拉德、歌德、伏尔泰、托尔斯泰一类依靠"相当的字，正确的音"来"移动世界""除旧布新"的"巨人大师"，并将自己早年一直坚守的认为"脆弱文字"可以"动摇旧世界""重造新世界"的看法视为"尼采式原则"。这里所说的"字""音""文字"当然包括文学。这些说法凸显了"文字"、文学改变人们的思想和改造社会的启蒙功能。

将认定"脆弱文字"可以"动摇旧世界""重造新世界"的看法称为"尼采式的夸大而孤立的原则"，并非空穴来风。尼采在晚年自传中多次谈论自己和自己著作（即"脆弱文字"）的双重作用：一方面具有攻击性，如尼采声称："就我的本性来说，我是好战的。""我不是人，我是炸药"[1]；另一方面又具有建设性，如尼采又不无骄傲地宣告："凡是善于发现我的著作散发出来的气息的人，就会知道这是一种高空之气，一种振奋之气。"[2] "好战""炸药"突出的是"动摇旧世界"的特质，而"高空之气""振奋之气"又会提振读者的信心和精神，赋予人们"重造新世界"的正能量。

沈从文充分认识到"文字"（包括文学）在中国社会中具有特殊的作用，享有独特地位，"一切进步的观念，想要把它输入国人意识中，形成一种普通力量，在中国，文字还是一种最简便最容易使用的工具"。他举例说："三十年来的中国，社会与政治不断的变动，康梁的变法运动，陈胡的新文学运动，以至于去年抗战前期一般人的民族自力更生运动，无一不见出这个民族对于文字特有的敏感性，以及文字在这个民族中特有的煽动性。当前的挣扎求生，和明日的建国，文字所能尽的力，实在占据一个极重要的位置。正因当前和明日我们所需要的是多数人脑子中一种新观念，从短时间能建设这个观念，确固这个观念，一种不依赖'过去'，不依赖'他人'民族复兴

---

[1] ［德］尼采《看哪这人：尼采自述》，载《权力意志》，张念东、凌素心译，商务印书馆，1998年，第18页、第99页。
[2] ［德］尼采《看哪这人：尼采自述》，载《权力意志》，张念东、凌素心译，第5页。

的自信与自尊观念，或推广这个观念，惟有文字。"❶ 简言之，在沈从文看来，在传输、确固与推广"进步观念"或"新观念"方面，文字（包括文学）具有不可替代的作用。沈从文从踏上文学之路伊始，就自觉地将自己的文学创作同新文学运动的宏伟任务挂钩，认识到自己"主要任务是作尖兵，为大队伍打前站"。❷ 他早早地在哲学家林宰平的提醒下决心要在文学创作中"亮出思想"。❸ 这种"尖兵"意识与在作品中"亮出思想"的诉求，让沈从文决定用文学来启迪民众，并初步形成自己的启蒙文学观。

沈从文的启蒙文学观主要包括两个方面的内容。第一，文学应该为改造社会甚至为应对国难出力。沈从文指出：文学艺术可以帮助多数人形成"对于国家进步一种新态度，新观念"，给社会"带来些新空气，新理解"，并"将这个乱糟糟的统治现实加以改造"；❹ "文学革命后，就可以用它燃起这个民族被权势萎缩了的情感，和财富压瘪扭曲了的理性"；❺ "通过文学，注入社会重造观念于读者，是一个必然有效方式"。❻ 沈从文特别强调文学对中国青年的启迪与鼓舞作用，指出："文学本身实不能解决社会问题，但是却能够为年青一代提出更多问题。"❼ "这个国家目前所进行的大悲剧，使年轻一代更担负了如何沉重一份重担，还得要文学家从一个更新之观点上给他们以鼓励，以刺激，以启发，将来方能于此残破国土上有勇气来重新努力收拾一切！"❽ 即是说，文学不仅可以引领年青一代思考社会问题，而且还可以"启发"他们在将来收拾"残破国土"，创造新世界。

第二，文学应该传输健康的人生观，揭示生命的真谛。面对当时初露端倪的文学商业化和政治化趋势，沈从文呼吁作家们"在作品中输入一个健康雄强的人生观"，"在作品中铸造一种博大坚实富于生气的人格"❾；希望他们创作出"使人觉得在真善美以外，还有一种引人'向善'的力量"的好作品❿。只有作家们"写出强有力的作品，对旧社会加以否定，对年轻一代，

---

❶ 沈从文《谈进步》，《沈从文全集》第 16 卷，北岳文艺出版社，2002 年，第 485 页。
❷ 沈从文《沈从文小说选集·题记》，《沈从文全集》第 16 卷，第 375 页。
❸ [美] 金介甫《沈从文传》，符家钦译，湖南文艺出版社，1992 年，第 56 页。
❹ 沈从文《政治无处不在》，《沈从文全集》第 27 卷，北岳文艺出版社，2002 年，第 38 - 39 页。
❺ 沈从文《从现实学习》，《沈从文全集》第 13 卷，北岳文艺出版社，2002 年，第 374 - 375 页。
❻ 沈从文《我的学习》，《沈从文全集》第 12 卷，北岳文艺出版社，2002 年，第 365 页。
❼ 沈从文《我的学习》，《沈从文全集》第 12 卷，第 367 页。
❽ 沈从文《学鲁迅》，《沈从文全集》第 16 卷，第 287 页。
❾ 沈从文《新的文学运动与新的文学观》，《沈从文全集》第 12 卷，第 50 - 51 页。
❿ 沈从文《小说作者和读者》，《沈从文全集》第 12 卷，第 66 页。

形成一种素朴强健的人生观，对国家将来才有益"。❶ 沈从文不止要求在作品中"输入健康雄强的人生观"，并"铸造博大坚实富于生气的人格"、灌输"引人'向善'的力量"，从而使年青一代形成"素朴强健的人生观"。沈从文还进一步要求文学应该揭示生命的本质，引导读者思考人生的真谛。他指出，文学有助于"读者一定明白人之所以为人"，并"从食与性两种基本愿望以玩味人生，理解人生"，来"思索什么是生命更深的意义"。❷ 一般动物只满足于食和性两个方面，人类则还要"玩味人生，理解人生"，思索生命的终极意义或价值。为此，沈从文一方面热衷于揭示生命变化不止、积极向上而又健康、强悍的本质，由衷赞叹："生命者，只前进，不后退，能迈进，难静止"；❸ 另一方面又用如椽之笔抨击那些钳制甚至扼杀生命的生活习俗、社会制度与传统观念。沈从文发现城市生活会使人的生命"俨然只剩下一个空壳"，而"生命已被'时间''人事'剥蚀快尽了"，这些剥蚀生命的"人事"主要有"一切名分"、各种"禁律"。❹ 沈从文对抗战时期中国知识分子即"读书人"的性格和行为特别不满意，不无挖苦地写道：读书人圈子里，"大多数人都十分懒惰，拘谨，小气，又全都是营养不足，睡眠不足，生殖力不足"；❺ 这些"阉寺性的人，实无所爱，对国家，貌作热诚，对事，马马虎虎，对人，毫无情感，对理想，异常吓怕"。❻ "营养不足，睡眠不足，生殖力不足"是肉体的衰弱，"懒惰，拘谨，小气"以及"实无所爱""毫无情感"等，代表精神世界的苍白，这些知识分子已经完全丧失了生命力和生命激情。

第四节　新文学观的特质

从 20 世纪初期的王国维、鲁迅，经五四时期的陈独秀、胡适、周作人、郭沫若、田汉、茅盾、郑振铎、李石岑、林语堂，到抗战时期的林同济、陈铨、沈从文，他们借助尼采思想所设想的新文学，名称各不相同，内涵各有

❶ 沈从文《交代社会关系》，《沈从文全集》第 27 卷，第 135 页。
❷ 沈从文《小说作者和读者》，《沈从文全集》第 12 卷，第 75 页。
❸ 沈从文《潜渊》，《沈从文全集》第 12 卷，第 33 页。
❹ 沈从文《烛虚》，《沈从文全集》第 12 卷，第 23 页、第 14 页。
❺ 沈从文《八骏图·题记》，《沈从文全集》第 8 卷，北岳文艺出版社，2002 年，第 195 页。
❻ 沈从文《烛虚》，《沈从文全集》第 12 卷，第 43 页。

偏向，但仔细推敲则不难发现，不仅他们对尼采思想的借用是一样的，而且对"新文学"内涵与特质的思考也是一脉相承的。换言之，不同的名称和表述背后，其本质并没有根本的差异。

一、借助尼采思想所构设的新文学观的特质

尽管随着时代的变化，几代作家和文学批评家借助尼采思想而构想的"新文学"观的具体内涵有所不同，但都在不同程度上表现出如下3个方面的特点。

第一，揭示文学与生命的关联，表现出新文学的生命主义和个性主义特征。

王国维根据尼采的"赤子说"和"血书论"，推崇"不失其赤子之心"的"主观之诗人"与"血书"式文学，就是呼吁作者要以纯心灵真性情，创作出表达自己真挚性情和真实思想的文学作品。郭沫若借助尼采的"心血说""孩子说"提倡"生命文学"，而所谓生命文学，就是从"生命泉"中流淌出来的"旋律"，在"心琴"上弹奏出来的"曲调"，就是以生命为观照对象、反映生命本质的文学。只有如同纯真自主的"婴儿"一样的人，才能成为生命文学的创作者。郑振铎根据尼采的反抗一切传统、重估一切价值的主张而提倡的"新文学"，同"堕落""失其天真""陷溺于金钱之阱"的娱乐派文学和"干枯失泽""陷于教训的桎梏中"的传道派文学截然有异，它要发出"人生的自然的呼声"，将人类"真挚的情感""流泄于文字中"。"自然的呼声"和"真挚的情感"都强调文学的生命品质。李石岑希望借助尼采的"与者"美学或创作美学，鼓励作者勇敢地"赤裸裸的暴露自己的真相"，创作出表现生命本能和真情实感的新文学。林同济根据尼采的日神精神和酒神精神理论而申述的"恐怖""狂欢"与"虔恪"等文学主题或母题，着眼的是生命意识，凸显的是生命特质。林同济明确强调文学应该书写生命的本质，认为文学应该是生命力饱胀的标志，因而提倡一种极富生命力、创造力与扩张力的文学，以纠正中国传统文学的温柔敦厚、中庸柔弱。林同济还借助尼采"一切文章，我最爱用血写的"的观点，要求新文学凸显作家的"个性"和"人格"，希望中国的新文学要像尼采的创作一样，不只是传达理智，也不只是倾诉感情，而应该表现出理智与情志融汇而成的"不可分析的人格"。陈铨根据尼采的权力意志理论而阐发的民族文学或民族的盛世文学，其实质就是充分张扬生命强力，其目的就是在抗战时期鼓励充分

地、大张旗鼓地张扬中华民族旺盛的生命力和强烈的民族意识。这些作家和文学批评家所设想的新文学,都具有非常明显的生命主义和个性主义特征。

第二,揭示文学与现实的关联,表现出新文学的现实主义和物质主义特征。

周作人根据尼采的"忠于大地"的主张以提倡"真实"的新文艺,要求文学具备"从土里滋长出来的个性",传达出"土气息泥滋味",这就要求作家必须"跳到地面上来",成为"地之子""不能离地而生活",不能"生活在美丽而空虚的理论里"。同时,他又根据尼采和叔本华的意志哲学而提倡"人的文学",将"求胜意志"(尼采称为权力意志——引者)或"贵族精神"与"求生意志"(叔本华称为生存意志——引者)或"平民精神"融为一体,或者将"凡人化"和"超人化"融为一体。其中"求胜意志"或"贵族精神"强调的是精神性、超越性,而"求生意志"或"平民精神"强调的是文学的世俗性、物质性,突出了文学立足世俗现实和物质世界的特质。茅盾根据尼采的"进化论"即"超人说",提倡一种与时俱进的"进化的文学"。他认为这种"进化"的新文学,主要标志乃是能够体现人性、反映现实人生和真实的社会生活,这同样突出的是文学的物质主义和现实主义特征。

第三,揭示文学的精神性与独立性品格,或者突出文学的审美性、纯洁性,或者突出文学的反抗性品格。

田汉根据尼采的悲剧哲学尤其是日神精神和酒神精神理论,认为文学艺术除了暴露"人生的黑暗面""排斥世间一切虚伪"之外,更重要的乃是"使生活艺术化,即把人生美化,使人家忘记现实生活的苦痛而入于一种陶醉法悦浑然一致之境"。这种文艺观完全不同于中国传统的载道文学观,是一种全新的唯美主义文艺观。李石岑借助尼采的"艺术即生活"、生活艺术化、艺术生活化的主张,认为文艺是对"生活高潮"的再现和表征,企图扭转国人对文学艺术的藐视态度,以期还文艺以本来面目,恢复文艺在国人心目中应有的地位。田汉和李石岑的观点都强调要表现文学的纯洁性和唯美主义特征。

鲁迅在青年时期受"新神思宗"哲学,尤其是受到尼采的"超人说"的影响,认为真正的"诗"或文学的首要特征就是表达反抗或反叛精神,他特别冀望新时代中国的诗或文学能够成为"破中国之萧条"的"先觉之声",新时代的中国诗人和文学家能够成为振奋国人精神、激发民族斗志的

"精神界之战士"。胡适受尼采"重新估定一切价值"主张的启发，提出新文学的"八不主义"特征，其主导精神就是强调新文学对中国传统文学的反叛，以及在此基础上的超越与创新。郭沫若借助尼采的反叛性格和"价值重估"主张，明确提倡"反性格的诗"。林语堂受尼采"骂德人"的影响，提倡"骂人"文学，要求文学和文学家承担起揭露思想文化传统的积弊和现实社会的阴暗面、剖析国民性格缺陷的责任。陈铨根据尼采的"超人"思想和战争哲学，标举"战斗文学"，宣扬"战斗"精神，塑造"战士"形象，突显"征服"意志，可谓将文学的批判性锋芒推向极端。显然，鲁迅、胡适、郭沫若、林语堂和陈铨等人所构设的新文学，旨在凸显其反抗性品格。

概言之，20 世纪前期文学界人士眼中的新文学，或者突出了作者个体的生命本能、生命激情，或者凸显了文学与现实的密切关联，或者突出了文学的独立性和精神性品格，都是与中国古代文学热衷于粉饰太平、回避现实、歌功颂德，并将文学视为政治的附庸的传统格格不入的。应该说，受尼采思想的启发，中国的文学和文学家朝自己准确的定位迈出了坚实的一步。

二、借助尼采思想构设新文学观的活动的特征

从以上中国作家或批评家借助尼采思想推动"新文学"命题的思考的事实可以看出，这一利用异域理论资源的活动呈现出两大特征，一是零碎化和私人化，二是捆绑了文学与思想启蒙。

先看零碎化和私人化的特征。

尼采首先是哲学家，而不是文学理论家，因此事实上也不可能给中国作家和文学批评家们提供一套现成的文学理论。中国作家和文学批评家们在借助尼采的哲学思想来阐发自己的"新文学"观时，也是比较任性的。既有人援引尼采的某一个相对完整的理论主张，如酒神精神、日神精神、"超人说"、权力意志论、价值重估说等，也有人仅仅援引尼采的某一个词汇或某一句话，如"血写的书""赤子""忠于地""骂德人"等。显然，20 世纪前期中国文学界人士虽然在借鉴尼采哲学思想这一异域理论资源的时候表现出极高的热情，但他们对尼采思想的袭取和借鉴，基本上是各取所需，带有比较大的随意性，片段化、零碎化的现象非常明显，因此远远谈不上系统地吸收、消化，也难免浮浅、错讹。

借助尼采的"超人说"来思考"新文学"命题的，主要有鲁迅、茅盾、

陈铨等人。鲁迅认为尼采眼中的"超人"是"大士天才"或"意力绝世，几近神明"的非凡人物，尼采是"新神思宗"的代表，提倡"主观与意力主义"，或"据其所信，力抗时俗，示主观倾向之极致"，或"以更革为生命，多力善斗，即连万众不慑之强者"。由于看到的是尼采"超人说"的天才品格和主观抗争精神，鲁迅据此构设的新文学就特别突出反抗性的特质。与鲁迅认定尼采的"超人"是"天才""强者"不同，茅盾则视尼采的"超人说"为进化论，他认定"超人"是人类进化的最后一个环节。由此，茅盾就提倡颇具"进化"色彩的新文学。到了陈铨那里，尼采的"超人"又成了"战胜一切，征服一切，摧毁一切"的"勇敢的战士""战场上的壮士"，而借鉴"超人说"的陈铨则提倡"战斗文学"这一特殊的新文学。可见这些接受者对自己所借鉴的对象——尼采的"超人说"的理解是五花八门的，而他们据此所阐发的新文学观也带有明显的个人色彩。

借鉴尼采的权力意志论来阐述"新文学"观的，主要有周作人、李石岑、陈铨等人。周作人称尼采的权力意志为"求胜意志"，认为新文学要以叔本华的"求生意志"为基础，而必须接受尼采的权力意志的洗礼，在平凡的写实中加上超越、完美的精神境界。李石岑认为尼采的"与者"美学强调"权力之充实这类倾向"，是"尼采的权力意志说所发出的当然的结论"，这种艺术观是改造和刷新中国传统的"受者"艺术观的良方，是促使当今的文艺家创作反映真实情感和旺盛生命力的新文学的行动指南。陈铨所理解的权力意志既是个体的求大求强的意志，更是整个民族求大、求强、求权力的意志。他要求中国抗战时期的作家要创作表现中华民族权力意志的"盛世文学"。应该说，周作人、李石岑和陈铨等人对尼采的权力意志论的理解既同尼采本人的意思存在出入，相互之间也有很明显的不同，带有很强的私人化特点。

胡适、郭沫若、郑振铎等人借鉴尼采的"价值重估"主张思考"新文学"命题。在借鉴的过程中，他们对尼采这一主张的理解算是比较到位的，同时他们主要是汲取该主张的反叛精神。所以，胡适将尼采的这一主张转化为否定和破坏的思维方式，以否定优先的思维方式提出新文学的"八事"或"八不主义"。郭沫若将尼采的"价值重估"主张具体化为"反性格"，强调新文学的反抗特质。郑振铎则受到尼采的"价值重估"主张推动德国文学成为反抗性文学的史实的启发，提出新文学首先是对中国古代的娱乐派文学和传道派文学的反叛和超越。他们对尼采观点的理解和借用也有各自的独特之处。

借鉴尼采的悲剧理论来阐述"新文学"的，主要有田汉、李石岑、林同济等。他们对尼采的日神精神和酒神精神的内涵和地位的理解也有明显的不同。田汉强调艺术要"使生活艺术化，即把人生美化"，以梦幻的形式美化悲惨的现实，在尼采那里主要是日神精神的表现，所以田汉侧重的是对日神精神的借鉴。李石岑则因为国人"只会沉醉于阿婆罗的梦幻观想里面，却不知更有爵尼索斯的酣醉欢悦"，他要借助尼采的酒神精神反对中国传统的文艺观和人生观，鼓励当下的中国作家能够面对残酷的现实，但要勃发出雄健的生命力。林同济和李石岑一样，也偏向尼采的酒神精神。他在申述"恐怖""狂欢"与"虔恪"等文学母题时，突出的是生命意识高扬与发泄。他们对尼采的悲剧哲学的理解和借用相互之间也有出入。

此外，王国维、郭沫若、林同济等人还借鉴尼采的"血写的书"这一名句以提出自己对新文学的要求。相对来说，王国维和郭沫若借用这一名言的主要用意，是鼓励创作表达自己的真挚性情和真实思想的文学作品，如南唐后主李煜创作的那样发自肺腑的词，或是从自己的生理本能和心弦流露而出的"生命文学"。林同济则凭借这一主张，呼吁抗战时期的作家创作富有个性、极具人格魅力的文学作品。王国维和郭沫若都借用尼采的"赤子"或"孩子"说，期盼新文学能够成为一种纯洁而又具有原创性的文学，鼓励新文学作者要勇于保持自己的独立人格和思想见解。周作人借鉴尼采"忠于地"主张，提倡反映现实生活的因而"真实"的新文艺，要求作家放下身段，立足现实，写出真实。林语堂则受尼采"骂德人"的启发，提倡批判性的"骂人"文学。这些作家对尼采片言只语的理解和借用，都呈现出自己的特色，都完全属于私人化、个性化的吸取和借用。

再看捆绑文学与思想启蒙的特征。这一特征的意思是，中国作家和文学批评家们在借用尼采的思想来构思新文学命题时，都自觉不自觉地让文学承载了思想启蒙的重荷。

中国文学由古典形态向现代形态的转型过程中，伴随着现代中国的思想启蒙诉求，两者相互促进。也就是说，在一定程度上，思想启蒙引导着文学转型，而文学转型又推动了思想启蒙。鲁迅曾多次揭示中国文学的现代转型与思想启蒙之间相辅相成的关系。如他在《月界旅行·辨言》（1903）一文中指出，小说具有让读者"获一斑之智识，破遗传之迷信，改良思想，补助文明"的伟大"势力"。❶ 再如，鲁迅于 1933 年回顾自己"做小说"的原因，他说道："我仍抱着十多年前的'启蒙主义'，以为必须是'为人生'，而且要改良这人生。"❷ 这里所说的"改良思想""改良人生"，说法虽然有异，却都属于思想启蒙的范畴。而完成思想启蒙这一任务的途径或手段，鲁迅认为就是文学或者文艺。这就表明，鲁迅从事文学活动的目的非常明确，就是想通过发挥文学的精神作用来改造中国人的国民劣根性，优化国民的精神素质，为复兴中华民族出力。这实际上就是充分发挥文学的教育功能与社会作用。

正是基于同鲁迅一样的思考，20 世纪前期中国不少作家和文学批评家们在借助尼采思想设想新文学及其特质时，都会有意无意地凸显新文学的思想启蒙功能。鲁迅早年受尼采"超人"说的"主观与意力主义"的影响而形成的浪漫主义新"诗"观，与他的思想启蒙目的完全一致。鲁迅认为古代"中国之诗"缺乏西方"摩罗诗"诗人的反抗精神和"伟美之声"，呼唤中国"文家"大胆地"作至诚之声，致吾人于善美刚健"，期望当下中国的诗或文学成为"破中国之萧条"的"先觉之声"，让中国诗人或文学家成为振奋国人之精神、激发民族之斗志的"精神界之战士"。茅盾受尼采的"超人说"这种"进化论"的启示，认为新文学应该与时俱进，不仅反映时代的诉求和社会的主旋律，而且具备"表现人生、指导人生"的能力。李石岑借助尼采的酒神精神理论，以期推进五四的"文学改造"活动，落脚点还是思想启蒙。他借助尼采的创作美学，反对中国传统文学"注重'回忆''感旧''幻影的追逐''心灵麻木的慰安'"的特点，提倡一种表达"与者"即创作者的"强烈化、深刻化"的"内生活"的美学倾向，其落脚点是希望通过文学艺术的作用促使国人的"内生活强烈化、深刻化"。李石岑还借助尼采的"艺术即生活"的主张，反对"从无表现生活高潮"、只知表现"宗法社会下的伦理的思想"的中国传统文艺，并借助尼采的"爵尼索斯的酣醉欢悦的世界"来陶冶和救济"只会沉醉于阿婆罗的梦幻观想里面"、只会沉溺于"瘠弱、奄惫和可怜的安逸"之中的国人。林语堂受尼采"骂德人"的启发，提倡"骂人"文学，并模仿尼采的《查拉图斯特拉如是说》创作《萨天师语录》杂文系列，目的是借文学来讽刺和批判中国文化传统、中国

---

❶ 鲁迅《月界旅行·辨言》，《鲁迅全集》第 10 卷，人民文学出版社，2005 年，第 164 页。
❷ 鲁迅《我怎么做起小说来》，《鲁迅全集》第 4 卷，人民文学出版社，2005 年，第 526 页。

现实社会中的种种丑陋现象，以及中华民族的国民劣根性。陈铨提倡"战斗文学""民族文学"，更是突出文学的宣传功能与政治功用。他设想的"新文学"有一个独特的品质，那就是能对当时社会的政治经济思想产生重大影响。陈铨特别推崇18世纪后期德国的"狂飙运动"，这场文学运动对当时德国社会的方方面面都产生了一定的影响，用他的话来说就是：这场运动"名义上虽然是一种文学运动，实际上对于政治、社会、法律、经济、宗教，无处不发生革命的影响。只有这样的革命，才是真正的文学革命，只有这样的文学，才是真正的新文学"。❶ 由于对政治、社会、法律、经济和宗教等领域都发生了"革命的影响"，陈铨就觉得随着狂飙突进运动而兴起的文学才是真正的新文学。现在他也希望中国的新文学能够起到同样的作用。

需要指出的是，尼采思想对中国作家和批评家的"新文学"之思产生了"双刃剑效应"。一般认为，20世纪前期中国作家和批评家的"新文学"之思的实质是确立新的文学观，推动主流的"载道"文学观向重视美学特质的现代文学观转型，尼采思想对中国作家和批评家们预设的这一目标的确起到了一定的推动作用。但毋庸讳言，在推进这一目标的同时，尼采思想同时也给这一目标带来了一些消极影响，从而形成了一种"双刃剑效应"。具体来说，一方面，尼采思想对现代中国的新"诗"论、"人的文学"观、"生命文学"观、"进化文学"观、"战斗文学"观、"盛世文学"观等有所启发，鼓励中国现代文学界人士热衷于强调新文学书写生命本质和真情实感、批判中国封建礼教和中华民族国民劣根性的功能；另一方面，尼采思想也激活了他们致力于创作符合思想启蒙目的的"遵命文学"的热情，从而使新文学带有美国新马克思主义批评家詹明信（F. Jameson，或译杰姆逊）所说的"民族寓言"❷ 特点。这在一定意义上是将新文学拉回到"载道"的老路，甚至是在强化新文学的"载道"功能。

关于中国现代文学的"民族寓言"特点，詹明信主要是结合鲁迅的创作来阐述的。他认为鲁迅的《狂人日记》是以文学形式反映中国政治问题的典范作品，"那个病人（即作品主人公'狂人'——引者）从他家庭和邻居的态度和举止中发现的'吃人主义'，也同时被鲁迅自己应用于整个中国社会"："这种吃人的现象发生在等级社会的各个层次，从无业游民和农民直到

❶ 陈铨《狂飙时代的德国文学》，《战国策》1940年第13期。

❷ ［美］詹明信《处于跨国资本主义时代中的第三世界文学》，张京媛译，载《晚期资本主义的文化逻辑》，北京三联书店，1997年，第523页。

最有特权的中国官僚贵族阶层。"❶ 詹明信对《狂人日记》所包含的"寓意"的分析是否确切值得进一步讨论，但他的确看出了这篇小说具有深刻的"寓意"即具有"载道"倾向。美籍华人学者夏志清甚至认为中国现代文学整体上都具有"载道"倾向。他指出，1917—1949 年的中国新文学表现出一种"道义上的使命感"和"感时忧国的精神"。这是因为不少作家对"旧社会留下来的种种不人道，也还没有改掉"的现象大为不满，同时又因为"国难方殷，企图自振而力不逮"，所以"洋溢着爱国的热情"，而他们创作的作品自然会表达这些诉求，也自然会有很强烈的"载道"功能。❷ 夏志清对中国现代文学这种"载道"倾向表示怀疑，认为"这种急欲改革中国社会的热忱，对文学的素质难免有坏的影响"，而"到最后，这种改造社会的热忱必然变为爱国的载道思想"。❸ 文学成了"爱国的载道思想"的载体，应该说已经偏离了自己的主航道。

其实，中国现代作家和文学批评家中也有一些人曾经明确表示要否定文学的载道功能。郑振铎在《新文学观的建设》（1922）一文里指出："自然，文学中也含有哲理，有时也带有教训主义，或宣传一种理想或主义的色彩，但却决不是文学的原始的目的。如以文学为传道之用，则一切文学作品都要消灭了。"❹ 论者认为，文学必然表达思想，因而"含有哲理，有时也带有教训主义，或宣传一种理想或主义的色彩"，但这不是文学的本质特征，也不是"文学的原始的目的"，而"以文学为传道之用"的做法只会消灭文学艺术。与学界对冰心五四时期创作的《超人》等"问题小说"赞誉有加截然不同，成仿吾对冰心此类作品"被抽象的记述胀坏"❺ 的特点则提出了严正批评。所谓"被抽象的记述胀坏"，就是指思想说教压过了情节叙事和形象塑造这类文学功能。不过，尽管有郑振铎和成仿吾等人的清醒认识，中国现代作家在创作实践中总体上仍然自觉或不自觉地、或多或少地表现出新的"载道"倾向来。

笔者认为，这种新的"载道"倾向的形成，的确离不开尼采思想体系强

---

❶ ［美］詹明信《处于跨国资本主义时代中的第三世界文学》，张京媛译，载《晚期资本主义的文化逻辑》，第 525 – 526 页。

❷ ［美］夏志清《中国现代小说史》，刘绍铭等译，复旦大学出版社，2005 年，第 357 页。

❸ ［美］夏志清《中国现代小说史》，刘绍铭等译，第 17 页。

❹ 郑振铎《新文学观的建设》，《文学运动史料选》第 1 册，上海教育出版社，1979 年，第184 – 185 页。

❺ 成仿吾《评冰心女士的〈超人〉》，《成仿吾文集》，山东人民出版社，1985 年，第 32 页。

烈的攻击与批判特质的示范作用。尼采对西方基督教及其价值观、伦理观的本质的揭示和颠覆，对西方现代社会中物欲横流、异化等各种"文化偏至"现象的抨击和反抗，态度相当激烈甚至偏激，不仅为接受其反叛态度和批判精神影响的中国现代作家提供了一个极端反对中国思想文化传统的榜样和范例，而且也使他们愈来愈热衷于甚至迷醉于用文学作品来批判中国封建礼教，抨击中国国民劣根性。中国作家和文学批评家们接受尼采思想的初衷之一是推动中国文学由古典形态向现代形态转型，期望使中国文学由传统的"载道"倾向向重视文学的美学特质的取向转变，最终却因为尼采思想的批判特质而激活了中国作家和文学批评家的批判意识，使中国新文学具有浓厚的批判精神和理想主义特征。这实际上是强化了中国新文学的"载道"功能。对中国新文学作家而言，尼采思想既推动他们向自己预设的目标靠近，又给他们实现自己的目标设置了新的障碍。"成也萧何，败也萧何。"尼采思想对中国文学的现代转型产生了既积极又消极的双重影响，成了一把名副其实的"双刃剑"。

第四章　尼采思想对 20 世纪
中国文学主题的影响

　　尼采哲学是一个完整而又复杂的思想体系。从宏观来看，尼采的哲学思想可以概括为"立"与"破"两个方面。"立"的方面包括"日神精神""酒神精神""权力意志（Der Wille zur Macht，又译强力意志——引者）论""永恒轮回（Die ewige Wiederkunft）说"等具有本体意义的概念，以及"超人（Der Übermensch）说""主人道德"（Die Herren Moral）等价值观、伦理观内容；"破"的方面包括"重新估定一切价值"（Die Umwertung aller Werte）、"上帝死了"等主张，以及对"末人"（Der letzte Mensch）、"奴隶道德"（Die Sklaven Moral）、欧洲近现代社会物质主义、异化现象等的批判。也就是说，尼采对钳制甚至戕害生命本能的理性主义，以及基督教价值观与伦理道德主张深表憎恶，极力加以抨击。20 世纪中国作家根据自己的理解和需要，有选择地接受尼采的某一个或者某些思想观点，然后转化并提炼出自己的创作主题。

　　据笔者研究发现，20 世纪中国作家受尼采思想的启发提炼出的文学主题可以分成两个方面。一是批判国民劣根性，揭露中国传统与现实中的阴暗面，以及宣扬反叛精神与抗争意识等主题，笔者姑且称这类主题为批判性主题；二是表现个体的觉醒与超越意识，表现生命意识的体认和抒写漂泊意识等主题，笔者姑且称这类主题为建设性主题。

第一节　尼采思想对 20 世纪中国文学批判性主题的启迪

　　20 世纪中国作家受尼采思想的启发，提炼出了一些批判性主题。这 3 个主题主要包括批判国民劣根性，揭露中国传统与现实中的阴暗面，以及宣扬反叛精神、抗争意识等。

一、批判国民劣根性

受尼采抨击"末人"品格和"奴隶道德"的主张的影响，鲁迅、林语堂和高长虹等人形成了揭示与批判中华民族的国民劣根性的主题。他们分别在小说集《呐喊》《彷徨》、杂文系列《萨天师语录》和诗歌《狂飙之歌》里对精神胜利法、老化、保守、懦弱、奴性等国民劣根性进行嘲讽、揭露。

在尼采那里，"末人"是与"超人"相对立的一类人物。"末人"是怎样的呢？尼采在《查拉图斯特拉如是说》序言的第5节里集中描写了这一形象。这类人只知道循规蹈矩，墨守陈规，缺乏创新的愿望与能力，他们弄不明白：爱是什么？创造是什么？渴望是什么？命运是什么？同时，他们委琐、知足、不思上进，只有"小小的欲望"，不敢越雷池一步。❶ 如此看来，"末人"的性格特点主要是拘守传统、随顺时俗，不善独立思考，缺乏自我意识。

从鲁迅对"中国民族性的缺点"和"救济的方法"的思考，我们不难看出他对人的思想或精神因素特别重视。在鲁迅看来，改变中国积贫积弱现状的主要途径在于改变中国国民的精神面貌，促进他们的思想觉悟。鲁迅把尼采思想当作改造中国民族劣根性的理论资源，一个具体表现就是借用尼采的"末人"形象及其品格，揭露和抨击中国国民的劣根性。

鲁迅对尼采的"末人"形象与性格非常熟悉，不仅翻译过《查拉图斯特拉如是说》的序言第5节，而且如前所述，他在《由聋而哑》《新的世故》等文章中多次提及和阐发"末人"概念。鲁迅在小说集《呐喊》《彷徨》中塑造了一些蝇营狗苟、委琐知足的"庸众"或"愚民"形象，这些人物类似于尼采笔下的"末人"。中篇小说《阿Q正传》里的阿Q，以及短篇小说《药》里的华老栓，《故乡》里的闰土，《祝福》里的祥林嫂等都是这类形象的代表。鲁迅通过叙述他们的生活经历，刻画他们身上潜存的"末人"式性格特征和精神状态，表达了揭露和抨击中国国民劣根性的思想主题。

《药》中华老栓的儿子患了"痨病"，华老栓便根据民间偏方，用人血馒头来医治儿子的病。虽然他弄到了人血馒头，最终却未能治好儿子的病。作品里的华老栓眼界狭窄，生活在封闭的世界里，因此对自古流传的民间偏方绝对信服、从不质疑，可谓盲从到了极点。至于他只关心儿子的病，却丝

---

❶ F. Nietzsche. *Also Sprach Zarathustra*. Karl Schlechta. *Friedrich Nietzsche Werke*：Band 2. München：Carl Hanser Verlag, 1955，PP284 - 285.

毫不关心被他取血的死刑犯正是为了底层人的命运而牺牲自己性命的革命者夏瑜，则说明他的自私自利、麻木不仁。《故乡》里的中年农民闰土，平时把生活的希望寄托在鬼神迷信之上，等级观念也早已渗透进他的大脑。见了在外混得不错的"我"，已界中年的他对少年时的好友却表现得毕恭毕敬，一口一声地叫"老爷"。传统等级观念成了他行事的准则，精神麻木也到了让人心痛、令人发指的程度。《祝福》中的祥林嫂，一辈子受封建族权、夫权、神权的压迫，生命活力几近丧失，完全成了逆来顺受、听从命运和传统摆布的可怜者。为了死后自己的鬼魂不被自己生前嫁过的两个丈夫撕成两半，她居然用一年到头辛苦积攒的血汗钱捐了土地庙的一条门槛，让众人践踏。可悲的是，这一切努力对她没有任何帮助，最终她成为一个乞丐，在大年夜祝福的鞭炮声中悄然死去。

《阿Q正传》里的阿Q可算是鲁迅笔下"末人"性格最为鲜明的人物形象。他是未庄这一江南水乡的底层人，无名无姓，来历不明，无妻无子，平时栖身在村子里的土谷祠，靠给人临时性地打短工养活自己。阿Q的性格很复杂，具有两面性，一方面在众人面前显得懦弱，对人极为恭顺，另一方面，却又偶尔耍点小聪明，有时表现出畸形的狂妄自大，学界多称之为"精神胜利法"。"精神胜利法"是他的主导性格。譬如，阿Q明明是一个任何人都可以欺负的弱者，有时却不知天高地厚，突然觉得"所有未庄的居民，全不在他眼睛里"，而显得极端的自尊自大。再譬如，碰到村里有人取笑他是"穷光蛋"，他会怀念自己所虚构的"光荣"历史："我们先前——比你阔的多啦！"这都是他畸形的自尊自大的性格在作祟。阿Q自我安慰的本领也非常了得。有人揪住他的辫子让他在墙壁上叩几个响头，他就在心里劝慰自己："我总算被儿子打了，现在的世界真不像样。"阿Q又是一个欺软怕硬的家伙。在强者面前不得不示弱的他，轮到欺侮小尼姑，却一次也不愿意放过机会，而且也没有手下留情。与此同时，小说中描述的阿Q"参加革命"一事，则证明他不会独立思考，不能独自作出正确的判断。面对辛亥革命，起初"他有一种不知从哪里来的意见，以为革命党便是造反，造反便是与他为难"，便仇恨革命党人；后来他看到"革命"使未庄百里闻名的举人老爷和"一群鸟男女"也害怕、慌张的时候，便开始"神往"革命了，声称："革命也好罢，革这伙妈妈的命，太可恶！太可恨！"于是他在喝了两碗空肚酒之后立即宣布"投降"革命党，大呼："造反了！造反了！"阿Q缺乏理性判断力、缺乏适应时代的能力已经到了无以复加的地步。

鲁迅笔下的华老栓、闰土、祥林嫂、阿Q等人共同的性格特点和精神状态是愚昧无知、麻木不仁、**尊奉传统**、不思反抗，类似尼采笔下的"末人"性格。鲁迅曾经说阿Q是"现代国人的魂灵""沉默的国民的魂灵"的具像。❶华老栓其他几个又何尝不是"沉默的国民的魂灵"的具像？如果说尼采通过描绘"末人"形象及其性格，来揭示奴隶道德对德意志民族的毒害，从而抨击德意志民族的国民劣根性，那么，鲁迅则仿效这一做法，通过塑造中国式"末人"形象，揭示其猥琐、懦弱、顺从、甘于屈服、不思觉悟的"末人"性格，对中国国民的劣根性进行毫不留情的抨击。

1925—1933年，林语堂创作了《萨天师语录》杂文系列。这9篇文章的写作虽然历时8年多时间，但思想倾向是一致的，即借萨天师之口大"骂"国民劣根性，大"骂"传统文明，大"骂"现实社会中的种种丑恶现象。这里先讨论《萨天师语录》揭露和抨击中国国民劣根性这一主题的情况。

《萨天师语录》系列的第一篇《Zarathustra 语录》，其主题就是揭露中国人的老化、驯服、守旧与懦弱等性格。Zarathustra 通译查拉图斯特拉，是波斯拜火教教主，林语堂译为"萨拉土斯脱拉"，并仿照中国道教的称呼，称其为"萨天师"。Zarathustra 即萨天师在中国京城里接触到各色中国人之后，不禁惊叹："你不看见他们多么稳重，多么识时务，多么驯养。……你不看见他们多么中庸，多么驯服，多么小心。"萨天师对中国的"小孩""青年"的"老化"性格感受最深，他发现，"在西欧小孩尚玩弄玻璃珠的年纪，中国的小孩已经会做救国策了"，意即欧洲小孩还在玩游戏，中国的同龄小孩却被逼着背诵"之乎者也"和学做八股文了；"外国的青年血气未定，他们已经血气既衰"，"在外国青年激进革命的年纪，他们的青年已经会'卫道'了"，意即在外国青年血气方刚之时，中国青年已经少年老成、血气衰微，外国青年还在激进革命的时候，中国青年却已忙于做卫道士、保守派。❷国人的老朽性格由此可见一斑。

《萨天师语录（四）》一文集中揭露和讽刺中国国民"和平忍辱"的性格。萨天师在"大城"的郊外碰到一个"猖狂自大者"，他满脸骄矜之色地宣称："吾民族，世界上最能忍辱负重之民族也。"面对这样的恬不知耻者，

---

❶ 鲁迅《俄文译本"阿Q正传"序及著者自叙传略》，《鲁迅全集》第7卷，人民文学出版社，2005年，第83-84页。

❷ 林语堂《Zarathustra 语录》，《语丝》1925年第55期，第1-2页。

萨天师忍不住反唇相讥："你民族之伟大，的确不可以言喻，单以忍辱而论。"颇有人类良心的萨天师不无悲愤地警告这"猖狂自大者"及其所属的民族："我厌恶他们的和平忍辱，并且厌恶他们和平忍辱的圣训。我鄙恶这昏聩狂妄的市民，……因为他们以文饰为美丽，以麻药为佳肴，以锣钹钟鼓之声为美乐。而且他们将要死亡于陶醉麻木，锣钹钟鼓之声中。"❶ "猖狂自大者"及其所属的民族即隐射中华民族，他们"和平忍辱"的性格其实是懦弱顺从、苟且偷安，源于对"和平忍辱的圣训"的谨遵不违。这本来是值得羞耻的性格弱点，"猖狂自大者"却不以为耻、反以为荣。他们的"昏聩狂妄"和自我安慰到了何等地步！殊不知等待他们的只有死路一条，即"死亡于陶醉麻木，锣钹钟鼓之声中"。

《萨天师语录（六）·丘八》一文集中揭露中国士兵的驯服与懦弱性格。"丘八"是中国老百姓对中国士兵的戏谑性称呼。作为军人，他们应该强悍、威武，是国民的保护者，是国家的保护神。但在萨天师的眼中，中国士兵"不是怒吼如雷的虎豹"，却"只是嗟来而食的家犬"；他们"不是奋翻凌风的鹰隼"，却"只是栖埘栖桀的家禽"。总之，他们没有野蛮的体魄与强悍的力量，却是"一群驯养的家禽"，是"王者的顺民"。❷ 换言之，作为中华民族的武士和精英，中国的士兵已经完全被驯化、家养。不过他们只是统治者的"顺民"。

林语堂《萨天师语录》对中国国民劣根性的揭露与批判这一主题有着浓郁的"尼采味"。总体而言，林语堂揭露的中国国民劣根性主要有老化、守旧、驯服、懦弱等。仔细对比不难发现，林语堂所揭露的中国人的性格弱点同尼采对中国人性格的描绘非常接近。据笔者所知，尼采在自己著作中提及中国人的次数并不多，但就在这为数不多的几次点评中，几乎都是持否定态度。在《快乐的科学》一书里，尼采将中国人归为"从根本上讲是容易满足而最终总会获得安宁"的类型，意即是不思进取、容易知足、而且会自我安慰的人物类型，例证之一是"中国社会里求变的能力已经消失了好几个世纪"。❸ 尼采在《道德的谱系》一书里还专门发明"中国化"或"中国式"

---

❶ 林语堂《萨天师语录（四）》，《语丝》1928年第24期，第1-3页。

❷ 林语堂《萨天师语录（六）·丘八》，《林语堂名著全集》第13卷，东北师范大学出版社，1994年，第324页。

❸ F. Nietzsche, *Die fröhliche Wissenschaft. Friedrich Nietzsche Werke.* Band 2. Hg. von Karl Schlechta. Carl Hanser Verlag München. 1955, p58.

（Chinesisch）这个词汇，用它指称中国人以及人类日渐变得"更瘦弱、更温和、更乖巧、更舒适、更平庸、更冷漠"的性情或倾向。[1] 容易满足，不管受到生命委屈或者威胁，最终总会求得安宁，丧失求新思变的能力，以及虚弱、温和、乖巧、平庸、冷漠等性格，放在中国人身上应该是蛮贴切的。尼采没有来过中国，在他的传记里也没有他接触过中国人的记载，但他对中国人的性格尤其是负面性格的概括是非常到位的。将林语堂对中国国民劣根性的批判同尼采对中国人性格的否定性评价作一个对照，很容易看出两者的不谋而合。

1924 年，高长虹创作"中国的查拉图斯屈拉这样说"《狂飙之歌》，原计划创作"一百余首，每首大概二十余段"[2]，但最终只写出这部宏伟长诗的《序言》与第 1 章《青年》。在这两首诗里，高长虹以神话和象征的形式塑造了两个反叛者或斗士形象，通过他们的视角和经历描绘了当时中国民众的"奴心"与"心死"这两种国民劣根性。

《狂飙之歌·序言》中名为"狂飙"的新上帝要向人类（**实为中国民众——笔者**）宣示壮丽的"血的福音"，奉献丰盛的"血之喜筵"。但他面对的是怎样的听众呢？高长虹写道，这些听众是一些"委靡的朋友"，是一些"在锄头下跪着的武士"，是一些"在绣花针上香梦沉酣的娇客们""兵士们"以及"一切被侮辱者"。"萎靡""香梦沉酣"以及"跪着"、甘受"被侮辱"这些性格与情状突出了这些民众的顺从、奴化。面对这样的人类，"狂飙"的心情是孤独和痛苦的。作者写道："他一向是沉默着，因为太悲哀了的缘故。"

《青年》中的"青年"比"狂飙"的处境更为凄苦。这位"形容憔悴的青年"，"他的身上抖着瑟瑟的寒颤，/他的腹中鸣着辘辘的饥肠"。但让这位青年真正难以忍受的不是自身物质方面的窘迫，而是"自身以外的悲苦"。"自身以外的悲苦"是什么？来自何处？原来，"他曾以左手去杀该死的暴客，/右手去援救无助的苦人"，但"无助的苦人"不仅没有因此而感谢他，反而怪他多事，转而围攻他，最后，他不得不"从群众的围攻中跑回斗室"。青年的悲苦就在于："他本欲救他们（指前面所说的"无助的苦人"，下同——引者），/而反被他们所逐，/暴客还没有被他打散，/而他们反把他认

---

[1] F. Nietzsche, *Zur Genealogie der Moral. Friedrich Nietzsche Werke*. Band 2. Hg. von Karl Schlechta. Carl Hanser Verlag München. 1955, pp788 – 789.

[2] 高长虹《通讯一则》，《高长虹文集》下册，中国社会科学出版社，1989 年，第 19 页。

做了暴客"。民众的是非不分已经到了何种地步！由此，这位青年看到了民众身上更多的性格弱点：他们"跪在笑面的虎牙下献媚称臣"，他们的血甘愿"为宰割者而流淌"，他们的肉甘愿"为宰割者而提供"。民众那"枯黄的病容"和"瘠瘦的柴身"固然值得洒一捧同情之泪，但让青年更痛苦的更难受的，是群众甘愿屈从做奴隶的心态，所以诗人写道：青年"所患的不是外来的强力，/而是你们自个的奴心"。换言之，"青年"甚至来不及悲悼自己被误解的疆运，他首先忍不住"在哭你们的心死"，因为民众的"心死"是最可怕的。

在高长虹这里，所谓"奴心"，就是甘愿做奴隶的心态，就是奴性；所谓"心死"，就是精神麻木、灵魂已死。中华民族的国民劣根性如此，先觉者的悲苦与大度如此，令人情何以堪！

在新时期作家莫言这里，中华民族的国民劣根性变成了人种退化、一代不如一代、后代比先辈愈趋猥琐的性格，愈来愈缺乏血性的生命状态。

莫言在《红高粱家族》卷首语写道："谨以此书召唤那些游荡在我的故乡无边无际的通红的高粱地里的英魂和冤魂。我是你们的不肖子孙。"由此可以看出，在莫言眼中，死去的祖先拥有雄壮粗犷的"英魂"，而他们的后代却成了懦弱猥琐的"不肖子孙"。莫言曾经不无痛苦地谈到自己的一种感受："我们这几代人越来越灰暗，越来越懦弱，越来越活得不像个男子汉，越来越不敢张扬个性。"❶ 在莫言看来，人性"懦弱""灰暗""不敢张扬个性"等就是当代中国国民的劣根性。

基于此，莫言常常在自己的作品中揭示高密乃至中华大地上的祖—父—孙 3 代在生命强力和精神品格方面逐渐衰退和弱化的情形。在他的笔下，高密东北乡的先辈们是最粗野原始，也最纯朴本真的人种，他们"最美丽最丑陋、最超脱最世俗、最圣洁最龌龊、最英雄好汉最王八蛋、最能喝酒最能爱"。这些相互矛盾的性格恰恰成了人生与人性原生态的真实写照。❷ 而到了他们的后代，可能性格变得统一了，可能变得儒雅、文明了，也可能内心不复杂纠结了，但生命的活力则失去了大半。以《红高粱家族》为例。"我爷爷""我奶奶"一辈，包括罗汉大爷、任副官以及土匪兄弟、余大牙等人，都具有两面性，但又是拥有原始性情的最真实的人。他们精力充沛、性情彪

---

❶ 王尧、林建法主编《莫言王尧对话录》，苏州大学出版社，2003 年，第 295 页。
❷ 刘绍铭《入了世界文学的版图——莫言著作、葛浩文译文印象及其他》，载杨扬编《莫言研究资料》，天津人民出版社，2005 年，第 506 页。

悍，在红高粱地里演出了一场场英勇悲壮、令人荡气回肠的生命大戏。而到了"我父亲""我母亲"这一代，虽然也还会为了生存而同吃尸的疯狗对抗，也会表现出狠劲和勇猛，但眼神中多了几分迷惘，少了几分深沉。到了第三代即叙述人"我"这里，因为离开故土多年，在都市里染上了文明社会里的虚情假意、装腔作势，差不多完全堕落了，以至于坟墓里的二奶奶一看到"我"，就忍不住对"我"说："孙子，回来吧！再不回来你就没救了……你现在站在我面前，我就闻到了你身上从城里带来的家兔子气。"换言之，"我"多年经过流行"家兔子气"的都市生活和现代文明的浸泡，已经不再是奔腾于红高粱地里的凶猛动物、血性精灵，而变成了温顺乖巧而又懦弱狡黠的家兔。

莫言在《丰乳肥臀》里描写了上官家族一代不如一代的现象。上官吕氏高大肥胖，力大无穷，打起铁来有气吞山河的架势。上官鲁氏独自一人在艰难困苦中养活9个儿女和孙辈。上官家的女儿敢爱敢恨，一旦萌发对男人的感情，8匹马也拉不回。上官家的女婿个个都是"最英雄好汉最王八蛋"的纯种男人，如上官鲁氏的女婿司马库就是一个"是浑蛋，也是条好汉"的家伙。这些人身上都有血性、彪悍的性格。但他们的后代上官金童却成了一辈子吊在女人奶头上的窝囊废，"恋乳"成癖，爱哭、胆小、柔弱，像一只被阉割过的绵羊。面对这样一个毫无雄性和阳刚之气的儿子，母亲上官鲁氏最大的心愿就是希望他"能给我闯出祸来"，能成为"真正站着撒尿的男人"！在这里，家族退化或者人种退化的迹象再明显不过了。

莫言赞扬祖先精魂、贬抑后代猥琐的观点同尼采的看法颇有几分相似，而他关于人种退化原因的思考也与尼采的想法有重合交叉之处。尼采认为退化的人种是丑陋的，明确断言："没有什么东西是丑的，只有退化的人是丑的。"[1] 莫言认为，远离充满原始气息的乡村、长期浸泡在充满现代气息的都市文明中，会使人种退化，如《红高粱家族》中的第三代"我"就因为逃离家乡十年，传染了"机智的上流社会"的"虚情假意"，被"肮脏的都市生活臭水浸泡"，最终失去红高粱地的血性，一天天地退化。而尼采也认为，宗教、道德、法律、礼仪等因素组合成的文明如同一副枷锁，人类一旦受其约束，就会由雄壮的野畜变成"温顺的、有教养的"家畜。[2] 文明会使人变

---

❶ ［德］尼采《偶像的黄昏》，李超杰译，商务印书馆，2009年，第86页。

❷ F. Nietzsche, *Zur Genealogie der Moral. Friedrich Nietzsche Werke.* Band 2. Hg. von Karl Schlechta. Carl Hanser Verlag München. 1955, p787.

得谨小慎微，失去血性和活力，正如尼采所说："充满活力的原始人在文明化城市强制下堕落"❶；"文明引起某个种族的生理衰退"❷。尼采描绘的野兽变家畜的情形，同莫言《红高粱家族》里的"我"在都市文明的浸润之下逐渐丧失祖先如狼似虎的凶猛、最终变成弱小、温驯家兔的情景有着惊人的相似。

二、揭露传统与现实中诸恶

在西方哲学史上，尼采以振臂高呼"上帝死了"而出名。同时，他更主张对西方的一切文化传统如苏格拉底理性主义和基督教及其伦理的价值与效果进行重新判断，提出"重新估定一切价值"的主张，他还对立基于苏格拉底理性主义的欧洲近现代社会的物质主义、异化现象等施以猛烈的抨击。

主要受尼采"重新估定一切价值"主张的启发，20世纪中国有一些作家乐于用自己的笔来揭露中国思想文化传统与现实社会中存在的各种弊端和阴暗面。其中最具代表性的作家有林语堂和莫言。

首先看林语堂接受尼采"重新估定一切价值"的主张和"骂德人"的行为而"骂"中国传统文明与现实社会中存在的各种缺陷的情况。

林语堂在《萨天师语录》系列的第一篇《Zarathustra 语录》中，除了揭露国民劣根性之外，还嘲讽了中华传统文明的"老大"即老化、自大的特征。国人大多以五千年文明自傲，林语堂却看出了这一古老文明的阿基琉斯之踵。他在这篇文章的开头与结尾，借萨天师之口两次发出几乎一样的感慨："中国的文明确是世界第一——以年数而论。""这个民族的确是世界第一——以老大而论。"❸ "以年数而论"是世界第一，意即它诞生得最早，存活得最久，因而最为古老。也因为如此，中华民族就成了世界上最古老也最有资格自负自恋的国民，这就是萨天师第二次在"老"的基础上增加"大"的用意。

如果细究下去，可以看到"老大"的中华文明更多的品质。《萨天师语录（二）》一文通过拟人与象征手法揭露中国传统"老大"文明的僵化、病态与浅薄的特征。萨天师将自己所见到的东方文明（**实为中国传统文明——笔者**）形象地称为一具女神塑像，只不过这具塑像"是板面，无胸，无臀，

---

❶ ［德］尼采《权力意志》（上卷），孙周兴译，商务印书馆，2007年，第102页。

❷ ［德］尼采《权力意志》（下卷），孙周兴译，商务印书馆，2007年，第1179页。

❸ 林语堂《Zarathustra 语录》，《语丝》1925年第55期，第1页。

无趾的动物——是一个无曲线的神偶",同时，她"整身封固不露"，所以连"'肤浅'之美"都不够格，顶多只有"'衣浅'之美"。❶ 意思是全身用衣服包裹着，根本没有露出皮肤和肉体。从这些描写可以看出，中国传统文明有两个缺陷，一是无胸、无臀、无趾，板面、无曲线，连正常的身体器官都残缺不全，更不用说拥有健康的身体了。这就说明，中国文明这个女神毫无生机与活力，形同僵尸。二是周身完全被衣服和各种装饰品包裹起来了，"整身封固不露"，完全被衣服包裹，皮肤都没有显露，因而只有"'衣浅'之美"，连"'肤浅'之美"都谈不上。这既是封闭、保守的象征，也是浅薄无内涵的意思。林语堂的讽刺不可谓不辛辣！

《萨天师语录（五）》抨击中国传统的"正名思想"即中国礼教的核心纲常名教。萨天师发现，中国人常常"南面正襟危坐，板起端肃的面孔，背着方正的神主，排他们的八字脚，抹他们的八字胡，诵他们的八股文"，俨然正人君子的做派，过着体面的小日子。他们尊奉"君，君。臣，臣。父，父。子，子"的三纲说教，守着"名正，言顺；分定，位安"的"正名哲学"。❷ 中国封建礼教即"正名哲学"教人安守本分，万事讲究名正言顺，不敢越雷池一步，长此以往，只能使这个中华民族越来越失去开拓与创新的动力，越来越失去生机与活力。

除了在这些文章中揭露中国传统文明的日趋衰落而老化等缺陷之外，林语堂还在《萨天师语录》杂文系列中直面当下的现实生活，将中国现实社会中的各种丑恶现象昭示于众人面前。

《萨天师语录（四）》一文描写萨天师在"大城"郊外看见"文明之神"蹂躏"号呼奔溃的市民"，留下一片"横尸遍野，哭声震天的荒郊"的情景。❸ 这是在影射当时中国的军阀们为一己之私置百姓的安宁、生命于不顾的情景，他们草菅人命的罪恶实在罄竹难书。《萨天师语录（五）》对中国的军阀们忙于为自己"正名"的现象给予顺手一击："粉饰太平：这是他们的能事。换招牌，刨匾额：这是他们的专长。""他们天天忙着换旗帜，'革'城名。"❹ 明明是争权夺利，却还要通过改换招牌、旗帜、匾额和城市名字的方式来自诩功绩、自命正统，实在是滑稽可笑。正如鲁迅在《无题》

❶ 林语堂《萨天师语录（二）》，《语丝》1928 年第 12 期，第 5 - 6 页。
❷ 林语堂《萨天师语录（五）·正名的思想律》，《语丝》1928 年第 33 期，第 18 - 20 页。
❸ 林语堂《萨天师语录（四）》，《语丝》1928 年第 24 期，第 1 页。
❶ 林语堂《萨天师语录（五）·正名的思想律》，《语丝》1928 年第 33 期，第 19 页。

诗中所描写的"忍看朋辈成新鬼""城头变幻大王旗"的情形在林语堂这里得到了再现。

《萨天师与东方朔》一篇以寓言的方式揭露统治者对民众的思想管制。在"鹘突之国鲁钝之城"里，人们浑浑噩噩、混浊冥顽，只会也只能"傻笑"度日。作者悲愤地写道："在这城中情感已经枯黄；思想也已捣成烂浆，上卷筒机，制成日报"；"裸体的真理，羞赧已无容身之地，所以须披上谐噱的轻纱"。❶ 情感已经枯黄、萎缩，深沉而独立的思想已无健康的存活之所，只能以报纸的鼓噪来表达，真正的真理即"裸体的真理"只能通过东方朔式俳优的插科打诨来隐晦地传达。这一寓言暗示了当朝执政者的一手遮天，以及他所推行的白色恐怖政策是何等疯狂。

《上海之歌》一文以查拉图斯特拉式语调调侃与嘲讽旧上海的繁杂风貌。在这里，有"搂的肉与舞的肉"，有"吃的肉与睡的肉"，还有各种"行尸走肉"；在这里，"豪奢"与"贫乏"，"淫靡"与"颓丧"，"欢声"与"涕泪"混淆交织，"蓬头画家、空头作家、滑头商人、尖头掮客"充斥市面，"卖身体下部的妓女与卖身体上部的文人"与"买空卖空的商业与买空卖空的政客"和谐共处。❷ 物欲横流、畸形繁荣、鱼目混珠的旧上海风情跃然纸上。与此相似，林语堂在《文字国》一篇里揭露中国文人玩弄文字游戏、借笔杀人的无耻。作者借萨天师之口谴责道：中国封建文人名义上是"文坛巨子"，实际上却"只成了卖膏药的江湖拳士，只成了富翁做寿请来的戏子"，他们"一面向武人送秋波，一面向百姓撒烟障"。而他们所擅长的"文章是他们耍弄玄虚的拳套，是使观众眼花缭乱的舞术"。❸ 在林语堂的笔下，一向自命清高的中国文人现出了投机取巧、沽名钓誉、耍"两面派"的原形。总之，无论是在现实中的旧上海，还是在虚构的文字国里，利益、金钱成了人们的活动指南针、指挥棒。为此，各色人等尤其是文人上演了一场又一场丑剧、闹剧。

林语堂对中国文明传统和中国现实社会中各种弊端与丑恶现象的揭露与抨击，都在不同程度上袭取了尼采的思想主张。林语堂认为中国传统文明是一种日趋衰落而老化的文明，一看见少年老成、未老先衰的中国人就会感

---

❶　林语堂《萨天师语录·萨天师与东方朔》，《论语》1933年第15期。

❷　林语堂《上海之歌》，《林语堂名著全集》第14卷，东北师范大学出版社，1994年，第24—26页。

❸　林语堂《文字国·萨天师语录》，《论语》1933年第31期。

叹：他们"不但已由自然进入文明""并且已经由文明进入他们自造的苍蝇柜子"。❶ 所谓"自造的苍蝇柜子"，就是一种自我制造的狭小的柜子，逼仄的空间喻指自我束缚的极端严厉。林语堂认为人类离开"自然进入文明"是一种不幸，是自我束缚的开始。他曾经指出："当文明失掉了它的简朴性，而浸染习俗，熟悉世故的人们不再回到天真纯朴的境地时，文明就会到处充满困扰，日益退化下去。"❷ "天真纯朴的境地"只有在自然中才会健康地存活，文明由各种"习俗""世故"构成的，它恰恰给人类带来各种"困扰"，导致人类日趋退化。这就表明，林语堂从根本上就是反对"文明"的，他认为文明是人们离开原始野性、生机与活力走向衰老的产物。林语堂的文明观及其对中国"老大"文明的批判态度，同尼采的"文明"观以及他对古老欧洲文明的批判态度非常接近。尼采认为：文明的实质就是"把'人'这个野兽驯化成温顺的、有教养的动物，即家畜。"❸ 换言之，文明就是去掉人身上的野性、活力与生机，使之成为驯服、老化、虚弱的动物。尼采还在《曙光》一书里称欧洲人以之为自豪的历史悠久的欧洲文明，其实也是一种"老化"的文明，它"在本土已开始退化为严重的不愉悦和恶劣的嗜好，因而需要获得境外的粗犷而优美的天然性"。❹ 也就是说，欧洲本土的文明已经严重"退化"，因而需要"境外的粗犷而优美的天然性"来刺激，这也是强调自然相对于文明的优越性。

　　与此同时，林语堂在《文字国》一文里用虚构的"鲁钝城"来影射当时中国的现实社会，而在《上海之歌》一文里则用旧上海作为旧中国社会的缩影。"鲁钝城"与上海城正是他曾经翻译过的尼采《走过去》《市场的苍蝇》等篇章里的"大城""市场"的翻版。在林语堂的译文中，"鲁钝城"是一个人人不敢有严肃的思想，只会傻笑、乐于做傻瓜的世界，因为"在这城中情感已经枯黄；思想也已捣成烂浆；""在这城市的春天，人心已经发霉，志向也已染了痨瘵；""在这城中，裸体的真理，羞赧已无容身之地，所以须披上谐噱的轻纱"。而尼采笔下的"大城"，也是"遁世思想的地狱"，

---

❶　林语堂《Zarathustra 语录》，《语丝》1925 年第 55 期，第 2 页。
❷　林语堂《生活的艺术》，越裔汉译，《林语堂名著全集》第 21 卷，东北师范大学出版社，1994 年，第 83 页。
❸　F. Nietzsche, *Zur Genealogie der Moral. Friedrich Nietzsche Werke.* Band 2. Hg. von Karl Schlechta. Carl Hanser Verlag München. 1955，p787.
❹　F. Nietzsche. *Morgenröte.* Karl Schlechta. *Friedrich Nietzsche Werke*：Band 1. München：Carl Hanser Verlag, 1954，p1156.

是"伟大的思想"的屠宰场。❶ 两地的情况非常相似。林语堂笔下的旧上海是"著名铜臭的大城","卖身体下部的妓女与卖身体上部的文人"和"买空卖空的商业与买空卖空的政客"充斥其间。而在尼采的"大城"里，到处都"只闻见赝币的玲珑，及金银的玎珰"，到处都"充满着自炫者，厚颜者，刀笔吏，雄辩家，好大喜功者"，并且"繁盛着一切废疾，不名誉，淫欲，无信，熟烂，萎黄，不安"。❷ 两者何其相似乃尔！还有，"文字国"里的"文人"乐于玩弄虚玄的文字游戏，乐于充当"刀笔吏"，以至于"文章是他们耍弄玄虚的拳套，是使观众眼花缭乱的舞术"，即使那些"最高的文坛巨子，也只成了卖膏药的江湖拳士，只成了富翁做寿请来的戏子"；他们所写的文字"亦等于国旗，悬彩，鞭炮"，只相当于"盛典中一种必不可少之点缀"。而尼采笔下"市场"的"戏子"也常常"唱做扮演伟大的人"，常常在"市场"里"放言高论"，他们"有心灵，但没有心灵的是非"，"他有善看风势的聪明，及好恶无常的品性"。❸ 显然，无论是林语堂笔下的"文人"，还是尼采笔下的"戏子"，他们都是没有是非观念只有利益，为了蝇头小利而投机钻营、不惜出卖自己的灵魂的人。

再看莫言对中国传统道德的揭露与批判。

莫言是站在人类的视角之外，发现了人类以及他们所尊奉的道德的虚伪性。他在《食草家族》中不无激愤地写道："人跟狗跟猫跟粪缸里的蛆虫跟墙缝里的臭虫并没有本质的区别，人类区别于动物界的最根本的标志就是：人类虚伪！""人的同情心是极端虚假的。"譬如，"狼吃了羊羔被人说成凶残、恶毒……人同情小羊羔羔，还不是为了让小羊羔羔快快长大，快快繁殖，为他提供更多更美的食品和衣料"。"人类虚伪"，并且"人的同情心是极端虚假的"，这是莫言送给人类最贴切的标签。而尼采也发现了人类及其奉行的道德的虚伪性。他认定："迄今为止的道德本身是'非道德的'"；而"道德与生命基本本能的斗争史，本身就是迄今为止地球上存在过的最大的非道德性"。❶ 为此，尼采断然宣布："为了解放生命，就必须消灭道德。"❺ 尼

---

❶ 林语堂《译尼采〈走过去〉——送鲁迅先生离厦门大学》，《语堂文存》第 1 册，桂林林氏出版社，1941 年，第 46 页。

❷ 林语堂《译尼采〈走过去〉——送鲁迅先生离厦门大学》，《语堂文存》第 1 册，桂林林氏出版社，1941 年，第 47 页。

❸ ［德］尼采《市场的苍蝇》，林语堂译，《论语》1935 年第 56 期。

❶ ［德］尼采《权力意志》（上卷），孙周兴译，商务印书馆，2007 年，第 263 页、第 492 页。

❺ ［德］尼采《权力意志》（上卷），孙周兴译，商务印书馆，2007 年，第 315 页。

采认为"善""爱""怜悯"之类的传统美德要么于事无补,要么虚伪至极。

出于对中国传统道德的不满,莫言常常塑造敢于蔑视和反叛传统道德的人物形象。最具代表性的是《红高粱家族》中的"我奶奶"。在生命的最后一刻,她大声呼喊:"天,什么叫贞洁?什么叫正道?什么叫善良?什么是邪恶?……我的身体是我的,我为自己做主,我不怕罪,不怕罚,我不怕进你的十八层地狱。我该做的都做了,该干的都干了,我什么都不怕。"罪与罚,十八层地狱,都是中国封建迷信思想和传统道德观的核心内涵,贞洁、正道和善恶都是传统的或主流的社会价值与道德评判。与其说是没有人告诉"我奶奶"这些传统的或主流的价值观与道德观意味着什么,还不如说是她压根就不在乎这些条条框框。因为这些条条框框宛如横加在生命力畅行道路上的重重阻碍,而她一直"为自己做主",一直遵从"我的身体是我的"的原则,一直按照"自己的想法去办",为此"不怕罪,不怕罚",也不怕进十八层地狱。中国传统道德主要源自儒家礼教,稍有"逾矩",不仅会受到社会的谴责和唾弃,而且还会让当事人饱受内心的煎熬。"我奶奶"让自己的生命本能不受拘束,自由驰骋,她"该做的都做了,该干的都干了"。实际上,中国传统道德类似尼采所否定的基督教道德。尼采也认为基督教让原本轻盈欢乐的生命背上道德的负担而变得沉重不堪。他曾经说过:"你们要忠于尘世,不要相信那些向你们大谈超凡脱俗的希望的人!"[1] 所谓忠于尘世就是要立足现世,享受现世中的一切快乐、幸福;所谓超凡脱俗的希望,就是基督教所说的末日审判、来世天堂地狱之别等说辞,纯粹是一种欺骗。中国传统道德中的"贞洁""正道"正是这一类的说教。在一定意义上说,"我奶奶"临终时的疾声高呼,差不多就是对尼采立足现世、享受现世快乐幸福、尊重生命本能的呼吁的当下回应、中国式回应。

三、歌颂反叛精神与抗争意识

借助尼采思想主张的影响以讴歌反叛精神与抗争意识的,主要有五四时期的诗人郭沫若、抗战前后的评论家林同济,以及新时期的小说家朱苏进。

五四前后,郭沫若以诗人闻名于中国文坛,而他所接受的尼采思想的影响也主要在其早期的诗歌中得到体现。郭沫若早年曾经称:自己的诗"多半

---

[1] F. Nietzsche, *Also Sprach Zarathustra. Friedrich Nietzsche Werke* in Drei Bänden. Band 2. Hg. von Karl Schlechta. Carl Hanser Verlag München. 1955, p279.

是种反性格的诗，同德国的尼采 Nietzsche 相似"。❶ 郭沫若在这一时期创作的诗歌确有不少都以歌颂破坏意识与反叛精神即以"反性格"为主题。

郭沫若最具影响力的诗作是 1921 年出版的诗集《女神》，该作品集收入诗人早期所写的 56 首诗。《女神》的基本主题之一就是尼采式破坏意识与反叛精神。在这些诗歌里，诗人歌颂具有破坏力的万事万物。郭沫若在《我是个偶像崇拜者》一诗里满怀激情地呼喊："我崇拜炸弹""崇拜破坏""我崇拜偶像破坏者"，直截了当地宣示了自己对破坏意识和反叛精神的推崇。在《立在地球边上放号》一诗中，诗人热情地歌颂太平洋的巨大破坏力，忘情地呼喊："无限的太平洋提起他全身的力量来要把地球推倒。/啊啊！我眼前来了的滚滚洪涛哟！/啊啊！不断的毁坏，不断的创造，不断的努力哟！"

郭沫若还借助神话、传说的题材来表达自己的"反性格"。在诗剧《女神之再生》和《凤凰涅槃》中，郭沫若热情呼唤破坏、毁灭以及创造、再生。前者以传说中中国两位古代国王共工和颛顼为争夺统治权而爆发的战争为背景，写到在战争中失败的共工用头颅撞倒天柱，导致天崩地裂，致使太阳"这五色天球看看要被震破！/倦了的太阳只在空中睡眠"，女神们不得不决定创造一个新的太阳。诗人不仅浓墨重彩地描绘共工撞倒天柱、导致天崩地裂的场景，而且更加凸显其旷古烁今的破坏之力。后者借凤凰积木自焚而获新生的故事，形象地表达了对旧世界的诅咒、抨击，以及对新生活的向往与渴盼。诗人笔下的凤凰面对这个"只剩些悲哀，烦恼，寂寥，衰败"和死尸的世界，发出了最强烈的诅咒："我要努力地把你诅咒：/你脓血污秽着的屠场呀！/你悲哀充塞着的囚牢呀！/你群鬼叫号着的坟墓呀！/你群魔跳梁着的地狱呀！"凤凰对旧世界的诅咒潜藏着一股巨大的怨恨之气和破坏之力。在《天狗》一诗里，郭沫若借助中国民间传说中吞月的天狗这一形象表现五四时期摧枯拉朽式的反叛与破坏激情。天狗不仅吞食月亮、太阳，它还要吞食所有星球乃至整个宇宙，它狂呼："我飞奔，/我狂叫，/我燃烧。/我如烈火一样地燃烧！/我如大海一样地狂叫！/我如电气一样地飞跑！"天狗甚至要吞食自己，要剥自己的皮，吃自己的肉，吸自己的血，啮自己的心肝，所以在诗的末尾，天狗高呼："我的我要爆了！"这一意象将天狗的反叛精神与破坏意识推到极致。郭沫若用自己的作品为尼采的叛逆精神与破坏意识献上了一曲曲激情四射的赞歌。

---

❶ 郭沫若《致陈建雷（一）》，《郭沫若书信集》上册，中国社会科学出版社，1992 年，第 173 页。

抗战时期，"战国策派"的领袖林同济模仿尼采的《查拉图斯特拉如是说》创作《萨拉图斯达如此说——寄给中国青年》（1940）一文，以查拉图斯特拉之口鼓励中国青年奋起抵抗外来侵略，积极发挥战斗意志，发扬战斗精神。

在文章开篇，林同济就对中国青年说道："战即人生。我先且不问你们为何而战；能战便佳！"战斗就是生活甚至生命的全部内容。为了参加战斗，中国青年必须"高大""大胆"，必须加倍努力、积极磨练。林同济鼓励中国青年："你们自身也必要日大日高，更大更高。……要担当这次的战争，以及此后一切的战争，你们至少还得高过你们的父兄一倍，大过你们的父兄两围。""高过"父兄、"大过"父兄的真实内涵是摆脱他们以及他们所遵守的传统世界观、价值观、人生观和道德观，因此林同济说：中国青年要做合格的战士，"必须超过了你们的父兄，摆脱了你们的邻里乡党！他们那种小朝廷小市井的宇宙观，适应不了我们这个大时代的需求"。换言之，在这尚"战"尚"力"的时代，中国青年应该抛弃传统的道德信条，遵循全新的道德观。全新的道德观是什么？林同济充满激情地告诫中国青年："我不劝你们做循良子弟。我劝你们大胆做英雄。""我不劝你们安居乐业，我劝你们危言危行。"由此出发，林同济号召中国青年全方位地反叛遗传下来的各种说教："你们问：何为善？我说：不怕即善。""你们问：何为孝？我说：不怕即孝。""他们说：多言多祸。我告你们吧，多祸所以必要多言。""大事化小事，小事化无事——原来是二千年来乡愿病夫息事宁人的法宝。我教你们吧，有一分气力，有一分热情，便应当即刻无事化小事，小事化大事。……多少可能的伟事业，都是从他们那'化小''化无'的圈套里，云散烟销！"一言以蔽之，在林同济这里，"温良恭俭让"等传统美德完全被反叛意识和战斗精神取而代之了。

林同济的《寄给中国青年》一文不仅直接袭用了尼采《查拉图斯特拉如是说》（《萨拉图斯达如此说》是林同济对《查拉图斯特拉如是说》的标题的翻译——笔者）的标题，而且从内容与主题来讲，堪称该著的《战争与战士》一章的中国版，因为后者的主题也是呼吁战斗精神。查拉图斯特拉对他的追随者呼吁："我劝你们不要工作，而要战斗。我劝你们不要和平，而要战争。……恰恰是战争使一切事情都神圣化了！"❶ 林同济提出的"不怕

❶ F. Nietzsche, *Also Sprach Zarathustra. Friedrich Nietzsche Werke.* Band 2. Hg. von Karl Schlechta. München: Carl Hanser Verlag, 1955, p312.

即善""不怕即孝"等道德观，也同尼采提倡"勇敢"，反对"同情""博爱"等传统道德律条的主张如出一辙。尼采说："战争和勇气比博爱更能成就伟业。""你们问：'什么是好的？'勇敢就是好的。"❶ 在林同济和尼采这里，"战争""勇气"和"勇敢"的能量都已经远远胜过了"博爱""同情"的能量。

林同济之所以会热衷于借助尼采的战争观和道德观来张扬反叛意识与战斗精神，这与他具有强烈的爱国主义和民族主义激情有关。林同济于 1934年在美国加州大学伯克利分校撰写论文《日本在东北的扩张》，最终获得该校比较政治学博士学位。该文用大量的资料揭露日本企图侵略中国的狼子野心。他回国以后不到 3 年，抗日战争全面爆发，他的预言得到证实。他与雷海宗、陈铨等人先后创办《今日评论》《战国策》和《大公报·战国》等刊物，大力宣传"民族至上""国家至上"的理念，并指出："鉴于国势危殆，非提倡及研讨战国时代之'大政治'（High Politics）无以自存自强。'大政治'例循'唯实政治'（Real Politics）及'尚力政治'（Power Politics）。"❷ 在此基础上，林同济提出重建中国人"战士式的人生观"和"战士式人格"的设想。所谓"战士式的人生观"，就是崇奉"以力服人"的信条、以"义"为人生行动的准则，所谓"战士式人格"，就是"忠、敬、勇、死"四位一体的"刚道的人格型"。❸ 林同济所做的一切努力，都是围绕着呼吁和激活国人的战斗精神、奋起抗日这一中心目标。

新时期，军旅作家朱苏进在作品中极力宣扬竞争意识和英雄主义气概。这种竞争意识和英雄主义气概是战斗意识在和平年代的变体，其对象也由敌人变成了同事同僚。

朱苏进认为"人生即较量"。对一个军人来说，只有较量、竞争才能验证他是否合格，是否具有真正的军人素质。朱苏进作品中的主人公不仅与上级、下级、同级时时、事事处于较量之中，甚至与妻子、情人之间也充满较量意识。短篇小说《咱俩谁是谁》中 3 个上校之间的关系就是如此。同时，朱苏进的作品里时时、处处、事事充溢着军人好战好胜的气息，绝无情意缠绵的情调。长篇小说《炮群》中的宋泗昌敢于和晚辈军人苏子昂比试枪法，而苏子昂则沉迷于军人的英雄意识之中，"性成熟期并不很渴望姑娘，而是

---

❶ F. Nietzsche, *Also Sprach Zarathustra. Friedrich Nietzsche Werke. Band 2.* p312.

❷ 林同济《启事（代发刊词）》，《战国策》1940 年第 2 期，扉页。

❸ 林同济《嫉恶如仇：战士式的人生观》，1942 年 4 月 8 日《大公报·战国》。

被英雄崇拜一类感情骚扰不轻"，性冲动甚至被英雄情结压制住了。

朱苏进还有一个得意的观点："最优美的最危险。""优美"指心理姿态，"危险"指生活状态。这句话意味着，只有最恶劣的环境才会让人遭受到最严峻的考验，也才利于生命本能得到最大限度的激发，因此，要体会到最伟大的、淋漓尽致的快乐，体会到"最优美"的心境，就得过最危险的生活，就得受最严峻的考验。这同样凸显了一种竞争精神和对抗意识。

朱苏进所说的"较量"意识同尼采提倡的权力意志所蕴含的战斗精神非常接近。尼采曾经指出：战斗精神典型地体现在权力意志之中，因为"权力意志只能在对抗中表现出来；它要搜寻与自己对抗的东西"。❶ 有意思的是，尼采也表达过类似"最优美的最危险"的观点，不过他是针对自己的哲学思想以及他心目中真正的哲学思想而说的。尼采不无骄傲地宣称："我的著作散发出……一种高空之气，一种振奋之气。人们必须对它有所准备，不然，一旦身处其中就有非同小可的受寒危险。寒冰在近，孤寂无边……正如我一向认为和经历的那样，哲学甘愿生活在冰雪和高山——在生命中搜寻一切陌生的和可疑的事物，搜寻以往惨遭道德禁锢的一切。"❷ 尼采的本意是说，自己的哲学主张是对"以往惨遭道德禁锢的一切"或者传统教条中显得"陌生的和可疑的事物"的阐发，表达的是反叛传统和重估一切价值的精神，因此接触并接受这样的哲学思想，就如同在冰雪和高山这些人迹罕至之处生活，既可以呼吸到高空的凛冽、清新而令人振奋的空气，但同时又时时面临着"非同小可的受寒危险"和无边的孤寂。冰雪和高山的风景固然是优美的，环境则是危险的，两者相伴相依，与朱苏进"最优美的最危险"的说法不谋而合。

第二节　尼采思想对 20 世纪中国文学建设性主题的启迪

受尼采的哲学思想尤其是"超人说"及其所蕴含的个人主义特质的启发，20 世纪的中国作家提炼出了张扬天才意识、体认生命意识和表现漂泊意识等文学主题。因为这类主题的共同特点是偏向正面阐发，笔者将它们称为"建设性主题"。

---

❶　［德］尼采《权力意志》（上卷），孙周兴译，商务印书馆，2007 年，第 486 页。
❷　［德］尼采《看哪这人：尼采自述》，载《权力意志》，张念东、凌素心译，商务印书馆，1998 年，第 5 页。

一、张扬天才意识

在 20 世纪的中国作家之中，世纪初的王国维、鲁迅，五四时期的郭沫若、郁达夫，新时期的朱苏进等，都是借助尼采思想表达、张扬天才意识这一主题的代表。

早在 20 世纪初期，王国维就从尼采本人及其"超人说"那里接受了天才意识与精英主义倾向。在强调温柔敦厚的中国文化传统里，天才这种特殊的个体往往是受到挤压的，因此，天才意识正是一种鲜明突出的个人意识或个体意识。

王国维认定尼采本人就是天才。他在自己编译的《德国文化大改革家尼采传》一文中，反复提到尼采从中学时代起就表现出"天才"的品性，如称："尼采于中学校时代已现文学上之天才者也"；因为《悲剧的诞生》与《不合时宜的思考》"皆识见警拔，笔锋锐利，昔之攻击之声，渐变而为赞颂"，"于是尼采始自觉自己之天才"。❶ 在《叔本华与尼采》一文里，王国维径直称尼采是"旷世之天才"。❷ 王国维还曾特别指出，尼采认定天才是秉持自由精神的人，他/她的出现离不开宽松的社会环境："天才者，一自由精神而与社会之堕落俱生，即天才与社会之灭亡相关系，而不与社会之福祉相一致也。若社会而持功利主义，则社会之习惯停滞不前，无生产自由精神之余地，即无生产天才之机会。"❸ 也因为此，尼采"以为教化范围，不在凡民，而在一二天才卓越之人物"❹，可见其教育观完全建立在精英主义原则之上。

在尼采的思想体系之中，王国维重点关注的是"超人说"。《叔本华与尼采》一文的中心话题就是尼采的"超人说"与叔本华的"天才论"之间的关联。在王国维看来，与普通人相比，天才最大的特点是更能感受到人生的痛苦。他在《叔本华与尼采》一文里写了一段同叔本华和尼采的哲学思想无关的话，这段话集中阐述了他的天才观。王国维说："天才者，天之所靳，

---

❶ 佚名（王国维）译述《德国文化大改革家尼采传》，佛雏校辑《王国维哲学美学论文辑佚》，华东师范大学出版社，1993 年，第 240 – 241 页。

❷ 王国维《叔本华与尼采》，谢维扬、房鑫亮主编《王国维全集》第 1 卷，浙江教育出版社、广东教育出版社，2010 年，第 93 页。

❸ 佚名（王国维）编译《尼采氏之学说》，载成芳编《我看尼采》，南京大学出版社，2000 年，第 17 页。

❹ 佚名（王国维）编译《尼采氏之教育观》，载成芳编《我看尼采》，第 3 页。

而人之不幸也。蚩蚩之民，饥而食，渴而饮，老身长子，以遂其生活之欲，斯已耳。……若夫天才，彼之所缺陷者与人同，而独能洞见其缺陷之处。彼与蚩蚩者俱生，而独疑其所以生。……然彼亦一人耳，志驰乎六合之外，而身扃乎七尺之内，因果之法则与空间时间之形式束缚其知力于外，无限之动机与民族之道德压迫其意志于内。"● 意思是说，天才虽然很优秀，是上天不肯轻易赐给的，但对天才本人来说，或许是一件不幸的事。常人（"蚩蚩之民"）追求基本欲望的满足，"饥而食，渴而饮，老身长子"，就足够了，很少思考人生意义之类的问题。而天才与常人的生活环境是一样的，却有强烈的问题意识，常常追问原因和更深层的意义。譬如，天才和常人一样有缺陷，后者无知无识，天才却"独能洞见其缺陷之处"；天才和常人一样活着，后者懵懵懂懂，天才却"独疑其所以生"。天才的最大痛苦在于，他能够感受到常人感受不到的种种限制，一是"身扃乎七尺之内"，意即会受到自己的肉体及其各种生理本能的限制；二是"因果之法则与空间时间之形式束缚其知力于外"，意即其智力会受到时间、空间这些物质基础，以及因果法则等客观的科学规律的制约；三是"无限之动机与民族之道德压迫其意志于内"，意即天才的意志本能会受到他的无限的冲动诉求和本民族的道德观念的控制。总之，天才的思想很丰满，但他面对的现实却很骨感，天才就比常人多了几分痛苦。

王国维早年以"天才"自许，自认早年的诗词甚佳，"自南宋以后，除一二人外，尚未有能及余者，则平日之所自信也"。● 认为南宋以后只有一两个词人赶得上自己，这可不是"自信"可以解释的。事实上，王国维还明确宣称自己遵从"知力上之贵族主义"。● 所谓"知力上之贵族主义"，正是"天才"的别名。

王国维对天才及其强烈的痛苦感的认同，表明他对独异个体的深刻体验。这一体验正表明王国维对人的现代意识或个体意识的觉醒有所感悟。周国平曾经这样评价王国维的哲学研究："在个人与社会的关系上，他更倾向于把哲学看作个人精神的事情，而非社会的事业。对于他来说，研究哲学主

● 王国维《叔本华与尼采》，谢维扬、房鑫亮主编《王国维全集》第 1 卷，第 92 - 93 页。

● 王国维《静安文集续编·自序（二）》，谢维扬、房鑫亮主编《王国维全集》第 14 卷，浙江教育出版社、广东教育出版社，2010 年，第 122 页。

● 王国维《教育小言十二则》，谢维扬、房鑫亮主编《王国维全集》第 14 卷，第 29 页。

要是为了自救，而非救世。"❶ "自救"就是解决个体的人生观问题，寻求"个人精神"的慰藉。王国维受尼采思想的启发而敏锐地感受到"天才式痛苦"，正是"自救"，正是自我觉醒和自我发现。

20世纪初期至五四时期，鲁迅一直非常关注尼采的"超人说"，并由此提出"尊个性而张精神"的"立人"主张。所谓"立人"，其实质是自我的发现，个性的张扬，是一种典型的个性主义主张。

在鲁迅看来，尼采的"超人"说是一种肯定"天才"、轻视"愚民"或"庸众"的个人主义思想。他明确指出：尼采"希望所寄，惟在大士天才；而以愚民为本位，则恶之不殊蛇蝎。意谓治任多数，则社会元气，一旦可隳，不若用庸众为牺牲，以冀一二天才之出世，递天才出而社会之活动亦以萌"。❷ 鲁迅对以普通民众（"愚民""庸众"）为本位的社会讨厌之极，"恶之不殊蛇蝎"，认为这样的社会毫无生机与活力（"元气"），所以明确主张以普通民众做牺牲品，只要能够换得生机盎然的社会，肯定是值得的。鲁迅还认为，"超人"说的提倡者尼采还大力提倡重视"主观与意力主义"。他说：尼采"据其所信，力抗时俗，示主观倾向之极致"；他所希冀的是"意力绝世，几近神明之超人"。❸ "力抗时俗"是对主流价值观和习俗制度的反抗，"意力绝世""示主观倾向之极致"强调人的主观力量和主观精神。在此基础上，鲁迅借助"超人说"提出了"任个人"或"尊个性"的"立人"思想。

"任个人"或"尊个性"的前提是"排众数"。所谓"排众数"，就是反对多数人仗着数量的优势以压制少数人的意见。鲁迅认为，由于过于重视"众数"，其后果很可能会酿成"多数人的暴政"这种惨剧，"同是者是，独是者非，以多数临天下而暴独特者"。❹ 而"同是者"群众往往不辨是非，也缺乏操守和定见，"一瞬息中，变易反复"。❺ 基于此，鲁迅认定梁启超、严复等人在晚清提出的"国民说"、"世界人说"都是"恶声"，即错误的主张。因为它们只会"灭人之自我，使之混然不敢自别异，泯于大群""灭裂

---

❶　周国平《二十世纪中国知识分子对尼采和欧洲哲学的接受》，《周国平人文讲演录》，上海文艺出版社，2006年，第129页。

❷　鲁迅《文化偏至论》，《鲁迅全集》第1卷，人民文学出版社，2005年，第53页。

❸　鲁迅《文化偏至论》，《鲁迅全集》第1卷，第55页、第56页。

❹　鲁迅《文化偏至论》，《鲁迅全集》第1卷，第49页。

❺　鲁迅《文化偏至论》，《鲁迅全集》第1卷，第53页。

个性"。● 鲁迅指出：由于时人"言议波涌"，而"今之中国，其正一扰攘世哉！世之言何言，人之事何事乎。心声也，内曜也，不可见也"。● 个人都随顺众人的言议和喧嚣而发声，而行动，自己的真实"心声"和内在的智慧通达都荡然无存。鲁迅特别不满意所谓的"识时之士"将"个人"看作"民贼"的做法，也不满意他们将"个人主义"视为"害人利己"之说的肤浅看法，所以严正声明："任个人"的真正含义是"知自我"和"识个性之价值"。● 由此，鲁迅呼吁国人早日"自觉"与"立人"，鼓励国人勇敢地发出自己的"心声"："盖惟声发自心，朕归于我，而人始自有己；人各有己，而群之大觉近矣。"● 个体的人觉醒了，一切事情都好办："首在立人，人立而后凡事举"。● 总之，"尊个性""任个人"就是张扬个体意识、尊重个体价值，就是重视个体意识和人格观念。

由此，鲁迅在 20 世纪初期形成了轻视群众、重视天才的精英主义倾向，并进而将思想启蒙的重任寄托在极少数的"天才""英雄"的肩上。他在《破恶声论》（1908）一文中反复申明自己推重杰出人物，如宣称："属望止一二士，立之为极，俾众瞻观，则人亦庶乎免沦没"，意即自己寄望于极少数的优秀之"士"，并将他们树立为榜样，众人跟着他们，即可免于沉沦。鲁迅还表示："今之所贵所望，在有不和众嚣，独具我见之士，洞瞩幽微，评骘文明"，即使众人"投以笑骂，使之孤立于世，亦无慑也"。● 有自己的主见、不附和众人的意见，即使受到众人的孤立也毫不恐慌的人就是真英雄，只有他们才能够洞察一切、针砭社会。鲁迅在这里所表达的贬低众人、抬高英才的态度是非常明确的。到了五四时期，鲁迅依然对"天才"有明显的偏爱。他在《随感录三十八》（1918）一文里将"天才"和"mob"（可译为乌合之众、庸众——笔者）置于完全对立的位置，对庸众凭借数量的优势仗势欺人的狂妄即"合群的自大"深恶痛绝，认为它本质上就"是对少数的天才宣战"，而且所用的手法简直称得上是下作，"只须用 mob 的长技，一阵乱噪，便可制胜"。● 鲁迅杂文《随感录三十八》（1918）的主旨是提倡

● 鲁迅《破恶声论》，《鲁迅全集》第 8 卷，人民文学出版社，2005 年，第 28 页。
● 鲁迅《破恶声论》，《鲁迅全集》第 8 卷，第 27 页。
● 鲁迅《文化偏至论》，《鲁迅全集》第 1 卷，第 51 页。
● 鲁迅《破恶声论》，《鲁迅全集》第 8 卷，第 26 页。
● 鲁迅《文化偏至论》，《鲁迅全集》第 1 卷，第 58 页。
● 鲁迅《破恶声论》，《鲁迅全集》第 8 卷，第 23 页、第 25 页。
● 鲁迅《随感录三十八》，《鲁迅全集》第 1 卷，人民文学出版社，2005 年，第 327 页。

"个人的自大",反对"合群的自大",这一主旨的背后蕴含着尼采的"超人"与"末人"色彩,有着浓郁的"尼采味"。文章开篇指出:"中国人向来有点自大。"以中央帝国自居,以"自大"自居,不少论者都提到中国国民劣根性的这一表现。鲁迅接着指出:"只可惜没有'个人的自大',都是'合群的爱国的自大'。""个人的自大"和"合群的自大"有何不同呢?鲁迅解释说:"'个人的自大',就是独异,是对庸众宣战。""'合群的自大','爱国的自大',是党同伐异,是对少数的天才宣战。"具体来说,除了作为精神病一种的夸大狂之外,"个人的自大"者"大抵有几分天才……也可说就是几分狂气"。他们的"天才"表现在何处?原来他们常常"自己觉得思想见识高出庸众之上"。他们的"狂气"又何在?因为他们发现自己"为庸众所不懂,所以愤世嫉俗",以至于"渐渐变成厌世家",或者变成易卜生笔下的"国民之敌"。与之相反,"合群的自大"者因为"数目极多","倘若遇见攻击",往往"蹲在影子里张目摇舌……只须用 mob 的长技,一阵乱嗓,便可制胜"。❶ 显然,"独异""狂气""天才""对庸众宣战""自己觉得思想见识高出庸众之上",这与鲁迅留学日本时心仪的"据其所信,力抗时俗"的"大士天才"的品格完全一致,"大士天才"正是那时鲁迅对尼采"超人"的解读。而"合群的自大"其实就是打着"爱国"的幌子而一味盲从、随大流的心理,这种心理正是尼采所描绘的"末人"性格。如前所述,鲁迅非常熟悉尼采的"末人",翻译过《查拉图斯特拉如是说》序言第 5 节里描写"末人"的文字。"末人"循规蹈矩、缺乏创新的愿望与能力,是一群没有头脑、丧失人格的人,与鲁迅所说"合群的自大"相差无几。

鲁迅在《未有天才之前》(1923)的演讲里虽然谈到了民众的重要性,认为他们是天才得以成长的"泥土",但中心主题还是号召普通民众积极而勇敢地做"艰苦卓绝者",争取为"天才"的出现作前期准备。❷ 从这些论断可以看出,五四时期的鲁迅尚未从根本上改变早年所持的精英主义倾向。

除了在思想论文和杂文中阐发"天才"观之外,鲁迅还在短篇小说《狂人日记》和《长明灯》里分别塑造了"狂人"和"疯子"等"大士天才"形象,着重表现他们先知先觉的品性,以及他们常常遭受误解、迫害甚至围攻的情景。这些都是作者通过文学创作对天才意识的表现。

---

❶ 鲁迅《随感录三十八》,《鲁迅全集》第 1 卷,人民文学出版社,2005 年,第 327 页。
❷ 鲁迅《未有天才之前》,《鲁迅全集》第 1 卷,人民文学出版社,2005 年,第 174 - 177 页。

与王国维和鲁迅相似，创造社的缔造者郭沫若、郁达夫等人也都从尼采其人其说吸取天才观，充分地展示自我与个性。

郭沫若对尼采的"天才崇拜"情结感受很深。他说："尼采的性格是有一种天才崇拜癖的人，爱以一己的理想输入于个体之中，以满足其崇拜的欲望。"按照笔者的理解，尼采的"天才崇拜癖"与其说尼采是崇拜别人的天才，倒不如说他是欣赏自己的天才因而自我崇拜更为合适，因为他"爱以一己的理想输入于个体之中"。果然，尼采"第一部出书（指《查拉图斯特拉如是说》第一部——引者）时便多方受人误解，他自己曾叹息说：'我所思想的对于许多人尚没有一人成熟；不怕诲者谆谆，而听者终是邈邈，《查拉图司屈拉》（通译《查拉图斯特拉如是说》——引者）便是一个证据。'"❶尼采认为自己"所思想的对于许多人尚没有一人成熟"，除了合乎事实的成分之外，恐怕更多的是狂妄使然。

正是受到尼采这种天才意识的启迪，郭沫若热衷于表现非凡事物或杰出人士的卓然独立、才华与能力超群这一方面。郭沫若在诗集《女神》中常常采用拟人、夸张等修辞手法来呈现"天才"们的独特力量和才华。如他在《立在地球边上放号》一诗中热情地歌颂海洋所拥有的巨大力量。诗人写道："啊啊！好幅壮丽的北冰洋的情景哟！/无限的太平洋提起他全身的力量来要把地球推倒。/啊啊！我眼前来了的滚滚洪涛哟！/……/啊啊！力哟！力哟！/力的绘画，力的舞蹈，力的音乐，力的诗歌，力的律吕哟！"在《天狗》一诗里，郭沫若借助中国民间传说中吞月的天狗形象，隐射五四时期天才们摧枯拉朽式的激情与力量。天狗狂呼："我飞奔，/我狂叫，/我燃烧。/我如烈火一样地燃烧！/我如大海一样地狂叫！/我如电气一样地飞跑！"在郭沫若这里，无论是北冰洋、太平洋滚滚洪涛的汪洋恣肆，还是天狗的摧枯拉朽，都成了非凡之士和天才人物的代言人，也成了天才意识的载体。

郁达夫眼中的尼采是"薄命天才"。他在1923年10月7日的日记里写道：因为对德国哲学家尼采"这一位薄命天才的身世真有点可敬佩的地方，故而想仔细研究他一番，以他来做主人公而写一篇小说"。❷意思就是想替这位"薄命天才"树碑立传。后来他还因为自己没有完成这个心愿而感叹不

———————————

❶ 郭沫若《雅言与自力》，《创造周报》1923年第30号，第2—3页。

❷ 郁达夫《沧州日记》，《郁达夫文集》第9卷，花城出版社、三联书店香港分店，1983年，第188页。

第四章　尼采思想对20世纪中国文学主题的影响

已。不过，郁达夫通过短篇小说《沉沦》在一定程度上弥补了他的这一遗憾。小说中的主人公、中国留日学生"他"不仅常常在人迹罕至之处读尼采的书，而且还会模仿尼采笔下的查拉图斯特拉对农夫演讲。"他"常常觉得孤独、孤冷，因为他觉得自己是生不逢时、怀才不遇的"天才"。

新时期的军旅作家朱苏进在自己的作品中刻画了一些军人天才形象，表现军人的自我超越意识和英雄情结。中篇小说《绝望中诞生》中的孟中天是一个有着超凡禀赋的天才。他不仅是一个科学上的怪杰，对大地的形貌构造有着异常的兴趣，并对地球的成因作出了全新的解释，他更是一个人事上的奇才，能够将人事与地理沟通起来，用看透地球内部奥秘的眼睛看透人们内心的奥秘，借用地球构造关系来处理人事关系。他特别引以为自豪的是自己在人事操控方面的超人智慧和才能，他也从驾驭人的本领和人事争斗的游戏中获得巨大的精神愉悦。中篇小说《第三只眼》中的班长南琥珀像孟中天一样渴望与人做斗争，把支使人、控制人、征服人当作自己最大的幸福，渴望在征服和战胜对手的成果中获得最大的快感。全班战士中唯有司马戍对他"四肢服从，脑子里从来不服"，当他还没有转业的时候，南琥珀最大的愿望就是"渴望征服他"，为此"意志、情感、计谋，统统兴奋得凸动起来，这种凸动又使他快活"；等到司马戍一退伍，"他就感到他的日子塌去了半边，剩下的战士，太乖——他简直恨他们为什么这样乖"。

在朱苏进这里，孟中天、南琥珀等军中英杰的所思所感、所作所为，不仅仅说明军队是一个追逐权力的世界，也再现了和平时代中国军人的天才意识与英雄情结。

新时期诗人海子的理想是成为"太阳王"。他在《夜色》一诗中宣称："我有三种幸福：诗歌、王位、太阳。"海子极富天才，常常自称"太阳""太阳王""王""诗歌王子"。他反复吟咏带"太阳"的诗句："我的太阳高悬上空/照耀这广阔的太平洋"（《太平洋的献诗》）；"今天，太阳的新娘就是你/太平洋上唯一的人，远在他方"（《献诗》）。"太阳"是海子的自我认同，海子对"王"的宝座充满渴望，并以王者的视角俯瞰现实世界。他在《诗学：一份提纲》一文中说："自从人类摆脱了集体回忆的创作（如印度史诗，旧约，荷马史诗）之后，就一直有自由的个体为诗的王位而进行血的角逐……正如悲剧中，最优秀最高贵最有才华的王子最先身亡。我所敬佩的王子可以列出长长的一串……我敬佩他们。他们是伟大的顶峰，是我们这些诗歌王子角逐的王座。"❶ 海子这位"诗歌王子"决心"为诗的王位而进行血的角逐",他也相信自己有能力参与这一角逐。他还说"最优秀最高贵最有才华的王子最先身亡",25 岁就离世的海子是不是在以另一种方式证明自己是"最优秀最高贵最有才华的王子"?海子的自信、狂妄自不待言。尼采也特别狂傲、自恋。他在自传《瞧,这个人》中就大言不惭地以"我为什么这样有智慧""我为什么这样聪明",以及"我为什么能写出这样优秀的书"作章节的标题,述说自己的不同凡响。事实上,尼采也曾假借古代波斯拜火教教主查拉图斯特拉之口自比为太阳,渴望接受阳光和恩惠的双手赶快伸过来接受自己的赏赐:"我需要人们那伸开的双手。我要馈赠和分送,直到人群中的智者对其愚昧、贫者对其富有再次感到快乐。"❷ 海子那么狂热地喜欢太阳,并自比为"太阳王",两人的做法何其相似乃尔!海子卧轨自杀,以身殉诗,想凭借这种"一次性写作"或者行为艺术,以实现自己成为"太阳王"的理想和创作出"伟大诗歌"的理想。海子去世后,其诗歌感动和激励了一批又一批读者。如此看来,海子的理想与尼采的寄托相似。尼采曾说他的诗他的著作是为下一个世纪的读者准备的。尼采真的做到了,他的哲学和诗歌在 20 世纪 21 世纪的思想界和文学界均引起一阵又一阵"颤栗"。两人没有收获现在,却都赢得了未来。

二、体认生命意识

20 世纪初的王国维,五四时期的鲁迅,五四前后至抗战前后的冯至,以及新时期的莫言、周国平等,均是吸取尼采的生命哲学思想,从而阐述和书写生命意识这一主题的代表性作家和批评家。

王国维除了从尼采那里获得天才意识之外,还从尼采哲学寻找到人生的"慰藉",而对人生"慰藉"的重视与寻找,其本质就是生命意识的觉醒和体认。

王国维认为,由于生理欲望的存在,人的生命或生活根本上是痛苦的,也可以说,生命或生活的本质是"苦痛"。他曾经详细而又生动地描述了欲望与痛苦之间的关联。王国维说:生活的本质或根底就是欲望,"欲之为性无厌,而其原生于不足。不足之状态,苦痛是也"。意思是,欲望最大的特

---

❶ 参见:西川《海子诗全编》,上海三联出版社,1997 年,第 896 – 901 页。

❷ [德] 尼采《查拉图斯特拉如是说》,黄明嘉译,漓江出版社,2000 年,第 3 页。

性是不知满足，而其根源本来就是先前的某种欲望没有得到满足。起源与不满足也好，不知满足的特性也好，反正就是一种"苦痛"，因此可以说，欲望引起苦痛，欲望就是苦痛。王国维接着说："既偿一欲，则此欲以终。然欲之被偿者一，而不偿者什佰。一欲既终，他欲随之。故究竟之慰藉，终不可得也。"某一欲望得到满足了，这个欲望是停止了，但新的欲望又随之产生了，所以最终的安慰和平静终究是无法得到的。况且，"即使吾人之欲悉偿，而更无所欲之对象，倦厌之情即起而乘之"。也就是说，如果所有的欲望都得到了满足，也意味着没有什么要追求的对象和目标了，那么，真正的厌倦情绪就乘机产生了。如此看来，"吾人自己之生活，若负之而不胜其重。故人生者，如钟表之摆，实往复于苦痛与倦厌之间者也。"❶ 人生始终在前一个欲望获得满足即前面的"倦厌"得到平复和新的欲望产生并渴望得到满足这两者之间做钟摆运动，因而永远无法离开痛苦。这一说法显然是叔本华关于人生是在欲望和满足之间如钟摆一样摇摆的论断的翻版。王国维进一步指出，文化进步、知识增多不仅不会消除人的烦恼，反而恰恰会引起更多的苦痛，因为"文化愈进，其知识弥广，其所欲弥多，又其感苦痛亦弥甚故也"。一个人拥有的知识愈丰富，他所探讨的问题、追求的对象就会越多，感受痛苦的能力也会提高，次数也会增多，总之，知识不仅不会减轻痛苦，反而增加痛苦。如此一来，"人生之所欲，既无以逾于生活，而生活之性质，又不外乎苦痛，故欲与生活与苦痛，三者一而已矣"。❷ 在王国维这里，欲望与生活、苦痛三位一体，痛苦俨然具有了本体的意义。

王国维早年在诗词中就曾大力宣讲生命与生活的痛苦。如《蚕》一诗，不仅描写蚕"蠕蠕食复息，蠢蠢眠又起。口腹虽累人，操作终自己"的"草草阅生死"直线式历程，以及"茫茫千万载，辗转周复始"的循环过程，而且叙述"丝尽口卒屠，织就鸳鸯被。一朝毛羽成，委之如敝屣"的可悲处境，最后更是以蚕的一生隐喻人的一生："劝君歌少息，人生亦如此。"全诗借蚕的一生形象地昭示人生"如钟表之摆，实往复于苦痛与倦厌之间"的本真状态。再如《浣溪沙》一词：写道"天末同云黯四垂，失行孤雁逆风飞，江湖寥落尔安归？//陌上金丸看落羽，闺中素手试调醯，今宵欢宴胜平时。"上半阕写"失行孤雁"的昏暗孤绝，下半阕写"今宵欢宴"的明亮

---

❶　王国维《红楼梦评论》，谢维扬、房鑫亮主编《王国维全集》第 1 卷，第 55 页。
❷　王国维《红楼梦评论》，谢维扬、房鑫亮主编《王国维全集》第 1 卷，第 55 页。

热闹，两者形成鲜明的对比，为孤雁最终成为席上珍、腹中物的悲惨结局作铺垫。该词以物喻人，说明人生只有苦痛和悲剧。有论者认为这首词对人生的苦痛所做的极致化解释，代表了王国维"发出对人生绝望的哀音"。❶

如何面对和度过苦痛的人生？王国维从哲学尤其是尼采哲学那里寻找到了"慰藉"的药方。其实，王国维早年之所以热衷于哲学研究，一个直接的动因就是因为他"体素羸弱，性复忧郁，人生之问题，日往复于吾前"。❷意思是，体质羸弱、性情忧郁引发他对人的生命或生活的本质的思考，从而决心从事哲学研究。从数量上说，在王国维引介与接受西方哲学的活动中，尼采哲学其实只占很小的份额，但这不大的份额却让他切实感受到了哲学的"慰藉"，并短暂地寻找到了人生"解脱"之道。正如有论者所说："王氏是因尼采在'九万里之地球与六千年之文化不足以厌其无疆之欲'的情况下，指出了解决矛盾的道路，使人生获得某种根本的慰藉，所以对他的学说顶礼致敬。"❸ 在王国维看来，尼采创立"超人说"具有明显的自我"慰藉"的性质："夫尼采体躯极衰弱，有妇人之性质，然所以称道强力猛恶者，譬如小儿之模仿武士，自此极端，向彼极端，实不足怪也。"❹ 即是说，现实中的尼采"体躯极衰弱，有妇人之性质"，便"自此极端，向彼极端"，转而"称道强力猛恶"，这就是一种幻想和自我安慰。王国维还在自己编译的《德国文化大改革家尼采传》一文里提及尼采初遇叔本华《意志及观念之世界》一书，而于"大苦痛之中""得慰藉"一事。❺ 这些都说明王国维认定哲学包括尼采哲学具有"慰藉"的作用。

那么，尼采哲学是如何给王国维提供精神"慰藉"的呢？王国维对德国哲学的兴趣始于康德，继而叔本华，终于尼采，相对来说，他认为尼采哲学更具有"慰藉"的功效。王国维借用《列子·周穆王》里老役夫昼为役夫、夜梦为国君的故事，沟通它同叔本华的"天才说"和尼采的"超人论"之间的关联。他说："叔氏之天才之苦痛，其役夫之昼也；美学上之贵族主义，

---

❶ 劳干《说王国维的浣溪沙词》，《中国的社会与文学》，台北文星书店，1968 年，第 65 页。

❷ 王国维《静安文集续编·自序》，谢维扬、房鑫亮主编《王国维全集》第 1 卷，第 119 页。

❸ 章培恒《〈尼采传〉中译本序》，载（法）丹·哈列维《尼采传》，谈蓓芳译，百花洲文艺出版社，1995 年，第 3 页。

❹ 佚名（王国维）编译《尼采氏之学说》，载成芳编《我看尼采》，南京大学出版社，2000年，第 21 页。

❺ 佚名（王国维）编译《德国文化大改革家尼采传》，佛雏校辑《王国维哲学美学论文辑佚》，华东师范大学出版社，1993 年，第 240 页。

与形而上学之意志同一论,其国君之夜也。"意思是,叔本华所说的天才的苦痛是现实的、真实的,如同老役夫白天辛勤劳作,而在阐发美学上之贵族主义与形而上学之意志论时则是理想的、虚幻的,就有了自我"慰藉"性质,如同白天疲惫不堪的老役夫夜里梦见自己做了国君,舒服得很。"尼采则不然。彼有叔本华之天才而无其形而上学之信仰,昼亦一役夫,夜亦一役夫;醒亦一役夫,梦亦一役夫,于是不得不弛其负担,而图一切价值之颠覆。举叔氏梦中所以自慰者,而欲于昼日实现之,此叔本华之说所以尚不反于普遍之道德,而尼采则肆其叛逆而不惮者也。"❶ 在王国维看来,所以叔本华的哲学"慰藉"是半拉子的,不彻底的。尼采则不同,他在美学、知识论和伦理学等方面都认识到生命的苦痛本质,所谓"昼亦一役夫,夜亦一役夫",就是役夫时时刻刻明白自己的生活的痛苦,不会通过梦幻来自我安慰。认识到人生的痛苦本质之后,尼采决定"图一切价值之颠覆",破坏或废除一切压制人生快乐的说教、信条,求得生命的酣畅和痛快,从而"举叔氏梦中所以自慰者,而欲于昼日实现之",寻求彻底的、真正的"自慰藉之道"。王国维所寻求的"慰藉"正是尼采式的、全方位的、彻底的解脱。不过尼采提供的"慰藉"并非空洞的自我安慰,而是彻底地否定和反叛传统,寻求全新的理想。

值得一提的是,王国维在1907年还透露自己由哲学研究转向文学研究的深层原因,也是为了寻求"直接之慰藉"。在他看来,"哲学上之说,大都可爱者不可信,可信者不可爱",如"伟大之形而上学,高严之伦理学,与纯粹之美学"固然"可爱",却都是无法求证的,因而"不可信",所以单论"求其可信者,则宁在知识论上之实证论,伦理学上之快乐论,与美学上之经验论"。因为后者都是容易体会到,或者容易得到证实的,因而是"可信"的,但它们又太务实而显得"不可爱"。王国维最后总结说:"知其可信而不能爱,觉其可爱而不能信,此近二三年中最大之烦恼。而近日之嗜好所以渐由哲学而移于文学,而欲于其中求直接之慰藉者也。"❷ 为了摆脱"知其可信而不能爱,觉其可爱而不能信"的窘境和烦恼,王国维决定离开哲学这块"是非之地",渴望从文学创作和文学研究那里求得更为"直接之慰藉"。

---

❶ 王国维《叔本华与尼采》,谢维扬、房鑫亮主编《王国维全集》第1卷,第95页。
❷ 王国维《静安文集续编·自序(二)》,谢维扬、房鑫亮主编《王国维全集》第14卷,浙江教育出版社、广东教育出版社,2010年,第121页。

无论是从叔本华哲学那里寻找不彻底的"慰藉",还是从尼采哲学那里寻找彻底的"慰藉",无论是从哲学那里寻找间接的"慰藉",还是从文学那里寻找"直接之慰藉",王国维对生命与心灵的"慰藉"的寻找,清楚地表明他对人的生存本质和生命意识的深刻领悟。

鲁迅受尼采对生命的礼赞和他的"道路论"的启发,唱出了自己对生命的赞歌,表达了自己关于"道路"的哲理性思考。

在尼采看来,生命中虽然离不开苦难和痛苦,但生命更强烈、更深刻的追求是快乐,由此可以推断,生命的本质不是痛苦,而是快乐。用尼采本人的话来说,就是:"世界的痛苦是深沉的;快乐——仍比心灵的痛苦更深沉。"即是说,人生在世,无法解释和控制的神秘力量总是存在着,因而痛苦是必然的、深沉的,但人们追求快乐、欢喜的冲动更深沉,更为本质,"一切欢乐希望永恒……希望深沉的、深沉的永恒"![1] 欢乐不仅比痛苦更为深沉,而且是永恒的,生命的本质正是快乐。基于此,尼采反对阴沉的生活态度,呼吁人们通过忘情的舞蹈和痛快的欢笑来彰显生命的快乐。他让查拉图斯特拉对人们大声宣布:"人必须跳舞",人们"也别忘记大声朗笑"![2] 除了用舞蹈来表达快乐,人们还应该用欢笑来面对生活。

与此相关,尼采还曾就"道路"或"路"发表过自己独特而深刻的看法。他认为世界上起初是没有路的,"路并不存在",因此世界上"有一千条道路无人走过",有"一千个隐蔽的生命之岛还不曾被人践踏过"。[3] 世上有无数的道路和隐蔽的岛屿等待人们去践踏、去开辟、去发现,或者也可以说,世上并不存在现成的、固定的路,因此,每个人都可以自己去践踏、开辟和发掘,每个人都可以走出自己独特的道路来。这也意味着,实现目标、发现真理的途径是多种多样的,所以尼采反对按照既定的路线和模式去追求目标,去探寻真理。尼采本人就表示:"我以不同的方式、走不同的道路而到达我的真理;我并非只从一个梯子登上了那个使我能游目骋望的高处。"[4] 尼采进一步想到,每个人都必须要自己去寻求前进的道路,而无需时时刻刻

❶ F. Nietzsche. *Also Sprach Zarathustra*. Karl Schlechta. *Friedrich Nietzsche Werke*:Band 2. München:Carl Hanser Verlag, 1955, P473.

❷ F. Nietzsche. *Also Sprach Zarathustra*. Karl Schlechta. *Friedrich Nietzsche Werke*:Band 2. P531.

❸ F. Nietzsche. *Also Sprach Zarathustra*. Karl Schlechta. *Friedrich Nietzsche Werke*:Band 2. P443、P339.

❶ F. Nietzsche. *Also Sprach Zarathustra*. Karl Schlechta. *Friedrich Nietzsche Werke*:Band 2. P442.

向别人问路。他写道:"我常常不愿向别人打听我的道路,——问路总是不合乎我的口味!我宁愿去探索各种道路。"❶ 不问路,而去探索路,显然,尼采的"道路"哲学宣扬了一种探索精神、创新意识,这种哲学也属于广义的生命意识。

鲁迅在自己的创作中阐发了尼采式生命观和道路论。他在散文《生命的路》(1919)一文中写道:"生命的路是进步的,总是沿着无限的精神三角形的斜面向上走,什么都阻止他不得。"意思是,生命的意志无比强大,生命的本性是一往无前的,任何艰难困苦和危险威胁都不能阻止生命前进的步伐。"生命不怕死,在死的面前笑着跳着,跨过了灭亡的人们向前进。"生命是欢快的、乐观的,面对必然来临的死亡,它没有唉声叹气、忧愁苦闷,而是"笑着跳着"。总之,在鲁迅看来,"生命是进步的,是乐天的。"❷

后来鲁迅在散文诗集《野草》中的《复仇》(1924)一篇中两次提到生命的乐天本质,一次说生命中有"沉酣的大欢喜",这种欢喜是完全沉潜的、陶醉的、忘我的;另一次则说生命中有"飞扬的极致的大欢喜",这种欢喜是充分释放的、达到巅峰状态的。❸ 鲁迅在《野草·题辞》中进一步阐述了自己对生命与死亡的关系的辩证看法,表达了一种乐观向前的人生态度。他说:"过去的生命已经死亡。我对于这死亡有大欢喜,因为我借此知道它曾经存活。"生命虽然终结,但它曾经存活,留下或浓或淡的痕迹,所以可以欢快地面对死亡。""死亡的生命已经朽腐。我对于这朽腐有大欢喜,因为我借此知道它还非空虚。"生命在死亡之后日渐腐朽,但它并不等于空无,所以,即使腐朽,仍然高兴地面对生命。鲁迅在文中两次发出同样的声明:"我坦然,欣然。我将大笑,我将歌唱。"❹ 总之,鲁迅认为,生命具有如下两种品质。第一,生命的本质是求快乐的。它是"乐天的",它有"沉酣的大欢喜",也有"极致的大欢喜"。生命快乐的表现形态就是"在死的面前笑着跳着",是"大笑""大欢喜",是"歌唱"。第二,生命是永远向前的、进步的。什么都不能阻止它前进的步伐。生命中离不开死亡和朽腐,但它会对死亡和朽腐的生命大笑,它会跨过"灭亡的人们向前进"。

与此同时,鲁迅在《生命的路》中还写道:"什么是路?就是从没路的

❶ F. Nietzsche. *Also Sprach Zarathustra*. Karl Schlechta. *Friedrich Nietzsche Werke*:Band 2. P442.
❷ 均见:鲁迅《生命的路》,《鲁迅全集》第1卷,人民文学出版社,2005年,第386页。
❸ 鲁迅《复仇》,《鲁迅全集》第2卷,人民文学出版社,2005年,第176页。
❹ 鲁迅《野草·题辞》,《鲁迅全集》第2卷,第163页。

地方践踏出来的，从只有荆棘的地方开辟出来的。"意思是，路本来是不存在的，是人们从"只有荆棘"而"没路"的地方开辟和践踏出来的。鲁迅接着又说："以前早有路了，以后也该永远有路。"即是说，既然现成的路本身就不存在，潜在的路早就存在，而且将永远存在，就等着人们去开辟和践踏。❶ 正是在这个意义上，鲁迅后来在短篇小说《故乡》（1921）的末尾发出了这样的感慨："希望是本无所谓有，无所谓无的。这正如地上的路，其实地上本没有路，走的人多了，也便成了路。"❷ 在鲁迅看来，路本来不存在，完全是人类践踏和开辟出来的，正如希望本来在有无之间，完全靠人类的争取和开拓。

鲁迅对生命的达观看法深得尼采对生命的礼赞的真谛，而他阐述的"道路论"也可以说是尼采"路论"的翻版。他们都在表述一种充满活力与探索精神的人生观，都在倾诉一种积极奋进、欢乐向上的生命激情与生命意识。

跟鲁迅有师生之谊的诗人冯至从早年的沉钟社时期开始，一直到抗战时期，长期受到尼采式生命观的启发，在自己的诗作中抒写生命的狂欢、向上与抗争意识，宣扬"路的哲学"。

冯至曾经多次说到自己的诗歌是对生命意识的诠释。如 1929 年 5 月 9 日为诗集《北游及其他》写序时，冯至就把自己的作品比喻为"从我生命里培养出来的小小的花朵"，以及"从生命里蒸发出来的一点可怜的东西"。❸ 1948 年 2 月 5 日为再版的《十四行集》增加的序里，他又明确说到自己抒写的是"和我的生命发生深切的关联"的人、事与物。❹ 从这个意义上说，冯至的诗歌乃是生命之歌，是生命哲学的形象表达。

冯至在 20 世纪 20 年代的一些诗篇里描写了生命的狂欢。收入《北游及其他》的《夜半》（1928）一诗写道："月光慢慢地迈进了玻璃窗，/屋内的一切都感到生命的欢狂""桌上的文具都在那儿跳舞唱歌""墨水瓶也喷泉一般地涌了出来：/'如果再不用我，我生命的力量已经无从发泄……'""铅笔、毛笔同钢笔，/都站起来象是跳舞的少女"。这首诗用拟人手法描写万物（"屋内的一切"）的生命的狂欢，颇有几分泛神论色彩。而同样收入

---

❶ 鲁迅《生命的路》，《鲁迅全集》第 1 卷，第 386 页。
❷ 鲁迅《故乡》，《鲁迅全集》第 1 卷，第 510 页。
❸ 冯至《〈北游及其他〉序》，《冯至选集》第 1 卷，四川文艺出版社，1985 年，第 252 页。
❹ 冯至《〈十四行集〉序》，《冯至选集》第 1 卷，第 255 页。

第四章　尼采思想对20世纪中国文学主题的影响

《北游及其他》中的《月下欢歌》（1929）一诗，起首就呼喊："不要诉苦了，欢乐吧，/圆月高高地悬在天空，/充满了无边的希望"，诗人不由觉得："我的灵魂是琴弦似地跳动，/我的脚步是江水般地奔跑。""欢乐""无边的希望"等词汇固然表现了生命的乐观律动，而"跳动""奔跑"这些富有动感的词汇也形象地描绘了生命的搏动与激情。

到了抗战时期创作《十四行集》（1942）时，冯至笔下的生命意识已经升华成了生命哲学，开始表现生命的短暂与永恒、渺小与伟大之间的辩证关系。第1首《我们准备着》写道："在漫长的岁月里忽然有/彗星的出现，狂风乍起：/我们的生命在这一瞬间，/仿佛在第一次的拥抱里/过去的悲欢忽然在眼前/凝结成屹然不动的形体。/我们赞颂那些小昆虫，/它们经过了一次交媾/或是抵御了一次危险，/便结束它们美妙的一生。/我们整个的生命在承受/狂风乍起，彗星的出现。"第13首《歌德》通过诗人最仰慕的德国诗人歌德之口说道："你知道飞蛾为什么投向火焰，/蛇为什么脱去旧皮才能生长；/万物都在享用你的那句名言，/它道破一切生的意义：'死和变。'"在冯至这里，彗星的出现、狂风的乍起，以及小昆虫的生命，都是短暂的，稍纵即逝的，但是，形体的消失会"凝结成屹然不动的形体"；飞蛾扑火、爬蛇蜕皮，一方面的确是在自寻痛苦或者自取灭亡，但另一方面，唯有死亡，才有重获新生、生长与发展的机会，唯有死亡，才能获得变化和永恒。冯至在这些诗篇里探讨的是生命的短暂与永恒的关系。同时，生命还有渺小与伟大的辩证关系。《十四行集》的第4首《鼠曲草》就集中阐述了这一主题："你一丛白茸茸的小草/……/过一个渺小的生活，/不辜负高贵和洁白，/默默地成就你的死生。/一切的形容、一切喧嚣/到你身边，有的就凋落，/有的化成了你的静默：/这是你伟大的骄傲/却在你的否定里完成。"鼠曲草是一丛外形并不出众的"小草"，它"默默地""过一个渺小的生活"，但你的"高贵""洁白"和"静默"却成就了"伟大的骄傲"，让一切"喧嚣"和繁华（"形容"）在你身边凋落，相形见绌。鼠曲草表面是渺小的，实质是伟大的。

"路的哲学"是当代德国汉学家顾彬（W. Kubin）在讨论冯至《十四行集》的主题时采用的标题。顾彬断言，就冯至接受的多种影响而言，"无论歌德、里尔克，或是雅斯佩尔斯和鲁迅，全都可以归纳到'路的哲学'"。❶

---

❶ ［德］顾彬《关于"异"的研究》，曹卫东编译，北京大学出版社，1997年，第186页。

顾彬特别提到鲁迅对冯至的影响："冯至十四行诗的一个重心，是挖掘鲁迅关于路的哲学"；鲁迅关于"路的哲学""联系着也深化了冯至的思考"。❶他还特别提到鲁迅《故乡》结尾的"路论"，结合冯至《十四行集》的第17首《原野的小路》加以分析。顾彬得出结论：与鲁迅的思想相比，冯至"从思索路的形成转到观察路上的生命的形成"，他"将路转换到人的内心深处"。❷顾彬在分析第16首《我们站立在高高的山巅》中蕴含的"路的哲学"时指出："路不仅仅描摹出人们在战争时期的特定表象形式，而且从万物同一的角度探讨了人之化身为路。……因为有了路，包括观察者在内的众生万物间建立起了基本的交流，世界成了一片不可或分的大和谐。"❸冯至是如何让"众生万物间建立起了基本的交流"的呢？顾彬没有展开详细的分析。笔者认为，在冯至笔下，一方面，人类（"我们"）化身为"一望无边的远景""广漠的平原"以及"平原上交错的蹊径"；另一方面，人类走过的城市、山川等又"都化成了我们的生命""某某山坡的一棵松树""某某城上的一片浓雾"就象征着或者暗示着"我们的生长、我们的忧愁"，于是，"众生万物间建立起了基本的交流"。笔者也感受到了诗人笔端洋溢着生命体认与"路的哲学"融为一体的激情。

不过，笔者不同意顾彬先生的一个看法。他在谈及冯至"路的哲学"的形成时，提到歌德、里尔克，或是雅斯佩尔斯和鲁迅，唯独没有提及尼采，这不合乎事实。作为精通德语的德国文学研究者，冯至是非常熟悉尼采关于"路"的哲学思考的。事实上，他在《谈读尼采》一文中就引用并评价过尼采的这些论述。冯至是这样说的："如果尼采也是先知，那么他只让大家信仰一句话：认识自己的路。他说：'你只要忠实地跟随你自己吧：——那你就是随从我了。''这就是我的路——哪里是你们的呢？——我这样回答那些向我问路的人。'他……让我们走我们自己的路。"❹冯至的两段引文分别出自尼采的《查拉图斯特拉如是说》的《论馈赠的道德》与《论沉重的思想》两章。前面提及鲁迅就受到尼采"道路论"而形成了自己关于"路"的思考，因此，笔者认为，顾彬所说的冯至挖掘和深化了鲁迅的"路的哲学"，更正确的表述应该是冯至挖掘和深化了尼采的"路的哲学"。

---

❶　[德] 顾彬《关于"异"的研究》，曹卫东编译，第190页、第189页。
❷　[德] 顾彬《关于"异"的研究》，曹卫东编译，第190页。
❸　[德] 顾彬《关于"异"的研究》，曹卫东编译，第190－191页。
❹　冯至《谈读尼采》，《冯至全集》第8卷，河北教育出版社，1999年，第282页。

到了新时期，作家莫言也吸取尼采的生命哲学，在作品中浓墨重彩地描绘充满血性的生命体，凸显人的性冲动与生殖崇拜意识。

前已述及，尼采推崇生命意识以及生殖崇拜。他认为生命意识的主体、生命的本质是权力意志；生命的永恒可以通过生殖得到确认，生殖能够体现最伟大的生命意志。莫言从尼采的生命意识或生命哲学提炼出自己的创作主题。

首先，他在作品中喜爱描绘充满血性的生命体，礼赞旺盛炽热的生命意识。莫言笔下的人物大多雄健强壮，充满生机和激情，充满旺盛的生命力。《红高粱家族》中的"我奶奶"戴凤莲，出嫁时坐在花轿里，觉得轿子里憋气，便用脚将轿帘顶开一条缝偷偷往外看。她从帘子外轿夫们的强壮身体那里闻到和呼吸到男人的气息，心旌摇荡。蛤蟆坑被劫持之后，她完全肆无忌惮地看着"我爷爷"的宽肩细腰，生命激情沸腾了。正是"我爷爷"的健硕、刚强和一身匪气，唤起了"我奶奶"的生命激情，最终使让她不顾伦理、礼仪，迷醉于野合，寻求生命最彻底的释放。《檀香刑》中的孙媚娘，风流泼辣，不顾亲情冤仇，不计世俗名分，也无视封建礼法，大胆热烈地追求与知县钱丁的自由爱情。她全心全意为爱付出，无怨无悔。在她眼里，男欢女爱应该是人的原始欲望，它也应该超越阶级、等级的界限，不掺杂任何世俗功利的因素。《食草家族》中的四老妈，鲜活健壮，因为备受丈夫四老爷的冷落，肉体和心灵都备受煎熬，最后是同铜锅匠的私情让她的心灵和肉体得到滋润、复苏。被四老爷一纸休书打发回家之时，她并不感到羞愧，而是接过休书，一把将它撕得粉碎，然后痛骂表面仁义道德、背里男盗女娼的食草家族，最后骑着小毛驴，若无其事地将两只喻指女性不贞洁的破鞋挂在脖子上，脸上绽放着傲然微笑。

戴凤莲、孙媚娘和四老妈等人的行为是无法放在传统礼法的天平上去衡量的。莫言借《食草家族》里的叙述主人公表达了类似的看法："尽管手下就摆着严斥背着丈夫通奸的信条，""但在以兽性为基础的道德和以人性为基础的感情面前，天平发生了倾斜，我无法宣判四老妈的罪行"。事实上，传统道德和礼法都谴责生命、压抑本能，因而那些使人类变成道德君子的一切道德说教和手段在本质上说都是不道德的。

其次，莫言大胆描绘人的性冲动，表现人类的生殖崇拜意识。莫言从《红高粱》的创作开始就旗帜鲜明地高扬人的性意识。他笔下的人物往往不囿于传统伦理和世俗观念，任凭性欲自由涌动。当"我爷爷"余占鳌用有力的胳膊抱着"我奶奶"走向红高粱地深处的时候，后者不仅没有挣扎，反而顺手搂住"我爷爷"的脖子。当"我奶奶"最终看清蒙面的劫持者正是那个伟岸强壮、早已让自己心动的轿夫的时候，"一阵类似幸福的强烈震颤冲击得奶奶热泪盈眶"，她"潜藏十六年的情欲迸然炸裂"，两人"纵情狂欢，蔑视人间俗世陈规的不羁心灵比他们彼此愉悦的身体贴得更紧"。"我爷爷"和"我奶奶"的结合是人类原始本能的撞击和融合，这种爱欲是天然的、真实的，也是无拘无束、坦坦荡荡的。在莫言看来，性是自然而健康的行为，而自然和健康正是真美的摇篮。❶

　　莫言作品中的生殖崇拜意识主要表现在对健壮的身体尤其是生殖器官的描绘和赞美上。莫言很少着力于女性外貌的描写，却着力突出她们健康、丰腴的身体，如"丰乳""肥臀"。《透明的红萝卜》中的菊子姑娘留给黑孩最深印象的就是她那高挺圆满得"窝窝头一样的乳房"。《红高粱家族》中二奶奶恋儿浮现在爷爷眼前的，主要是"丰满的嘴唇"和"鼓蓬蓬的胸脯子"。《食草家族》中的红衣小媳妇留给四老爷的背影中，最醒目的则是在阳光里扭动的"两瓣丰满的屁股"。《丰乳肥臀》则是一部讲述生育和生殖崇拜的鸿篇大作。女性丰满的乳房和肥硕的臀部既是生产和哺育的工具，也是繁衍人类、哺育后代的基础和工具。总之，丰乳肥臀是自然美和生命力的象征。

　　新时期的尼采研究专家、散文家周国平，善于用文学的形式探讨深邃的哲学命题，诸如生死的意义、人的品质、自我的价值等命题。笔者以为，周国平散文或随笔中最重要的两个主题，一是"安静"，二是"孤独"。它们都从不同的角度、在不同的层面书写生命意识。

　　周国平在散文集《安静》里宣称要为自己的心灵保留一方自由安静的空间，保持一种内在的从容和悠闲，当然，作者也想让每个读者进入一种超脱世俗的浮躁的状态，从而对现实、对生存有一个更为深刻的认识。散文集《安静的位置》揭示这样一个道理：世界无限广阔，诱惑永无止境，但其实属于每个个体的可能性都是有限的，尽管你可以对一切可能性保持开放的心态，但必须尽早在世界之海上抛下自己的锚、确定自己的位置，然后沉潜下来；人生最好的境界是丰富的安静：唯有摆脱了外界虚名浮利的诱惑，心才会安静，唯有拥有了内在精神生活的宝藏，心灵世界才会丰富。周国平在随

---

❶　莫言《〈丰乳肥臀〉解》，1995 年 11 月 22 日《光明日报》。

感集《把心安顿好》中诠释了何为圆满的人生。在周国平看来，人生美好的享受有赖于一颗澄明敞亮的心，如果人的心灵在喧哗热闹中变得浑浊，它既无法感受安静，也无力享受深刻的狂欢。作者默默地呼吁人们珍惜平凡的生活，注重内在精神的修炼，以期能够给予疲惫不堪的现代人以些许的抚慰。

在散文集《各自的朝圣路》中，周国平由读书而生发感想，他在读书中结识了一个个不同的朝圣者。不管世风如何浮躁，朝圣者依然存在。每个人正是靠自己孤独的追求加入人类的精神传统。《灵魂只能独行》则是作者思考灵魂本质问题的结晶。周国平认为，无论何时何处，人们都应该为自己的心灵预留一个开阔的空间。因为唯有在这个灵魂空间里，人们才能将自己的事业作为生命果实来品尝。灵魂的本质是孤独的，尤其是先知，先期觉悟的个体，尽管比一般人更充实，但他们往往比一般人更孤独。

周国平在20世纪和21世纪之交对"安静"和"孤独"的推崇，与19世纪后期尼采对"繁忙"的贬斥、对"安静"的呼吁遥相呼应。早在1872年1－3月，尼采在瑞士的巴塞尔大学作了5次关于教育的讲座，该系列讲座后来以《论我们教育机构的未来》为题出版。周国平翻译了此书。尼采在该书的"前言"中提出自己心目中"期待的读者"所必须具备的3个条件，其中第一条就是："他必须静下心来，而非匆忙地阅读。"随后尼采具体解释说，"安静的读者"是指那些"尚未被卷进我们这个飞速转动的令人眩晕的匆忙之中"的人，"这样一个人在阅读时并不耽误思考，他善于读出字里行间的秘密，是的，他的天性如此挥霍，以至于也许在放下书本很久以后，他仍在思考读到的东西。"[1] 安静地阅读，然后安静地思考，就是"安静的读者"的素质。后来尼采还多次对当代欧洲社会里的物化倾向，以及人们忙于追求物质财富的现象进行揭露和抨击。物欲横流，金钱至上，谁也停不下来，根本没有时间"安静"、沉思，"人性修养和高尚情趣"已经荡然无存。尼采笔下人物那些贪婪追求物欲满足的"日用人"和"工作动物"[2]，他们根本不知道"孤独"为何物，也毫无个性和独立性可言。尼采认为"孤独"是人的本质，是个性和觉醒的外在表现。

三、抒写漂泊意识

五四时期的鲁迅、田汉、成仿吾、白采，抗战前后的冯至、路翎，以及

---

❶ ［德］尼采《论我们教育机构的未来》，周国平译，译林出版社，2012年，第7－8页。
❷ ［德］尼采《朝霞》，田立年译，华东师范大学出版社，2007年，第221页。

新时期的诗人海子，都借用尼采的流浪和孤独意识，在自己的创作中书写漂泊意识或流浪情怀。

作为哲学家和诗人的尼采，曾经在自己的诗歌或者哲学著作中描绘流浪情怀，抒写漂泊意识。《浪游人》一诗中的"浪游人"喟叹："走投无路了！/四周深渊，/死的寂静！"❶ 尼采在《快乐的科学》一书的"走出孤独"一节中详细抒写流浪者的孤独与悲苦心绪："我的心一再被撕裂，一腔无穷的辛酸！我必须继续迈开这疲倦的、伤痕累累的双脚，我必须前行。"❷ 尼采的代表作之一《查拉图斯特拉如是说》中有"浪游者"一章。文中的浪游者感叹："我必须登上我的最艰险的道路！唉，我开始了我的最孤独的浪游！"❸ 在尼采那里，"流浪者"是一种"高等人"即"准超人"的形象，这些人为了实现自己的理想，追寻自己的目标，必须踏上艰苦而危险的旅程，而在这漫长的旅程中，他们的内心是孤独的、寂寞的和痛苦的。这种孤独、寂寞和痛苦的心态与情绪，笔者称之为漂泊意识。

受尼采这些描述和抒写的启发，20 世纪中国有一些作家通过描写或叙述流浪生活、孤独感受而提炼出人生漂泊与孤独这一主题，借以揭示人物的理想诉求，以及为实现理想而付出的艰巨努力。

鲁迅的散文诗集《野草》的情感基调是孤独、虚无、彷徨甚至绝望。鲁迅在 1934 年 10 月 9 日致萧军的信中说：《野草》"是我碰了许多钉子之后写出来的，""心情太颓唐了"。❹ 这种"颓唐"的心情恰恰有着浓郁的"尼采味"，以致君度 1936 年在讨论梵澄（徐梵澄）的译作《苏鲁支语录》（通译《查拉图斯特拉如是说》——笔者）时会突然来一句："最后我想起鲁迅先生的《野草》。"❺ 在君度看来，读尼采的《查拉图斯特拉如是说》自然会想起鲁迅的《野草》，两者的主题、情调乃至文体是多么的相似！

此处仅以《影的告别》一文为例，感受《野草》所抒写的漂泊意识或流浪者的孤独情怀。

《影的告别》中的"影"前来向主人告别，而在这诉说的过程中，"影"流露出动荡不安的情绪。"影"说："有我所不乐意的在天堂里，我不愿去；

❶ ［德］尼采《快乐的科学》，黄明嘉译，华东师范大学出版社，2007 年，第 55 页。
❷ ［德］尼采《快乐的科学》，黄明嘉译，第 291–292 页。
❸ ［德］尼采《查拉图斯特拉如是说》，钱春绮译，北京三联书店，2007 年，第 172 页。
❹ 鲁迅《致萧军》，《鲁迅全集》第 13 卷，人民文学出版社，2005 年，第 224 页。
❺ 君度《〈关于苏鲁支语录〉》，载邵元宝编《尼采在中国》，上海三联书店，2001 年，第 232 页。

有我所不乐意的在地狱里，我不愿去；有我所不乐意的在你们将来的黄金世界里，我不愿去。"无论是在天堂、地狱，还是在将来的黄金世界里，因为有自己不乐意看到的人在那里，有自己不乐意的事情在那里发生，所以影子不愿意去那里。但与此同时，影子也不愿意再跟随自己的主人止步不前，所以他说："朋友，我不想跟随你了，我不愿住。""影"向主人告别，他要去哪里呢？他要去干什么呢？他说："我不如彷徨于无地。"他要去孤独的远行，去漂泊流浪："我终于彷徨于明暗之间，""我将在不知道时候的时候独自远行。""影"远行的目的地何在？他自己也不清楚，他差不多是为漂泊而漂泊，所以他说："我将向黑暗里彷徨于无地。……我独自远行，不但没有你，并且再没有别的影子在黑暗里。只有我被黑暗沉没，那世界全属于我自己。"也就是说，他要独自躲在全属于自己的黑暗里，彷徨无定、踽踽前行、孤独无依。

《查拉图斯特拉如是说》的《影子》一章的中心意象就是"影子"，鲁迅《影的告别》一文明显受到它的影响，但是鲁迅反转了尼采的情节和构思。在尼采那里，"影子"拼命追赶自己的主人查拉图斯特拉，请求主人能够留下自己。他掏心掏肺地对查拉图斯特拉诉说自己昔日的辛苦与忠诚："我一直跟随你四处漂流，""我跟随你周游在最遥远、最严寒的世界，""我跟随你奔向一切被禁的、最遥远和最恶劣的地方。"最终"影子"还是被主人抛弃，也许是因为"还必须长期地奔波"的主人不想再连累他，也或许是因为主人想"独自一人奔波"。❶ 很明显，熟稔尼采《查拉图斯特拉如是说》并翻译过其序言的鲁迅，在《影的告别》里借用了尼采笔下的"影子"意象，但是对情节和构思做了调整。

如何理解这个作品的主题？就在创作这篇散文诗的同一天（1924 年 9 月 24 日），鲁迅给北京大学的学生李秉中写了一封信，信中说："我自己总觉得我的灵魂里有毒气和鬼气，""我之所以对于和我往来较多的人总不免感到悲哀者以此。"❷ 这里鲁迅所说的"毒气和鬼气"是指他因五四文学革命无疾而终而产生的"悲哀"情绪。因此不妨可以说，《影的告别》中"影"宣泄的是一种漂泊流浪途中的孤独、空虚与绝望情绪，而这种情绪也是当时正在文学理想途中漂泊流浪的鲁迅所产生的孤独与绝望情绪的折射。

---

❶ F. Nietzsche. *Also Sprach Zarathustra*. Karl Schlechta. *Friedrich Nietzsche Werke* ：Band 2. PP 510－512.

❷ 鲁迅《致李秉中》，《鲁迅全集》第 11 卷，人民文学出版社，2005 年，第 453 页。

创造社缔造者田汉、成仿吾以及普通成员白采，早年都通过不同途径接触过尼采著作，接受了尼采思想的影响，并在自己的创作中抒写孤独、寂寞和痛苦的漂泊意识。

田汉早年在戏剧《南归》（1929）里塑造一个神秘而浪漫的流浪者形象，表现出一种特殊的人格魅力，或者一种独特的漂泊意识。该剧的女主人公春姑娘最终抛弃家境殷实、性情稳重的未婚夫，无返顾地追随"流浪者"。为什么她会追随流浪者呢？因为在春姑娘眼中，这个流浪者"跟神一样"，并且"他的眼睛总是望着遥远的地方"。"遥远的地方"是一个具有深刻象征意义的意象，它没有实指具体的地方，但是又拥有强烈的神秘性和理想性。用春姑娘的话来说就是："那遥远的地方该是多么一个有趣的地方啊，多么充满着美的东西啊。""流浪者"物质上一贫如洗，精神生活却异常丰富，"总是望着遥远的地方"是说他心中有高远的目标与追求。田汉笔下这个"流浪者"有着高远的精神品格，也有着丰富的精神魅力，这种精神品格和精神魅力可以说是另一种漂泊意识。

成仿吾在早年的小说与诗歌中通过描写流浪者的生活，抒写孤苦的漂泊意识。他的短篇小说《一个流浪人的新年》中的"流浪人"，在本该高高兴兴的除夕之夜却感受到空前的孤独与悲苦，从"满屋的追忆的情调中"感受到的是"说不出的凄凉景况"和"寂寞的痛苦"。换言之，充斥"流浪人"心胸的，是"凄凉""寂寞"和"痛苦"。成仿吾《〈流浪〉序诗》（1927）里的"流浪人"发出长叹："我生如一颗流星，/不知要流往何处；""这短短的一生，/尽流浪而凋零，/……/永远永远孤独而凄清！"生如一颗流星，却不知要流往何处，目标不明，前途未定；外在的行动是不住地狂奔，但内心却焦灼不安；流浪人短暂的一生，收获的却是"永远永远孤独而凄清"的心绪。寂寞与孤苦的心态和情绪不仅深入骨髓，而且永远挥之不去。成仿吾抒发的漂泊意识与田汉笔下的漂泊意识迥然不同。

白采的长诗《羸疾者的爱》（1925）通过塑造"羸疾者"这一流浪者的形象而抽取和升华出一种漂泊意识。"羸疾者"患有肺痨，到处游走，现在偶然漂泊到一个山川秀美、环境宁静的村庄，慈祥的老村长和他美丽的独生女热情招待这个来自远方的客人。村长意欲以女相许，但他觉得自己身心孱弱，不配拥有这份爱情，便反过来劝她嫁给强壮的"武士"，以积极履行做"人母"的责任。觉得自己没有资格接受这份意外的爱情，肯定是"羸疾者"拒绝的理由，但也肯定不是唯一的甚至主要的原因。笔者认为，"羸疾者"是一个流浪者，他有自己的追求，他有自己独特的责任，而且他注定要度过孤独、寂寞的生涯，这才是他毅然决然地拒绝这份美好爱情的真正原因。孤独、寂寞、悲苦的漂泊意识已经深入"羸疾者"的潜意识。

20 世纪 20 年代沉钟社时期的冯至，在诗集《昨日之歌》（1927）、《北游及其他》（1929）中都流露出浓郁的忧郁、孤独的情绪，抒发漂泊或流浪意识。这种忧郁、孤独的情绪或漂泊意识正是受到尼采的影响的结果。鲁迅稍后就指出，冯至加入的浅草社与沉钟社成员的诗歌表现"幽婉""悲凉"的情绪，是因为吸收了英国的王尔德、法国的波特莱尔、俄国的安特莱夫等人传来的"'世纪末'的果汁"，这"'世纪末'的果汁"也包括尼采的思想。❶ 所谓"'世纪末'的果汁"，就是指一种孤独、忧郁、颓废的情绪。

收入《昨日之歌》的《吹萧人的故事》和收入《北游及其他》的《北游》等诗歌，是通过塑造孤独者、漫游者形象而抒发忧郁、孤独的漂泊意识的名篇。《吹萧人的故事》中的吹萧人"走过无数的市廛""走过无数的村镇"，最后找到了属于自己的爱情。但这个"流浪无归的青年"却一点也高兴不起来，因为"剩给他的是空虚，/还有那空虚的惆怅"。"空虚""惆怅"是流浪者共有的情绪与心态。《北游》中的"我"离开北京前往处于更为遥远的北方城市哈尔滨，"我离开那八百年的古城/……/把身体委托给另外的一个世界"，但"我"在北方城市感受到的，除了"阴沉"还是"阴沉"，用诗人自己的话来说就是："怀里，房里，宇宙里，阴沉，阴沉……""我"为什么要离开古都前往遥远的北方城市呢？因为"我""只思念一个生疏的客人，""他曾经抱着寂寞游遍全世"。现在？"我"渴望像他一样，"抱着寂寞游遍全世"，因而最终成就了"远方的行客"形象。这些诗篇里充溢着浓郁的孤独、寂寞和阴沉的漂泊意识。

这种漂泊或流浪意识有很大一部分来自尼采的影响。冯至曾经说过，尼采是"永久的漫游人"，因为他"没有家，没有职业，没有团体，只是在瑞士的山上，意大利的海滨，从这里迁到那里，从那里迁到这里"。❷ 事实上，尼采也创作过一些以漂泊为主题、以流浪者为主人公的诗歌。仅在冯至翻译过的尼采 11 首诗篇中，就有《旅人》和《怜悯赠答》两首涉及这一主题。

20 世纪三四十年代，活跃于文坛的七月派小说家路翎塑造了更多的漂

---

❶ 鲁迅《〈中国新文学大系·小说二集〉导言》，载鲁迅编选《中国新文学大系·小说二集》，上海良友图书印刷公司，1935 年，第 5–6 页。

❷ 冯至《谈读尼采》，《冯至全集》第 8 卷，河北教育出版社，1999 年，第 283 页。

泊者或流浪者形象，对孤苦、寂寞的漂泊意识的抒发更为丰富、深刻。路翎通过自己的笔，将"尼采的冷静的孤独的精神"转化为人物的孤独漂泊情怀。

路翎书写的漂泊意识或流浪意识，第一种内涵是孤独。长篇小说《财主底儿女们》通过蒋家二少爷蒋少祖、蒋家三少爷蒋纯组的生活经历，揭示了流浪者漂泊意识的孤独内涵。蒋家兄弟作为知识分子流浪者的代表，他们在动荡不安的战乱年代里因为无法融入周遭的世界而显得突兀，孤独感成为他们挥之不去的心绪。路翎认为，蒋少祖"处在当代中国底最激动的社会圈子里"，他具有极大的活动能量，但他的活动是"他在他底哲学理解成手段里的活动"，即根据自己所信奉的哲学而进行的活动，其特点是"隐藏自我，不求别人了解，因而激励自我"，其结果就是他更多的是生活在自我封闭的状态，"这种活动使他英勇地走进了孤独"。但作者路翎认为，表面上，"蒋少祖是在他底生活里造成了这种他以为必需的孤独"，而实际上，孤独成了他生活的必需内容，"也许不是他造成了孤独，而是孤独造成了他"。❶ 换言之，在蒋少祖这里，孤独不但不恐怖，而且似乎是完善生活、提高自身的必要手段。换言之，由于他的"活动能力是颇为可惊的"，而这种活动只是"隐藏自我，不求别人了解，因而激励自我"的一种手段，或者说只是"英勇地走进孤独"的一种需要。在路翎作品里，孤独可以让人积蓄力量，孤独者往往有强烈的战斗精神，如孤独的"蒋少祖在外部的事件里，是冷酷起来了；永不把惶惑显示给别人，永不求理解，永远利用世界，和世俗战争！但这种成功，是得力于他底放纵的内心的。在他愈冷酷的时候，他的内心便愈炽热。正是这种内心底热情和哲学，使他能够镇压了过去的控诉，并且获得了进行他那种战争的力量"。❷

蒋家三少爷蒋纯祖则是一个敢于反抗传统而又坚持自由主义立场，没有找到光明出路的知识分子的典型。抗战爆发后，他投入为民族解放而斗争的洪流，同时又顽强地坚持自我个性的扩张。他加入抗日救亡团体，但憎恶他人，与周围的人格格不入，以孤独为荣，一心只希望自己"走到最高的地方，在光荣中英雄地显露出来"。后来他加入演剧队，只以自己的"内心"为"最高命令"，无视集体纪律，与小集团内部的"左"倾教条进行斗争。

❶ 路翎《财主底儿女们》第1部，《路翎文集》第1卷，安徽文艺出版社，1995年，第357页。
❷ 路翎《财主底儿女们》第1部，《路翎文集》第1卷，安徽文艺出版社，1995年，第358页。

在四川穷乡僻壤的石桥场小学，蒋纯祖以孤傲的个性向宗法制农村的冷酷和愚昧挑战，受到地方恶霸、劣绅的打击排挤及流言蜚语的攻击，最后无法存身，不得不再次踏上流浪的征程，最终在重病中含恨离世。蒋纯祖的悲剧折射着路翎丰富而深刻的思考：一方面，当时的中国需要普遍的"个性解放"和"人的觉醒"；另一方面，蒋纯祖式的个人主义孤军作战必然以悲剧结局，封建制度的叛逆者们应该用新的思想武器来武装自己，即与人民群众结合。常常在自然界和精神世界的旷野中流浪、沉浸在孤独之中的蒋纯祖，既有着"毁灭的、孤独的、悲凉的思想"，又在临死前发出痛苦而深沉的呼吁："让我们和那些慢慢地走着自己的道路的人们一同前进吧！"表明他"渴望从这种孤独、悲凉和毁灭底极底里得到荣誉和包容一切的爱情"，即渴望得到众人的赞同和支持。❶

同样，路翎在短篇小说《人权》也通过塑造知识分子类型的流浪者来揭示漂泊意识的孤独情绪。小说的主人公明和华早年想成为一个大有作为的历史学家，由于时局动荡，现在不得不来到一座位于荒凉乡间的私立中学教书。他年纪接近中年，却"仍然独身"，因而在个人生活在是孤独的。其实，年轻时的明和华有着高远的志向和崇高的责任感，甚至立志做中华民族的脊梁，自认是"中国的新一代的知识人"，继承着"从那个悲壮的梁启超开始的光荣的战斗传统"。他把鲁迅当作自己的楷模，"鲁迅的伟大的旗帜"一直在他的眼前招展着，他还要像鲁迅一样，"肩住黑暗的闸门，放幼小者到宽阔光明的地方去"。抗战最初几年，他热情洋溢地投身救国救民的事业，但最终一事无成，最终在流浪多年以后，来到这所私立中学教书，事业上也"算得是已经落荒"，但是"在他的周围，没有一个人能理解他"，窒息的空气让他感到"非常的凄凉""非常地孤独"。❷ 在劝阻校警队长拷打和非法囚禁小偷的事件中，他不仅没有成功，反而被自己的昔日嘲笑，再次感觉自己"从这个时代落荒了下来"。❸ 流浪者明和华无处可躲地尝到了孤立无援、孤独无力的滋味。

路翎描绘的漂泊意识，第二种内涵是痛苦。路翎在自己的作品中着力抒写流浪者在动荡社会和黑暗现实中无以为家、无以为生的悲哀痛苦。这些流浪者虽然身体漂泊在外，灵魂却痛苦而固执地维系着故乡的亲人、热土。短

---

❶ 路翎《财主底儿女们》第1部，《路翎文集》第1卷，安徽文艺出版社，1995年，第474页。
❷ 路翎《人权》，《路翎文集》第4卷，安徽文艺出版社，1995年，第180－181页。
❸ 路翎《人权》，《路翎文集》第4卷，安徽文艺出版社，1995年，第188－189页。

篇小说《蜗牛在荆棘上》里的主人公黄述泰，饱受流浪之苦后发出感慨："流浪者有无穷的天地，万倍于乡场穷人的生涯，有大的痛苦和憎恨，流浪者心灵寂寞而丰富，他在异乡唱家乡的歌，哀顽地荡过风雨平原。"流浪者的世界是丰富多彩的，但他们面对的苦难和痛苦也是无数的无止境的，他们的心灵虽然丰富，但更是寂寞无助的，尤其是他们虽然人身在异乡，但对故乡所怀的情感在思恋与仇恨之间摆动，最终毅然割舍对土地和家乡的眷恋，现在唱着思念家乡的歌，这是何等的痛苦、冷漠和忧愁！黄述泰在这里发出的是路翎笔下所有流浪者共有的悲壮的生命号歌。

新时期，被誉为"中国诗坛的尼采"的诗人海子通过自己的创作抒发了一种全新的漂泊意识或流浪情怀，这种漂泊意识的主要内涵是追求精神的绝对自由，以及理想的完美状态。

海子追求精神的极度自由。尼采是一个自由人，没有家，没有职业，在思想上执着地追求自由，海子同样是自由甚至是绝对自由的追寻者。他的诗中常常出现"远方"这一意象，这一意象成了他力求挣脱尘世的羁绊、向往精神的绝对自由的缩影。海子憧憬与呼唤"远方"，誓言"我要做远方的忠诚的儿子"（《祖国》）。对海子来说，"远方"有超越一切的希望。他在《九月》一诗中写道："目击众神死亡的草原上野花一片/远在远方的风比远方还远/我的琴声呜咽，泪水全无/我把这远方的远赠给远方/远方只有在死亡中凝聚野花一片。"诗人对"远方"的探求其实包含着对生命本质的追问。海子最终以对"远方"的皈依实现了自己的理想，他的理想是一种诗意的生活。不过，在海子那里，"远方"或精神自由的极致似乎是死亡或天堂。他以 25 岁的年纪就卧轨自杀，是想尽早到达"远方"或进入极端自由的天堂吗？如果说尼采要凭依"重新估定一切价值"来实现自己追求自由的愿望，那么海子则想借助诗歌来达成这一目标。

海子的诗中常见"远方"这一意象。这一意象是海子力求挣脱尘世的羁绊，向往精神自由的缩影，同时也是完美理想的象征。他常常憧憬与呼唤"远方"，誓言"要做远方的忠诚的儿子"（《祖国》）。对海子来说，"远方"有他超越一切的希望。他在《九月》一诗中写道："远方"的"草原上野花一片"，还有那无形却可以感受到的微风，那是"比远方还远"的"远方的风"。海子最终以对"远方"的皈依实现了自己的理想，海子的理想就是一种诗意的生活。在一定意义上说，海子追求的不是作为个体的自己的精神自由和完美理想，而代表一代人甚至人类的追求，所以有论者指出，在海子的诗中，"时时可见其对人类前途和命运的关注"。❶ 不过需要指出的是，在海子那里，"远方"或精神自由的极致也许是死亡或天堂。他以 25 岁的年纪就卧轨自杀，是想尽量早地到达"远方"，或进入极端自由的天堂。这种漂泊意识或流浪情怀虽然唯美，但也难以消除消极和悲观的色彩。

海子极为崇拜的哲学家和诗人尼采也是一个执著于自由的人。他推崇狂放无羁的酒神狄奥尼索斯，高呼"上帝死了"，重新估定一切价值。如果说哲学思考是尼采解放主体、追求自由的路径，那么海子实现这一切的途径则是诗歌。

---

❶ 高波《解读海子》，云南人民出版社，2003 年，第 187 – 188 页。

第五章　尼采思想对 20 世纪
中国文学人物形象的影响

通观 20 世纪中国的文学创作，笔者发现，尼采庞杂的思想体系中对中国作家们塑造人物形象予以启发的，集中在"超人说"。不过尼采的"超人说"内涵相当丰富，启发 20 世纪中国作家塑造出相关人物形象的只是"超人说"的一部分内容。

在尼采那里，"超人"（der Übermensch）是未来将要出现的一种理想人类或人格，并不是指历史上或现实生活中的真实人类。而用尼采的话来说，"超人"只是"我的沉睡在石头里的一个图像，是我的一切图像中最美的图像"，它是"万物中最宁静、最轻盈者"，它是"一个影子"。❶ 即是说，"超人"还不是现实中的实体，而只是尼采为人类设定的一个理想和目标。包括伟人、天才在内的现实中的人类同"超人"的关系如同猴子与人类的关系：从伟人、天才中可以进化出"超人"，但伟人和天才绝不是"超人"。所以尼采说："对人而言，猴子是什么？只不过是一种可笑的动物或一种痛苦的羞耻而已。对于超人而言，人也只能是一种可笑的动物或一种痛苦的羞耻。"❷ 也就是说，人类是由猴子进化来的，但猴子不是人类，相对于人类这种高等动物而言，猴子只是"一种可笑的动物"，一种让人感到"痛苦的羞耻"的动物而已。同样，超人是由人类进化来的，但人类不是超人，在超人面前，人类只能算是"一种可笑的动物"，人类只会感到"痛苦的羞耻"。

那么，历史上和现实中出现过的人类在尼采那里是什么人呢？尼采将人类分为两种。一是"高等人"（der höheren Menschen）。所谓高等人，简言之，就是不愿屈从命运摆布、积极寻求通向"超人"之路的人，平时一般称呼为天才、伟人等。他们是最接近"超人"的人类。尼采有时称他们为"头胎子"，有时称他们为"漫游者""孤独者"。称他们为"头胎子"，是指

❶　F. Nietzsche. *Also Sprach Zarathustra*. Karl Schlechta. *Friedrich Nietzsche Werke*：Band 2. München：Carl Hanser Verlag, 1955，P345.

❷　F. Nietzsche. *Also Sprach Zarathustra*. Karl Schlechta. *Friedrich Nietzsche Werke*：Band 2. p279.

他们是人类中的先知先觉者,其命运往往是悲剧性的、残酷的。尼采说:"头胎子总是牺牲品。……我们无不在神秘的祭坛上流血;我们无不被烧烤去祭奠古代的偶像。"❶ 意思是,先知先觉者不仅得不到群众的理解,反而有可能会遭到保守者的迫害、打击,最终为此送命。说他们是"漫游者""孤独者",是因为他们在寻求"超人"目标的历程中常常要"走最艰难的道路",并且"必须要坚持最孤独的漫游"。❷ 而能够走"最艰难的道路"、坚持"最孤独的漫游"的人一定是极少数,他们自然会因此而感到孤独、痛苦甚至绝望。正因为如此,尼采借查拉图斯特拉之口为他们加油鼓劲:"你们,高等人们,战胜那些渺小的道德吧,战胜那些小聪明吧,战胜那些沙粒一般琐屑的考虑吧,战胜那些蚂蚁一样辛劳的勤勉吧,战胜那可怜的舒适感吧,战胜那所谓的'大多数人的幸福'吧!"❸ 在查拉图斯特拉或尼采看来,"高等人"必须要战胜或克制一般人追求的享受如"可怜的舒适感"和"大多数人的幸福",必须要战胜或克制一般人尊崇的美德,如"渺小的道德"和"辛劳的勤勉",他们还必须要战胜或克制一般人习以为常甚至引以为荣的品行,如"小聪明"和"沙粒一般琐屑的考虑"。从这里可以看出,尼采笔下的"高等人"的重要生活方式是流浪、漂泊,他们有一种重要的心绪或性格,那就是孤独、痛苦。

与此同时,尼采笔下的"高等人"还有一种重要性格。这得从尼采赋予"超人"的现实性特征谈起。在尼采那里,"超人"既有理想性和虚构性的一面,又有现实性、世俗性的一面,后者是指:"超人"既是传统文化思想的反叛者,又是生命和现世的肯定者。尼采曾经在别处将自己心目中"超人"的特征概括为 4 个方面:一是"尘世的意义",意即"超人"是"尘世"的目标,指超人不是超脱现世的人类,而是执着于现世、肯定俗世、享受俗世的的人类;二是能够容纳"大侮蔑"的"海洋",意即"超人"是能够容纳一切污垢和污蔑的海洋,指其具有巨大的包容性;三是"用火舌舔食"万物的"闪电",意即"超人"是劈向传统、舔食万物的闪电,说明"超人"敢于不顾一切地反叛传统,彻底地抛弃传统;四是给人类"注射疫苗"的"疯狂",意即"超人"是给芸芸众生灌输震铄古今的新思想的先知

---

❶ F. Nietzsche. *Also Sprach Zarathustra*. Karl Schlechta. *Friedrich Nietzsche Werke*:Band 2. p447.

❷ F. Nietzsche. *Also Sprach Zarathustra*. Karl Schlechta. *Friedrich Nietzsche Werke*:Band 2. p403.

❸ F. Nietzsche. *Also Sprach Zarathustra*. Karl Schlechta. *Friedrich Nietzsche Werke*:Band 2. p523.

先觉，他们因为思想超前而常常被卫道士称为"癫狂""疯子"。❶ 正因为如此，向"超人"看齐的"高等人"也具有强烈的反叛与抗争意识。所以总体来说，尼采笔下的"高等人"即"准超人"就是集反叛者或斗士与漂泊者或孤独者于一身的人。

历史上和现实中的另外一种人是"末人"（der letzte Mensch）。如前所述，尼采眼中的"末人"是怎样的呢？这种人只知道循规蹈矩，缺乏创新的冲动与能力，占人类的大多数甚至绝大多数，也就是通常所说的庸众。学界常常认为尼采有贵族主义或精英主义倾向，主要就是因为他将现实生活中的绝大多数人归为"末人"，并加以藐视。

由于"末人"更多的是代表人类的一种弱点或劣根性，因此，笔者将20世纪中国作家塑造"末人"式形象以揭露和抨击国民劣根性的情况放在创作主题的范畴里面加以讨论，在前面章节里已经涉及这一论题。本章拟集中考察尼采的"超人说"对20世纪中国作家塑造人物形象的启发情况，更准确地说是考察尼采的"准超人"即"高等人"形象对20世纪中国作家塑造相关人物形象的启发情况。总体来看，尼采笔下的"准超人"即"高等人"形象启发20世纪中国作家塑造出了反叛者或斗士、英雄或天才、漂泊者或孤独者、征服者或冷酷者4类人物形象。

第一节　斗士与英雄：尼采"超人"形象启示之一

20世纪中国作家中有些人主要受尼采笔下的"准超人"即"高等人"形象的启发，塑造出反叛者或斗士、天才或英雄等两组相互关联的人物形象。

一、反叛者或斗士形象

五四时期的鲁迅、高长虹，抗战时期的林同济，新时期的莫言和朱苏进等，都在一定程度上受尼采"准超人"即"高等人"形象的影响，塑造出各具风采的反叛者或斗士形象。

鲁迅早在日本留学期间就接受了尼采的"超人说"，但他将尼采的"超

❶　F. Nietzsche. *Also Sprach Zarathustra*. Karl Schlechta. *Friedrich Nietzsche Werke*：Band 2. pp 280－281.

人"径直理解为"大士天才"或"意力绝世,几近神明"之人。❶ 如前所述,"大士天才"实际上是尼采所说的"高等人",充其量只能算是"准超人"。日本学者伊藤虎丸将鲁迅笔下的"准超人"性格特点归纳为两个方面:一是有独立的见解,能够"自我反省、主观内察",而且意志坚定,"倨傲""坚强",二是有猛烈的反抗精神,敢于"争天抗俗",敢于"同庸众对立,反抗既成的现实"。❷ 应该说,这两个方面都是反叛者或斗士的典型品质。

受尼采"准超人"形象的影响,鲁迅至少在《狂人日记》《长明灯》和《孤独者》等短篇小说中分别塑造了"狂人""疯子"和魏连殳3个精神反叛者或斗士形象。

1918年鲁迅创作的短篇小说《狂人日记》与尼采的"超人"形象有着密切的关系。鲁迅在1935年曾经明确承认该作品的主人公形象有两个来源,其中之一就是尼采的"超人说",但又指出这一形象"不如尼采的超人的渺茫"。❸ 鲁迅的意思是,自己笔下"狂人"比尼采笔下的"超人"更为现实,更有现实的土壤,他就是出自现实生活中的"高等人"。鲁迅笔下的"狂人"之所以称得上"高等人"或"准超人",是因为他具有伊藤虎丸所说的"反抗既成的现实""争天抗俗"的反叛精神和抗争意识。他在发现中国封建礼教的"吃人"史之后,决心劝阻"吃人"者继续"吃人",争取扫荡延续几千年的"吃人"史。他决定先从自己的大哥开始,"我诅咒吃人者,先从他起头;要劝转吃人的人,也先从他下手。""狂人"在规劝大哥不要再"吃人"时,说过一段尼采式的话:"同虫子一样,有的变了鱼鸟猴子,一直变到人。有的不要好,至今还是虫子。这吃人的人比不吃人的人,何等惭愧。怕比虫子的惭愧猴子,还差得很远很远。"这段话差不多就是鲁迅述说"狂人"的"超人"来源时所说的那段话。但是"大哥"没有听懂"狂人"的话,更没有接受他的规劝,"狂人"的话最终乃如空谷足音,没有得到任何回响。但"狂人"的超前思想恰恰表明他对传统道德观和价值观的反叛与颠覆,更何况他还勇敢地发出了自己的声音。

---

❶ 鲁迅《文化偏至论》,《鲁迅全集》第1卷,人民文学出版社,2005年,第53页、第56页。

❷ [日]伊藤虎丸《鲁迅如何理解在日本流行的尼采思想》,程麻译,载《鲁迅研究》第10辑,中国社会科学出版社,1987年,第385页。

❸ 鲁迅《〈中国新文学大系·小说二集〉导言》,载鲁迅编选《中国新文学大系·小说二集》,上海良友图书印刷公司,1935年,第1-2页。

《长明灯》（1925）中的"疯子"同样属于"高等人"。他所在的吉光屯的社庙从梁武帝萧衍时就点着一盏长明灯。屯子也因为这盏灯的"吉光"而得名，四乡八邻将该地视为"圣地"。但屯子里的乡绅四爷那出外读过书的侄子"他"却想方设法要吹熄神庙正殿上那盏长明灯，村民都将他看作"疯子"。显然，"疯子"对梁武帝萧衍时就传下来的风俗不愿苟同，表现出敢于"同庸众对立，反抗既成的现实"的品格。

《孤独者》（1925）的主人公是出生在穷乡僻壤的寒山村的魏连殳，他早年出外游学多年，最后成了"'吃洋教'的'新党'"，即信奉基督教的维新志士。村民都将他当作一个"外国人"，认为他"同我们都异样的"。从村人的眼光看来，他的确是一个"异类"，因为他"很有些古怪"，比方"常说家庭应该破坏"之类的怪话。"家庭应该破坏"指要打破封建家长专制，一向循规蹈矩的村民自然无法接受。魏连殳的"古怪"，不仅让村民无法理解和接受，甚至连工作都找不到，最后陷入"一种淡漠的孤寂和悲哀"之中。虽然魏连殳最后"投降"，答应作杜师长的顾问，以谋得一个饭碗，但总体来看，他还是一个"古怪"的、超凡脱俗的反叛者和斗士，也属于"准超人"。

高长虹于1924年创作"中国的查拉图斯屈拉这样说"《狂飙之歌》，但只写出这部长诗的《序言》与第1章《青年》，其中，高长虹塑造了两个反叛者或斗士的形象。

《狂飙之歌·序言》中的主人公"狂飙"是一个反叛者或斗士。额上"刻着他的发光的名字"的"狂飙"来自何处？诗人高长虹介绍说："他本是从宇宙的心中迸出的一颗血球，但是经过了很长的天空而降至地球上时，他已不复存原来的形相了。""狂飙"不仅有着神话般的降生，而且还会幻化出黑、黄等不同颜色，其"背上露出'新的上帝'四个灰色的字迹"。"狂飙"或"新的上帝"向人们宣讲"血的福音"，唱响"狂飙之歌"。他号召"在锄头下跪着的武士""兵士"与"朋友们""必须先要自救"，跷起他们"善于竞走的腿，向前蹚行"，还"要更勇敢地向前厮杀"，且"须先献上铁和血的礼物"，只有这样，才能获得"幸福"和"丰富的生命"。显然，这个虚构的神话人物是一个鼓动群众反叛、奋斗甚至厮杀的领导者，而他自己也一直显示出傲视一切、摧毁万物的凌厉之势，是一个态度决绝的反叛者或斗士。这一形象清楚地体现了高长虹所说的用"征服的态度""用鹰的调

子唱起野蛮的狂飙之歌"的设想。❶

《狂飙之歌·青年》中的主人公"青年"也是一位勇敢而沉着的斗士。"他的身上振着凛凛的威风",一腔正气,路见不平拔刀相助,"曾以左手去杀该死的暴客"。诗人向众人满怀深情和敬意地介绍这位非凡的"青年":"他有比你们的嫉妒更大的度量,/他有比你们的容忍更强的心肠,/他明于认识他的责任,/而昧于分辨你们的恩怨。……他已磨快了被挫的钝剑,/要更猛烈地杀上了敌阵。"这位"青年"富有宽容精神,也不计较众人对他的误解和冷漠,他只管磨快宝剑,更猛烈地杀向敌人。诗人最后向众人呼吁:"伸出你们的觉悟的手,/我们并肩着奔上了战场。"显然,"青年"既是一位度量恢宏的先知先觉者,更是一位永不言败的斗士和反叛者。他"身上振着凛凛的威风""以左手去杀该死的暴客""猛烈地杀上了敌阵"等诗句是斗士形象的真实写照。

值得指出的是,高长虹将自己心目中的"新的上帝"命名为"狂飙",这也很可能是受到尼采用词的启发。尼采在《查拉图斯特拉如是说》的《流氓》《著名的智者》等章节中,多次让查拉图斯特拉自喻为吹向众人、吹向混浊乱世的"狂飙"(die starke Wind,或译"劲风"——笔者)。查拉图斯特拉也的确是一位克服千难万险、激情宣讲自己的新思想的斗士。

抗战时期,"战国策派"的领袖林同济在《萨拉图斯达如此说——寄给中国青年》一文中设想自己心目中的青年斗士形象。

林同济认为,抗战时期的战士固然要敢于为理想而战,敢于为超越自己而战。用他的话来说就是:"你们自身也必要日大日高,更大更高。……高大事必须高大人担当";并且"你们至少还得高过你们的父兄一倍,大过你们的父兄两围。……我劝你们大胆做英雄。但能大胆,便是英雄。"高过自己的父兄一倍、大过自己的父兄两围,形象地表现了不懈追求、不断超越的精神品质。但更重要和更迫切的是,在抗日战争这种尚"战"尚"力"的时代,中国青年必须反叛和抛弃传统的道德信条,与各种陈腐观念抗争,成为传统的反叛者。所以林同济大声疾呼:"必须超过了你们的父兄,摆脱了你们的邻里乡党!"具体来说,就是要摆脱自己父兄和邻人信奉的"小朝廷小市井的宇宙观"。因为父兄和乡邻谨遵慎行的信条和原则培养出来的一定是"第一号的小侏儒"或"循良子弟",它已经不能适应抗战这一"大时代

❶ 高长虹《通讯一则》,《高长虹文集》下册,中国社会科学出版社,1989年,第18-19页。

的需求"，因此必须首先被否定和抛弃。林同济还逐一列举了理想中的战士要大胆抛弃的传统德行和陈规陋习，如传统的善恶观、孝道，以及"大事化小事，小事化无事"的说教，认为它们是"二千年来乡愿病夫息事宁人的法宝"，但并不适应抗战的大时代。林同济最后振臂高呼：勇敢的战士应该"打开伟大之门的钥匙"，去"做你们平生所不敢做的事情"！在林同济看来，理想的或者标准的战士，首先必须是传统观念和主流价值观的反叛者和斗士。

　　新时期作家莫言在自己的作品中塑造了一批大胆蔑视和反叛传统道德的人物形象。《檀香刑》中风流泼辣、红杏出墙的孙媚娘，她身为屠户的老婆，却大胆追求与知县钱丁的自由爱情。她不计世俗名分，无视封建礼法，罔顾亲情冤仇，全心全意付出，无怨无悔。这种超越阶级与等级、不掺杂任何世俗功利因素的爱源自原始欲望的本能冲动。在孙媚娘那里，传统的等级观念、礼法制度和道德观念完全被无视和弃之不顾了。《食草家族》中的四老妈因为和铜锅匠的私恋被四老爷拆穿并被休赶回娘家，但她没有为此感到羞愧，而是在离去的那一天将休书撕得粉碎，严词咒骂这个表面仁义道德背后满是淫风炽火的食草家族，最后跨上驴背，把两只象征女性不洁的破鞋若无其事地挂在脖颈上，脸上绽放着秋菊般的傲然微笑。休书、破鞋等象征传统和权威力量的物什在四老妈眼里毫无威严可言。

　　《红高粱家族》中的"我奶奶"戴凤莲是莫言笔下蔑视和反叛传统道德的人物形象的突出代表。在生命的最后一刻，"我奶奶"戴凤莲理直气壮地宣称："天，什么叫贞洁？什么叫正道？什么叫善良？什么是邪恶？……我不怕罪，不怕罚，我不怕进你的十八层地狱。我该做的都做了，该干的都干了，我什么都不怕。"贞洁本是封建礼教对中国女性一以贯之的要求，正道、善良、邪恶是传统价值观和道德观的体现，"我奶奶"却对这些表示怀疑。她还明确表示："我不怕罪，不怕罚，我不怕进你的十八层地狱。……我什么都不怕。"罪、罚、地狱都是传统礼法和信仰的惩戒手段，"我奶奶"完全弃之不顾，敢冒天下之大不韪，并以她后半生的实际行动对中国传统道德作出回击。这就意味着，她根本就不在乎这些横加在生命力畅行道路上的重重阻碍。她是传统价值观和道德观的不折不扣的反叛者或斗士。

　　新时期军旅作家朱苏进笔下的军人推崇"恶"，也表现出反叛传统道德观的价值取向，这些军人也可以归为反叛者或者斗士的行列。

　　朱苏进极力赞美强者的争斗，崇尚阳刚之气。他笔下的人物，即使是恶者，其身上的恶也是一流的恶，其错误也是一流的错误。他们绝不会哭哭啼啼地或痛心疾首地去承认错误，而是理直气壮地说明自己错在哪里。如《绝望中诞生》中的孟中天在个人生活上不检点，与好几个女人私通，给她们带来不少痛苦，却毫无自责之心。他坦率承认自己"不是正常意义上的好人"，而且他从根本上否认传统的"好"和"坏"的区分与界定，认为"这个世界是由好人和坏人共同创造的"，意即肯定"坏人"或者"坏"也是历史的创造者，因为"历史对人的评价，不是依据他好或坏，而是依据他创造了多少"。认为历史不是依据"好或坏"而是"依据他创造了多少"来评价人，这颇有几分"成者为王败者寇"的味道，完全违反了正统的评价标准。再如中篇小说《战后就结婚》里的主人公、副营长元荒，被战友评价为"比那些干干净净的好人好得多"的"胆大包天的好人"。"胆大包天"就是什么事都敢干，等于是"错误多多"的代名词，而"干干净净"是谨遵道德和遵纪守法的另一种说法。换言之，元副营长的战友认为有错误却很能干的"好人"比不犯错误但没有才能的"好人"要好得多，这也完全颠覆了传统的或主流的看法。还有《射灭狼》中的袁翰和《引而不发》中的西丹石，他们都敢于把自己真实的却又邪恶的或者犯忌的念头说出来，为此，西丹石还受到过延长入党预备期的惩处。

朱苏进笔下这些反叛或超越传统善恶观的军人形象接近尼采笔下的"准超人"或"高等人"。对后者来说，传统意义上的"恶"往往是野性、活力和自由意志的表征，而"善""博爱"之类的传统美德实际上是"危害生命、诽谤生命、否定生命的原则"。[1] 而传统意义上的"善人"往往"是一个被弱化了的人，一个彻底被修剪和被弄坏了的人"。[2] 因此，超越传统的善恶标准，其目的就是尊重意志的自由。朱苏进笔下那些无视传统之"恶"的军人不仅仅是反叛传统观念的人，而且都是率性而为、富有生命活力的人。

二、英雄或天才形象

受尼采的"准超人"即"高等人"形象的启发，抗战前后的陈铨、沈从文、路翎、丘东平，新时期的朱苏进和莫言等，都塑造了一批英雄或天才的形象。

---

[1] ［德］尼采《权力意志》（上卷），孙周兴译，商务印书馆，2007年，第342页。
[2] ［德］尼采《权力意志》（下卷），孙周兴译，商务印书馆，2007年，第1193页。

田汉早年在三幕剧《灵光》（1920）第三场中有两处提到尼采的"超人"概念。第一处，男主人公张德芬对自己的恋人顾梅俪表白："我还是努力做一个超人，你就永远做我的生香活色的腻友吧！"在尼采那里，"超人"是理想的人类和人格，而在田汉这里用来指优秀人物、非凡人物。第二处是张德芬希望顾梅俪多创作"醉人的、刺人的、提拔人的、抚摸人的作品"，而后者做了这样的回答："我自己觉得有完成我自己的责任和我们俩人互相完成的责任，但同时还觉得我们俩有使种族达于大完成的责任，我们要做超人，这第三种责任越重。"能够履行"使种族达于大完成的责任"的，自然非英雄豪杰莫属了。

陈铨是"战国策派"中最重要的文学家，他在 20 世纪三四十年代创作了一批影响很大的小说和戏剧作品。深受尼采思想影响的陈铨在自己的小说和戏剧中塑造了众多的超群绝伦的英雄或天才形象。其中长篇小说《狂飙》（1942）和戏剧《无情女》（1943）、《野玫瑰》（1946）的主人公是其中的代表。

首先要指出的是，陈铨所说的"英雄"是一个外延相当宽泛的概念。他在《论英雄崇拜》（1940）一文中申明："天才就是英雄。""英雄不仅在武力方面，政治宗教文学美术哲学科学各方面，创造领导的人，都是英雄。"[1] 两年后，陈铨在《再论英雄崇拜》（1942）一文中明确宣称："英雄就是群众的领袖，就是社会上的先知先觉，出类拔萃的天才。"[2] 可见，在陈铨这里，"英雄"与"天才"是同样的概念，它指的是文治武功的超群绝伦者。特别需要指出的是，陈铨所说的"英雄"越来越偏向政治领域的领导人，如国民党执政当局及其最高统治者蒋介石等人。

陈铨的长篇小说《狂飙》以日本侵略中国、中国军民反抗外族侵略的史实为故事发生的背景，首先写到百万富翁之子、北平明华大学学生薛立群的情变与婚变：他本与邻居寡妇的女儿、上海教会学校学生王慧英缔结婚约，但因为王慧英的闺中密友、燕京大学学生黄翠心与他相好，王慧英决定退出这场爱情竞争，而与暗恋自己已久的李国刚成婚，而李国刚是薛立群的舅表。婚后，王慧英随丈夫李国刚回到乡下，帮助公公李铁崖带领无锡的游击

---

[1] 陈铨《论英雄崇拜》，载温儒敏、丁晓萍编《时代之波》，中国广播电视出版社，1995 年，第 295 页、第 295 页。

[2] 陈铨《再论英雄崇拜》，载温儒敏、丁晓萍编《时代之波》，中国广播电视出版社，1995年，第 316 页。

队抗击日本侵略军。"八一三"事变后，薛立群以外交部特派员的身份住留上海，黄翠心则在南京参加难民救护的工作。日军攻陷南京以后，娇媚欲滴的黄翠心被日军司令官请去同乐，黄翠心誓死不从，最后引刃自杀。薛立群买通日本浪人到南京寻找妻子，却找到神经已经错乱的初恋情人王慧英。原来她的丈夫李国刚在反击日军的一场空战中以身殉国，王慧英在被俘后严拒敌人的侮辱而发疯。薛立群、李国刚与黄翠心曾有"桃园三结义"之举，如今关、张已死，刘玄德自然要复仇。于是薛立群立刻带着王慧英返回无锡乡间，接替李铁崖成为游击队的领袖。

作品中的薛立群和李铁崖等人都是尼采式"高等人"的化身。薛立群自不必说，李铁崖本是辛亥革命的豪杰，功成身退，隐居乡下。孙中山逝世，他设灵堂哭奠，并表示相信中华民族一定不会亡国灭种，"一定会有孙中山先生那样的人物出来，重新领导中国民众"，譬如"蒋介石先生设立的黄埔军校，有崭新的精神"，就是孙中山先生的继承人。日寇入侵，李铁崖组建和领导游击战对抗日寇的侵略，而他之所以这样做，按照他自己的说法，正是因为受到了尼采的权力意志哲学的启发。李铁崖明确说过："人生不是求生存，乃是求权力。求生存的人，可以作奴隶，只有求权力的人，才可以作英雄。""求生存"是叔本华的追求，"求权力"则是尼采的目标。显然，李铁崖的目标就是要成为"求权力"、充分发扬权力意志的民族英雄。当然，李铁崖将孙中山、蒋介石等中国社会里的领袖理解为尼采的"超人"，并不符合尼采的本意。

三幕剧《无情女》的主人公是北平歌女樊秀云和青年游击队员沙玉清。他们是大学时的恋人，北平沦陷后，樊秀云神秘隐身，痛苦至极的沙玉清后来则加入抗日游击队。现在沙玉清要将一批炸药运出日军控制的北平，按照上级指示，他来到北平的北京饭店与潜伏在北平伪市政府的女间谍"三八"取得联系，请求她的支援。沙玉清这才知道，女间谍"三八"正是当年离奇失踪而让他日夜思念的昔日恋人樊秀云。经过一连串误会之后，沙玉清最终弄清楚樊秀云当初隐身的苦衷：她要以身许国，誓做"无情女"，不得不断绝与恋人的联系。在沙玉清来到北平以前，樊秀云已经利用投靠日军的北平伪市政府委员王则宣、北平伪警察厅长陈玉书和日本顾问川田都垂涎于自己的美色而彼此争风吃醋的机会，将王、陈除掉，现在她又要和沙玉清等人一起活捉川田。樊秀云是一位为了民族和国家的利益勇于献身的女战士和女英雄，是作品中最靓丽的女性"准超人"。

四幕剧《野玫瑰》被称为"浪漫悲剧",是陈铨最有影响的文学作品。该剧于1942年3月在被誉为"中国话剧的圣殿"的重庆抗建堂剧场以"铁一般的演员阵容"开演,与几乎同时出现在重庆舞台上的郭沫若历史剧《屈原》形成对垒之势,后被改编为电影《天字第一号》,在当时国统区的舞台上产生了巨大的政治影响。该剧的女主人公是外号"野玫瑰"的国民党女间谍夏艳华。戏剧一开场,北平伪政委会主席王立民的太太夏艳华在家里遇见昔日恋人刘云樵,后者是自己丈夫的侄儿,也是自己昔日的恋人。原来早在3年前,夏艳华突然神秘离开刘云樵,以舞女之身嫁给王立民。刘云樵的真实身份是国民党特务,这次他刚从南方来到北平从事搜集汉奸政府官员情报的工作。刘云樵的活动被北平伪警察厅长发觉,夏艳华暗中救了他的命。当刘云樵愤怒地谴责她不懂爱情,"素来就是一个极端的个人主义者""根本就不知道什么叫做国家民族",夏艳华将自己的难言之隐和盘托出:先前若和恋人结婚,自己的间谍工作就不能继续,也就不能为国家和民族效力,所以只好选择放弃爱情。恍然大悟的刘云樵转而对她赞佩有加:"你真是伟大!你现在做的,真是惊天动地的事业!"两人决定携手为赶走外来侵略者、为中华民族的解放事业共同奋斗。为了实现自己的目标,夏艳华、刘云樵不惜牺牲自己的爱情,表现出一种强悍的精神品格,他们是名副其实的战士、英雄。

陈铨在自己的作品中塑造的李铁崖、薛立群、樊秀云、沙玉清、夏艳华、刘云樵等民族英雄形象,正是他所理解的尼采式"超人"或"高等人"的化身。如前所述,陈铨曾将尼采的"超人"看作"天才""战士""人类的领袖",而这些"天才""战士"和"领袖"在陈铨那里都属于"英雄"。

沈从文认为尼采的"超人说"既体现出"孤立主义"或"个人中心"精神,又包含"英雄主义"的内涵。与之相应,他塑造了"英雄式超人"与"孤独者超人"两类形象。这里简要讨论他所塑造的"英雄式超人"形象。

具体来说,沈从文在《一个女剧员的生活》《若墨先生》等短篇小说中鼓吹"超人"式英雄主义,塑造了"英雄式超人"形象。《一个女剧员的生活》通过女演员萝的婚恋选择,塑造了一个异域"英雄"的形象。女演员萝舍弃追求她的3个中国青年陈白、士萍和周,最终选择来自日本的宗泽做丈夫。她之所以作出这样的选择,是因为在她看来,那3个中国青年都在不同程度上表现出一种病态,只有日本人宗泽才像"一个英雄,一个战士",

展示出了男性特有的勇与力。在沈从文这里，具有特别的勇气与力量的人就是英雄。《若墨先生》则通过若墨先生之口，构想了一个拥有"最大的自由，充分的权力，无上的决断"的"家长"形象。这里的"家长"实际上是国家和民族的领袖的代名词。如果说拥有特别的勇气与力量的日本青年是武力方面的英雄，那么若墨先生构想的这个拥有最大权力和无上决断智慧的"家长"则是文治方面的英雄。沈从文笔下的这两个形象，都属于"英雄式超人"的典型。

七月派小说家路翎和丘东平受尼采思想尤其是"尼采的强者"形象的影响，塑造了不少"超人"式的英雄形象。

路翎喜欢表现人物身上潜存的"原始强力"或"人民底原始强力"。何谓原始强力？路翎解释说："它就是反抗封建束缚的那种朴素的，自发的，也就常常是冲动性的强烈要求"，它是"历史要求下的原始的、自然的产儿，是'个性解放'的那阶级觉醒的初生带血的形态"[1]。简言之，"原始强力"就是存在于人民群众身上的原始状态的反抗性的冲动，这是一种原始的、自发的、"带血的"本能。路翎写得最多的人物是知识分子和工农群众。他们虽然常常处于痛苦的、压抑的境地，充满复杂矛盾的心理，但又时时爆发出否定和颠覆现存社会秩序和观念的"原始强力"。中篇小说《饥饿的郭素娥》中的女主人公郭素娥是拥有"原始强力"的底层人的典型。她是一个美丽纯洁而又强悍的农村少女，渴望美满的家庭，渴望人生的自由。她不满意不把她当人看的鸦片烟鬼丈夫刘寿春，疯狂爱上机器工人张振山，并不顾强大恶势力的压迫，准备同他远走高飞。最后因为消息泄露，她被丈夫、保长和地痞流氓强奸、折磨至死，但始终不后悔。路翎曾经明确表示，自己想在这一人物身上表现出"人民的原始的强力"和"个性的积极解放"[2]。小说中的郭素娥是中国这个封建古国的产生的另类女人，她"肉体的饥饿"虽然"从祖传的礼教良方得到麻痹"，但"产生了更强的精神的饥饿"，这种饥饿源于"坚强的人性"，发展为追求人性和精神"彻底的解放"，为此，她不惜"用原始的强悍碰击了这社会的铁壁"，哪怕悲惨地献出生命，也在所不惜。[3] 在郭素娥身上，"肉体的饥饿"是次要的，更强烈的是"精神的饥

---

[1] 余林（路翎）《论文艺创作底几个问题》，《泥土》1948年第6期。

[2] 转引自：胡风《序〈饥饿的郭素娥〉》，《胡风评论集》（中卷），人民文学出版社，1984年，第383页。

[3] 路翎《饥饿的郭素娥》，《路翎文集》第3卷，安徽文艺出版社，1995年，第4页。

饿"，即渴望"彻底的解放"和人性的彻底释放。但她最终失败了，她以自己身上"原始的强悍"碰击"社会的铁壁"，最终献出了自己的生命。尽管结局是悲剧的，但郭素娥还是一个英雄和战士，是一个勇于反抗封建礼教、敢于同自己的命运抗争的英雄。

路翎式"原始强力"在知识分子身上表现得更为明显，他们常常受"原始强力"的驱动，艰难地探索自己的人生道路。较之农民和工人，路翎笔下的知识分子往往会追求更高的精神境界，如果说人民群众的觉悟及其反抗只是"原始强力"的初级表现形式，那么知识分子身上的"原始强力"则是一种较高层次的生命意识。《财主底儿女们》中的蒋纯祖是受"原始强力"驱动的知识分子形象的代表。胡风曾经指出，这部作品写出了"一代青年知识分子底在个人主义的重负和个性解放底强烈的渴望这中间的悲壮的搏战"。作者通过蒋纯祖这一形象表明自己的看法：知识分子要想"走向和人民深刻结合的真正的个性解放，不但要和封建主义做残酷的搏战，而且要和身内的残留的个人主义的成分，以及身外的伪装的个人主义的压力做残酷的搏战"。❶ 的确，蒋纯祖身上有一股强烈的个人英雄主义情结。最突出的表现就是他敢于向一切自己不满意的事物和对象发起猛烈进攻，他对一切"领导""原则"甚至一切组织形式和理论信条都加以否定。蒋纯祖不仅与外部力量搏斗，也与自己搏斗。作者路翎写道："蒋纯祖坚信他无论如何要过一种自由的生活，无论如何要征服他底怕羞的、苦闷的性情和阴晦的生活观念。……他找到了各样的理由，相信自己能够在这个社会里单独地奋斗出来。""蒋纯祖不愿意成为弱者，不愿意是卑微的人：他认为，这些痛苦，这些颤栗，是弱者们所有的；这些弱者们，明白了自己底无力，抓住了任何一种人生教条来，装出道德的相貌来。他认为所谓道德，是这些弱者们造成的，只有他们才需要。……在这个世界上，他并非弱者。他乐于相信这个，他替浮华的梦想清除道路，他顽强地和他底弱者的一面斗争。"❷ 显然，蒋纯祖性格上有一些弱点，有着"怕羞的、苦闷的性情和阴晦的生活观念"，他也知道自己身上有"弱者的一面"，但他有"浮华的梦想"，并且"坚信他无论如何要过一种自由的生活"，也"不愿意成为弱者，不愿意是卑微的人"，所以他首先要与自己搏斗，战胜自己的性格弱点，同时，他也不愿意

---

❶ 胡风《〈财主底儿女们〉序》，载《路翎文集》第 1 卷，安徽文艺出版社，1995 年，第 4 页。
❷ 路翎《财主底儿女们》第 2 部，《路翎文集》第 2 卷，安徽文艺出版社，1995 年，第 267－268 页。

寄望于他人，而是要顽强地地"单独地奋斗"。蒋纯祖历经奋斗和颠簸，但始终未能认识到融入时代与大众洪流的重要性，其中最重要的原因或者阻碍力量就是这种个人英雄主义和怀疑一切的立场。与尼采笔下的在旷野流浪、沉浸在孤独之中、想依靠自己的力量来实现目标的查拉图斯特拉一样，蒋纯组也一直有着英雄梦，有着自己的远大目标，也有着实现这一目标的强力意志和精神支撑。

丘东平 1935 年在给郭沫若的信中说到自己创作中第一个思想元素就是"尼采的强者"。所谓"尼采的强者"，就是尼采笔下的"高等人"，在丘东平这里主要指战斗题材作品中所塑造的战斗英雄形象及其表现的英雄性格、英雄主义观念与强者意识。作为"带笔的战士"，丘东平创作过一系列反映抗日军人的革命英雄主义精神的报告文学和小说。这类作品中的主人公往往都带有"尼采的强者"的气质和感情，他们酷爱战斗，显得残酷无情，同时又倔强坚毅，具有非凡的品质。中篇小说《给予者》中的黄伯祥就是这样一种人物。虽然他最初在同日本侵略者搏斗的战场上曾经犹豫过，但最终成长为一个勇敢、坚强的战士。升任连长后，他更加清楚地意识到自己身上的权力与责任。他发现，只要能够勇敢地迎击敌人，总是能够把敌人摧毁，"谁也不能对他的强盛的战斗意志加以毒害"。❶ 女儿牺牲在战场上之后，他重新抓起"三八式"手枪，"踉跄地，剧烈地捣动沉重的上身，寂寞地往前面走去"。❷ 此时的黄伯祥俨然是一具目标明确、意志出奇的坚定的英雄石雕。

丘东平笔下最突出的英雄或战士形象是短篇小说《第七连》中的第七连连长丘俊，这是一个近乎"战争狂人"的英雄形象。他唯战争的马首是瞻，并为此避开一切漂亮女人，以免产生有害的冲动；他不听音乐，不惜把留声机的所有胶片毁坏，就是因为担心有太丰富而软弱的情感。丘俊如此解释自己这样做的原因："为了要使自己能够成功为一个像样的战斗员，能够在这严重的阵地上站得牢，我处处防备着感情的毒害。"❸ "成功为一个像样的战斗员"是他的奋斗目标。在丘俊的心目中，任务、战斗占据了生命的全部，战士就是强健肉体与钢铁般意志的结合体。胡风在 1939 年 6 月 7 日为丘东平的小说集《第七连》写的"小引"中，称这些小说都是"英雄的诗篇"。❹

❶ 丘东平《给予者》，《丘东平作品全集》，复旦大学出版社，2011 年，第 314 页。
❷ 丘东平《给予者》，《丘东平作品全集》，第 316 页。
❸ 丘东平《第七连》，《丘东平作品全集》，第 321 页。
❹ 胡风《〈第七连〉小引》，载丘东平《丘东平作品全集》，第 319 页。

其实，《第七连》的作者丘东平本人就是一个战士和英雄，在某种意义上，丘俊就是丘东平的化身和代言人。

冯至受尼采笔下的"战士"形象的启发，塑造过英勇的战士形象。在尼采那里，"战士"也是"高等人"的一种。具体来说，冯至在诗集《十四行集》的第9首《给一个战士》里塑造了一位宛如"古代的英雄"的抗日战士形象。诗人饱含深情地写道："你长年在生死的边缘生长，""像是一个古代的英雄；""你在战场上，象不朽的英雄"；"你超越了"众人，永远"向上"，永远追求"你的旷远"。诗中的"战士"一直过着冒险的战斗生活，"长年在生死的边缘生长"，但他回归的地方是"堕落的城"，城中只有"变质的堕落的子孙"和"愚蠢的歌唱"。战场生活与现实生活的巨大反差，使这个战士如同一个古代的英雄在千百年后归来，看到的全是毫无"盛年姿态"的"堕落的子孙"。面对此情此景，"战士"感到眩晕，但没有埋怨，而是决定勇敢地"超越"这些堕落的人们，不断"向上"，不断追求"旷远"的理想。全诗将"堕落的城中"的"堕落的子孙"与这一位宛如古代"不朽的英雄"的战士进行对比，凸显了他的战斗意志和英雄品格，凸显其追求"向上"的精神与"旷远"的情怀。这个战士以前同战场上的敌人搏斗，现在则要与日常生活中的庸俗和堕落抗争，他是真正的英雄。

冯至这首诗所塑造的战士形象与他曾经翻译过的尼采的《最后的意志》一诗中的人物形象有相通之处。尼采是这样塑造一位勇敢地面对死亡的"战士"形象的："他把闪电同目光/神圣地投给我黑暗的青春！放肆而深沉，/那战场中一个舞人——//战士中他是最活泼的，/胜者中他是最沉重的，/在他运命上站定一个运命，/前思，后想，强硬：——为了胜利而战栗，/为了死着胜利而欢呼。"● 在战场上，"战士"是疯狂的、"最活泼的"、全身心投入的，为了胜利而战栗、呼喊，宛如一个激情四射的"舞人"，但同时他又得面对"黑暗的青春"，他的心情是"最沉重的"，所以他有了双重性格：既"放肆"，又"深沉"，既前思后想，又强硬无比，既是"战场中一个舞人"、又是"最活泼的"的"战士"，还是"最沉重的"的"胜者"。将冯至的《给一个战士》同尼采的《最后的意志》这两首诗做一个对比，就很容易发现：前者所宣扬的"超越""向上"与"旷远"等精神正是后者所描绘的超绝、勇敢等品格的延伸与发扬，前者中的"战士"所面临的战场生活

● ［德］尼采《最后的意志》，冯至译，《译文》1937 年新 3 卷第 3 期，第 392－393 页。

与日常生活的双重性、所表现出双重性格，正是后者中的"战士"所面对的生活、所表现出双重性格的翻版。

新时期军旅作家朱苏进塑造了一批和平年代的军人英雄。长篇小说《炮群》中的大军区副司令员宋泗昌是雄风犹在、高度自信的老军人的代表。他的经历颇具传奇色彩。早年宋泗昌担任连长，率领突击队攻打厦门岛，所在连队伤亡惨重，有人看见他中弹后被抬走，但战斗结束后在野战医院查不到他的名字，团里就为他报了阵亡。实际上他当时是被送到右翼部队的医院，而该医院跟随部队去了海南，宋泗昌也被带走了。在解放海南的战斗中，宋泗昌表现神勇，他的英雄事迹登了报，原部队才找到他。所以宋泗昌明明未死，却早就在烈士陵园中享有了一块墓碑。他藐视功名利禄，为人坦荡率直。"文革"期间，苏子昂的父亲、军区司令员受到陷害，被逼自杀，其家属只收到一封吊唁信，这封信就是时任师长的宋泗昌发出的。不久，老司令员被平反昭雪，在军区隆重的追悼大会上，苏子昂故意将父亲的遗像倒置，并气咻咻地说："你们谁手干净谁心里无愧，谁就上来吧。死者的眼睛盯着你们。"局面一时闹得很僵，宋泗昌抢在新司令员前面，将老司令的遗像调正、放好，鞠躬退下。心胸博大，为人正直，使得宋泗昌不仅在战争年代是英雄，即使在和平年代也不失英雄气概。

中篇小说《绝望中诞生》中的孟中天和《第三只眼》中的南琥珀是年轻一代军人英雄的代表。孟中天是一个天才，他对地球的成因作出了一种全新的解释。他不仅是一个科学上的"怪杰"，而且也是一个处理人际关系的奇才，他居然能够将人事与地理沟通起来，用看清地球构造关系的眼睛看清了人事的构造关系。孟中天特别珍视的不是自己在科学方面的智慧和才能，而是自己在人事方面的超人智慧和才能，他从那种驾驭人的本领和人事争斗的游戏中获得巨大的精神愉悦。他孜孜以求的是权力，渴求发挥自己应付人、玩弄人、支配人的超常本领。《第三只眼》中的南琥珀是一个班长。简单地说，南琥珀就是在把孟中天了解人、驾驭人的理论付诸实践。他像孟中天一样渴望与人斗，把征服人、支使人、控制人当作通透的幸福。一个最典型的事例是，他与班里唯一"脑子里从来不服"他的司马戎对抗的时候，"意志、情感、计谋，统统兴奋得凸动起来"，以至于司马戎一退伍，"他就感到他的日子塌去了半边"。

朱苏进通过和平年代里的军人英雄形象而张扬的强者意识、英雄主义精神，同尼采的"超人"思想所包孕的内涵存在神似与暗合之处。尽管不满意有人将自己的"超人"误解为"天才"和"英雄"之类的人物❶，但尼采心目中的"超人"其实有热衷于战斗、对抗和征服的一面，也是有着强烈的精英主义倾向的人。尼采曾经通过"准超人"查拉图斯特拉之口对自己的追随者呼吁："我劝你们不要工作，而要战斗。我劝你们不要和平，而要战争。"❷ 如此看来，朱苏进在创作中所描写的在战争年代征服敌人、和平时代征服战友和对手的情形，表面上看起来差距很大，但在本质上都是一种较量意识和英雄品质的折射，都同尼采所提倡的"高等人"的抗争意识和战斗精神非常接近。

受尼采的生命哲学的启发，莫言塑造了一批"另类"英雄的形象。尼采认为生命意识的主体、生命的本质是权力意志。他在晚年未刊遗稿（**中文译名《权力意志》——笔者**）中说：在人的生命中，占统治地位的，"不是自我保存，而是侵占，是要成为主人、要变得更丰富、变得更强大的意愿"。❸具有强烈生命意识的人不惧痛苦、苦难和疾病，相反，他会将痛苦转换成生命的动力。尼采表示："痛苦是保持和促进人之本性的头等力量。"❹"疾病是一种强大的兴奋剂。"❺ 同样，具有强烈生命意识的人也不惧死亡，他反而可以从死亡中找到形而上慰藉。正如尼采所说："我们在短促的瞬间真的成为原始生灵本身，感觉到它不可遏止的生存欲望和生存快乐。"❻ 个体的死亡换来的是作为本体的生命的永恒。基于此，尼采对钳制甚至戕害生命本能的理性主义和基督教伦理大加抨击。他认为苏格拉底主义"用'理性'对抗本能"，认定"'理性'就是埋葬生命的危险的暴力"。❼ 而基督教以原罪、博爱等信条为幌子，"诅咒现世，诅咒生命"，实际上是"生命的虐待狂"。❽

莫言在作品中常常浓墨重彩地描绘充满血性的生命体，通过这些拥有强悍生命力量的"另类"英雄形象，以表现苦难、死亡对生命的催化和升华作用，以及对中国传统礼法与道德的否定与颠覆。莫言笔下的人物大多是雄

❶ F. Nietzsche. *Ecce Homo. Friedrich Nietzsche Werke*：Band 2. Hg. von Karl Schlechta. München：Carl Hanser Verlag, 1955, pp1100 - 1101.

❷ F. Nietzsche. *Also Sprach Zarathustra. Friedrich Nietzsche Werke*：Band 2. p312.

❸ ［德］尼采《权力意志》（下卷）孙周兴译，商务印书馆，2007 年，第 986 页。

❹ ［德］尼采《快乐的科学》，黄明嘉译，华东师范大学出版社，2007 年，第 296 页。

❺ ［德］尼采《权力意志》（下卷），孙周兴译，第 1234 页。

❻ ［德］尼采《悲剧的诞生》，周国平译，上海人民出版社，2009 年，第 136 页。

❼ ［德］尼采《看哪这人：尼采自述》，载《权力意志》，张念东、凌素心译，中央编译出版社，2010 年，第 84 页。

❽ ［德］尼采《上帝之死》，刘崎译，台湾志文出版社，1975 年，第 64 页。

健、强壮的个体，充满无限的激情和旺盛的生命力。《红高粱家族》中的"我奶奶"戴凤莲，还在出嫁的花轿里就敢于用脚将轿帘顶开缝往外偷窥，当看着轿夫们油汗淫淫的脊背，她尽情地呼吸着男人的气息，心中春情荡漾。等到蛤蟆坑被劫之后，她索性扯下轿帘，尽情看着"我爷爷"余占鳌的宽肩细腰，让自己的生命沸腾。麻风病人丈夫让她感到恐惧和憎恨，而"我爷爷"的健硕、刚强和一身匪气，尤其是他在"我奶奶"被劫时的出手相救，则让她迷醉于不伦的野合，寻求最无羁、最彻底的释放。《檀香刑》中的孙媚娘风流泼辣，大胆热烈地追求与知县钱丁的自由爱情，不计名分，不顾礼法，也不在乎恩冤。她眼里中的爱情超越了阶级和等级的界限，完全源自人的原始欲望，完全出自内心渴望的男欢女爱这一本能冲动。《食草家族》中的四老妈因为和铜锅匠的私情被发现，被四老爷一纸休书打发回家，她丝毫没有觉得羞愧，而是一把将休书撕得粉碎，痛骂男盗女娼的食草家族，最后若无其事地将两只破鞋挂在自己的脖颈上，脸上绽放秋菊般的微笑，跨上驴背傲然离开。"我奶奶"戴凤莲、孙媚娘和四老妈都是血液中流淌着生命激情的自由精灵。

第二节　漂泊者与冷酷者：尼采"超人"形象启示之二

由于尼采笔下的"准超人"即"高等人"形象具有反叛与抗争、漂泊与孤独的双面形象和双重性格，受此影响的20世纪中国作家，除了形塑反叛者或斗士、天才或英雄这两类形象之外，还塑造了一些漂泊者或孤独者、征服者或冷酷者等两组人物形象。

一、漂泊者与孤独者形象

前面提到，尼采笔下的"准超人"或"高等人"是流浪者或漂泊者。事实上，尼采曾经写诗作文，集中刻画流浪者形象。他创作过题为《浪游人》的短诗，在《快乐的科学》一书的第309节"走出孤独"中抒写"浪游人"的孤独、悲苦心绪，刻画流浪者形象，在他的哲学代表作《查拉图斯特拉如是说》中也有"浪游者"这样的专章。

受尼采笔下的"流浪者"或"漂泊者"形象的启发，20世纪前期有些中国作家塑造了漂泊者或孤独者形象。这些作家主要有五四时期的鲁迅、郁达夫、田汉、成仿吾、白采，抗战前后的冯至、路翎等。

238

被称为"中国的尼采"的鲁迅，最早受尼采的影响而塑造了一些中国式漂泊者和孤独者形象。

首先要指出的是，鲁迅《狂人日记》中的"狂人"、《长明灯》中的"疯子"和《孤独者》中的魏连殳，除了是时代的反叛者和斗士之外，在一定程度上也是漂泊者和孤独者。在激烈的反叛和抗争背后，他们最突出的感受是"孤寂和悲哀"，而结局是发狂、"投降"或者无声无息地死去。每个时代的先觉者、先行者都必然会感受到刻骨铭心的孤独与寂寞，甚至会落入痛苦与失败的深渊。正如尼采笔下的查拉图斯特拉在到处游走宣讲态度"超人说"和"永恒轮回"论的过程中常常会哀叹："在这里，所有的人都没有我这样的耳朵，我说话又有何用？我来这里为时过早。在这些民众中，我只是我自己的先驱者。"❶ 先驱者的痛苦，除了因为无人听懂自己的话之外，还因为常常会遭到迫害，甚至为此丢掉性命，"在神秘的祭坛上流血"，甚至"被烧烤去祭奠古代的偶像"，❷ 换言之，尼采笔下的"高等人"既是"漫游者""孤独者"，又是"头胎子"。鲁迅笔下的"狂人""疯子""孤独者"等人正是这类先驱者，他们同时受到决绝的精神品格与悲惨残酷的命运的双重纠缠。

如果说鲁迅在短篇小说集《呐喊》《彷徨》中塑造的多是反抗者或斗士形象，那么，他在稍后的散文诗集《野草》中则塑造了"影子""过客"等一些漂泊者或孤独者的形象。

《影的告别》是《野草》的第二篇，文中的"影"即影子是一个漂泊者。它以伤感的语气前来向主人诉说自己要告别离开的原因："有我所不乐意的在天堂里，我不愿去；有我所不乐意的在地狱里，我不愿去；有我所不乐意的在你们将来的黄金世界里，我不愿去。"因为有自己不愿意看见或者碰到的人和事物在天堂里、在地狱里、在黄金世界里，而他的主人总会去这些地方，所以"影"对主人说："朋友，我不想跟随你了。"那么，"影"想去哪里呢？"影"想在什么时候出发呢？他说："我不如彷徨于无地。""我终于彷徨于明暗之间……我将在不知道时候的时候独自远行。"目的地何在，他不知道，也不想知道，总之，他说："我将向黑暗里彷徨于无地。……只有我被黑暗沉没，那世界全属于我自己。""无地"，字面意义是没有地方，

❶ F. Nietzsche. *Also Sprach Zarathustra*. Karl Schlechta. *Friedrich Nietzsche Werke*：Band 2. P421.

❷ F. Nietzsche. *Also Sprach Zarathustra*. Karl Schlechta. *Friedrich Nietzsche Werke*：Band 2. P447.

在这里理解为不知道、不熟悉的地方。也就是说，他要独自逃到、然后躲进完全属于自己的黑暗和空间里。"影"本来就是孤独的，现在他还要寻找更彻底的孤独。

《影的告别》一文借用了《查拉图斯特拉如是说》的《影子》一章中"影子"的形象，但是对情节作了反转。在后者里，"影子"拼命追赶查拉图斯特拉，但查氏决定要赶走"影子"。"影子"对查拉图斯特拉倾诉："我跟随你周游在最遥远、最严寒的世界。"但查拉图斯特拉"想独自一人奔波"，而且认识到自己"还必须长期快乐地奔波"，不想再拖累影子，便要把影子赶走。❶ 在尼采笔下，影子追逐主人却成了被主人劝退的角色，而在鲁迅的笔下，"影"主动要求离开主人，自己去跋涉，去寻找独处的世界。显然，鲁迅的"影"这一形象将尼采的"影子"和查拉图斯特拉这两个形象融为一体了，表达了更为强烈的孤独意识与情绪。

《过客》是《野草》里唯一一篇戏剧体散文诗，主人公是一位大约三四十岁的"过客"。某天黄昏，衣衫褴褛、支着竹杖、神情困顿的"过客"出现在渺无人迹的荒野上。他沿着一条痕迹模糊的路径来到一间茅屋门前歇息，房屋的主人是一位老翁。老翁劝他不要再往前走："你已经这么劳顿了，还不如回转去，因为你前去也料不定可能走完。"由此可以看出，老人劝阻"过客"不再前行的理由有两条：一是"已经这么劳顿"，体力不支；二是"前去也料不定可能走完"，前面路途遥远，即使前行，也很可能走不到目的地。但是"过客"回答说："那不行！我只得走。"因为"还有声音常在前面催促"，自己"息不下"。最终，"过客"拒绝老翁的孙女递来的让他包扎伤口的布片，坚定而执着地"向野地里踉跄地闯进去"。

《过客》一篇中的人物形象和故事情节可以从《查拉图斯特拉如是说》的序言、《漫游者》《紧急呼号》等章节中找到源头。《查拉图斯特拉如是说》序言第2节里写查拉图斯特拉进入山洞修行10年后，决定下山送给人们"超人"思想做礼物，但他在下山途中遇到的第一个人即在森林边遇见的老人，就劝他不要到山下的人群中去。在《漫游者》一章里，查拉图斯特拉认定自己的"命运是漫游和攀登"，因为"身后已无路可退"。❷ 在《紧急呼号》一章里，浪迹天涯海角的查拉图斯特拉忽然听到一声长长的呼号，"预

---

❶ F. Nietzsche. *Also Sprach Zarathustra*. Karl Schlechta. *Friedrich Nietzsche Werke*：Band 2. PP 510 – 512.

❷ F. Nietzsche. *Also Sprach Zarathustra*. Karl Schlechta. *Friedrich Nietzsche Werke* ：Band 2. P403.

言者"对他说："向你呼号的人就是高等人啊！""这呼号是针对你的，它在呼唤你。"❶ 于是准备歇息的查拉图斯特拉又决定去寻找那向他发出声音的人。综合尼采《查拉图斯特拉如是说》中的这些信息，很容易看出，《过客》中老人劝阻"过客"继续前行，而"过客"回答说的前面有声音在催促他、使他"歇不下"等意象和情景，同查拉图斯特拉听到有声音呼唤他的情节存在相似之处。

鲁迅笔下的"过客"是一个不满现实、胸怀理想的流浪者。一方面，他不满现实，蔑视困难，追寻理想，永不言退，表现出奋勇向前、奋发向上与自我超越的意志。当老翁劝他不要前行时，他毅然决然地回答："那不行！我只得走。回到那里去，就没一处没有名目，没一处没有地主，没一处没有驱逐和牢笼，没一处没有皮面的笑容，没一处没有眶外的眼泪。我憎恶他们，我不回转去！"现实是黑暗的，是残酷的，到处是纲常名教（"名目"）、残酷剥削（"地主"）、政治迫害（"驱逐和牢笼"），到处是不平等和严重对立，"皮面的笑容"和"眶外的眼泪"同时存在。因此，"过客"要追求理想的世界。但理想的世界是什么样子，在什么地方，他不清楚，他只知道自己的生命历程就是"走"，他不知道在那些坟地的后面会遇到什么，但他仍以超凡的意志继续往前走，"走"就是他的生命的意义。"过客"为了逃离现实，追寻理想，始终不停地"走"，这与查拉图斯特拉为了宣讲"超人"思想，不停地奔走于城市街头与乡村小道、海中小洲与陆上森林之间极其相似，只是相比于查拉图斯特拉有明确的目标而言，"过客"显得茫然许多。

此外，"过客"拒绝老翁孙女递来的让他包扎伤口的布片这一情节有着深刻的寓意。正如"过客"自己所说，之所以拒绝，是因为"这太多的好意，我没法感激"。老翁劝他："你不要这么感激，这于你没有好处。"但"过客"最终还是拒绝了老翁孙女的好意。鲁迅在 1925 年 4 月 8 日、4 月 11 日致北大学生赵其文的两封信中，以学生感激自己的事情现身说法，这样解释这些语句的含义："你的善于感激，是于自己有害的，使自己不能高飞远走。……《过客》中说：'这于你没有什么好处'，那'这'字就是指感激。我希望你向前进取，不要记着这些小事情。"❷ 换言之，鲁迅认为，过于惦记小恩小惠对惦记者是有害无益的，会妨碍惦记者轻装上阵、远走高飞。正如

---

❶ F. Nietzsche. *Also Sprach Zarathustra*. Karl Schlechta. *Friedrich Nietzsche Werke*：Band 2. P481.
❷ 鲁迅《致赵其文》，《鲁迅全集》第 11 卷，人民文学出版社，2005 年，第 472 页。

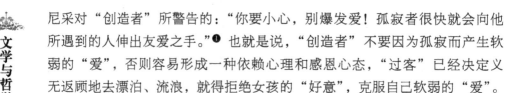

尼采对"创造者"所警告的："你要小心，别爆发爱！孤寂者很快就会向他所遇到的人伸出友爱之手。"❶ 也就是说，"创造者"不要因为孤寂而产生软弱的"爱"，否则容易形成一种依赖心理和感恩心态，"过客"已经决定义无返顾地去漂泊、流浪，就得拒绝女孩的"好意"，克服自己软弱的"爱"。

郁达夫从尼采及其"高等人"形象那里接受孤独、孤苦与孤傲意识，在短篇小说《沉沦》中塑造了一位孤独、孤苦而又孤傲的异国留学生形象，这是一个典型的漂泊者形象。

《沉沦》的主人公"他"是一位中国留日学生。他身上有两种对立的性格：一是"忧郁症"，一是"夸大妄想狂"。到了日本之后，"他"发现中国留日学生普遍受到日本同学的歧视，便愈来愈痛苦和孤独。郁达夫多次描写"他"的孤独、痛苦心态，如："他近来觉得孤冷得可怜"；"他"常常跑到乡间小道、山腰水畔去读尼采的著作，"觉得自家是一个孤高傲世的贤人，一个超然独立的隐者"；返回学校上课，"他虽然坐在全班学生的中间，然而总觉得孤独得很"。最后，"他"在日记中痛苦地表示，不该来日本，"既然到了日本，那自然不得不被他们日本人轻侮的"。最后，"他"因为"不能再隐忍过去了"而投海自尽。留学生的身份就注定"他"是在异国他乡漂泊流浪的人。他满怀激情和壮志来异国他乡寻找救国救民的良方和途径，最终不仅徒劳无功，反而因为自身的生理原因尤其是所在国的学生的傲慢和歧视而备感痛苦、孤独。这与尼采笔下那位渴望送给人类"超人说"这一珍贵的礼物却无人理解、无人接受因而备感孤独的波斯拜火教教主查拉图斯特拉毫无差别。事实上，"他"非常熟悉尼采及其《查拉图斯特拉如是说》，作品里就写道："有时他在山中遇见一个农夫，便把自己当作 Zarathustra，把 Zarathustra 所说的话，也在心里对那农夫讲了。"不过，"他"最后的投海自杀表明他的孤寂、厌倦情绪比查拉图斯特拉更强烈，也说明"他"的承受能力比查拉图斯特拉更小。

田汉、成仿吾受尼采笔下的"流浪人"形象的影响，在自己的作品中塑造了几个很有特色的漂泊者形象。

田汉早期戏剧里的主人公多是物质生活贫困而精神生活充实的人物，其中就有流浪汉、漂泊者。《南归》（1929）里的"流浪者"就是这样一个典型。他有着丰富然而神秘的精神世界，散发出独特的人格魅力。春姑娘本来

---

❶　F. Nietzsche. *Also Sprach Zarathustra*. Karl Schlechta. *Friedrich Nietzsche Werke*；Band 2. P327.

已经与一个家境殷实、性情稳重的小伙子订了婚，但最终还是选择了一无所有的"流浪者"。因为她发现流浪者的"眼睛总是望着遥远遥远的地方"，而流浪者的这一姿势又时刻提醒或引导春姑娘猜想"那遥远的地方该是多么一个有趣的地方啊，多么充满着美的东西"。虽然只是侧面描写，而且只有简单的几句话的交代，但流浪者的形象却跃然纸上，读者也很容易捕捉到这个"流浪者"的性格特征与精神品质。"他的眼睛总是望着遥远遥远的地方"这一雕塑式的造型，表明"流浪者"目标的高远、眼光的专注和意志的坚定。

成仿吾在早年的小说与诗歌中也塑造过"流浪人"形象。短篇小说《一个流浪人的新年》中的"流浪人"，在热闹、繁忙的大年夜，却感受到空前的孤独与悲苦，深入其骨髓的是凄清、寂寞情绪。成仿吾《〈流浪〉序诗》一诗里的"流浪人"，首先感受到的是生命的短暂。他说自己"生如一颗流星"，生命稍纵即逝，"短短的一生"则说得再明白不过了。其次，他感受到的是"焦灼""孤独而凄清"。他一直在"不住地狂奔"，却不知道自己"要流往何处"，而且没有同伴或者知音"与我相亲"，最后因为"流浪而凋零"。他感受到的是彻骨的寂寞与孤苦。

不难看出，田汉、成仿吾所塑造的"流浪人"形象虽然有很大的区别，但他们都有高远的理想、丰富的精神世界与人格魅力，同时又有着挥之不去的孤独、寂寞情绪。

创造社成员白采长诗《羸疾者的爱》中的男主人公"羸疾者"，既是一个反叛者、斗士，也是一个典型的漂泊者、孤独者。朱自清曾经这样概括这一形象的特点："'羸疾者'是生于现在世界而做着将来世界的人的；他献身于生之尊敬而'不妥协的'没落下去，说是狂人也好，匪徒也好，妖怪也好，他实在是个最诚实的情人。"[1] "羸疾者"患有肺痨，到处漂泊，偶然来到一个山川秀美、环境宁静的村庄，慈祥的老村长有一个美丽的独生女，他们热情招待这个来自远方的漂泊者。村长意欲以女相许，那女孩也爱上了"羸疾者"。但"羸疾者"觉得自己的身体和精神都很孱弱，拒绝接受孤女的求爱，反过来劝她嫁给强壮的"武士"，以积极履行做"人母"的责任，即为诞生新一代更强壮的"武士"作准备。他性格孤僻甚至自虐，因为他觉

❶ 朱自清《〈中国新文学大系·诗集〉诗话》，载朱自清编选《中国新文学大系·诗集》，上海良友图书印刷公司，1935年，第32页。

得自己是一只"受伤之鸟",既已"失去了本有","需要怜悯,便算不了完善",便不如"自己毁灭"。也正是因为这个缘故,"羸疾者"连真挚、纯洁的爱也不敢接受。由此可见,"羸疾者"是单纯、真诚的,也是极为孤独和痛苦的。

按照朱自清的说法,白采的诗歌《羸疾者的爱》(1925)就是诗人"受了尼采的影响"的结晶。朱自清在《中国新文学大系·诗集》的《导言》与《诗话》里两次评价白采的诗,都提及尼采的影响。《导言》中说:白采"读了尼采的翻译,多少受了他一点影响"。❶《诗话》里说得更明确:"他的思想是受了尼采的影响的,他的选材多少是站在'优生'的立场上。"❷ 尼采的"优生学"就是"超人说"。尼采在《查拉图斯特拉如是说》的《孩子与婚姻》一章中阐述过类似"优生学"的理论。他劝那些打算结婚的人:"你不应该只是传宗接代",那只是让人类重复地繁衍下去,很可能一代不如一代,"你应该创造一个更高级的肉体……换言之,你应当创造一个创造者"。❸ 显然,尼采认为婚姻的目的不是通常所说的为了生孩子、传宗接代,而是为了创造超越前人的后代,即为了创造比结婚的双方"更高级的肉体",最终是为了创造更多的"创造者",直至产生出"超人"。

《羸疾者的爱》的主人公"羸疾者"患有肺痨,他一直到处漂泊,偶然来到一个山川秀美、环境宁静的村庄,慈祥的老村长有一个美丽的独生女,他们热情招待这个漂泊者。村长意欲以女相许,那女郎也爱上了"羸疾者",但他觉得自己的民族都很衰弱,自己的身体和精神都很孱弱,用他自己的话来说就是:"我们萎靡的民族;/我们积弱的国;/我们神明的子孙,太半是冗物了!"如果嫁给这样一个"冗物",一定会委屈这个女郎,"羸疾者"便执意拒绝孤女的求爱,反过来劝她嫁给一个强壮的"武士",以积极履行做"人母"的责任:"你须向武士去找寻健全的人格;/你须向壮硕像婴儿一般的去认识纯真的美。"这几句话集中体现了朱自清所说的尼采式"'优生'的理""'优生'的立场",如前所述,其主旨可以说是尼采认为结婚是为了"创造一个更高级的肉体"或"创造者"这一说法的回响。事实上,"羸疾者"曾自称是"狂人哲学者的弟子",所谓"狂人哲学者",就是指尼采。

---

❶ 朱自清《〈中国新文学大系·诗集〉导言》,朱自清编选《中国新文学大系·诗集》,上海良友图书印刷公司,1935年,第4页。

❷ 朱自清《〈中国新文学大系·诗集〉诗话》,朱自清编选《中国新文学大系·诗集》,第32页。

❸ F. Nietzsche. *Also Sprach Zarathustra*. Karl Schlechta. *Friedrich Nietzsche Werke*;Band 2. P332.

高长虹在《狂飙之歌》的《序言》和第 1 章《青年》中塑造的"狂飙"和"青年"两个人物形象，既是反叛者或斗士，也是漂泊者和孤独者。

《狂飙之歌·序言》中这样描写名为"狂飙"的新上帝的心境："他一向是沉默着，因为太悲哀了的缘故。"他虽然企图充当人类的救世主，却难以摆脱悲哀感与孤独感的纠缠。《狂飙之歌·青年》中的"青年"更为孤独而悲苦。诗的开篇称他是"形容憔悴的青年"，然后描写他的凄苦处境："他的身上抖着瑟瑟的寒颤，／他的腹中鸣着辘辘的饥肠。"诗人接着披露，"青年"难以忍受的不是饥饿、寒冷等物质方面的窘迫，而是"自身以外的悲苦"，即来自他人的悲苦。这是什么样的悲苦呢？高长虹写道："他曾以左手去杀该死的暴客，／右手去援救无助的苦人。／／从群众的围攻中他跑回斗室，／他本欲救他们，而反被他们所逐，／暴客还没有被他打散，／而他们反把他认做了暴客。"也就是说，"青年"杀死暴客，本来是想去"援救无助的苦人"，结果却被群众围攻和驱逐。面对群众的是非不分，诗人不无激愤地斥责道："你们跪在笑面的虎牙下献媚称臣，／你们为宰割你们的去做屏风，／你们的血为宰割者而流淌，／你们的肉为宰割者而提供。／／看你们的枯黄的病容，／看你们的瘠瘦的柴身，／你们所患的不是外来的强力，／而是你们自个的奴心。""奴心"，就是奴性，面对群众，"青年"只能哀其不幸，怒其不争。虽然他不会退缩，也不愿意退缩，但他又的确感受到了深刻的痛苦和孤独："他在有进无退的征服的路上，／有时也不免低头垂泪，／但他不在悲悼他被误解的噩运，／而在哭你们的心死。""青年"明明是去"援救无助的苦人"，却"反被他们所逐"，甚至被他所救助的群众"围攻"，说明他无法避免"被误解的噩运"，无法避免深入骨髓的孤独意识，因而表现出"孤独者"的一面。"青年"在众人中找不到理解者，更谈不上知音，他是一个精神上的漂泊者。

冯至早年是沉钟社的成员，他在早年诗集《昨日之歌》《北游及其他》中塑造了一些漂泊者和流浪者的形象。

收入《昨日之歌》中的《吹箫人的故事》一诗塑造了一个"流浪无归的青年"形象。他是一个吹箫人，"走过无数的市廛，""走过无数的村镇，"最后虽然找到了属于自己的爱情，却高兴不起来，因为"剩给他的是空虚，／还有那空虚的惆怅"。收入《北游及其他》的《北游》一诗以诗人自己离开北京去哈尔滨教书的经历为题材，描绘了"我"这一"远方的行客"的形象。作者写道："我离开那八百年的古城／……／把身体委托给另外的一个世界"，而"我"在北方城市感受到的是："怀里，房里，宇宙里，阴沉，阴沉……"在"我"离开古都踏上漫长的征途之前，"只思念一个生疏的客人"，而"他曾经抱着寂寞游遍全世"。这就表明，"我"之所以离开"八百年的古城"去寻找"另外的一个世界"，是受到那个"抱着寂寞游遍全世"的"生疏的客人"的熏陶和启发。"流浪无归的青年"和"远方的行客"都是典型的漂泊者和流浪者，他们共同的感受的"空虚""惆怅"和"寂寞"，内心十分地孤独、痛苦。

冯至早在1924年就已买到尼采的"好书"《查拉图斯特拉如是说》。这部著作的框架就是借古代波斯拜火教教主查拉图斯特拉的传教经历来抒写尼采本人在独居、漫游、养病期间的心绪与思虑。其中《漫游者》一章里就是查拉图斯特拉抒写自己的心境的名篇。尼采还创作过一些以流浪者为主人公的诗歌。冯至曾经翻译过尼采的11首诗，其中有两首诗就是以流浪者为主人公的。一首是《旅人》，诗中有这样的句子："'再也没有路！四围是深渊，死的寂静！'/你志愿如此！你的意志躲避路径！/现在呀，旅人，要看得冷静，明显！/你是遗失的人，你要信托——危险！"❶ 另一首是《怜悯赠答》。该诗借流浪者之口感叹："有家乡的人，真堪欣幸！""没有家乡的人，真是苦痛！""这愚人，/严冬里跑到外边的宇宙？/……/走向无言枯冷的沙漠！无处得安身。"他"面色仓惶，/被惩罚于冬日的行程，/像烟一样，/永久找更冷的天空"❷ 此外，冯至也非常清楚尼采是"永久的漫游人"的身世，他曾经告诉尼采著作的读者，要理解尼采的著作和思想，就必须了解他的经历，而尼采的经历就是："没有家，没有职业，没有团体，只是在瑞士的山上，意大利的海滨，从这里迁到那里，从那里迁到这里。"❸ 冯至笔下的"吹萧人""远方的行客"这类流浪者形象，同尼采《旅人》《怜悯赠答》里感觉"四围是深渊，死的寂静"，不得不"走向无言枯冷的沙漠"，并且"被惩罚于冬日的行程，/像烟一样，/永久找更冷的天空"的流浪者何其相似乃尔，同尼采本人的经历和精神气质也有几分接近。

七月派小说家路翎曾经说过，他受"尼采的冷静的孤独的精神"影响很深。这种"冷静的孤独的精神"外化为路翎笔下的流浪者或漂泊者形象，这些人物身上最突出的性格特点就是孤独。

---

❶ ［德］尼采《旅人》，冯至译，《文学》1937年第1期，第160页。

❷ ［德］尼采《怜悯赠答》，冯至译，《译文》1937年新3卷第3期，第384－386页。

❸ 冯至《谈读尼采》，《冯至全集》第8卷，河北教育出版社，1999年，第283页。

路翎笔下的知识分子类流浪者最具代表性的是蒋少祖、蒋纯祖兄弟与明和华。长篇小说《财主底儿女们》中的蒋少祖、蒋纯祖，作为封建大地主蒋家的二少爷，蒋少祖一方面感到极端的孤独，另一方面也"需要彻底的孤独"。在他这里，孤独就是"隐藏自我，不求别人了解"，孤独不但不恐怖，而且似乎是完善生活、提高自身的必要手段。孤独可以让人积蓄力量，孤独者往往有强烈的战斗精神，所以他"英勇地走进了孤独"。这种孤独又与冷酷联系在一起，用路翎的话来说就是："蒋少祖在外部的事件里，是冷酷起来了；永不把惶惑显示给别人，永不求理解，永远利用世界，和世俗战争！但这种成功，是得力于他底放纵的内心的。在他愈冷酷的时候，他底内心便愈炽热。正是这种内心底热情和哲学，使他能够镇压了过去的控诉，并且获得了进行他那种战争的力量。"❶ 在蒋少祖这里，冷酷似乎是孤独的别名，因为那同样是封闭自己，"永不把惶惑显示给别人，永不求理解"。但这种冷酷又与热情互为表里，"在他愈冷酷的时候，他底内心便愈炽热"，并且那"放纵的内心"和"炽热"的内心让他"永远利用世界，和世俗战争"，并获得了进行战争的力量。

蒋家三少爷蒋纯祖是一个坚持自由主义立场、敢于反抗传统，但又没有找到光明出路的知识分子的典型。抗战爆发后，他投入为民族解放而斗争的洪流，同时又顽强地坚持个性的扩张。他加入救亡团体，但又与周围的人格格不入，以孤独为荣，一心只希望自己"走到最高的地方，在光荣中英雄地显露出来"。后来他加入演剧队，只以自己的"内心"为"最高命令"，无视集体的纪律，并与小集团的"左"倾教条发生了激烈的争辩与对抗。在四川穷乡僻壤的石桥场小学，蒋纯祖以孤傲的个性向宗法制农村的冷酷和愚昧挑战，在地方恶霸、劣绅的排挤及流言蜚语的攻击下，他无法存身。不断的流浪、搏击、突进，不断的失败、痛苦和精神折磨，他终于在重病中死去。夏志清称蒋纯祖为"孤独奋斗到死不晓得结合集体力量的知识分子"。❷ 不过这种评价并不完全准确。因为蒋纯祖临终前还是认识到了，个人主义孤军作战必然以失败告终，先知先觉者应该与人民群众结合才有可能实现自己的目标，所以他在临死前呼吁："让我们和那些慢慢地走着自己的道路的人们一同前进吧！"那些"慢慢地走着自己的道路的人们"就是普通群众。蒋纯祖在动乱、流浪或漂泊中逐渐成长，慢慢成熟。蒋纯组像极了尼采笔下那位在旷野流浪、沉浸在孤独之中、想依靠自己的力量来实现目标的古代波斯拜火教教主查拉图斯特拉。

路翎短篇小说《人权》的主人公明和华，本来可以成为一个前途辉煌的历史学家，但由于时局动荡，他的理想无法实现，现在他不得不来到位于荒凉乡间的一所私立中学教书。他"已经接近中年，但仍然独身"。抗战的最初几年，他干过一些热情的事业，最终一事无成。"他流浪了好几年，在流浪中致力于文化史的研究；到这里来住下了，他算得是已经落荒，他的心境，常常地，是非常的凄凉。"明和华自视甚高，觉得自己是"中国的新一代的知识人，""继承着中国的，从那个悲壮的梁启超开始的光荣的战斗传统，""在他的眼前，是招展着鲁迅的伟大的旗帜，""他要肩住黑暗的闸门，放幼小者到宽阔光明的地方去"。遗憾的是，"在他的周围，没有一个人能理解他，""空气是窒息的，""他也不接近学生，他厌恶这些愚蠢的学生，"所以感到"非常地孤独"。同时，现实让他"有了强烈的恐惧"，他也感受到自己的"生活是残缺的，"甚至"他再不能麻木地容忍这残缺和这中庸的自守"。❶ 当校警队长拷打和非法囚禁一个小偷时，他向自己的朋友、学校教务主任严京令提出抗议，要求"保障人们身体自由"，阻止对小偷的拷打，尽管最终他取得了初步的胜利，但总体来看，明和华是一个内心孤独而在现实中又孤立无援、孤独无力的流浪者。

蒋少祖、蒋纯祖和明和华等都是路翎笔下的知识分子流浪者或孤独者。路翎擅长表现知识分子身处的险恶环境与所面临的沉重压力。正如胡风曾经指出的，中国人受到几千年封建主义观念的浸染，又受到几十年殖民地意识的浸润，精神重负早已积压得不堪忍受，作为中国民众中的精英，中国的知识分子最早觉醒，是"最敏感的触须，最易燃的火种"，同时他们又承袭了最重的精神负担，在奋斗的历程中心路最为复杂，成为"各种精神力量最集中的战场"。❷

此外，路翎在自己的作品中还塑造了底层人流浪者。与知识分子型流浪者最大的感受是孤独不同，这类流浪者最大的感受是痛苦。他们往往无以为家、无以为生，生活极端贫困，心情极端悲哀痛苦。家乡的贫困把他们赶出

---

❶ 路翎《人权》，《路翎文集》第 4 卷，安徽文艺出版社，1995 年，第 179 - 181 页。
❷ 胡风《〈财主底儿女们〉序》，载《路翎文集》第 1 卷，第 1 页。

去，但这些流浪者的身体漂泊在外，灵魂却脆弱地而又美好地维系着故乡的亲人、热土。路翎在短篇小说《蜗牛在荆棘上》中叙述主人公黄述泰的遭遇后，发出这样的感慨："流浪者有无穷的天地，万倍于乡场穷人的生涯，有大的痛苦和憎恨，流浪者心灵寂寞而丰富，他在异乡唱家乡的歌，哀顽地荡过风雨平原。"这是路翎笔下的流浪者发出的悲壮的生命号子。他们对故乡所怀的情感在思恋与仇恨之间摆动，最终毅然割舍对家乡的眷恋，踏上流浪之旅。

二、征服者与冷酷者形象

受尼采的"准超人"即"高等人"形象的启发，20世纪中国作家塑造了反叛者或斗士、英雄或天才，以及漂泊者或孤独者形象。还有一些作家却直接受到尼采的"超人"形象的影响，塑造了征服者与冷酷者形象。最有代表性的作家是朱执信、冰心和沈从文等3人。不过，他们塑造的征服者与冷酷者"超人"形象，都是基于对尼采"超人说"的误解。

近代资产阶级革命家、思想家朱执信（1885—1920）1919年发表《不可分的公理》一文，指出尼采的"超人说"在于"劝人超越人间，还要超越自己"，不过他对程氏顶礼膜拜的"尼采的强力唯我主义"采取了一分为二的看法："提起尼采的惟我主义（照天放先生的译法），就要晓得我们只可以取尼采的向上的奋斗的精神，万不可以取他贵族的不平等的精神。尼采希望从少数人里头产出超人来，是大错的。如果把这民众的精神去了，把这同情去了，就是一个僵死的贵族。"[1] 显然，朱执信肯定"超人说""向上的奋斗的精神"，而反对蕴藏其中的"贵族的不平等的精神"。此外，朱执信还指出尼采的"强力唯我主义"与克鲁泡特金的互助论之间的冲突。作者不无调侃地说："我们如果适用起尼采的话来，把'我'的界限推广到中国全部，那时候有了强力，才去讲互助，行不行呢？当然不行的。因为他已经把同情的要素，民众的精神抛去了。他那个时候讲互助，就是尼采所讲的侮蔑，就是弄到人家强不过你，才说我还用公理来待你罢。人家就算相信你是真心，也万不能就受你的侮蔑的怜悯。所以互助是究竟办不到的，公理的生命也从此呜呼哀哉尚飨去了。"[2] 总之，朱执信否定尼采的学说。

---

[1] 朱执信《不可分的公理》，《朱执信集》（下集），中华书局，1979年，第466－467页。
[2] 朱执信《不可分的公理》，《朱执信集》（下集），第467－468页。

朱执信是资产阶级民主革命派的思想家与活动家，他对尼采的"超人"思想表示反感。他于 1919 年发表《不可分的公理》一文，指出："尼采希望从少数人里头产出超人来，是大错的。如果把这民众的精神去了，把这同情去了，就是一个僵死的贵族。"❶ 他认定尼采的"超人"是"贵族"，并体现出"强力唯我主义"的倾向。朱执信还在短篇小说《超儿》（1919）塑造了这种具有"强力唯我主义"倾向的"贵族"式"超人"形象，笔者将这种"超人"称为征服者"超人"。这篇小说是根据英国戏剧家萧伯纳的戏剧《人与超人》改编而成的。

小说的情节非常简单，开篇是名叫柳意、小鞏的两个女孩坐在一家公园的石凳上谈论男主人公凤生的古怪性格和他奇特的待人之道，小说的结尾是 3 年之后已与凤生结婚的小鞏带着名叫"超儿"的孩子与柳意再次坐在同一个公园的柳树下回忆往事。作者在小说里塑造了 3 个"超人"形象。第一个"超人"是小说的男主人公凤生。他最突出的性格就是时时、事事、处处显露出一股强烈到令人不可思议的"支配欲"。堂妹柳意这样评价他："他只有一个情欲，就是支配欲，支配一种别人不能支配的人。把人家现在支配着的人，夺了来放在他支配底下，这就是他的趣味，就是他的生命。"要支配别人不能支配的人，要把受别人支配的人抢过来归自己支配，凤生就是这样一个支配狂。3 年前，柳意断定凤生一定会同天天跟他吵架斗气的小鞏结婚，柳意的根据是："他要找一个人人相信他娶不到的人来娶了，那他这支配欲就可以满足了。"意思是，天天吵架、斗气就是一种相互较量和对抗，娶了对方就等于征服了对方。事后证明柳意的推断是正确的。小说中的第二个"超人"是小鞏。小鞏是一个潜在的"超人"，她的"超人"潜质最终被凤生激活了。当初柳意指出她有意无意地受到凤生的影响的事实之后，小鞏顿悟自己也是一个女"超人"，发现自己"就是这个支配欲所支配的一个人了"。第三个"超人"是凤生与小鞏的儿子"超儿"。柳意与小鞏再次在公园相遇，柳意问小鞏："你得告诉我，究竟你是做了凤生的小鞏呢？还是他做了小鞏的凤生呢？"小鞏的回答则是："照他说，是他支配了我了。照你说，是我支配了他了。照我说，那不过同三年前一样罢了。但是我们两人都做了超儿所支配的小鞏同凤生了。"换言之，作者的意思是，只有 1 岁的"超儿"将成为支配老一辈"超人"小鞏和凤生的新一代"超人"，这新一

---

❶　朱执信《不可分的公理》，《朱执信集》（下集），第 467 页。

代"超人"将更强大，长江后浪推前浪，青出于蓝而胜于蓝。

无论是凤生、小罂，还是"超儿"，他们作为"超人"最明显的共同特点就是支配与征服他人。作者朱执信在小说的结尾富有深意地指出："世界是永久的！欲望是不会满足的！人还要生出人来！不知谁又支配超儿！"从这里不难看出，朱执信所理解的"超人"就是现实生活中的"支配者"。按照他的设想，这个社会中将充斥着大大小小的"超人"。朱执信的本意是通过《超儿》这篇小说批判他所理解的尼采式"超人"，即具有"强力唯我主义"倾向的"贵族"，从而抨击尼采"超人"说所包含的"支配欲"、征服欲。不过朱执信的这种理解并不符合尼采本人关于"超人说"的构想。

女作家冰心早年在短篇小说《超人》（1921）里塑造了冷酷者"超人"形象。小说标题所说的"超人"指小说的主人公何彬。为什么说何彬是一个"冷酷者"呢？作者叙述说，他是一个"冷心肠的青年"，在一个局里做公务员，从不与人交往，唯一的生活内容就是读书；他不爱花、草等有生气的东西，住的屋子"冷阴阴的如同山洞一般"。他最大的性格特点就是"冷"：眼光是冷的，心肠也是冷的。房东程姥姥问他为何这样孤零、冷酷？他回答说："世界是虚空的，人生是无意识的。人和人，和宇宙，和万物的聚合，都不过如同演剧一般：上了台是父子母女，亲密的了不得；下了台，摘了假面具，便各自散了。哭一场也是这么一回事，笑一场也是这么一回事，与其互相牵连，不如互相遗弃。"看来他是看破红尘，彻底死了心。作者冰心为什么叫何彬为"超人"呢？原来他信奉尼采的"超人"道德观。何彬说了上面那段话表明自己的亲身经历和感悟之后，又对房东程姥姥解释了自己冷酷待人的理论根据："尼采说得好，爱和怜悯都是恶……"当时文学研究会乃至整个学术界有一种比较流行的说法，那就是认为尼采的"超人"信奉"爱和怜悯都是恶"这样的说教。同时文学研究会成员的茅盾、李石岑两位都是尼采研究专家，他们都不约而同地认定这一看法。如茅盾指出："他（指尼采——引者）敢于说'慈善'不是好东西，'悯怜'不是好东西！……为欲达到这个'超人'的目的，就牺牲了现在一切愚的弱的，都不要紧；毁了坏的，做成好的，有什么不上算？这正是尼采的意见。"❶认定"慈善"和"怜悯"不是好东西，为了实现"超人"的目标，牺牲"愚的弱的"不要紧，为了"做成好的"，"毁了坏的"也合算，茅盾认为这就是尼

❶ 雁冰《尼采的学说》，载郜元宝编《尼采在中国》，上海三联书店，2000年，第78页。

采的看法。李石岑更是直截了当地指出："尼采以为怜悯是超人的大禁物。超人是尽量以'冷酷'二字对待人类的。"❶ 在李石岑看来，尼采的"超人"就是冷酷者无疑。显然，冰心笔下的何彬完全合乎茅盾与李石岑所理解的"超人"形象。今天我们知道，无论是茅盾、李石岑还是冰心对"超人"及其道德观的理解，都不符合尼采本人的意见。

小说里的何彬后来改变了自己的态度，冷酷心肠最终变温暖了。是什么机缘促使这位冷酷的"超人"苏醒的呢？作者认为是母爱。原来，他住房对面的楼里连续三夜传来凄惨的呻吟，搅得他夜不成眠。无眠之中，何彬想起了慈爱的母亲、天上的繁星等幼年的往事与情景，"冷心肠"开始解冻。后来他知道夜里呻吟的跑街的禄儿，因为摔断了腿而痛苦不堪，便托房东程姥姥送给孩子一张大额钞票，要她帮忙请大夫治好孩子的腿。后来，程姥姥带着腿已治好的禄儿来道谢，何彬本来打算拒绝禄儿的感恩之情，但当他看到禄儿的纸条时改变了主意，而爽快地收下花篮，因为禄儿是以"母亲的儿子"的身份给他这个同样是"母亲的儿子"的人写信，要他"收下母亲的朋友的儿子的东西"。在作品的最后，"超人"何彬诚挚地感谢禄儿使他想起了母亲和母爱，并深深地忏悔说："我这十几年来，错认了世界是虚空的，人生是无意识的，爱和怜悯都是恶的。"他终于认识到："世界上的母亲和母亲都是好朋友，世界上的儿子和儿子也都是好朋友，都是互相牵连，不是互相遗弃的。"母爱让何彬认识到尼采"爱和怜悯都是恶的"一类说教的错误，让他想起友情和人与人之间的爱，并最终温暖了他的"冷心肠"。

"冷酷者"并不合乎尼采本人对"超人"的设想，冰心称"冷酷者"为"超人"只能说是对尼采"超人说"的误读。与其说冰心笔下的何彬是尼采设想的"超人"，不如说他只是一个读了尼采几句关于道德的议论就一知半解的生搬硬套的悲观厌世者。

沈从文在短篇小说《知识》（1934）中塑造了高傲者"超人"的形象。沈从文认为尼采的"超人说"包含"孤立主义"或"个人中心"精神❷，受此启发，他在短篇小说《知识》里塑造了张六吉这个"孤傲者"形象。沈从文在1950年秋冬写的《我的分析兼检讨》一文中，他认为尼采哲学是标举"孤立主义"的哲学。❸

❶ 李石岑《超人哲学浅说》，上海商务印书馆，1931年，第73页。
❷ 沈从文《我的分析兼检讨》，《沈从文全集》第27卷，北岳文艺出版社，2002年，第70页。
❸ 沈从文《我的分析兼检讨》，《沈从文全集》第27卷，第70页。

海归哲学硕士张六吉返回家乡，因为"自觉知识过于丰富超越一切"而备感孤独，"'超人'感觉也越浓厚"，为了摆脱这份孤独，"他想起尼采聊以自慰"。❶ 在沈从文看来，"超人"是超越群伦因而倍感"孤独"的人，尼采本人也是"极容易陷于这种孤独"里的"超人"。因为是地主的儿子，地位高贵，又是海归哲学硕士，在西方大学里学到了包括尼采人生哲学在内的哲学知识，知识渊博，张六吉起初"超人感觉浓厚"。他担心自己的"知识过于丰富超越一切"，而"毫无教育的乡下人"无法听懂和理解自己，便"感觉孤独"。但他很快被几个"乡下人"上了一课，并完全改变对包括尼采"超人"说在内的西方人生哲学的盲目崇拜态度。原来张六吉在回乡途中碰到一件"怪事"：农夫刘老头的儿子在农田干活时被毒蛇咬死，刘老头却遇死不惊、平静如故，只是轻描淡写地说："世界上那有不死的人。天地旱涝我们就得饿死，军队下乡土匪过境我们又得磨死。好容易活下来！一死也就完事了。"在乡下老头看来，人总是要死的，要么饿死，要么磨死，相对来说，被蛇咬死倒是一种轻松的死，况且活着这么痛苦，早点死去也未尝不是一件好事。死者的母亲与姐姐也作了类似的回答。"乡下人"对待生死的"古怪"逻辑让张六吉幡然醒悟："这才是我要学的！"这里的"这"就是乡下人对待生存与死亡的坦然而又无可奈何的态度，笔者姑且称之为"活命哲学"。醒悟之余，张六吉痛骂外国导师，烧掉所有书籍。以"超人"自居的孤傲者张六吉终于认识到"超人"哲学的虚妄，意识到刘老头等人所说的"死的就尽他死了，活的还是要好好的活"的"活命哲学"才是自己真正要追求的"知识"。

沈从文认为，张六吉最初引以为自豪的"超人哲学"并不是他急需的知识，而"活命哲学"才是，这就彻底颠覆了尼采的"超人"思想。张六吉认识的改变折射出作者沈从文对尼采"超人说"的态度的改变。沈从文认识到，当时中国残酷的社会现实根本没有容留和接受"超人"思想的空间和土壤，老百姓能够像机器一样按部就班地地过着日子、平静地等待寿终正寝就属于万幸，"活命哲学"才是他们真正需要的。张六吉对"超人"思想的态度的转变，实际上折射出作者沈从文对尼采"超人说"的认识的变化。沈从文在日常生活中发现，当时中国残酷的社会现实根本上同尼采的"超人"一类玄虚、空幻的理想格格不入，老百姓能够按部就班地生老病死，能够平静

---

❶ 沈从文《知识》，《沈从文全集》第8卷，北岳文艺出版社，2002年，第320页。

地过着日子、最后寿终正寝，就属于万幸。官府镇压辛亥年湘西民众叛乱、屠杀平民百姓的场景既残酷，又有几分黑色幽默的味道。沈从文这样描述："被杀的差不多全从苗乡捉来，糊糊涂涂不知道是些什么事，因此还有一直到了河滩被人吼着跪下时，才明白行将有什么新事，方大声哭喊惊惶乱跑，刽子手随即赶上前去那么一阵乱刀砍翻的。"❶ 刽子手胡乱杀戮、草菅人命，老百姓无力反抗、生死由命，两者形成鲜明对比。这既让沈从文感受到生命的荒诞，也让他切身体会到生存的艰辛与活命的珍贵。此时，"活命哲学"当然会赢得他的推崇，作为沈从文代言人的张六吉抛弃"超人哲学"在内的西方人生哲学，自然也就是顺理成章之举了。

需要指出的是，像朱执信、冰心等人一样，沈从文通过张六吉这一"高傲者超人"形象，同样表明了自己对尼采"超人说"的误解。

---

❶ 沈从文《从文自传》，《沈从文全集》第13卷，北岳文艺出版社，2002年，第270页。

参考文献

一、作家著作（以在文中出现的先后为序）

[1] 王国维. 王国维全集［M］. 第 1 卷. 第 14 卷. 杭州：浙江教育出版社，广州：广东教育出版社，2010.

[2] 佛雏. 王国维哲学美学论文辑佚［M］. 上海：华东师范大学出版社，1993.

[3] 佛雏. 王国维学术文化随笔［M］. 中国青年出版社，1996.

[4] 鲁迅. 鲁迅全集［M］.《鲁迅全集》修订编辑委员会总编注. 北京：人民文学出版社，2005.

[5] 孙郁等. 鲁迅译文全集［M］. 厦门：福建教育出版社，2008.

[6] 郭沫若. 沫若文集［M］. 第 8 卷. 北京：人民文学出版社，1958.

[7] 郭沫若. 郭沫若全集（文学编）［M］. 北京：人民文学出版社，1982—1992.

[8] 陈永志，黄淳浩. 郭沫若书信集［M］. 北京：中国社会科学出版社，1992.

[9] 郁达夫. 郁达夫文集［M］. 广州：花城出版社；香港：三联书店香港分店，1983.

[10] 郁达夫. 郁达夫译文集［M］杭州：浙江文艺出版社，1984.

[11] 成仿吾. 成仿吾文集［M］. 济南：山东大学出版社，1985.

[12] 田汉. 田汉文集［M］. 第 14 卷. 北京：中国戏剧出版社，1983.

[13] 茅盾. 茅盾全集［M］第 14 卷. 北京：人民文学出版社，1984—1993.

[14] 茅盾. 沈雁冰译文集［M］南京：译林出版社，1999.

[15] 林语堂. 林语堂名著全集［M］. 第 16 卷，第 21 卷. 长春：东北师范大学出版社，1994.

[16] 林语堂. 大荒集［M］. 上海：上海生活书店，1934.

[17] 高长虹. 走到出版界［M］. 上海：上海泰东图书局，1929.

[18] 高长虹. 高长虹文集［M］. 北京：中国社会科学出版社，1989.

[19] 周作人. 周作人文类编［M］. 第 3 卷，第 9 卷，第 10 卷. 长沙：湖南文艺出版社，1998.

[20] 陈铨. 陈铨代表作［M］. 北京：华夏出版社，1999.

[21] 路翎. 路翎文集［M］. 合肥：安徽文艺出版社，1995.

[22] 丘东平. 丘东平作品全集［M］. 上海：复旦大学出版社，2011.

[23] 冯至. 冯至全集［M］. 石家庄：河北教育出版社，1999.

[24] 沈从文. 沈从文全集［M］. 太原：北岳文艺出版社，2002.

[25] 王统照. 王统照文集［M］. 第5卷. 济南：山东人民出版社，1984.

[26] 钱钟书. 写在人生边上的边上［M］. 北京：北京三联书店，2001.

[27] 钱钟书. 管锥编［M］. 第1-5册. 北京：中华书局，1986.

[28] 钱钟书. 七缀集［M］. 北京：北京三联书店，2002.

[29] 钱钟书. 谈艺录［M］. 补订本. 北京：中华书局，1984.

[30] 朱苏进. 朱苏进文集［M］. 南京：江苏文艺出版社，1996.

[31] 莫言. 莫言文集［M］. 北京：作家出版社，2012.

[32] 西川. 海子诗全编［M］. 上海：上海三联出版社，1997.

[33] 周国平. 周国平散文系列［M］. 南京：译林出版社，2011.

二、尼采著作（含德文原著、中译）

[1] F. Nietzsche. Die Geburt der Tragödie. Friedrich Nietzsche Werke in Drei Bänden［M］. Band 1. Hg. von Karl Schlechta. München：Carl Hanser Verlag. 1954.

[2] F. Nietzsche. Unzeitgemäße Betrachtungen. Friedrich Nietzsche Werke［M］. Band 1. Hg. von Karl Schlechta. München：Carl Hanser Verlag München. , 1954.

[3] F. Nietzsche. Morgenröte. Friedrich Nietzsche Werke［M］. Band 1. Hg. von Karl Schlechta. München：Carl Hanser Verlag, 1954.

[4] F. Nietzsche. Also Sprach Zarathustra. Friedrich Nietzsche Werke［M］. Band 2. Hg. von Karl Schlechta. München：Carl Hanser Verlag, 1955.

[5] F. Nietzsche. Die fröhliche Wissenschaft. Friedrich Nietzsche Werke［M］. Band 2. Hg. von Karl Schlechta. München：Carl Hanser Verlag, 1955.

[6] F. Nietzsche, Zur Genealogie der Moral. Friedrich Nietzsche Werke［M］. Band 2. Hg. von Karl Schlechta. München：Carl Hanser Verlag München. 1955.

[7] F. Nietzsche. Ecce Homo. Friedrich Nietzsche Werke［M］. Band 2. Hg. von Karl Schlechta. München：Carl Hanser Verlag, 1955.

[8] ［德］尼采. 悲剧的诞生［M］. 周国平，译. 上海：上海人民出版社，2009.

[9] ［德］尼采. 悲剧的诞生［M］. 修订本. 周围平，译. 太原：北岳文艺出版社，2004.

[10] ［德］尼采. 论我们教育机构的未来［M］. 周国平，译. 南京：译林出版社，2012.

[11] ［德］尼采. 苏鲁支语录［M］. 徐梵澄，译. 北京：商务印书馆，1992.

[12] ［德］尼采. 查拉图斯特拉如是说［M］. 黄明嘉，译. 桂林：漓江出版社，2000.

[13] ［德］尼采. 查拉图斯特拉如是说［M］. 钱春绮，译. 北京：北京三联书店，2007.

[14]［德］尼采. 查拉图斯特拉如是说［M］. 孙周兴，译. 北京：商务印书馆，2010.

[15]［德］尼采. 偶像的黄昏［M］. 修订本. 周国平，译. 北京：光明日报出版社，2000；2006.

[16]［德］尼采. 偶像的黄昏［M］李超杰，译. 北京：商务印书馆，2009.

[17]［德］尼采. 朝霞［M］. 田立年，译. 上海：华东师范大学出版社，2007.

[18]［德］尼采. 人性的，太人性的［M］. 杨恒达，译. 北京：中国人民大学出版社，2005.

[19]［德］尼采. 不合时宜的沉思［M］. 李秋零，译. 上海：华东师范大学出版社，2007.

[20]［德］尼采. 快乐的科学［M］. 黄明嘉，译. 上海：华东师范大学出版社，2007.

[21]［德］尼采. 善恶的彼岸［M］. 朱泱，译. 北京：团结出版社，2001.

[22]［德］尼采. 善恶之彼岸［M］. 宋祖良，刘桂环，译. 桂林：漓江出版社，2000.

[23]［德］尼采. 权力意志［M］. 张念东，凌素心，译. 北京：商务印书馆，1998.

[24]［德］尼采. 权力意志［M］. 孙周兴，译. 北京：商务印书馆，2007.

[25]［德］尼采. 看哪这人［M］//权力意志. 张念东，凌素心，译. 北京：商务印书馆，1998.

[26]［德］尼采. 哲学与真理：尼采1872—1876年笔记选［M］. 田立年，译. 上海：上海社会科学院出版社，1993年

[27]［德］尼采. 上帝死了［M］. 戚仁，译. 上海：上海三联书店，1997.

[28]［德］尼采. 尼采诗选［M］. 钱春绮，译. 桂林：漓江出版社，1986.

[29]［德］尼采. 尼采诗集［M］. 周国平，译. 北京：中国文联出版公司，1986.

[30]［德］尼采. 市场的苍蝇. 林语堂，译.［J］. 论语，1935（56）.

[31]［德］尼采. 尼采诗钞. 冯至，译.［J］. 文学，1937（1）.

[32]［德］尼采. 尼采诗钞. 冯至，译.［J］. 译文，1937，3（3）.

[33]［德］尼采. 萨亚屠师贾的序言. 陈铨，译.［J］. 政治评论，1934，120号.

三、专著、论文集（以姓氏或其拼音首字母为序）

[1]［苏］奥杜也夫. 尼采学说的反动本质［M］. 允南，译. 上海：上海人民出版社，1961.

[2]［德］彼珀. 动物与超人之维［M］. 李洁，译. 北京：华夏出版社，2001.

[3]［丹］勃兰克斯. 尼采［M］. 安延明，译. 北京：工人出版社，1986.

[4] Brinton, Crane. Nietzsche. Cambridge［M］. Mass.：Harvard University Press，1941.

[5]陈铨. 从叔本华到尼采［M］. 上海：上海大东书局，1946.

[6]成芳. 我看尼采［M］. 南京：南京大学出版社，2000.

[7]成芳. 尼采在中国［M］. 南京：南京出版社，1993.

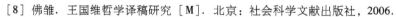

［8］佛维. 王国维哲学译稿研究 ［M］. 北京：社会科学文献出版社，2006.

［9］高波. 解读海子 ［M］. 昆明：云南人民出版社，2003.

［10］郜元宝. 尼采在中国 ［M］. 上海：上海三联书店，2001.

［11］［德］顾彬. 关于"异"的研究 ［M］. 曹卫东，译. 北京：北京大学出版社，1997.

［12］［法］丹·哈列维. 尼采传 ［M］. 谈蓓芳，译. 南昌：百花洲文艺出版社，1995.

［13］［德］海德格尔. 存在与时间 ［M］. 陈嘉映，王庆节，译. 北京：北京三联书店，1999.

［14］［德］海德格尔. 尼采 ［M］. 孙周兴，译. 北京：商务印书馆，2002.

［15］［德］加达默尔. 真理与方法 ［M］. 洪汉鼎，译. 上海译文出版社，1999.

［16］［美］金介甫. 沈从文传 ［M］. 符家钦，译. 长沙：湖南文艺出版社，1992.

［17］Kaufmann, Walter. Nietzsche：Philosopher, Psychologist, Antichrist ［M］. Princeton：Princeton University Press, 1974.

［18］李石岑. 超人哲学浅说 ［M］. 上海：上海商务印书馆，1931：84 – 86.

［19］李赋宁总. 欧洲文学史 ［M］. 第3卷. 上册. 北京：商务印书馆，2001.

［20］陆建德. 自我的风景 ［M］. 广州：花城出版社，2015.

［21］陆钦仪，等. 西方思潮与大学生思想教育研究 ［M］. 北京：高等教育出版社，1993.

［22］［英］罗素. 西方哲学史 ［M］. 何兆武，李约瑟，译. 北京：商务印书馆，1976.

［23］［英］罗素. 西方哲学史 ［M］. 马元德，译. 北京：商务印书馆，2007.

［24］Magnus, Bernd & Higgins Kathleen M.. ed. The Cambridge Companion to NIETZSCHE ［M］. London：Cambridge University Press, 1997.

［25］闵抗生. 尼采，及其在中国的旅行 ［M］. 北京：当代中国出版社，2000.

［26］［美］萨义德. 世界·文本·批评家 ［M］. 李自修，译. 北京：北京三联书店，2009.

［27］［美］施密特. 启蒙运动与现代性 ［M］. 徐向东，卢华萍，译. 上海：上海人民出版社，2005.

［28］王尧，林建法. 莫言王尧对话录 ［M］. 苏州：苏州大学出版社，2003.

［29］温儒敏，丁晓萍. 时代之波——战国策派文化论著辑要 ［M］. 北京：中国广播电视出版社，1995.

［30］［美］夏志清. 中国现代小说史 ［M］. 刘绍铭，等，译. 上海：复旦大学出版社，2005.

［31］许纪霖. 20世纪中国知识分子史论 ［M］. 北京：新星出版社，2005.

［32］许寿裳. 我所认识的鲁迅 ［M］. 北京：人民文学出版社，1952.

［33］许寿裳. 亡友鲁迅印象记 ［M］. 北京：人民文学出版社，1953.

[34] [德] 雅斯贝尔斯. 尼采——其人其说 [M]. 鲁路, 译. 北京：社会科学文献出版社, 2001.

[35] 殷克琪. 尼采与中国现代文学 [M]. 洪天富, 译. 南京：南京大学出版社, 2000.

[36] [美] 詹明信. 晚期资本主义的文化逻辑 [M]. 张旭东, 编. 陈清侨, 等, 译. 北京：北京三联书店, 1997.

[37] [澳] 张钊贻. 鲁迅：中国 "温和" 的尼采 [M]. 北京：北京大学出版社, 2011.

[38] 周国平. 尼采：在世纪的转折点上 [M]. 上海：上海人民出版社, 1986.

[39] 周国平. 尼采与形而上学 [M]. 长沙：湖南教育出版社, 1990.

[40] 周遐寿. 鲁迅的故家 [M]. 上海：上海出版公司, 1953.

[41] 周作人. 鲁迅的青年时代 [M]. 北京：中国青年出版社, 1956.

[42] 朱光潜. 悲剧心理学 [M] //朱光潜全集. 第 2 卷. 张隆溪, 译. 合肥：安徽教育出版社, 1987.

四、论文（以姓氏或其拼音首字母为序）

[1] [意] 艾柯. 过度诠释文本 [G] // [美] 柯里尼. 诠释与过度诠释. 王宇根, 译. 北京：北京三联书店, 2005.

[2] 安延明. 尼采与勃兰兑斯——译序 [G] // [丹麦] 乔治·勃兰兑斯. 尼采. 安延明, 译. 北京：工人出版社, 1986.

[3] 冰心. 文学家的造就 [N]. 时事新报·学灯. 1921 - 6 - 8.

[4] 蔡元培. 我之欧战观 [J]. 新青年, 1917 (5).

[5] 蔡元培. 大战与哲学 [M] //蔡元培全集. 第 3 卷. 高平叔, 编. 北京：中华书局, 1984.

[6] 陈独秀. 敬告青年 [J]. 青年杂志, 1915 (1).

[7] 陈独秀. 吾人之最后觉悟 [J]. 青年杂志, 1916 (6).

[8] 陈独秀. 本志罪案之答辩书 [J]. 新青年, 1918 (1).

[9] 陈独秀. 一九一六年 [G] //陈独秀著作选. 第 1 卷. 上海：上海人民出版社, 1993.

[10] 陈独秀. 文学革命论 [G] //胡适. 中国新文学大系·建设理论集. 上海：上海良友图书印刷公司, 1935.

[11] 陈铨. 新文学 [J]. 今日评论, 1940 (12).

[12] 陈铨. 萨亚屠师贾的序言·说明 [J]. 政治评论, 1934 (20).

[13] 陈铨. 指环与正义 [J]. 大公报·战国 (副刊第 3 期), 1941 - 12 - 17.

[14] 陈铨. 狂飙时代的德国文学 [J]. 战国策, 1940 (13).

[15] 陈村富. 唯意志论批判 [J]. 中国社会科学, 1980 (5).

[16] 陈思和. 莫言近年小说的民间叙述 [G] //杨扬. 莫言研究资料. 天津：天津人民出版社, 2005.

参考文献

[17] 陈映和. 也谈如何看待"反理性主义思潮"——从尼采哲学对中国社会的影响谈起 [N]. 广州日报, 1987 – 08 – 21.

[18] 陈炎. 生命意识的弘扬、酒神精神的赞美：以尼采的悲剧观释莫言的红高粱家族 [G] //孔范今, 施战军. 莫言研究资料. 济南：山东文艺出版社, 2006.

[19] 成仿吾. 评冰心女士的超人 [M] //成仿吾文集. 济南：山东人民出版社, 1985.

[20] 程天放. 新国民的新觉悟 [J]. 新中国, 1919 (4).

[21] 方东美. 哲学三慧 [M] //刘梦溪. 方东美卷. 石家庄：河北教育出版社, 1996.

[22] 佛雏. 王国维与尼采美学 [J]. 扬州师院学报 (社会科学版), 1986 (1).

[23] 傅斯年. 人生问题发端 [J]. 新潮, 1919 (1).

[24] 傅斯年. 随感录 [J]. 新潮, 1919 (5).

[25] 郭沫若. 查拉图司屈拉之狮子吼译者识 [J]. 创造周报, 1923 (1).

[26] 郭沫若. 雅言与自力 [J]. 创造周报, 1923 (30).

[27] 郭沫若. 论中德文化书 [J]. 创造周报, 1923 (5)

[28] 郭沫若. 东平的眉目 [M] //郭沫若全集 (文学编). 第 13 卷. 北京：人民文学出版社, 1992.

[29] 郭沫若. 生命底文学 [N]. 时事新报·学灯, 1920 – 02 – 23.

[30] 汉夫. "战国"派的法西斯主义实质 [J]. 群众, 1942 (1).

[31] 胡风. 饥饿的郭素娥序 [M] //胡风评论集. 中卷. 北京：人民文学出版社, 1984.

[32] 胡风. 财主底儿女们序 [M] //路翎文集. 第 1 卷. 合肥：安徽文艺出版社, 1995.

[33] 胡风. 第七连小引 [G] //丘东平作品全集. 上海：复旦大学出版社, 2011.

[34] 胡适. 新思潮的意义 [M] //胡适文存. 第 1 集. 上海：上海亚东图书馆, 1921.

[35] 胡适. 五十年来之世界哲学 [M] //胡适文存. 第 2 集. 上海：上海亚东图书馆, 1924.

[36] 胡适. 寄陈独秀 [G] //胡适. 中国新文学大系·建设理论集. 上海：上海良友图书印刷公司, 1935.

[37] 胡适. 文学改良刍议 [G] //胡适. 中国新文学大系·建设理论集. 上海：上海良友图书印刷公司, 1935.

[38] 胡适. 建设的文学革命论 [G] //胡适. 中国新文学大系·建设理论集. 上海：上海良友图书印刷公司, 1935.

[39] 金慧敏, 薛晓源. 尼采与中国的现代性 [J]. 文艺研究, 2000 (6).

[40] 贾磊磊. 醉与梦 [J]. 大众电影, 1988 (7).

[41] [美] 卡利内斯库. 两种现代性 [J]. 顾爱彬, 译. 南京大学学报, 1999 (3).

[42] [美] 乔纳森·卡勒. 为"过度诠释"一辩 [G] //[美] 柯里尼. 诠释与过度诠

释，王宇根，译．北京：北京三联书店，2005．

[43] 孔刘辉．多面的尼采形象——陈铨与尼采学说的来龙去脉 [J]．中国比较文学，2013（2）．

[44] [法] 朗松．试论"影响"的概念 [M] //[日] 大塚幸男．比较文学原理．陈秋峰，杨国华，译．西安：陕西人民出版社，1985．

[45] 雷达．历史的灵魂与灵魂的历史——论红高粱系列小说的艺术独创性 [G] //杨扬．莫言研究资料．天津：天津人民出版社，2005．

[46] 李大钊．介绍哲人尼杰 [J]．晨钟，1916 - 08 - 22．

[47] 李大钊．晨钟之使命 [M] //李大钊全集．第 1 卷．北京：人民出版社，2006．

[48] 李石岑．尼采思想与吾人之生活 [M] //李石岑讲演集．南宁：广西师范大学出版社，2004．

[49] 梁宗岱．尼采底诗译序 [J]．文学，1934（3）．

[50] 梁启超．进化论革命者颉德之学说 [M] //饮冰室合集·饮冰室文集之十二．北京：中华书局，1936．

[51] 梁启超．欧游心影录 [M] //饮冰室合集·饮冰室专集之二十三．北京：中华书局，1936．

[52] 林同济（独及）．寄语中国艺术人——恐怖·狂欢·虔恪 [N]．大公报·战国．第 8 期．1942 - 01 - 21．

[53] 林同济．尼采萨拉图斯达的两种译本 [J]．今日评论，1939（16）．

[54] 林同济．启事（代发刊词）[J]．战国策，1940（2）．

[55] 林同济．嫉恶如仇：战士式的人生观 [N]．大公报·战国，1942 - 04 - 08．

[56] 林同济．力 [M] //温儒敏，丁晓萍．时代之波．北京：中国广播电视出版社，1995．

[57] 林同济．我看尼采 [M] //陈铨．从叔本华到尼采．上海：上海大东书局，1946．

[58] 林同济，等．在创丛书缘起 [M] //陈铨．从叔本华到尼采．上海：上海大东书局，1946．

[59] 林语堂．译尼采走过去：送鲁迅先生离厦门大学 [M] //语堂文存．第 1 册．桂林：桂林林氏出版社，1941．

[60] 林语堂．读邓肯自传 [M] //大荒集．上海：上海生活书店，1934．

[61] 林语堂．市场的苍蝇译者说明 [J]．论语，1935（56）．

[62] 林语堂．插论语丝的文体——稳健，骂人，及费厄泼赖 [J]．语丝，1925（57）．

[63] 林语堂．Zarathustra 语录 [J]．语丝，1925（55）．

[64] 林语堂．萨天师语录（二）[J]．语丝，1928（12）．

[65] 林语堂．萨天师语录（四）[J]．语丝，1928（24）．

[66] 林语堂．萨天师语录（五）·正名的思想律 [J]．语丝，1928（33）．

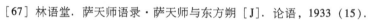

[67] 林语堂. 萨天师语录·萨天师与东方朔 [J]. 论语, 1933 (15).

[68] 林语堂. 文字国·萨天师语录 [J]. 论语, 1933 (31).

[69] 刘绍铭. 入了世界文学的版图——莫言著作、葛浩文译文印象及其他 [M] //杨扬. 莫言研究资料. 天津：天津人民出版社, 2005.

[70] 刘小枫. 尼采的微言大义 [J]. 书屋, 2000 (10).

[71] 刘翔平. 大学生西方思潮读书热调查 [J]. 中国图书评论, 1991 (3).

[72] 刘勇. 从财主的儿女们看路翎与尼采的精神联系 [J]. 韩山师范学院学报, 2008 (4).

[73] 路翎. 我与外国文学 [J]. 外国文学研究, 1985 (2)

[74] 路翎. 论文艺创作底几个问题 [J]. 泥土, 1948 (6).

[75] 茅盾. 茅盾回忆录 [M] //孙中田, 查国华. 茅盾研究资料. 第 1 卷. 北京：人民文学出版社, 1981.

[76] 茅盾. 新旧文学平议之评议 [G] //北京大学中文系现代文学教研室. 文学运动史料选. 第 1 册. 上海：上海教育出版社, 1979.

[77] 莫言. 作家和他的文学创作 [J]. 文史哲, 2003 (2).

[78] 莫言. 会唱歌的墙——我与译文 [M]. 北京：作家出版社, 2005.

[79] 莫言. 丰乳肥臀解 [N]. 光明日报, 1995 – 11 – 22.

[80] 莫言. 也叫"红高粱家族备忘录" [J]. 大西北电影, 1988 (4).

[81] 钱碧湘. 钱钟书散论尼采 [J]. 文学评论, 2007 (4).

[82] 钱春绮. 尼采诗选·译者前言 [M] //尼采诗选. 桂林：漓江出版社, 1986.

[83] 钱鸥. 王国维与教育世界未署名文章 [J]. 华东师范大学学报（哲学社会科学版）, 2000 (4).

[84] 瞿秋白. 鲁迅杂感选集序言 [M] //鲁迅杂感选集. 上海：上海青光书局, 1933.

[85] 汝信. 尼采：在世纪的转折点上序 [M] //周国平. 尼采：在世纪的转折点上. 上海：上海人民出版社, 1986.

[86] 孙伏园. 托尼学说, 魏晋文章 [N]. 新华日报, 1941 – 10 – 21.

[87] 唐弢. 一个应该大写的主体——鲁迅 [G] //旺晖. 反抗绝望：鲁迅及其文学世界. 增订本. 北京：北京三联书店, 2008.

[88] 王元明. 20 世纪尼采哲学在中国的盛衰 [J]. 南开学报, 1999 (1).

[89] 汪顺宁. 20 世纪中国的尼采研究 [J]. 哲学动态, 2002 (6).

[90] 吴正锋. 生命的探寻——论昆明时期的沈从文与尼采 [J]. 理论与创作, 2004 (3).

[91] [美] 约瑟夫·T. 肖. 文学借鉴与比较文学研究 [G] //北京师范大学中文系比较文学研究组. 比较文学研究资料. 盛宁, 译. 北京：北京师范大学出版社, 1986.

[92] 修斌. 王国维的尼采研究与日本学界之关系 [J]. 中国海洋大学学报（社会科学版）, 2006 (1).

[93] 严家炎. 论七月派小说的风貌和特征 [J]. 北京大学学报 (哲社版), 1989 (5).

[94] 姚可崑. 历史对于人生的利弊译序 [N]. 大公报, 194－06－01.

[95] 叶蔚林. 眼睛往哪里看 [J]. 文艺报, 1984 (6).

[96] [日] 伊藤虎丸. 鲁迅早期的尼采观与明治文学 [J]. 徐江, 译. 文学评论, 1990 (1).

[97] [日] 伊藤虎丸. 鲁迅如何理解在日本流行的尼采思想 [G]//程麻, 译. 鲁迅研究. 第10辑. 北京: 中国社会科学出版社, 1987.

[98] 余秋雨. 文化苦旅·自序 [M]//文化苦旅. 北京: 知识出版社, 1992.

[99] 余虹. 艺术: 无神世界的生命存在 [J]. 中国社会科学, 2005 (4).

[100] 乐黛云. 尼采与中国现代文学 [J]. 北京大学学报, 1980 (3).

[101] 曾锋. 周作人与尼采 [J]. 中国现代文学研究丛刊, 2003 (1).

[102] 詹春花. 王国维对尼采的译介 [J]. 同济大学学报 (社会科学版), 2008 (4).

[103] [澳] 张钊贻. 沉迷鲁迅、尼采二十年 [J]. 读书, 2002 (7).

[104] 章培恒. 尼采传中译本序 [M]//[法] 丹·哈列维. 尼采传. 谈蓓芳, 译. 北京: 百花洲文艺出版社, 1995.

[105] 章太炎. 答铁铮 [G]//马勇. 章太炎书信集. 石家庄: 河北人民出版社, 2003.

[106] 张正吾. 鲁迅早期尼采观探索 [J]. 中山大学学报, 1981 (3).

[107] 张恒寿. 回忆高长虹 [G]//高长虹研究文选. 太原: 北岳文艺出版社, 1991.

[108] 张辉. 尼采审美主义与现代中国 [J]. 中国社会科学, 1999 (2).

[109] 方希. 张艺谋的作业 [M]. 张艺谋, 述. 北京: 北京大学出版社, 2012.

[110] 郑德鑫. 重评尼采一席谈 [N]. 光明日报, 1988－06－01.

[111] 郑振铎. 文学大纲·十九世纪的德国文学 [J]. 小说月报, 1926 (9).

[112] 郑振铎. 新文学观的建设 [G]//北京大学中文系现代文学教研室. 文学运动史料选. 第1册. 上海: 上海教育出版社, 1979.

[113] 周国平. 中国没有真正的尼采研究 [M]//周国平人文讲演录. 上海: 上海文艺出版社, 2006.

[114] 周国平. 二十世纪中国知识分子对尼采和欧洲哲学的接受 [M]//周国平人文讲演录. 上海: 上海文艺出版社, 2006.

[115] 周国平. 尼采与现代人的危机 [N]. 中国青年报, 1988－07－22.

[116] 周国平. 尼采诗集·译序 [M]//尼采诗集. 北京: 中国文联出版公司, 1986.

[117] 周国平. 尼采美学概要 [M]// [德] 尼采. 悲剧的诞生. 北京: 北京三联书店, 1986.

[118] 周罡. 发现故乡与表现自我——莫言访谈录 [J]. 小说评论, 2002 (6).

[119] 周作人. 人的文学 [G]//胡适. 中国新文学大系·建设理论集. 上海: 上海良友图书印刷公司, 1935.

参考文献

［120］周作人. 贵族的与平民的 ［N］. 晨报副镌，1922 - 02 - 19.

［121］朱光潜. 美学的最低限度的必读书籍 ［M］//朱光潜全集. 第 8 卷. 合肥：安徽
教育出版社，1993.

［122］朱光潜. 悲剧心理学中译本自序 ［M］//朱光潜全集. 第 2 卷. 合肥：安徽教育
出版社，1987.

［123］朱光潜. 两种美 ［M］//朱光潜全集. 第 8 卷. 合肥：安徽教育出版社，1993.

［124］朱光潜. 诗论 ［M］//朱光潜全集. 第 3 卷. 合肥：安徽教育出版社，1993.

［125］朱光潜. 悲剧与人生的距离 ［M］//朱光潜全集. 第 3 卷. 合肥：安徽教育出版
社，1993.

［126］朱光潜. 诗的难与易 ［M］//朱光潜全集. 第 9 卷. 合肥：安徽教育出版
社，1993.

［127］朱光潜. 看戏与演戏 ［M］//朱光潜全集. 第 9 卷. 合肥：安徽教育出版
社，1993.

［128］朱培莲摘. 大学生的尼采热 ［J］. 青年研究，1988 (12).

［129］朱自清. 中国新文学大系・诗集导言 ［G］//朱自清. 中国新文学大系・诗集.
上海：上海良友图书印刷公司，1935.

［130］朱自清. 中国新文学大系・诗集诗话 ［M］//朱自清. 中国新文学大系・诗集.
上海：上海良友图书印刷公司，1935.

［131］朱自清. 白采 ［M］//朱自清全集. 第 1 卷. 南京：江苏教育出版社，1988.

［132］朱执信. 不可分的公理 ［M］//朱执信集. 下集. 北京：中华书局，1979.

文学与哲学的融合——20世纪中国作家接受尼采史论